beck sche reihe

bsr

Seit Wladimir Putin überraschend russischer Präsident geworden ist, scheint das Land auf dem Weg zur Demokratie und zur engeren Anbindung an den Westen gut voranzukommen. Doch hält er wirklich die Fäden in der Hand? Wer herrscht in Rußland hinter den Kulissen? Margareta Mommsen stellt in diesem Buch mit bisher kaum bekannten, teilweise überraschenden Inneneinsichten dar, wie die Hofkabinette, Provinzfürsten und die berühmt-berüchtigte «Kremlfamilie», die schon unter «Zar Boris» die Macht an sich gezogen hatten, weiter im Hintergrund wirken. Die zunehmende Zentralisierung und Militarisierung der Macht in Rußland läßt fragen, wie eine Demokratie ohne Demokraten überhaupt verfaßt sein kann.

Margareta Mommsen ist Professorin für Politikwissenschaft an der Universität München. Bei C.H. Beck erschienen bereits «Nationalismus in Osteuropa. Gefahrvolle Wege in die Demokratie» (1992) und «Wohin treibt Rußland? Eine Großmacht zwischen Demokratie und Anarchie» (1996).

Margareta Mommsen

Wer herrscht in Rußland?

Der Kreml und die Schatten der Macht

Verlag C. H. Beck

Mit 3 Abbildungen und einer Karte

1. Auflage 2003

Originalausgabe

2., durchgesehene und erweiterte Auflage 2004

Satz: Fotosatz Reinhard Amann, Aichstetten
Druck und Bindung: Druckerei C. H. Beck, Nördlingen
Umschlagabbildung: Im Vordergrund das russische Staatsemblem mit dem doppelköpfigen Adler auf dem Dach des Historischen Museums in Moskau, ehemals Symbol des Zaren, dahinter, auf der Spitze eines Kreml-Turms, ein Roter Stern, Symbol des Kommunismus. Aufnahme vom 28. 8. 1997. Foto: dpa
Umschlagentwurf: +malsy, Bremen
Printed in Germany
ISBN 3 406 51118 X

www.beck.de

Inhalt

Einführung 7

I. Das politische System Rußlands – Demokratie, Oligarchie und Autokratie 16

1. Die Errichtung einer Demokratie ohne Demokraten (1991–1996) 17

Jelzins Verhältnis zur Demokratie 19 Verfassungsverständnis 27 Regierungspersonal 30 Institutionelle Experimente 33 Bürokratische Bastionen 35 Die Verfassung vom 12. Dezember 1993 39 Höfisches Leben 46

2. Jelzins zweite Amtszeit zwischen Oligarchie und Anarchie (1996–2000) 56

Parteien der Macht 57 Wirtschaftsmacht und Regierung 60 Die Macht der «Oligarchen» 63 Das Regime der «Sieben Bankbarone» 65 Die «Kremlfamilie» 70 Rückkehr der «Jungreformer» 74 Die Ära Primakow 79 Kandidaten für das Präsidentenamt 86

3. Die «gelenkte Demokratie» unter Putin (2000–2002) 93

Kriegsherr in Tschetschenien 97 Inauguration zum Präsidenten 101 Entmachtung der Gouverneure 106 Sowjetpatriotismus redivivus 115 Die Petersburg-Connection 122 Putin und das Großkapital 124 Manipulation politischer Parteien 128 Dialog mit der «Bürgergesellschaft» 130

II. Auf der Suche nach nationaler Identität und weltpolitischer Geltung 136

1. Vom «Europäismus» und «Atlantismus» zum «Patriotischen Konsens» (1991–1995) 137

Trügerische Hoffnungen auf den Westen 145 Die Suche nach einer nationalen Identität 148 Rückkehr zur Großmachtidee 154 Beziehungen zur EU und zur NATO 155 Selbstdarstellung als Großmacht 160

2. Rußland als virtuelle Großmacht in einer «multipolaren» Welt (1995–2000) 164

Die Doktrin von der «multipolaren» Welt 166 Nationsbildung von oben 168 Kompensatorische Außenpolitik 172 Nationale Selbstdarstellung 177 Ohnmacht in der Kosovo-Krise 180 Appell an die nationalen Werte im Puschkinjahr 190 Rußland im «gemeinsamen europäischen Boot» 192

3. Erneuter Aufbruch nach Europa unter Putin? 197

Außenpolitische Neuorientierungen 200 Der Reisekalender Putins 207 Rußlands Westpolitik nach dem 11. September 2001 213 Rußlands Anwälte im Westen 218 Putins Westpolitik im Härtetest 221

Nachwort zur zweiten Auflage 226

Anmerkungen 238
Literaturhinweise 260
Zeittafel 263
Personenregister 270

In diesem Buch wird für russische Namen und Begriffe nicht die wissenschaftliche Transliteration, sondern die in der deutschen Presse und Publizistik übliche Umschrift benutzt.

Einführung

Ob sich Rußland auf dem Weg nach Europa befindet, ist weiterhin unklar. Das politische System des riesigen eurasischen Landes hat auch mehr als zehn Jahre nach dem Zusammenbruch der Sowjetunion kein klares Profil gewonnen. Die staatlichen Institutionen unterliegen einem ständigen Wandel, und die gesellschaftliche Selbstorganisation bleibt amorph. Niemand kann heute sagen, wo das politische Regime Rußlands auf der Skala zwischen Autokratie und Demokratie rangiert. Parallel dazu zeigt sich der außenpolitische Kurs des Landes durch Unbeständigkeit, Unsicherheit und jähe Wechsel geprägt. Der Osteuropaforscher Leszek Buszynski sprach von einem «desorientierten Staat». Rußland hänge «zwischen Vergangenheit und Zukunft wie in einem Aufzug zwischen zwei Stockwerken», schrieb der Autor 1996.[1] Dieses Bild hat bis heute von seiner anschaulichen Kraft wenig eingebüßt.

Nach den Terroranschlägen auf die USA am 11. September 2001 brachte Wladimir Putin die russische Außenpolitik allerdings auf einen klaren Westkurs, der sich im Verhältnis Moskaus sowohl zu den USA als auch zu Europa bis zum Sommer 2002 noch deutlich verstärkte. Damit machte sich nach Gorbatschows Öffnung der UdSSR gegenüber dem Westen und nach Jelzins frühen Versuchen, das postsowjetische Rußland in den «Klub der zivilisierten Staaten» einzugliedern, das Land nun zum dritten Mal in kürzester Zeit auf den Weg nach Europa im weitesten Sinne dieses Begriffs. Daß Gorbatschows Bemühungen, das Land zu modernisieren und zu «europäisieren», vorzeitig scheiterten, erklärt sich aus dem Umstand, daß die Reformen die Auflösung der UdSSR als Staatsverband zur Folge hatten. Die Perestrojka des Sowjetsystems hatte den fünfzehn Gliedstaaten der UdSSR einen so hohen Grad an politischer Autonomie verschafft, daß das Unionszentrum überflüssig wurde und damit praktisch «Selbstmord beging».[2] Nun lag es an den Nachfolgestaaten selbst, die politische Ordnung zu Hause und ihren Standort in der Welt zu bestimmen.

Unter der Führung von Boris Jelzin ging man in Rußland seit 1990 mit großem Elan daran, in den von Gorbatschow eingefahrenen Spuren europäische Standards und darüber hinaus einen angemessenen Platz in der westlichen Welt zu erreichen. Doch glückte auch dieser Anlauf nicht. Vielmehr trat das zunächst dominierende Paradigma des «Europäismus» und des «Atlantismus» zunehmend zugunsten eines «patriotischen Konsenses» über den vorgeblich kulturell und historisch vorgezeichneten Sonderweg Rußlands zurück. Auch Putins Versuch, auf die klassischen Fragen nach Rußlands Identität und Entwicklungsweg erneut eine europäische Antwort zu liefern, bleibt vorerst ein Experiment mit offenem Ausgang.

In diesem Buch soll dargelegt werden, warum das europäische Projekt im postsowjetischen Rußland bestenfalls partiell realisiert wurde und an welchen Widerständen sich die im Dezember 1993 in der Verfassung verankerten Grundsätze der Demokratie und des Rechtsstaats zerrieben. Zweifellos gehörte von Anfang an das Unwissen der maßgeblichen Akteure über Inhalt und Formen einer Demokratie zu den größten Hindernissen der angestrebten «Europäisierung». Der liberale Politiker Sergej Filatow, der einige Jahre die Präsidialadministration unter Jelzin leitete, beschrieb in seinen Memoiren das Dilemma, das sich aus Reformeifer und Unkenntnis der Ziele der Neuerungen ergab, so: «Wir wußten nur, daß wir laufen mußten. Über das Ergebnis der Reformen wurde nur wild gerätselt, und offenkundig stellte sich jeder darunter etwas anderes vor.»[3] Jelzins Assistenten und Berater erinnerten sich, daß viele Anhänger der demokratischen Bewegung «inbrünstig ein europäisches Parlament, eine europäische Pressefreiheit, Menschenrechte, die freie Wahl der Konfession» ersehnten, gleichwohl aber meinten, man könne diese «Wohltaten der europäischen Zivilisation» durch eine bloße Verbesserung des Sozialismus erreichen.[4]

Die fehlende Klarheit über den Systemwechsel im Innern paarte sich mit unsicheren Optionen in der Außenpolitik. Orientierungshilfe wurde nicht zuletzt von außen erwartet. Allen Ernstes kam die Erwägung auf, daß in erster Linie die Außenpolitik «Rußland helfen» werde, «Rußland zu werden und Rußlands Staat zu begründen».[5] Es wird zu zeigen sein, wie sich die anhaltende Unsicherheit über Rußlands Weg und Bestimmung sowohl in überhitzten Identitätsdebatten als auch in rasch wechselnden außenpolitischen Konzepten niederschlug und wie sich die spekulativen Entwürfe für einen russischen Sonderweg auf fatale Weise mit dem Kampf um die politische Macht vermengten.

Außer den genannten Unsicherheiten und Unwägbarkeiten kamen weitere gewichtige Faktoren ins Spiel, die Richtung und Gestalt des Systemwandels bestimmten. Auf einen kurzen Nenner gebracht, ging es um die «Privatisierung der Macht»[6] im Gefolge der Privatisierung der Wirtschaft. Denn den räuberischen russischen Frühkapitalisten gelang es schnell, mit den bürokratischen Kräften gemeinsame Sache zu machen und sogar in den informellen Strukturen der Macht Fuß zu fassen. Dieser neue «bürokratische Kapitalismus»[7] gewährte freilich wenig Raum für die Entfaltung der von Anfang an schwachen demokratischen Grundlagen des Gemeinwesens. Eine Mängeldiagnose des russischen Regimes kommt deshalb nicht an der Prüfung der negativen Effekte vorbei, die von der spontanen «Privatisierung der Macht» auf die geplante Demokratisierung ausgingen. Offenkundig erwies es sich als äußerst schwierig, Demokratie und Marktwirtschaft gleichzeitig zu realisieren. Anstelle der demokratischen Ordnung, die in der neuen Verfassung etabliert worden war, schälte sich sichtlich ein ganz anderer Systemtypus heraus, wobei offen blieb, ob es sich um eine Oligarchie, eine Autokratie oder um eine Vorform von Demokratie handelte.

Die Frage nach dem spezifischen Typus des Übergangsregimes zieht sich als ein roter Faden durch die folgende Darstellung. Dabei wird der wechselnden Dominanz der autokratischen, oligarchischen und demokratischen Merkmale besondere Beachtung geschenkt. Während unter Jelzin ein wirres Puzzle solcher Elemente zu beobachten war, stechen unter Putin autoritäre, bürokratische und hierarchische Züge hervor. Der Anteil der fortbestehenden demokratischen Komponenten und deren Entwicklungsdynamik sind im Sommer 2002 nicht klar zu bestimmen. Bislang haben Politikwissenschaftler und kritische Kommentatoren für die postsowjetische Periode den Begriff der Demokratie nur mit negativen Beiwörtern – etwa als «defekte» oder als «gelenkte» Demokratie – verwandt.[8] Als im Frühsommer 1999 das ohnehin prekäre demokratische Regelwerk des «Systems Jelzin» gänzlich aus dem Ruder zu laufen schien, drängte sich kritischen Beobachtern der Schluß auf, daß in Rußland überhaupt nur «ein Regime ohne jedes System» herrsche.[9] Diese Einschätzung erinnert an das im Februar 1994 von einem Publizisten gefällte Urteil, daß «die Macht in Rußland kein Gesicht» habe, auch wenn es im Lande Gesichter gebe, die über Macht verfügten.[10]

Der nonchalante Umgang der russischen Spitzenakteure mit den Spielregeln der Demokratie macht eine Beschäftigung mit der politischen Kultur der Führungskräfte zwingend erforderlich. Dabei geht es vor allem um das Verfassungsverständnis, die Persönlichkeitsstruktur, den Herrschaftsstil und um die Machtkalküle des Präsidenten und dessen engerer Umgebung. Ernst Vollrath hatte zwar 1987 betont, «daß nicht Personen und Ereignisse, sondern Aktionen und Institutionen und der Zusammenhang zwischen ihnen das eigentliche Material einer politischen Theorie ausmachen».[11] Trotzdem wird zu zeigen sein, daß im postsowjetischen Übergangsregime in erster Linie Personen die Institutionen prägen und nicht umgekehrt. Um so wichtiger ist es daher, unter den fast durchweg aus der kommunistischen Nomenklatura stammenden Akteuren die genuinen Reformer von den Mitläufern und Blockierern eines Systemwechsels zu unterscheiden. Herkunft, Demokratie- und Amtsverständnis bieten sich als Kriterien der Einordnung an. Dieser Blick ist über die Präsidenten hinaus auch auf die Regierungschefs und andere hohe Amtsträger zu lenken. Allerdings steht die Figur des rechtlich wie politisch dominierenden Staatsoberhauptes im Vordergrund der Betrachtung. Denn die «Transitologen» unter den Politikwissenschaftlern, die sich vornehmlich mit den typischen Erscheinungsformen und Abläufen von Systemtransformationen beschäftigen, räumen am ehesten Personen «mit Mut und Visionen» oder technokratischen Ingenieuren des Systemwechsels Chancen ein, den Wechsel von einem autoritären zu einem demokratischen Regime zu bewerkstelligen.[12]

Schon auf den ersten Blick treten mit Jelzin und Putin recht unterschiedliche Führungsfiguren entgegen. Die Bandbreite der von Boris Jelzin verkörperten Rollen reicht vom energischen kommunistischen Gebietsparteisekretär zum Parteirebell, Volkstribun, Reformer und Populisten. Später übernahm er die Rolle eines russischen Zaren und Autokraten mit der Vorliebe für ein byzantinisches Gepränge der Macht. Demgegenüber tritt Putin eher als der geschliffene Geheimdienstler und effiziente Apparatschik, als der tüchtige Technokrat, Manager und Ingenieur des Systemwechsels und generell als ein rationaler Modernisierer auf, der vorzugsweise auf plebiszitäre Machtabstützung und eine bisweilen bonapartistische Inszenierung seiner öffentlichen Auftritte setzt.

In diesem Buch sollen sowohl die beiden Hauptakteure in ihrem jeweiligen Engagement für Reformen als auch die weiteren politischen Spieler, die sich in Spitzenpositionen vor und hinter den Kulissen der Macht befinden, ins Blickfeld gerückt werden. Dabei interessiert vor allem, welchen Weltbildern und Wertvorstellungen sie folgen und inwieweit sie sich bereit und fähig zeigen, sowjetische Prägungen zugunsten demokratischer Einstellungen und Haltungen zu überwinden. Über die politische Kultur der Akteure hinaus soll vor allem die Funktionsweise der Institutionen Beachtung finden. Dabei kommen die verfassungsmäßigen Kompetenzen und die reale Verteilung der Macht auf Regierungsorgane, Parlament und konsultative staatliche Gremien auf den Prüfstand. Insofern versteht sich die Darstellung sowohl als eine allgemeine Einführung in das politische System Rußlands als auch als ein Beitrag zur Entwicklung und Funktionsweise informeller Herrschaftsstrukturen während der Ära Jelzin und unter Putin.

Erkenntnisse der Transitionstheorien und der politischen Kulturforschung fließen in die Analyse ein. Beide Ansätze bieten hilfreiche Kriterien zur Aufbereitung des komplexen Stoffes und zur Bildung von Arbeitshypothesen. Die Transitionswissenschaft hat in den letzten Jahren ihr analytisches Instrumentarium so verfeinert, daß sie selbst bei den widersprüchlichen Prozessen des Systemwechsels in Rußland Hilfestellung zu bieten vermag. Wenngleich das «Transitologenlatein» für die Beschäftigung mit Rußlands instabilem Regime unerläßlich ist, kann nicht darauf verzichtet werden, nach klassischer Manier der Systemanalyse die Verfassungsnormen mit der Verfassungsrealität zu vergleichen. Wenn es darum geht, die Schwierigkeiten der politischen Eliten im Umgang mit demokratischen Einrichtungen aufzuschlüsseln, erweist sich ein Blick auf die politisch-kulturellen Prägungen der handelnden Akteure als erhellend. Deshalb empfiehlt es sich, das ältere Konzept der politischen Kultur mit den neueren Transitionstheorien zu kombinieren.

Dies gilt analog für die Analyse der russischen Außenpolitik.

Gerade in diesem Bereich wird das Neben- und Gegeneinander von traditionellen und neuen Weltbildern, Werten und Normen auf frappierende Weise augenfällig. Schon ein Vergleich zwischen den beiden Außenministern Andrej Kosyrew und Jewgenij Primakow macht dies deutlich. Doch selbst in den Köpfen ein und derselben Akteure – und dies gilt für Jelzin wie für Putin – koexistieren ganz widersprüchliche Orientierungen, die man als das europäische Paradigma und das traditionelle imperiale Großmachtdenken bezeichnen kann. Die häufigen Paradigmenwechsel in der russischen Außenpolitik seit 1990 gehen nicht zuletzt auf den Widerstreit zwischen den herkömmlichen Einstellungen und Verhaltensmustern einerseits und den Herausforderungen der Globalisierung und Europäisierung Rußlands andererseits zurück.

Der erste Abschnitt des Buches behandelt die Entstehung und Entwicklung des politischen Systems unter Jelzin und Putin. Dabei richtet sich das Augenmerk zunächst auf die wildwüchsige Grundlegung des neuen Regimes, die während der «Wirren» der sogenannten «Doppelherrschaft» von Parlament und Präsident Anfang der neunziger Jahre erfolgte. In den ersten beiden Kapiteln wird beschrieben, wie sich «Zar Boris» und sein Gefolge in den neuen demokratischen Institutionen einrichteten und wie eine Art systemimmanenter Wettbewerb unter den unterschiedlichen Typen der Jelzingarde entstand. Zu den neuen hohen Staatsdienern gehörten sowohl Technokraten in Gestalt «Roter Direktoren» und junger Ingenieure des Systemwechsels – sogenannte «Laborleiter» – als auch altgediente bürokratische Würdenträger, typische sowjetische Staatslobbyisten, Apparatschiks und selbst Jelzins oberste Leibwächter. In den Machtkämpfen zwischen all den neuen Chargen setzten sich zuletzt die «Laborleiter» gegenüber den «Leibwächtern» durch, was zum Bruch der schon sprichwörtlichen «Männerfreundschaft» zwischen dem Präsidenten und seinem Beschützer Korschakow führte.

In der Darstellung der zweiten Amtszeit Jelzins geht es vorwiegend um den Gegensatz zwischen den demokratischen und den autokratischen Elementen des politischen Regimes sowie den Aufstieg der «Oligarchen» und der «Kremlfamilie» auf den informellen Olymp der Macht. Es werden die unterschiedlichen Funktionen beschrieben, die Jelzins berühmt-berüchtigtes «Kaderkarussell» besaß. Faszinierend sind dessen quasi gewaltenteilige

Auswirkungen auf die verschiedenen Organe der Exekutive. Kaum weniger wichtig war dieses «Kaderkarussell» für die Rekrutierung des politischen Nachwuchses für hohe und selbst höchste Staatsämter.

Das letzte Kapitel dieses Abschnitts ist der Präsidentschaft Putins gewidmet. Im Vordergrund steht zunächst die Frage nach den Ursachen der schwindelerregenden Karriere des früheren Apparatschiks im Dienste des KGB. Des weiteren wird das sprichwörtliche «Rätsel Putin» zu lösen versucht, die Frage also, für welche Werte und Prinzipien der Systemtransformation der Protégé der «Kremlfamilie» einsteht und welche Lernprozesse bei dem politischen Neuling zu beobachten sind. Während sich dieses Rätsel nach und nach zugunsten der Figur eines «rationalen Modernisierers» auflöst, bleibt darüber hinaus das viel zitierte «Phänomen Putin» zu klären, das in der anhaltend hohen Zustimmung der Bevölkerung zu ihrem zweiten Präsidenten besteht.

Der zweite Abschnitt dieses Buches behandelt die russische Außenpolitik. Dabei rücken externe Faktoren ebenso ins Bild wie Strategien des Machterhalts im Innern. Da die überschäumende Westorientierung der frühen Phase nicht auf festen Überzeugungen und klaren Vorstellungen von den Aufgaben einer «Europäisierung» Rußlands fußte, fiel die Rückkehr zu traditionellen Vorstellungen von Rußlands Großmachtrolle leicht. Schließlich brachte Jelzins Suchauftrag nach einer neuen «nationalen Idee» für Rußland, den er nach seiner Wiederwahl im Sommer 1996 erteilte, keine brauchbaren Resultate. Dagegen machte sich nach und nach ein «patriotischer Konsens» über die glorreichen Errungenschaften der russischen Geschichte und Kultur unter den politischen Eliten breit und wurde mit zunehmend starren außenpolitischen Positionen verknüpft. Davon zeugen vor allem die Doktrin Primakows von einer «multipolaren Welt», der Widerstand gegen die Osterweiterung der NATO und die konfrontative Haltung gegenüber dem westlichen Krisenmanagement in der Kosovo-Frage. Abschließend wird gefragt, wie Wladimir Putin bislang mit dem schwierigen Erbe in der Außenpolitik und im nationalen Selbstverständnis der politischen Eliten und der Bürger umgegangen ist und mit welchen Vorstellungen er Rußland in das 21. Jahrhundert zu führen gedenkt.

Am Ende dieser Einführung empfiehlt sich ein kursorischer

Blick auf die herangezogenen Materialien und Publikationen: Die offiziellen Leitlinien der Außenpolitik lassen sich vornehmlich anhand der einschlägigen Regierungskonzepte, aus Vertragsabschlüssen, Erklärungen und Reden der zuständigen Spitzenpolitiker erfassen. Konkrete Anhaltspunkte ergeben sich aus Staatsbesuchen und internationalen Treffen. Atmosphärisches und die «Chemie» der internationalen Spieler lassen sich auch aus ihrem persönlichen Umgang ableiten. Um Gestaltung und Wandel der russischen Außenpolitik zu verstehen, bedarf es einer intimen Kenntnis der unter Intellektuellen und zumal unter außenpolitischen Experten geführten Diskurse über die Identität und den erwünschten Entwicklungsweg Rußlands.

Für die Analyse des politischen Regimes bieten sich mittlerweile reichhaltige Quellen an. Vielfältige Pressematerialien und die in großer Zahl vorliegenden Memoiren aus der Feder wichtiger politischer Entscheidungsträger geben Aufschluß über die wechselnden Bestimmungsfaktoren und typischen Funktionsweisen des Regierungssystems von seinen Anfängen an. Besonders erwähnenswert ist das über achthundert Seiten umfassende Buch, das Jelzins engste Mitarbeiter gemeinsam über die «Epoche Jelzins» im Jahr 2001 in russischer Sprache publizierten.[13] Daneben erwiesen sich auch die Memoiren Primakows über seine Amtszeit als Regierungschef als sehr nützlich.[14] Die von Jelzin unter dem Titel eines «Mitternachtstagebuchs» nach seinem Rücktritt verfaßten Erinnerungen bieten vor allem interessante Zeugnisse vom Selbstverständnis des Autokraten während seiner letzten Jahre im Kreml.[15] Wegen ihrer deutlichen Tendenz zur Rechtfertigung und Beschönigung des eigenen Tuns erfordern diese Darlegungen eine kritisch distanzierte Haltung des Lesers.

Bei aller berechtigten Skepsis gegenüber klaren Prognosen für das Ende des langen Weges Rußlands nach Europa sollte die positive Dynamik nicht unterschätzt werden, die von äußeren wie inneren Faktoren auf das Jahrhundertprojekt ausgehen. Dazu gehören die kumulativen Wirkungen der schon bisher erreichten Integration in die euro-atlantischen Strukturen zugunsten einer weiteren Verdichtung des Verhältnisses. Dazu gehören auch die ökonomischen Interessen der neuen russischen *bisnismeny* sowie vielfältige Formen der direkten Kooperation zwischen Rußland und europäischen Ländern etwa im Rahmen von Städtepartnerschaften, Studentenaustausch und ähnlichem. Neben der Annäherung auf zivilgesellschaftlicher Basis erweisen sich neue russische Initiativen auf repräsentativer Ebene als hoffnungsvolle Signale für einen Aufbruch nach Europa «von unten». Dazu zählt etwa die von Wladimir Ryschkow gegründete überfraktionelle «europäische» Assoziation der Dumaabgeordneten und die von den Regionen ausgehenden eigenständigen Brückenschläge zu den europäischen Organisationen. Aus all diesen Gründen ist das heutige Rußland schon meilenweit entfernt von seinen ersten chaotischen Erfahrungen im Übergang vom Sowjetsystem zur Demokratie und von der Planwirtschaft zur Marktwirtschaft, worüber nun zu berichten ist.

I. Das politische System Rußlands – Demokratie, Oligarchie und Autokratie

Die Assistenten des ersten russischen Präsidenten bilanzierten in ihrer umfassenden Darstellung der «Epoche Jelzins», daß es nicht gelungen sei, «eine klare historische Wasserscheide zwischen der UdSSR und dem postkommunistischen Rußland zu errichten». Deshalb befinde sich der russische Staat «praktisch in zwei Epochen» gleichzeitig. «Diese politische Doppelnatur» bilde den «negativen Hintergrund» aller Handlungen der staatlichen Macht. In den Augen seiner wissenschaftlichen Mitarbeiter war Jelzin selbst für das Entstehen der Systemhybride verantwortlich. Da es ihm an einer klaren ideologischen Orientierung und einer konsequenten Entwicklungsstrategie gefehlt habe, «kam das Land nicht auf einen geraden demokratischen Entwicklungsweg».[1]

Auch wenn diese Einschätzung vieles für sich hat, so bietet sie keine ausreichende Antwort auf die Frage, warum der Aufbruch Rußlands in ein pluralistisches und rechtsstaatliches System Anfang der neunziger Jahre mißlang und anstelle einer liberalen Demokratie ein monströses Gebilde aus autokratischen, oligarchischen und demokratischen Elementen entstand. Zweifellos hat Boris Jelzin dem Systemwechsel richtunggebende Impulse verliehen und das Regime in beträchtlichem Maße mitgestaltet, so wie sein Nachfolger im Präsidentenamt, Wladimir Putin, seinerseits für Veränderungen sorgen sollte. Über die beiden Staatsoberhäupter hinaus sind aber nicht wenige weitere Spitzenakteure in führenden staatlichen Ämtern oder auf wichtigen Positionen in den Schattenstrukturen der Macht als Baumeister des neuen Systems in Rechnung zu stellen.

Zu bedenken ist, daß die neuen Amtsträger durchweg keine geschulten Demokraten waren. Vielmehr rekrutierten sie sich vorwiegend aus der kommunistischen Nomenklatura der UdSSR, bestenfalls unter den Anhängern der demokratischen Bewegung. Und woher sollten selbst diese das demokratische Know-how hernehmen, waren sie auch noch so stark von Wunschvorstellungen erfüllt. Doch gelangten diese «Demokraten» überhaupt in die politischen Spitzenämter oder rekrutierte Jelzin auch typische sowjetische Apparatschiks in Führungspositionen? Unabhängig von ihrer Herkunft stellt sich die Frage, ob sich die neuen Führungskräfte gewillt und fähig zeigten, die Demokratie als Autodidakten im Rahmen der neuen demokratischen Einrichtungen zu erlernen. Sollte sich die Annahme der Neoinstitutionalisten bestätigen, der zufolge die Akteure durch die Institutionen geprägt werden, oder drückten im Gegenteil die Akteure den Institutionen maßgeblich ihren persönlichen Stempel auf? Zur Beantwortung all dieser Fragen ist insbesondere auf das Amtsverständnis der Akteure und im weiteren Zusammenhang auch auf ihr Politik- und Demokratieverständnis zu achten.

Die Annahme erscheint naheliegend, daß die mentalen Hypotheken des *homo sovieticus* einen raschen demokratischen Neubeginn behinderten und verzögerten. Daß bereits über eine neue Verfassung unter den politischen Eliten heftige Konflikte ausbrachen, macht deutlich, daß die auf allen Akteuren lastende sowjetische politische Kultur der gemeinsamen Akzeptanz demokratischer Werte entgegenstand. Insbesondere fehlte es allen Akteuren an der Einsicht in eine notwendige Teilung der Gewalten und in den Vorrang von Verfahren und Institutionen gegenüber den persönlichen Trägern der Macht.

1. Die Errichtung einer Demokratie ohne Demokraten (1991–1996)

Wie sollte es gelingen, eine Demokratie ohne Demokraten zu errichten? Welchen Ausgang würde das Experiment nehmen? Und worin bestand der genetische Code jener so urwüchsig aus den Trümmern der Sowjetunion herausschießenden Hybride? Um dies herauszufinden, soll das Augenmerk in erster Linie auf die maßgeblichen Akteure und auf die Bildung der neuen Institutionen gerichtet werden. Zu fragen ist nach den Leitvorstellungen der Architekten des neuen Systems ebenso wie nach dem Verlauf der einzelnen Bauabschnitte und nach der Grundlegung der Fundamente. Neben dem wenig geordneten Aufbruch in die staatliche Selbständigkeit kommt es darauf an, die wechselnden politischen

Kräfteverhältnisse vor und nach den ersten freien Parlamentswahlen im Dezember 1993 ins Kalkül zu ziehen und vor diesem Hintergrund nach den Entstehungsbedingungen der demokratischen, oligarchischen und autokratischen Grundmerkmale des «Systems Jelzin» zu fragen. Schließlich ist auf die neue Verfassung vom Dezember 1993 und deren besondere Deutung durch den Präsidenten und seine Regierungen einzugehen. Zuletzt geht es um die Frage nach dem Entstehen und Wirken der «Opportunitätsstrukturen» während Jelzins erster Amtszeit. Besonderes Interesse verdient dabei die Rolle von Jelzins oberstem Leibwächter, Alexander Korschakow, der unter den Günstlingen «am Hofe» die Schlüsselfigur war.

Doch zuallererst ist Boris Jelzin als politische Persönlichkeit ins Blickfeld zu rücken und seine Karriere kurz zu beleuchten. Wie gestaltete sich sein Lebenslauf, und wofür stand er in seinen wechselnden Ämtern?[2] Boris Nikolajewitsch Jelzin wurde als Kind russischer Bauern am 1. Februar 1931 in dem kleinen Ort Butka im Ural geboren. Nach einem Studium der Bautechnik, das er 1955 erfolgreich abschloß, arbeitete er in der Swerdlowsker Bauindustrie, zuletzt als leitender Ingenieur und Direktor eines Baukombinats. 1961 trat Jelzin in die KPdSU ein. Vom Jahr 1968 an wechselte er ganz in den Parteiapparat über und schlug von nun an die klassische Karriere eines kommunistischen Parteifunktionärs ein. Bereits 1976 erlangte er die wichtige Position des Ersten Gebietsparteisekretärs von Swerdlowsk und schon 1981 wurde er Mitglied des Zentralkomitees der KPdSU. Somit hatte Jelzin alle wesentlichen Weihen eines aufstrebenden kommunistischen Parteifunktionärs in der Region und im Zentrum erhalten und verkörperte gleichzeitig einen typischen Parteiaristokraten und klassischen Apparatschik der Breschnew-Ära. Jelzin stand im Ruf eines tatkräftigen und durchsetzungsfähigen Gebietsparteisekretärs. Daher war es nicht verwunderlich, daß der neue Generalsekretär des ZK der KPdSU, Michail Gorbatschow, den energischen Funktionär aus Swerdlowsk schon früh nach Moskau zur Übernahme wichtiger Aufgaben im Rahmen der sich Bahn brechenden Perestrojka holte. Jelzin durfte seinen Elan vor allem als neuer Erster Sekretär des Moskauer Stadtparteikomitees unter Beweis stellen. In diesem Amt, das er seit Ende 1985 bekleidete, fiel der Aktivist aus Sibirien zunächst durch einen für kommunistische Parteifunktionäre untypischen Arbeitsstil auf. Jelzin benutzte öffentliche Verkehrsmittel und stellte sich in den Geschäften wie andere Sowjetbürger an. Während er sich nach außen volksnah gab, sorgte er in seiner Parteiorganisation für ein strenges Regiment und drastische Säuberungen. Seine Kritik an der Breschnew-Ära kam auf dem ZK-Plenum 1986 gut an und verhalf ihm zu einem weiteren Karrieresprung. Er rückte in den Rang eines Kandidaten des Politbüros auf und war damit unmittelbar an der Schwelle zum Olymp der Staatspartei angelangt. Als Jelzin jedoch im Herbst 1987 auch mit Kritik an der Führung Gorbatschows nicht zurückhielt, fiel er in Ungnade und geriet zeitweilig ins politische Abseits. Doch feierte er bereits im Mai 1989 bei den ersten halbfreien Wahlen zum Volksdeputiertenkongreß der UdSSR ein großartiges Comeback. Im Wahlkreis Nummer 1 der Stadt Moskau erhielt Jelzin, der im Wahlkampf zumal den Mißbrauch von Privilegien für kommunistische Parteifunktionäre scharf angegriffen hatte, ein fulminantes Ergebnis von 89,4 % des Wählervotums. Der von der KPdSU aufgestellte Gegenkandidat, Jurij Brakow, konnte lediglich 400 000 Stimmen von den 6,8 Millionen eingetragenen Wählern einstreichen.[3] Fortan glänzte Jelzin als wahrer Volkstribun und als Flaggschiff der ersten politischen Opposition, die er in Gestalt der Interregionalen Deputiertengruppe zusammen mit dem Dissidenten Andrej Sacharow anführte.

Jelzins Verhältnis zur Demokratie

In kürzester Zeit hatte sich Jelzin die Funktionen angeeignet, die in den meisten Satellitenstaaten der UdSSR von der nicht-kommunistischen politischen Opposition erfüllt wurden, um das jeweilige Machtmonopol der Staatspartei zu zerschlagen. Um dieser Aufgabe in der UdSSR gerecht zu werden, mußte sich Jelzin zunächst von seinen langjährigen ideologischen Prägungen als kommunistischer Parteisekretär lösen. Den Durchbruch verschafften nach Jelzins eigener Darstellung und nach Aussagen seiner Begleiter einige Schlüsselerlebnisse. Dazu gehörten insbesondere Erfahrungen, die er auf seiner ersten Reise im September 1989 in die USA sammelte. Bei der Gelegenheit revidierte er nach eigener Darstellung sein bisheriges antikapitalistisches Weltbild «um

180 Grad».[4] Er gab sich dort in gleicher Weise begeistert von dem Warenangebot wie von der zweihundertjährigen amerikanischen Demokratie. Als er im texanischen Houston einen Supermarkt besuchte, wurde er von dem üppigen Angebot an Lebensmitteln geradezu überwältigt. Seinem Begleiter Lew Suchanow zufolge wollte Jelzin von der Stunde an nicht mehr an die «Märchen» über die höhere Qualität des Sozialismus glauben. Suchanow, der damals zu Jelzins engsten Mitarbeitern zählte, berichtete auch, daß Jelzin bereits zu dem Zeitpunkt den Entschluß gefaßt habe, die KPdSU zu verlassen.[5]

Jelzins erste Amerikareise, die als Vortragsreise geplant war, brachte aber nicht nur positive Erfahrungen. Da Jelzin als Repräsentant der demokratischen Opposition in der UdSSR die Aufmerksamkeit der Presse auf sich zog, blieb sein gelegentlich unkontrollierter Umgang mit Alkohol nicht verborgen. Jedenfalls spielten einige Umstände zusammen, um bei neugierigen Journalisten den Eindruck entstehen zu lassen, Jelzin habe sich zu intensiv mit dem amerikanischen Nationalgetränk Whiskey beschäftigt. Jelzin selbst beschwerte sich bitter über entsprechende Berichte in der italienischen Tageszeitung La Repubblica, die in Moskau von Jelzins politischen Gegnern genüßlich aufgegriffen wurden. Er klagte, daß er «wie der typische betrunkene, tapsige russische Bär mit schlechten Manieren bei seinem ersten Zusammentreffen mit zivilisierten Menschen beschrieben» worden sei.[6] Tatsächlich hatte Jelzin bei einem improvisierten Auftritt in der Öffentlichkeit solch kritischen Einschätzungen gewisse Angriffsflächen geboten, wobei letztlich unklar blieb, ob Jelzins vorübergehende Unpäßlichkeit tatsächlich dem übermäßigen Genuß der Whiskeymarke Jack-Daniels-Bourbon zuzuschreiben war. Als Jelzin kurz nach dem Vorfall eine Schweinefarm bei Indianapolis besuchte, meinte der Besitzer in Anspielung auf die Zeitungsberichte über die ihm unterstellte Vorliebe für die Marke Jack Daniels: «Leider habe ich keinen Jack Daniels im Haus, den Sie so gern mögen!» Später fragte Jelzin Lew Suchanow: «Lew, etwas habe ich nicht ganz verstanden. Von welchem Jack sprach er eigentlich?»[7]

Ungeachtet des Zwischenfalls mit einer wenig freundlichen Presseberichterstattung war Jelzin weiterhin begierig danach, sich im westlichen Ausland umzusehen und hier sein Engagement für ein demokratisches Rußland kundzutun. Als er im Dezember

1989 nach Griechenland reiste, legte er in einem Presseinterview ein Bekenntnis zur Sozialdemokratie ab. Er sagte: «Diejenigen, die noch immer an den Kommunismus glauben, bewegen sich in einer Phantasiewelt. Ich betrachte mich selbst als Sozialdemokraten».[8]

Jelzin selbst hielt im Rückblick ein weiteres Schlüsselerlebnis entscheidend für den ideologischen Häutungsprozeß. In seinem ersten Tagebuch beschrieb er den Vorgang, der sich in einer Moskauer Sauna zutrug, wie folgt: «Meine Mitarbeiter und Freunde, Iljuschin und Suchanow, schleppten mich in ein ganz normales Schwitzbad irgendwo in Moskau. Sie wissen, wie sehr ich das mag. Die Schwitzkammer war brechend voll – etwa vierzig Mann. Bald waren wir mitten in einer politischen Diskussion. Man stelle sich vor: Vierzig nackte Männer, alle schreien, fuchteln mit den Birkenreisern in der Luft herum und klatschen (damit) aufeinander ein. ‹Halten Sie sich tapfer, Boris Nikolajewitsch!› ‹Wir sind mit Ihnen!› Und wie sie mir dabei den Rücken mit Birkenzweigen bearbeiteten! Ein toller Anblick muß das gewesen sein. Daß all dies im Schwitzbad geschah, hat für mich symbolische Bedeutung. Das Schwitzbad reinigt. Dort sind alle Gefühle rein, die Menschen aber sind nackt und bloß. Damals veränderte sich meine Weltanschauung. Ich begriff, daß ich meiner sowjetischen Erziehung nach und aus Gewohnheit Kommunist gewesen war, aber nicht aus Überzeugung. Dieses Schwitzbad ist mir bis heute unvergeßlich geblieben.»[9] Die Schilderung der Szene legt nahe, daß das Schwitzbad entgegen Jelzins eigener Deutung nicht in erster Linie dessen mentalen Wandel bewirkte oder ihn auch nur symbolisierte. Vielmehr offenbart sie sein Verständnis, quasi im Auftrag des Volkes – versinnbildlicht durch die anderen Saunagäste – eine Mission ausführen zu müssen. Das Mandat bestand darin, den politischen Kampf gegen den kommunistischen Goliath energisch weiterzuführen.

Tatsächlich wurde der unerschrockene Jelzin in seinem konsequenten Kampf um die Beendigung des Machtmonopols der KPdSU und um mehr Autonomie für die Unionsrepubliken zum großen Gegenspieler Gorbatschows. Er wurde zu Recht als «der erste Politiker» beschrieben, «der freiwillig von der Nomenklatura-Leiter sprang», um die kommunistische Ideologie und den Einparteienstaat zu zerstören.[10] Dies geschah allerdings keineswegs nur um der demokratischen Mission willen. Jelzin räumte selbst freimütig ein, daß eine seiner Hauptantriebskräfte auf dem Weg in ein demokratisches Rußland aus dem Kampf um die Macht mit Michail Gorbatschow resultierte. Gegen dessen Widerstand gelang es Jelzin, Ende Mai 1990 den Vorsitz im Obersten Sowjet der russischen Teilrepublik zu erringen. Als Gorbatschow im April 1991 die Bevölkerung der UdSSR per Referendum um die Zustimmung zum Fortbestand der Sowjetunion befragte, nutzte Jelzin die Gelegenheit, um mittels einer Zusatzfrage vom russischen Wahlvolk das Mandat zur Bestellung eines plebiszitär gewählten Präsidenten zu erhalten.

Während Jelzin konsequent den Aufstieg in demokratische Ämter betrieb, löste er sich gleichzeitig vom Herrschaftsapparat der Staatspartei. Seine Abkehr demonstrierte er in offener Opposition zur KPdSU und durch seinen spektakulär inszenierten Austritt aus der Partei. Auf dem Plenum des ZK der KPdSU im Februar 1990 forderte Jelzin zum Sturz aller sozialistischen Heiligtümer auf. Er verlangte die Gewährleistung des Rechts auf Privateigentum, auf finanzielle Autonomie für Industriebetriebe und Kolchosen, schließlich das Recht der politischen Vereinigungs-, Versammlungs- und Demonstrationsfreiheit und zuletzt das Recht auf Gewissensfreiheit.[11] Der Parteiaustritt Jelzins erfolgte auf dem 28. Parteitag der KPdSU im Juli 1990. Dieses Forum wurde bewußt gewählt, um dem Akt der Rebellion besondere Wirksamkeit und öffentliche Aufmerksamkeit einzuräumen. Als Jelzin zu der Zeit mit der Frage konfrontiert wurde, ob er denn noch Sozialist sei, flüchtete er schnell in die rhetorische Gegenfrage über die Bedeutung eines historisch so unterschiedlich definierten Sozialismus. Zu Recht mokierte er sich über den unter Breschnew offiziell vorherrschenden «entwickelten Sozialismus». Jelzin zog es bei der Gelegenheit vor, sich zu großen Figuren der russischen Geschichte zu bekennen. Er nannte als seine Vorbilder Peter den Großen und Jaroslaw den Weisen, den Großfürsten der Kiewer Rus im frühen 11. Jahrhundert.[12] Offensichtlich sah sich Jelzin schon in der legitimen Erbfolge dieser russischen Herrscher.

Als sicheren Kompaß und Ausweis seiner politischen Führungsqualität nannte Jelzin seine gute Intuition, auf die er sich verlassen könne. Tatsächlich bescheinigten auch kritische Beobachter immer wieder Jelzins Begabung, sich in schwierigen politischen Machtkämpfen von seiner Intuition und von einem guten Gefühl für die

Stimmung der Massen leiten zu lassen. Dies wurde auch in seiner ideologischen Biegsamkeit deutlich, die er in Wahlkämpfen an den Tag legte. Bei den ersten Volkswahlen zur Präsidentschaft im Sommer 1991 gab sich Jelzin eher patriotisch gestimmt denn als radikaler Vorkämpfer von Demokratie und Rechtsstaat. Zugleich wehrte er Anleihen an die «Russische Idee» im Sinne eines russischen Sonderweges ab. Er sprach sich gegen alle kommunistischen Mythen aus und hielt es für einen positiven «dynamischen Prozeß, die Ideologie aus dem öffentlichen Bewußtsein zu tilgen». Er sah darin den ersten Schritt «auf dem Weg zur moralischen Wiedergeburt», die sich «auf universelle menschliche Werte und Lebensnormen» gründe.[13] In diesen Formulierungen spiegelte sich auch das von Gorbatschow hochgehaltene «Neue Denken» wider, in dem der Begriff der «allgemeinmenschlichen Werte» eine Schlüsselrolle eingenommen hatte.

Die siegreiche Niederschlagung des kommunistischen Putsches vom August 1991 unter der Führung Jelzins gab Anlaß zu einem schnell grassierenden Mythos. Es war die Vorstellung, daß das Zeitalter der Demokratie bereits begonnen habe. Hinzu kam, daß schon seit Anfang 1990 die Bezeichnung «Demokraten» einem inflationären und in jeder Hinsicht irreführenden Gebrauch unterlag. Von den Kommunisten und selbst von Gorbatschow wurden die Vertreter der Bewegung «Demokratisches Rußland» und der «Interregionalen Deputiertengruppe» im Obersten Sowjet der UdSSR als «Radikaldemokraten» beschimpft und herabgesetzt. Die Anhänger der Bewegung hingegen bezeichneten sich selbst und ihre Führungsfigur Boris Jelzin als Demokraten. Damit kamen sie vornehmlich dem eigenen Verlangen nach einer wenigstens nominellen Identifikation mit der Demokratie nach, auch wenn man meilenweit davon entfernt war, die Grundsätze und Verfahrensweisen eines demokratischen Systems zu kennen und zu verstehen. Jelzins späterer Pressesekretär Wjatscheslaw Kostikow beschrieb den Erwerb des Status eines Demokraten aufgrund bloßer gegenseitiger Zuschreibung als einen einzigartigen, an ein Wunder grenzenden Vorgang.[14]

Zunächst hielten sich die Mythen vom «Beginn» der Demokratie und von Jelzin, dem «Demokraten» und dem «Zerstörer» des kommunistischen Machtmonopols, hartnäckig. Tatsächlich war Jelzin in dem entscheidenden Umbruchsjahr 1991 von der Überzeugung erfüllt, daß der Übergang zur Marktwirtschaft ebenso unausweichlich wie wünschenswert war. Er hielt sich selbst auch für einen Demokraten, wobei sich sein Demokratieverständnis im wesentlichen darin erschöpfte, die Notwendigkeit des politischen Wettbewerbs im Rahmen von Wahlen anzuerkennen.[15] Der uneingeschränkte Glaube an die Eigendynamik der Marktwirtschaft wurde später als «primitiver Liberalismus» beschrieben, dessen Anhänger meist aus der Menschenrechtsbewegung, den ehemaligen Dissidenten und der großstädtischen Intelligenzija kamen. Charakteristisch war die naive Vorstellung, daß der Staat nur seine regulierende Rolle deutlich zurücknehmen müsse, um eine sich auf Privateigentum gründende Wirtschaft, ein demokratisches politisches System und eine Zivilgesellschaft quasi automatisch entstehen zu lassen.[16]

Von der akteursorientierten Transitionsforschung wird geltend gemacht, daß für die Bewältigung von Krisen und Konflikten, die einen Systemwechsel zwangsläufig begleiten, Persönlichkeiten mit «Mut und Visionen» gefragt sind.[17] Während Jelzin etwa wegen seines Aufbegehrens in der KPdSU oder wegen seines resoluten Auftretens gegenüber den Putschisten durchaus als mutiger Akteur zu bezeichnen war, so reichte das Eintreten für den «primitiven Liberalismus» gewiß nicht aus, um Russlands ersten Präsidenten als «Visionär» in die Geschichte eingehen zu lassen. Jelzin zog es nach seiner Abkehr von der KPdSU vor, eher «pragmatische» Standpunkte einzunehmen und der Eingebung wie den Umständen einer Situation folgend ad hoc grundsätzliche Aussagen zu treffen. Er blieb sichtlich allen Ideologien gegenüber mißtrauisch und flüchtete immer wieder in populistische Attitüden. Vielfach wird jedoch bescheinigt, daß sich Jelzin bereit und fähig zeigte zu lernen. Der Umgang mit Andrej Sacharow und den führenden Intellektuellen unter den Moskauer Demokraten erwies sich als fruchtbar. Diese führten Jelzin in die demokratische und liberale Ideenwelt ein, vermittelten ihm die Fähigkeiten der politischen Analyse und bemühten sich, ihn zu mehr Toleranz und Verbindlichkeit im Umgang mit politischen Gegnern wie Mitstreitern zu bewegen.[18]

Neben Jelzins Lernerfolgen registrierten indessen nicht wenige Beobachter schon am Anfang seiner politischen Karriere als «Demokrat» populistische Tendenzen und Attitüden. Deshalb hielten sich Zweifel, ob der «grobschlächtige Apparatschik aus der Provinz» mittlerweile tatsächlich zu einem Musterschüler der Demokratie avanciert war. Jelzins späterer Biograph Leon Aron schrieb am 3. Juni 1990 in der Washington Post, daß «erst die weiteren Entwicklungen zeigen werden, ob Boris Jelzin ein Demokrat unter den Populisten oder aber ein autoritärer Populist unter den Demokraten ist.» Jelzin selbst nahm keinen Anstoß an dem Begriff «Populismus». In seiner Kandidatenrede vor den Abgeordneten des Obersten Sowjets hob er hervor, daß der Begriff vorwiegend «auf Verbindungen mit dem Volk» und «mit den Massen» verweise und deshalb nicht negativ aufzufassen sei.[19]

Tatsächlich traten immer wieder populistische Allüren in Jelzins Führungsstil hervor, die er selbst als die wünschenswerte «Volksnähe» eines demokratischen Führers auslegte. So erhielt etwa die Bildung einer neuen Regierung in der russischen Teilrepublik RSFSR im Sommer/Herbst 1990 eine recht bizarre populistische Note. Um Bewerbungen für Ministerposten entgegenzunehmen, beschlossen Jelzin und Iwan Silajew, der damalige Vorsitzende der Regierung der RSFSR, im Fernsehen eine Telefonnummer bekannt zu geben.[20] Eine populistische Haltung legte Jelzin auch an den Tag, als es darum ging, für die Präsidentschaftswahl im Sommer 1991 einen geeigneten Kandidaten für die Vizepräsidentschaft auszusuchen. Jelzin fühlte sich keineswegs veranlaßt, eine Person aus dem Lager der «Demokraten» aufzufordern. Er zog es aus wahltaktischen Überlegungen vor, General Alexander Ruzkoj zum Partner zu nehmen. Dabei folgte er weniger dem naheliegenden Kalkül, daß General Ruzkoj als Fraktionsführer der «Kommunisten für Demokratie» Wählerstimmen aus kommunistischen Kreisen anziehen konnte. Vielmehr wurde Ruzkoj in letzter Minute gegenüber dem immer noch unentschlossenen Jelzin von dessen Redenschreibern ins Spiel gebracht. Diese hatten vor allem Ruzkojs attraktives Aussehen als möglichen Köder für die Wähler(innen) im Visier.[21] Jelzin übernahm die Idee sofort auf das eigene Konto. In seinem Tagebuch schrieb er über Ruzkoj, daß dieser «das Aussehen eines Bühnenstars (habe), Kampfflieger und Held der Sowjetunion (war), der überdies gut reden konnte und in beißender Polemik geübt war. Ein Adler! Die Frauen mittleren Alters würden beim Anblick dieses Vizepräsidenten vor Begeisterung dahinschmelzen! Und erst die Stimmen der Armee!»[22] Diese populistische Rechnung Jelzins ging zwar auf, eine sinnvolle Basis für die Zusammenarbeit des siegreichen Tandems Jelzin/Ruzkoj ergab sich daraus aber nicht.

Wie die Vertreter der Transitionswissenschaft betonen, kommt es bei dem Aufbruch in einen erfolgreichen Übergang von einem autoritären System in Richtung Demokratie und Marktwirtschaft vor allem auf einen breiten Konsens unter den politischen Eliten, auf die Unterstützung durch die Gesellschaft und auf klare verfassungsrechtliche Grundlagen an. Während letztere zunächst nicht gegeben waren, stand es ansonsten im Sommer 1991 um die Voraussetzungen für den Beginn des großen Experiments nicht schlecht. Nachdem Boris Jelzin, der Führer der Bewegung Demokratisches Rußland, am 12. Juni 1991 zum ersten Präsidenten Rußlands mit einer Mehrheit von 57,3 Prozent der abgegebenen Stimmen direkt gewählt worden war, schien die gesellschaftliche Unterstützung für den beabsichtigten Systemwechsel in ausreichendem Maße gegeben. Nach der Niederschlagung des Putsches gegen Gorbatschow im August 1991 war außerdem ein breiter Konsens der politischen Eliten zugunsten grundlegender Reformen der Wirtschaft und zugunsten einer demokratischen Staatsordnung in der RSFSR vorhanden.

Ungeachtet des großen politischen Potentials für Reformen herrschte bei den «Demokraten» selbst vorwiegend Verwirrung um die einzuschlagende Richtung bzw. um «die Wahl des Weges» vor. Dieses Schwanken wurde von Jelzins Assistenten in ihrem umfassenden Buch über die «Epoche Jelzins» überzeugend dokumentiert.[23] Eine genaue Antwort auf die Frage, wie und welche Reformen einzuschlagen seien, hatte niemand zur Hand. Der liberale Politiker Sergej Filatow bestätigte, daß weder Jelzin noch alle sogenannten Demokraten und Radikalreformer klare Zielvorstellungen vom Systemwandel besaßen. Filatow schreibt in seinen Memoiren: «Wir wußten lange Zeit nicht, worin radikale Reformen bestanden, und selbst die Urheber der Reformen wußten dies nicht und der Präsident auch nicht. Wir wußten nur, daß wir laufen mußten. Über das Ergebnis der Reformen wurde nur wild gerätselt, und offenkundig stellte sich jeder darunter etwas anderes vor.»[24]

Orientierungs- und Konzeptlosigkeit herrschten allerdings auch in den anderen politischen Lagern. Deshalb war der Konsens der «Augustsieger» schnell wieder brüchig. Hingegen entbrannten scharfe Konflikte über den Weg zur Marktwirtschaft und über die institutionelle Verteilung der Macht zwischen Exekutive und Legislative. Bereits im Frühjahr 1992 setzte die sogenannte «Doppelherrschaft» zwischen Parlament und Präsident ein, die vorwiegend durch Verfassungswirren und politische Machtkämpfe gekennzeichnet war. Das Verhältnis zwischen dem Präsidenten und seinem Stellvertreter verschlechterte sich zusehends. Dies lag nicht nur daran, daß es an gemeinsamen demokratischen Überzeugungen fehlte und Ruzkoj sich gegen einen radikalen Übergang zur Marktwirtschaft stellte. Ein wichtiger Grund für das Zerwürfnis an der Spitze rührte daher, daß keine Vorstellungen von der Aufgabenteilung zwischen dem Präsidenten und dessen Stellvertreter bestanden. Während man im Zusammenhang mit der Einführung des Präsidentenamtes in der RSFSR auch das amerikanische Modell des Vizepräsidenten übernommen hatte, scheiterte die Realisierung dieses Vorbilds maßgeblich an dem fehlenden Know-how über die institutionellen Rollen von beiden.[25]

Verfassungsverständnis

Ein neues Grundgesetz interessierte die politischen Akteure vorwiegend als «Trumpfkarte» in dem «Kartenspiel um die Neuverteilung der Macht».[26] Die Arbeiten an einer neuen Verfassung, die bereits Mitte 1990 aufgenommen worden waren, hatten von Anfang an offenbart, daß bei den Verfassungsvätern und Staatsgründern keine klaren Präferenzen für das eine oder andere Verfassungsmodell vorhanden waren. Der nonchalante Umgang mit Verfassungsvorbildern resultierte aus der schlichten Unkenntnis der Grundmerkmale parlamentarischer und präsidentieller Systeme und von deren Vor- und Nachteilen. So schwankten in der im Juni 1990 eingesetzten Kommission zur Ausarbeitung einer neuen Verfassung die Neigungen zwischen dem amerikanischen und dem französischen Modell hin und her. In den öffentlichen Verfassungsdebatten wurde das amerikanische Vorbild favorisiert. Darin spiegelte sich die allgemeine Amerikabegeisterung der Epoche wider. Zuletzt gingen Rußlands Verfassungsschöpfer dazu über, den Anleihen an die unterdessen stark veränderte Verfassung der UdSSR weitere Neuerungen hinzuzufügen. Dazu gehörte die

Einführung eines Präsidentenamtes und eines Verfassungsgerichts. Diese wichtigen neuen Institutionen wurden einfach in die weiterhin gültige «sozialistische» Verfassung der russischen Unionsrepublik von 1978 integriert. Bald sollte sich zeigen, daß mit dem eigentümlichen Potpourri unterschiedlicher Verfassungsprinzipien buchstäblich «kein Staat zu machen» war.[27] Als die UdSSR Ende 1991 zerfiel, waren Verfassung und Institutionen des neuen russischen Staates nur ein Torso.

Während der «Doppelherrschaft» häuften sich die Widersprüche in Rußlands Verfassungslandschaft. Das Gewaltenteilungsprinzip, das neben dem Föderalismus im Frühjahr 1992 in die geänderte Verfassung aufgenommen worden war, kollidierte zwangsläufig mit dem hier ebenfalls verankerten Prinzip der Gewaltenkonzentration beim Volksdeputiertenkongreß. Während der aus mehr als tausend Mitgliedern bestehende Kongreß und der aus seiner Mitte gewählte Oberste Sowjet die ihnen zuerkannte «höchste Gewalt» durchzusetzen suchten, waren der Präsident und die Organe der vollziehenden Gewalt ihrerseits bestrebt, das Gesetz des Handelns an sich zu reißen. Die widersprüchlichen Verfassungsänderungen wurden letztlich weder dem präsidentiellen amerikanischen noch dem semi-präsidentiellen französischen Modell gerecht. Tatsächlich ging es den politischen Akteuren aus Legislative und Exekutive in erster Linie darum, der eigenen institutionellen Bastion in der neuen Verfassung ein Maximum an Macht zu sichern. Bis zum Frühjahr 1993 war die alte Verfassung mit mehr als dreihundert Änderungen versehen worden, so daß ein Kommentator unter Anspielung auf eine Novelle Nikolaj Gogols zu Recht beobachtete: «Wir haben unsere Verfassung zu den ‹Aufzeichnungen eines Wahnsinnigen› gemacht. Alle Artikel widersprechen einander. Nach einer solchen Verfassung kann kein Mensch, kein Staat leben – niemand.»[28] Während die alte Verfassung aufgrund der fortgesetzten Änderungen einem «zentaurenartigen Ungetüm aus sowjetischem Unterbau und aufgesetzten Rechtsstaatsprinzipien» glich, kamen die Arbeiten an einer neuen Verfassung nur äußerst stockend voran. Es war nahezu unmöglich, aus dem verfassungspolitischen Teufelskreis, «in dem die Annahme einer neuen Verfassung erst durch ein neu gewähltes Parlament zu erwarten war, vorgezogene Parlamentswahlen aber erst nach der Verabschiedung einer neuen Verfassung möglich erschienen», auszubrechen.[29] Die Auseinandersetzungen über die Verteilung der institutionellen Macht spitzten sich deshalb gefährlich zu und mündeten letztlich in die offene Konfrontation des Herbstes 1993.

Während Präsident und Parlament miteinander rangen und Verfassungskriege tobten, kristallisierte sich gleichwohl bereits ein neues politisches System heraus. Die zentralen Einrichtungen der vollziehenden Gewalt erreichten noch vor der Verabschiedung einer neuen Verfassung im Dezember 1993 ihre definitive Gestalt. Das «System Jelzin» mit seinem typischen Profil urwüchsiger Institutionen und informeller Strukturen etablierte sich also lange vor dem förmlichen Anbruch der neuen Republik. Wie vollzog sich dieser Prozeß und welche Merkmale zeichneten das neue Gemeinwesen aus, bevor ein verfassungsmäßig sanktioniertes Gebäude von Institutionen darüber gestülpt wurde?

Nachdem Boris Jelzin im Juni 1991 zum Staatspräsidenten gewählt worden war, gehörte es zu seinen vorrangigen Aufgaben, eine Regierung zu bilden und überhaupt Personen zu gewinnen, die sich gewillt und in der Lage zeigten, den radikalen Strukturwandel in Richtung Marktwirtschaft und Demokratie in Gang zu bringen. Die Vorstellung lag nahe, daß Jelzin in erster Linie versuchen würde, seine Mitarbeiterstäbe aus den Reihen der demokratischen Bewegung zu rekrutieren. Indessen nutzte Jelzin das «Demokratische Rußland» nur begrenzt als Reservoir für neue «Kader», wie man getreu sowjetischer Übung das Personal für politische Ämter auch weiterhin nannte. Vielmehr war zu beobachten, daß Jelzin zu seinen radikalen Mitstreitern in der Bewegung schon 1991 auf Distanz ging und daß umgekehrt diese die neue Exekutive unter Jelzin nicht unterstützen wollten.

Beiden Seiten lag viel daran, eine – sichtlich falsch verstandene – gegenseitige Abhängigkeit zu vermeiden. Jelzin wollte über den Parteien stehen und der Präsident «aller Russen» sein. Im übrigen hatte er nach seinem Austritt aus der KPdSU kein Verlangen, sich neuen Parteizwängen zu unterwerfen.[30] Jedenfalls sträubte er sich konsequent gegen die Bildung irgendeiner Art von Präsidentenpartei auf der Basis des «Demokratischen Rußland». Er schützte vor, daß eine solche Partei früher oder später unweigerlich Ähnlichkeiten mit der alten KPdSU annehmen würde.[31] Diese Einstellung wie umgekehrt die Haltung vieler «Demokraten», dem Einfluß in der Regierung die Rolle einer «konstruktiven Opposition» vorzuziehen, zeugt von einem weit verbreiteten Antiparteiensyndrom und von der Unkenntnis der Wirkungsweise demokratischer Institutionen. Offenkundig stellten sich zählebige sowjetische Denkmuster der Vorstellung von pluralistischen Parteien als unverzichtbaren Trägern und Mittlern der gesellschaftlichen Willensbildung und als notwendiger Basis einer verantwortlichen demokratischen Regierung entgegen. Demgegenüber erlangten technokratische Leitbilder, die ebenfalls der politischen Kultur der Sowjetunion entstammten, wieder Hochkonjunktur.

Regierungspersonal

In diesem Sinne hielt Jelzin Ausschau nach einem geeigneten Ingenieur des Systemwechsels, vorzugsweise nach einem Ökonomen, der es verstehen würde, zuallererst eine neue Wirtschaftsordnung einzuführen. Auf der Suche nach entsprechenden Kandidaten war Jelzins enger Vertrauter Gennadij Burbulis behilflich. Burbulis, der wie Jelzin aus Swerdlowsk stammte und sich vom Dozenten für Marxismus-Leninismus zum engagierten Anhänger der demokratischen Bewegung gemausert hatte, machte sich generell als Vermittler von politischem Spitzenpersonal verdient. So wie er schon den Außenminister Andrej Kosyrew im demokratischen Milieu ausgespäht hatte, führte Burbulis dem Präsidenten Ende Oktober 1991 auch den Ökonomen Jegor Gajdar zu und schlug diesen als potentiellen Regierungschef vor. Tatsächlich stand Gajdar bereits im Ruf, ein legitimer Anwärter auf das wichtige Amt zu sein. Jelzin zeigte sich damit rasch einverstanden.[32] Er war von der Radikalität der Vorschläge des 35 Jahre alten Ökonomen, die sich an dem polnischen Vorbild der «Schocktherapie» orientierten, durchaus angetan. Gajdar war zum Zeitpunkt seiner Berufung als Direktor und leitender Wissenschaftler an dem Moskauer «Institut für Wirtschaftspolitik» tätig. Er brachte einen kompletten Stab von Institutskollegen in die Regierung mit. Dies kam Jelzins Wunschvorstellungen von einer «Mannschaft, die sich untereinander versteht und die sich durchweg für Reformen einsetzt», entgegen. Demgegenüber spielte die politische Herkunft des Teams aus der demokratischen Bewegung keine Rolle.[33]

Die Bildung von Regierungen aus jungen «Reformern», die

ganze Seilschaften aus den Instituten, denen sie selbst entstammten, nach sich zogen, sollte sich als eines der zentralen Muster der Rekrutierung politischen Spitzenpersonals behaupten. Wegen ihrer Herkunft, ihres niedrigen Durchschnittsalters und ihrer großen Experimentierfreudigkeit bürgerten sich in der Öffentlichkeit die Begriffe «Laborleiter» (*sawlaby*) und «Jungreformer» (*maloreformatory*) für die neuen Führungsriegen ein.[34] Es sprang im übrigen ins Auge, daß sich Gajdars Mannschaft nahtlos in die lange Tradition der sowjetischen Regierungen einreihte, da auch diese reine Wirtschaftskabinette waren.

Auf dem Siebten Volksdeputiertenkongreß im Dezember 1992 wurde Jelzin aufgrund des massiven Drucks der Opposition gegen den radikalen Wirtschaftskurs der Regierung gezwungen, sich von Jegor Gajdar zu trennen. Er tauschte den «Jungreformer» Gajdar gegen den «Roten Direktor» Viktor Tschernomyrdin aus.[35] Während Gajdar dem Selbstverständnis nach von Anfang an dem Lager der «Radikaldemokraten» angehörte, beanspruchte Tschernomyrdin als «Zentrist» einen Platz in der noch unbestimmten politischen Mitte. Von der Herkunft her war Gajdar ein Wirtschaftstheoretiker, Tschernomyrdin kam aus der Wirtschaftspraxis. Tatsächlich repräsentierten Gajdar und Tschernomyrdin zwei unterschiedliche technokratische Richtungen. Jelzin schätzte an Tschernomyrdin mehrere Eigenschaften, vor allem dessen Erfahrungen als langjähriger «Wirtschaftspraktiker» und die absolute persönliche Loyalität. Tschernomyrdin war in den letzten Jahren der UdSSR als Unionsminister für Gasindustrie tätig gewesen, um von hier an die Spitze des auf der Basis dieses Ministeriums gegründeten Gaskonzerns «Gasprom» zu wechseln.[36] Jelzin schrieb über Tschernomyrdin in sein Tagebuch: «Ich war beeindruckt von seiner Ruhe und seiner Zurückhaltung, seinem ausgesprochen nüchternen Denken und seiner ausgeprägten Männlichkeit.»[37]

In der Regierung Gajdar war Tschernomyrdin mit dem Bereich Wärme und Energie betraut. Von seinem Werdegang her war es wenig verwunderlich, daß sich Tschernomyrdin in erster Linie als «Produzent», als *proiswodstwennik*, verstand, nicht jedoch als Politiker. Erst gegen Ende seiner langen Amtszeit als Premierminister räumte er ein, daß sich die Rolle eines Regierungschefs nicht in einem neutralen «Professionalismus» erschöpfe und von Politik doch nicht ganz zu trennen sei. Allerdings verstand er unter Politik vornehmlich «Weltpolitik» und zumal die Rolle Rußlands als weltpolitischer Akteur.[38] Der Volksdeputiertenkongreß schenkte Tschernomyrdin gerade wegen seiner Qualität als «erfahrener Wirtschaftspraktiker» Kredit. Daß dieser es vorzog, dem Vorsitzenden der Regierung die Rolle eines «Fachmanns» – im russischen *professionál* – oder eines «Managers» und nicht die eines Politikers zuzuschreiben, ist für das Amtsverständnis der Spitzen der Exekutive typisch. Offensichtlich haftete in der Wahrnehmung vieler dem Begriff des «Politikers» und erst recht demjenigen eines «Parteiführers» etwas Unseriöses an. Deshalb mied man tunlichst solche Bezeichnungen. Die Scheu vor selbstverständlichen Begriffen aus dem Inventar jeder modernen Parteiendemokratie erklärt sich nur, wenn man das politisch-kulturelle Erbe der Sowjetunion mit ihrem besonderen Sprachgebrauch in Rechnung stellt.

Jelzins Personalpolitik favorisierte jedoch von Anfang an keineswegs nur den Typus des technokratischen «Laborleiters» oder Vertreters der «Roten Direktoren». Vielmehr holte sich der frühere Gebietsparteisekretär auch getreue Apparatschiks, vorzugsweise aus seinem ehemaligen Swerdlowsker Umfeld, auf Spitzenpositionen der vollziehenden Gewalt. Sie hatten zwar nichts mit der demokratischen Bewegung gemein, behinderten aber die Verbindung des Präsidenten zu demokratischen Kreisen nicht. Sie verkörperten eher einen weiteren Typus von Technokraten im Mitarbeiterkreis des Staatsoberhaupts.[39] Charakteristisch für Jelzins Kaderpolitik war schließlich die Einhaltung eines gewissen regionalen Proporzes. So tauchten neben den «Uralern» auch Vertreter der Moskauer Region auf, wo Jelzin aufgrund seiner Aktivitäten als Parteisekretär in den Anfängen der Ära Gorbatschow ebenfalls auf loyale Gefolgschaften zählen konnte. Gegen Ende 1991 umfaßten Jelzins Stäbe ein buntes Spektrum von Technokraten und Vertretern unterschiedlicher politischer Richtungen. Neben Repräsentanten aus dem Lager der sogenannten radikalen Demokraten gab es echte Liberale, Populisten, Neokonservative und die vielen Bürokraten aus dem alten Regime. Angesichts der heterogenen Natur der neuen politischen Eliten resümierte Lilija Schewzowa zu Recht, daß die häufig geäußerte Meinung, «in Moskau seien die Demokraten an die Macht gekommen», zumindest stark übertrieben sei.[40]

Nach und nach entstanden ausgeklügelte Strukturen, um die so unterschiedlich rekrutierten Seilschaften und besonders ambitionierte Amtsträger in den Institutionen der Exekutive gegenseitig in Schach zu halten.[41] Dieses von Jelzin bisweilen meisterhaft manipulierte System der *checks and balances* wurde zu einem dauerhaften Strukturprinzip des Regimes. In der Presse mokierte man sich über die «Gewaltenteilung auf russische Art», die sich von dem amerikanischen Modell der *checks and balances* grundsätzlich unterschied.[42] Das wichtigste Instrument zu seiner Realisierung war Jelzins berühmt-berüchtigtes «Kaderkarussel», das der ehemalige Parteisekretär, der lange Erfahrungen in der Bestellung und Entlassung von Apparatschiks hatte, souverän zu bedienen verstand. In gewisser Weise war immer noch Stalins Diktum – «die Kader entscheiden alles» – von größter Aktualität. Jedenfalls zeigte sich im Bereich der Personalpolitik Jelzins sehr bald, in welch hohem Maße «die autokratischen Attitüden, die er sich während seiner langen Nomenklaturakarriere angeeignet hatte, erneut sein Verhalten zu beherrschen» begannen.[43]

Institutionelle Experimente

Zum Jonglieren mit Personen trat als ein weiteres Merkmal der anbrechenden Ära Jelzin das Experimentieren mit ganzen Institutionen hinzu. Eine Reihe von Einrichtungen wurden erprobt, um sowohl den Anforderungen des staatlichen Neubaus wie des Systemwechsels gerecht zu werden. Mit der Schaffung demokratischer Einrichtungen hatte das Chaos auf der Baustelle zur Errichtung eines eigenen russischen Staates wenig gemein. Als Merkmale traten von Anfang an Wildwuchs, Konkurrenz und Parallelismen in und zwischen den Organen hervor. Die Amtsleiter zeigten Unsicherheit im Umgang mit «ihren» Institutionen. Meist waren sie von ihren persönlichen politischen Ambitionen geleitet. Dies führte wiederum in breitem Umfang dazu, daß – entgegen den Annahmen des Neoinstitutionalismus – nicht die Institutionen ihre Akteure prägten, sondern umgekehrt die Akteure den Einrichtungen ihren Stempel aufzudrücken versuchten. Gelegentlich zeigte dies dauerhafte Wirkungen. Anstatt klarer transparenter Strukturen entstand ein Regime des Wettbewerbs der Institutionen und Akteure. Dies war eine der Ursachen dafür, daß eine «kompetitive Oligarchie» als eines der herausragenden Merkmale des Übergangsregimes in Rußland entstand.[44]

Auffällig war, daß die neue russische Führung ein starkes Interesse an *think tanks* hatte, die man als Ideenspender beim Aufbau des neuen Rußlands dringend zu brauchen schien. Bereits im Sommer 1990 gründete Jelzin auf Initiative seines Vertrauten Burbulis hin einen «Höchsten konsultativen und koordinierenden Rat des Vorsitzenden des Obersten Sowjets der RSFSR», welches Amt Jelzin zu der Zeit bekleidete. Später wurde die Einrichtung einfach «Präsidentenrat» genannt. Jelzin berief in das Gremium zunächst die intellektuelle Avantgarde der Perestrojka Gorbatschows, die sich damals schon von diesem abzukehren begann und gerne bereit war, in Jelzins Dienste zu treten. Als die Existenz des Rates im Februar 1991 bekannt wurde, nannten Pressekommentare die illustre Denkfabrik Jelzins «Schattenkabinett».[45] Tatsächlich konkurrierte das konsultative Gremium in gewisser Weise mit der offiziellen Regierung der RSFSR unter Leitung des farblosen Apparatschiks Iwan Silajew. Doch Jelzin gefiel es nicht, daß sich die Veteranen der Perestrojka keineswegs genierten, selbst gegenüber dem unterdessen vom Volk gewählten russischen Staatsoberhaupt einen schulmeisterlichen Ton an den Tag zu legen. Er sorgte deshalb dafür, daß der Rat Anfang 1993 reorganisiert und eine neue Gruppe von intellektuellen Beratern und «Vordenkern» berufen wurde. Der Austausch Jelzins mit den Neulingen erwies sich als fruchtbar und wegweisend für wichtige politische Entscheidungen. Vor allem war die moralische Unterstützung durch diesen Kreis für Jelzin von unschätzbarem Wert.[46]

Andere institutionelle Experimente, die in eine ähnliche Richtung gingen, erwiesen sich als weniger tragfähig. Dazu gehörte der neue «Staatsrat», den Jelzin nach seiner Wahl zum Präsidenten eigens für seinen Berater und Mitstreiter Burbulis ins Leben rief.[47] Dem konsultativen «Staatsrat» war ursprünglich sogar die Rolle einer Art Oberregierung zugedacht, die «dem Präsidenten helfen» sollte, «eine klare staatliche und politische Strategie zu entwickeln».[48] Daß Jelzin nach eigenem Bekunden dem Rat vorwiegend «die programmatische Arbeit» überlassen wollte, um sich selbst auf die «gesamte Strategie und Taktik» zu konzentrieren, zeigt, daß er einer eigenständigen konzeptionellen Bestimmung des Kurses lieber aus dem Weg ging. Er holte vorwiegend Mitstreiter aus der demokratischen Bewegung in den «Staatsrat». Es stellte sich jedoch bald heraus, daß der «Staatsrat» nicht die erwarteten Konzepte und Entscheidungsalternativen zu liefern vermochte. Die überaus selbstbewußten «Staatsräte» hielten sich für die Repräsentanten eines «kollektiven Präsidenten» und verlangten eine Aufwertung «ihres» Organs. Jelzin ging bald auf Distanz zu dem Rat. Mit der Ernennung von Burbulis zum Ersten Vizepremier wurde der «Staatsrat» kopflos und verschwand bald unauffällig von der Bildfläche.[49]

Die Bildung und schnelle Abschaffung des «Staatsrates» zeigt beispielhaft das auf der Baustelle des neuen russischen Staates vorherrschende Prinzip von Versuch und Irrtum. Vertreter der Transitionswissenschaft sprechen in dem Zusammenhang vom typischen «institutionellen Nomadentum».[50] Sie meinen damit die Unbeständigkeit und Flüchtigkeit der staatlichen Institutionen im Übergang von einem Herrschaftssystem zu einem anderen.

Über die wechselnden institutionellen Neuerungen wurde in der Öffentlichkeit gewitzelt. Oleg Popzow, ein bekannter Journalist und Vorkämpfer der demokratischen Bewegung, zitiert in seiner «Chronik der Zeit des Zaren Boris» den folgenden Kommentar zur neuen Institutionenvielfalt in Rußland: «Bei uns gibt es jetzt einen eigenen Staatssekretär wie in Amerika, einen eigenen Staatsrat wie in China und einen eigenen Sicherheitsrat wie bei den Vereinten Nationen.»[51] Tatsächlich hatte sich Burbulis bei der Einführung der neuen Einrichtungen im wesentlichen am amerikanischen Vorbild orientiert. Das Ergebnis der Anleihen hatte aber mit dem amerikanischen Vorbild nur noch wenig gemein.

Bürokratische Bastionen

Als die auf Dauer wichtigste und politisch mächtigste Einrichtung schuf man bereits im Sommer 1991 die Präsidialadministration. Ursprünglich wurde sie in erster Linie als Behörde für die «Perspektivplanung» und die laufende Tätigkeit des Präsidenten ins Leben gerufen.[52] Die wechselnden Leiter der Administration versuchten, entsprechend ihrem eigenen Verständnis von Politik und Verwaltung die Institution zu prägen und immer wieder neu zu gestalten. Zum ersten Leiter des neuen Organs berief Jelzin den getreuen Apparatschik Jurij Petrow aus Swerdlowsk. Unter seiner

Leitung erinnerte die Behörde stark an das Zentralkomitee der KPdSU, aus dessen Apparaten heraus sie tatsächlich erwuchs. Das frühere ZK-Gebäude auf dem Alten Platz in Moskaus Mitte wurde zum Sitz der neuen Präsidialadministration.

Anfang 1993 wurde Petrow durch den liberalen Politiker Sergej Filatow ersetzt.[53] Diesen zog Jelzin von dem wichtigen Posten des Stellvertretenden Parlamentssprechers ab. Er schwächte damit den Einfluß der Demokraten im Parlament und stärkte die kommunistisch-nationalistische Opposition unter Führung des «Speakers» Chasbulatow. Andererseits sah sich Jelzin veranlaßt, mit Filatow ein demokratisches Gegengewicht zu dem neuen Regierungschef Tschernomyrdin sicherzustellen, da dessen Qualitäten als Reformer nicht sofort absehbar waren. Jelzins Kaderkarussell zeigte also von Anfang an das Bestreben, ein Gleichgewicht unter den einzelnen Regierungsorganen und deren Leitern herzustellen.

Sergej Filatow, der die Präsidialadministration drei Jahre lang leiten sollte, erwies sich bei der Neugestaltung der Einrichtung als einfallsreicher und geschickter Architekt.[54] Die Administration wurde in verschiedene «politische» und «organisatorische» Abteilungen aufgegliedert. Zu ihnen zählte die Einführung wichtiger Scharniere zwischen staatlichem Apparat und gesellschaftlichen Kräften. Filatow gründete beispielsweise Abteilungen für «die Arbeit mit den Regionen», für «Kontakte zu den gesellschaftlichen und politischen Organisationen» und für die «Beziehungen zum Parlament». Dem neuen Leiter der Administration war sichtlich daran gelegen, die gesellschaftlichen Grundlagen der russischen Führung zu stärken. Jelzins Assistenten zollten Filatow Lob und Anerkennung für seine «romantische demokratische Ader».[55] Filatow schuf im übrigen in jeder Abteilung analytische Unterabteilungen. Um noch mehr wissenschaftlichen Sachverstand in der Arbeit der Administration sicherzustellen, baute Filatow auch die Einrichtung der «Gehilfen» respektive der «Assistenten» des Präsidenten systematisch aus. Ihre Zahl stieg im Jahr 1996 auf etwa zehn Personen, die ihrerseits wieder zwei bis drei Mitarbeiter engagieren durften. Sie residierten nicht im Gebäude auf dem Alten Platz, sondern im Kreml selbst und hatten direkten Zugang zum Präsidenten. Ihre realen Einflußmöglichkeiten auf die Politik der Kremlführung waren beachtlich.

Zwischen der Präsidialadministration und dem «Dienst der Gehilfen» entwickelten sich unvermeidliche Zweigleisigkeiten. Wiederholt wurde versucht, den Wettbewerb zwischen den Apparaten abzubauen und die Verwaltungsstrukturen grundlegend zu verbessern. Filatow orientierte sich dabei an der Administration der amerikanischen Präsidenten. Jelzin selbst schielte ebenfalls nach den USA. Er schlug seinem neuen Pressesekretär Kostikow vor, doch herauszufinden, wie man dort das Amt eines Pressesekretärs betreibe. Nötigenfalls solle er deswegen persönlich in die Vereinigten Staaten reisen. Kostikow war von der Ahnungslosigkeit im Reich der neuen «Kremldemokratie» völlig entgeistert.[56]

Während die Präsidialadministration als Kern der neuen Einrichtungen der Exekutive einen eher positiven Start nahm, blieb die Entwicklung eines weiteren wichtigen Organs der Zentralbehörden weit hinter den Erwartungen zurück. Es handelte sich um den Nationalen Sicherheitsrat, der im Juni 1992 per Erlaß gegründet wurde.[57] Als Modell stand der National Security Council der USA Pate, von dem sich bereits Gorbatschow hatte inspirieren lassen, um noch in der UdSSR einen Sicherheitsrat einzuführen.[58] Der neue russische Sicherheitsrat erhielt weitreichende Kompetenzen. Der vage Auftrag erstreckte sich auf «die Sorge für die Stabilität und eine gute Ordnung im ganzen Lande». Wegen seiner großen Machtbefugnisse und der geheimnisvollen Aura, die den Rat von Anfang an umgab, wurde das Organ in der Presse schnell als neues «Politbüro» identifiziert.[59] Zur geringen Freude der Demokraten ernannte Jelzin den Nomenklaturtschik Jurij Skokow zum ersten Sekretär des Rates. Der von Neid und Mißgunst gegenüber Gajdar erfüllte Skokow ließ nichts unversucht, um «seinen» Sicherheitsrat als einen «alternativen Ministerrat» auszubauen und überhaupt die Regierung der Kontrolle des Rates zu unterwerfen.[60]

Im Frühjahr 1993 wurde dessen Leitung wegen Skokows Illoyalität gegenüber Jelzin einem neuen Apparatschik aus der Swerdlowsker Kaderreserve, Oleg Lobow, übertragen. Auch er hatte nur die eigene Karriere im Auge. Unter Lobows Führung wurde der Sicherheitsrat zu einem großen bürokratischen Apparat ganz nach sowjetischem Muster ausgebaut. Der Mitarbeiterstab vergrößerte sich auf nahezu dreihundert Personen. Auch das politische Gewicht des Rates nahm deutlich zu. Es gelang dem «Kommissar», wie Lobow von seinen Mitarbeitern scherzhaft genannt wurde, dem Sicherheitsrat die Position einer faktischen «Oberregierung» zu verschaffen.[61] Während Lobows Amtszeit bis zum Sommer 1996 häuften sich in der Öffentlichkeit die Anspielungen darauf, daß das sowjetische Politbüro endgültig zurückgekehrt sei.

Zu den typischen Phänomenen eines Staates, der sich «praktisch in zwei Epochen gleichzeitig» befand, gehörte es, daß die neuen Einrichtungen in ihrer Ausgestaltung und Funktionsweise bald den sowjetischen Institutionen ähnelten. Während es in der UdSSR allerdings nur ein einziges Politbüro gegeben hatte, tauchten im postsowjetischen Rußland nach und nach gleich mehrere analoge Einrichtungen auf. Dazu gehörten zunächst der Sicherheitsrat und der Rat der Parlamentsadministration unter Führung von Ruslan Chasbulatow. Später wurde die «Kremlfamilie» von den Kommunisten als Jelzins «hauseigenes Politbüro» bezeichnet und kritisiert. Schon früh hatte man eine Neuauflage des Zentralkomitees der KPdSU in dem von Chasbulatow beherrschten Obersten Sowjet und eine Renaissance des Sekretariats des ZK der KPdSU in der Präsidialadministration unter Petrow ausfindig gemacht. Schließlich setzte sich in den neuen Regierungen die schon erwähnte Tradition der typischen sowjetischen Wirtschaftskabinette fort.[62]

Aus all den neuen Institutionen innerhalb der «Präsidentenpyramide» ragte bald der «Dienst für die Sicherheit des Präsidenten» unter der Leitung von Generalleutnant Alexandr Korschakow heraus. Der Personenschutz entwickelte sich zu einer mächtigen Institution des staatlichen Gewaltmonopols. Diesmal frappierte die Ähnlichkeit der Einrichtung mit der Kamerilla am Hofe eines absolutistischen Monarchen. Wie konnte es geschehen, daß Jelzins oberster Leibwächter einen solchen Einfluß errang? Dazu bietet Korschakows Karriere einigen Aufschluß. Er hatte seit 1970 im Stab der Leibwächter des KGB für hohe Funktionäre aus Partei und Staat gedient. 1985 wurde er zu einem der drei Leibwächter Boris Jelzins bestimmt, der damals zum Ersten Gebietsparteisekretär der Stadt Moskau ernannt worden war. Korschakow blieb Jelzin auch nach dessen Relegierung im November 1987 in Treue und Freundschaft verbunden. Dies kostete Korschakow 1989 sogar die weitere Beschäftigung im KGB. Die Mitgliedschaft in der KPdSU kündigte er von sich aus auf. Jelzin revanchierte sich für die erwiesene Loyalität. Nach seiner Wahl zum Präsidenten ernannte er den getreuen Leibwächter zum Leiter des präsidentiellen Sicherheitsdienstes, im Mai 1996 sogar gleichzeitig zu seinem Ersten Assistenten.[63]

Jelzin und Korschakow verbanden nicht nur dienstliche Aufgaben, sondern auch persönliche Interessen und Vorlieben. Zu der tiefen «Männerfreundschaft» hatten auch schwierige und gefährliche Situationen beigetragen, die sie gemeinsam bezwangen. Neben dem Augustputsch 1991 galt dies für die Rebellion des Parlaments Anfang Oktober 1993, an deren Niederschlagung Korschakow führend beteiligt war. Über jene aufwühlenden Stunden vor dem Sturm auf das Weiße Haus berichtete Korschakow, daß sich der Präsident zwischen den äußerst schwierigen Beratungen und Absprachen mit den Militärs für eine Weile zur Ruhe legte, während er selbst die Wache und das Regiment über das ganze Land übernahm. In seinen Memoiren schreibt er: «Boris Nikolajewitsch schlief im hinteren Zimmer wieder ein. Und ich setzte mich erneut hin, ‹um das Land zu regieren›.»[64] Tatsächlich hatte Korschakow, als das Militär noch schwankte, Jelzin mehr als einmal den Rücken gestärkt und ihm mehr als nur psychologische Unterstützung und die Hilfe eines Wächters gewährt. Im entscheidenden Moment war es Korschakow, der die zaudernde militärische Führung zur Aktion antrieb.[65] Jelzin blieb seinem Leibwächter auf das tiefste verbunden.

Die Verfassung vom 12. Dezember 1993

Die Hoffnungen, daß nach der blutigen Niederschlagung des Parlamentsputsches nunmehr endgültig eine stabile demokratische Ordnung einkehren würde, richteten sich auf die ersten freien Parlamentswahlen und auf die Verabschiedung der so lange und so heftig umstrittenen Verfassung. Die Hoffnungen trogen. Während die Wahlen in eine Niederlage der demokratischen Kräfte mündeten, hatte die neue Verfassung keinerlei Faszination für die wahlberechtigte Bevölkerung. Sie wurde am 12. Dezember 1993 nur äußerst knapp per Plebiszit angenommen. An dem Votum beteiligten sich lediglich 54,4 % der Stimmberechtigten; und selbst von denen stimmten nur 57 % zu.[66] Die Legitimität der Verfassung war vor allem deswegen prekär, weil sie gerade nicht im Konsens der Eliten zustande gekommen war.

Staatsorgane der Rußländischen Föderation
(nach der Verfassung vom 12.12.1993)

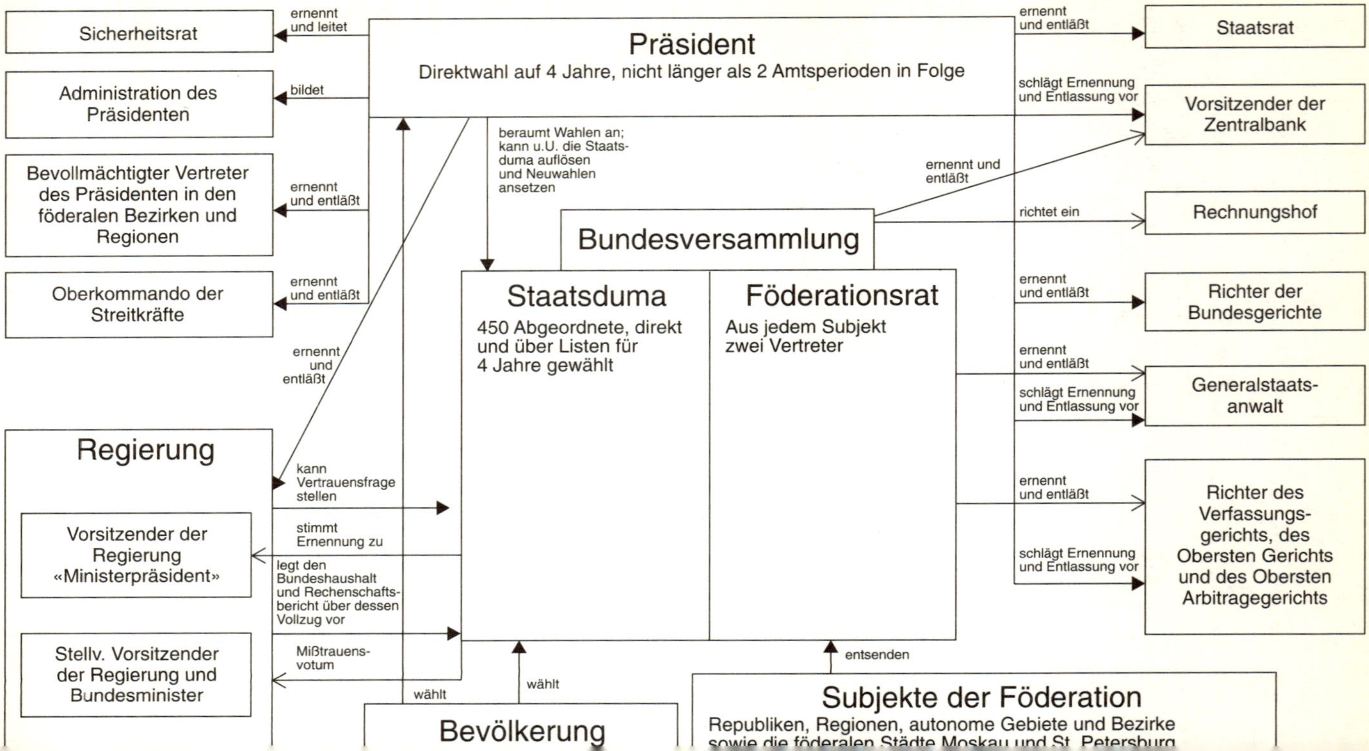

Präsident

- Direktwahl für vier Jahre; nicht länger als zwei Amtsperioden in Folge.
- Bestimmt die Richtlinien der Innen- und Außenpolitik, vertritt den Staat nach innen und außen.
- Garant der Verfassung, der Rechte und Freiheiten der Bürger; Schlichtungskompetenz bei Organstreitigkeiten.
- Leitet die Sitzungen der Regierung; sorgt für das Funktionieren des Staatsapparates.
- Unterzeichnet und verkündet Bundesgesetze; Vetorecht: bei Ablehnung eines Gesetzes erneute Behandlung in Duma und Föderationsrat. Billigen beide Kammern das Gesetz mit einer 2/3-Mehrheit der Gesamtzahl ihrer Abgeordneten, so ist das Veto des Präsidenten überstimmt und das Gesetz tritt in Kraft.
- Erläßt *ukasy* («Dekrete», «Präsidialverordnungen»).
- Kann ein Referendum ansetzen.
- Ergreift Maßnahmen zum Schutz der Souveränität des Staates, ist Oberbefehlshaber der Streitkräfte; bestätigt die Militärdoktrin der RF; kann mit Zustimmung des Föderationsrates den Kriegs- und Ausnahmezustand verhängen.

Bundesversammlung

- Vertretungs- und Gesetzgebungsorgan.
- Zwei ständig arbeitende, i.d.R. getrennt tagende Kammern.
- Fassen Beschlüsse i.d.R. mit der Mehrheit der Stimmen ihrer Mitglieder.
- Bilden Komitees und Kommissionen.
- Jede Kammer wählt aus ihren Reihen einen Vorsitzenden und mehrere stellvertretende Vorsitzende.

Staatsduma

- 450 Abgeordnete für vier Jahre gewählt; direkt und über Listen.
- Beschließt Bundesgesetze *(sakony)* und den Staatshaushalt, leitet sie dem Föderationsrat zu.
- Wird das Gesetz der Duma erneut vorgelegt, können Einwände des Föderationsrates mit 2/3-Mehrheit überstimmt werden.
- Ernennt und entläßt einen Menschenrechtsbeauftragten.

Föderationsrat

- Aus jedem Subjekt zwei Vertreter.
- Billigt Gesetze bzw. lehnt sie ab; bei Ablehnung können die Kammern einen Vermittlungsausschuß bilden.
- Entscheidet über den Einsatz von Streitkräften außerhalb der Grenzen der RF.
- Muß der Verhängung des Kriegs- und Ausnahmezustandes zustimmen.
- Entscheidet mit 2/3-Mehrheit über die Amtsenthebung des Präsidenten.

Regierung

- Übt die vollziehende Gewalt aus.
- Kann *postanowlenija* («Regierungsverordnungen») und *rasporjaschenija* («Anordnungen») erlassen.
- Bestimmt die grundlegende Richtung der Regierungstätigkeit und organisiert die Regierungsarbeit.
- Schlägt dem Präsidenten die Struktur der Exekutivorgane und die Kandidaten für die Ämter der stellv. Regierungsvorsitzenden und der Bundesminister vor.

Staatsrat

- Beratungsorgan des Präsidenten der RF.
- Wird gebildet aus Präsidenten und Gouverneuren der 89 Subjekte der RF.
- Präsidium: 7 Personen; Vorsitz: Präsident, gegründet 2000.

Auch wenn die Verfassung letztlich den Sieg des Präsidenten über das Parlament besiegelte, war sie keineswegs ein Dokument, das sich Jelzin zu seinem persönlichen Nutzen zurechtgeschneidert hatte. Jelzin ergänzte den Text nur durch spärliche Marginalien. Die neue Verfassung baute im wesentlichen auf den Vorarbeiten der «Verfassungskonferenz» vom Frühjahr 1993 auf. Ein kleineres Gremium, in dem Verfassungsexperten mit ausgezeichneten Kenntnissen der Verfassungsprinzipien westlicher Demokratien dominierten, legte im Spätherbst 1993 letzte Hand an das Dokument. So entstand ein in sich schlüssiger Text, der klar demokratischen und rechtsstaatlichen Prinzipien verpflichtet ist.

Im Hinblick auf das Institutionengefüge lehnt sich die Verfassung stark an das Vorbild der französischen Fünften Republik an, favorisiert jedoch stärker als diese die Stellung des Präsidenten, während die Rechte der beiden Parlamentskammern, der Staatsduma und des Föderationsrates, vergleichsweise begrenzt sind.[67] Der für vier Jahre vom Volk gewählte Präsident gilt als Garant der Verfassung und der Grundrechte. Er ist Oberbefehlshaber der Streitkräfte. Mit Zustimmung des Föderationsrates ernennt er den Generalprokurator und die Richter am Verfassungsgericht und verhängt den Kriegs- und Ausnahmezustand. Von zentraler Bedeutung für das präsidentielle Machtvolumen ist die Bestimmung, daß das Staatsoberhaupt die «Hauptrichtung der Außen- und Innenpolitik festlegt». Das präsidentielle Veto gegen Gesetze kann das Parlament nur mit einer Mehrheit von zwei Dritteln zurückweisen.

Im Verhältnis von Präsident und Parlament gibt es die für eine funktionsfähige Demokratie unverzichtbaren Elemente der Gewaltenteilung und Gewaltenverschränkung. So verfügt die Staatsduma über das Recht, ein Verfahren der Amtsenthebung gegen den Präsidenten anzustrengen, wobei dem Föderationsrat das letzte Wort zusteht. Der Präsident ist bei der Ernennung des Premierministers an die Zustimmung der Staatsduma gebunden. Da der Präsident im Falle einer dreimaligen Ablehnung die Kammer auflösen kann, müssen die Abgeordneten gegebenenfalls damit rechnen, ihres Mandats verlustig zu gehen. Unter ähnlich folgenreichen Bedingungen verfügt die Kammer über das Recht, der Regierung das Mißtrauen auszusprechen. Während ihn ein einmaliges Mißtrauensvotum nicht zum Handeln zwingt, hat der Präsident –

wenn es innerhalb von drei Monaten zu einem erneuten erfolgreichen Mißtrauensvotum kommt – die Alternative, die Regierung zu entlassen oder die Duma aufzulösen und vorzeitige Wahlen auszuschreiben. Aufs ganze gesehen erscheint die Position des Parlaments im staatlichen Machtgefüge vergleichsweise begrenzt. Die Verfassungspraxis sollte jedoch an den Tag bringen, daß sich die Kammern gegenüber dem Präsidenten durchaus zu wehren wußten. Umgekehrt ging Jelzin mit den präsidentiellen Prärogativen gegenüber dem Parlament zurückhaltend um.

Unleugbar ist jedoch, daß Jelzin von Anfang an danach strebte, die Verfassung entgegen ihrem semipräsidentiellen Charakter so auszulegen und zu kommentieren, daß der Eindruck eines «superpräsidentiellen» Grundgesetzes entstand. Die Ursachen dafür lagen in Jelzins Mangel an demokratischem Know-how, in seinem angestammten autoritären Habitus und insbesondere in seinen traumatischen Erfahrungen im Kampf mit der Übermacht des Parlaments seit 1991. Im Gegenzug betonte er fortan die Dominanz der Exekutive und zumal die unabdingbare Führungsrolle des Präsidenten. Die Disposition zu einer (super)präsidentiellen Auslegung der semipräsidentiellen Grundordnung teilte Jelzin im übrigen mit seinen technokratischen «Laborleitern», kam es diesen doch sehr gelegen, die schwierigen Reformen auf autoritärem Wege durchzusetzen.[68] Die obrigkeitsstaatliche politische Kultur war unter allen politischen Eliten und zumal in der Führungsschicht der kommunistischen Nomenklatura weit verbreitet. Insofern traf gerade auf Jelzin der Vorwurf zu, daß er sich ungeachtet gewisser Anstrengungen von seinen langen Prägungen als hoher kommunistischer Parteisekretär nur schwer frei machen konnte. Für ihn wie für viele neue «demokratische» Amtsträger galt das geflügelte Wort, daß «Iljitsch zwar die KPdSU verlassen habe, doch die KPdSU den Iljitsch nicht verlassen» habe.

Engste Mitarbeiter beobachteten, daß sich Jelzins Vorstellungen vom Präsidentenamt schon früh veränderten. Besonders auffallend war der allgemeine Wandel von «Jelzin, dem Meuterer, zu Jelzin, dem Gebieter», also zu dem Jelzin, der sich an Macht und Ehrerbietung ihm gegenüber gewöhnt hatte. Er verlor schnell seine Statur als einstiger Parteirebell und «Schrecken des Apparats» zugunsten eines wahrhaftigen «Jongleurs von Macht- und Wirtschaftsinteressen». Er wurde von einem Mitstreiter der demokratischen Bewegung, der alternative Meinungen und Kritik akzeptierte, zu einem Antreiber und Aktivisten mit wenig Sinn für Reformdebatten. Dieser Wandel wurde schon im Herbst 1991 sichtbar. Jelzin drängte damals auf «Aktion, Aktion und noch mehr Aktion». Er sagte: «Wir sollten jetzt weniger politische Debatten haben. Diese müssen auf ein Minimum reduziert werden. Das Wichtigste ist jetzt die Reform und die Verabschiedung entsprechender Gesetze und Dekrete sowie die Implementierung der Reform.»[69] Neben diesen «aktivistischen» und arbeitsreichen Phasen gab es bereits während der ersten Jahre der Präsidentschaft zunehmend Perioden, in denen Jelzin den Auftritt in der Öffentlichkeit scheute und das Interesse an politischen Aufgaben vermissen ließ. Diese Tage der trüben Stimmungen und des Rückzugs auf eine der Regierungsdatschen gaben berechtigten Anlaß zu Spekulationen über die prekäre Gesundheit oder einen zu reichlichen Alkoholgenuß des Präsidenten.

Einige von Jelzins demokratischen Mitstreitern der ersten Stunde bemühten sich daher, wie Jegor Gajdar es formulierte, doch «Jelzin wieder zu Jelzin zurückzubringen».[70] Diese sorgenvollen Ansätze scheiterten. Sie liefen schon deswegen ins Leere, weil es Jelzin letztlich nicht gelang, sich demokratische Überzeugungen voll zu erschließen und nach ihrer Maßgabe das politische Gemeinwesen zu führen. Nicht zufällig hinterließ Jelzin bei Journalisten häufig den Eindruck dreier verschiedener Persönlichkeiten. Das Bild wechselte vom Populisten zum Reformer und von diesem zum typischen sowjetischen Apparatschik. Pressesekretär Kostikow sah in Jelzin die gleichzeitige Verkörperung aller typischen Charaktere Rußlands, ob es nun bekannte Volkshelden, Revolutionäre oder Fürsten waren, so wie diese in der klassischen russischen Literatur Gestalt erhalten hatten.[71]

Es stellt sich die Frage, inwieweit von der neuen demokratischen Verfassung nach der turbulenten «Doppelherrschaft» erzieherische Wirkungen auf den Präsidenten wie überhaupt auf die politischen Eliten ausgingen. Konnten die neuen Institutionen und Verfahren das bereits bestehende, oligarchisch geordnete Spinnengewebe der Macht verändern? Transitologen schreiben gerade Verfassungen mit präsidentieller Dominanz das Entstehen solcher Strukturen zu. Wie Wolfgang Merkel anmerkt, führen diese Verfassungen zur Intransparenz und zur Verlagerung der

Entscheidungsfindung «aus den formalen Institutionen in einen informellen Kreis von Personen», «die als verfassungsgemäß nicht vorgesehene und nicht kontrollierbare Beraterstäbe, Küchenkabinette und präsidentielle Kamarillas agieren». Merkel verweist ausdrücklich darauf, daß dies «für die undurchsichtigen Entscheidungsmechanismen im Kreml Jelzins» zutreffe. Die beste Waffe gegen das Entstehen solcher «Opportunitätsstrukturen» sei die «demokratische virtu» des Präsidenten.[72]

Boris Jelzin war aber gerade nicht mit solchen Tugenden ausgestattet. Vielmehr hatte er selbst maßgeblich daran mitgewirkt, daß überhaupt undurchsichtige informelle Machtstrukturen entstanden. Diese waren zum Zeitpunkt der Verabschiedung der Verfassung bereits fest etabliert. Es zeigte sich, daß sich die informellen Netzwerke der Macht nun sogar um so gedeihlicher entfalten konnten. Wie die russische Soziologin Olga Kryschtanowskaja dargelegt hat, setzten sich in der grassierenden «kompetitiven Oligarchie» vorwiegend sowjetische Herrschaftsverhältnisse fort.[73] Jedenfalls erleichterten die informellen Netzwerke der kommunistischen Nomenklatura den Übergang der sowjetischen Elite in eine postsowjetische Oligarchie, in der politische Seilschaften und neue Unternehmergruppen miteinander verschmolzen.

Die mit der Verfassung vom Dezember 1993 eingeläutete Ära verstärkte die bereits bestehenden Entwicklungen. Dazu zählte vor allem die Tendenz, die Macht der Exekutive auf administrativem Weg abzusichern. Der Wettbewerb der oligarchischen Gruppen florierte weiter. Als Novum kamen Allianzen zwischen den technokratischen «Jungreformern» in den Regierungseinrichtungen und den aufkeimenden neuen kapitalistischen Kräften in Industrie und Finanz hinzu. Außerdem gediehen Seilschaften zwischen den «Roten Direktoren» und bürokratischen Gruppen. Von solchen Netzwerken führten wiederum Kontakte zu den verschiedenen Günstlingen in der persönlichen Entourage des Präsidenten.

Jelzin gefiel sich immer stärker darin, seinen autokratischen Neigungen nachzugeben und sie im Rahmen eines «höfischen Lebens» zu genießen. Darin fand er tatkräftige Unterstützung bei seinem obersten Leibwächter Alexandr Korschakow. Der festen «Männerfreundschaft» der beiden war es zuträglich, daß sie dem gleichen Lebensstil frönten und gerne im Kreise weiterer Gleichgesinnter vielerlei Vergnügungen des Sports wie der Jagd nachgingen. Üppige, feuchtfröhliche Tafelfreuden waren ein wichtiger Bestandteil des «höfischen Lebens» bei «Zar Boris». An Anlässen zum Feiern fehlte es nicht.[74] Dazu gehörten ebenso Familienfeste bei den Jelzins wie Hochzeiten bei den Korschakows oder gesellige Runden im Rahmen oder am Rande offizieller Reisen durch das Land. Anschauliche Schilderungen und vielsagende Photographien von den gemeinsamen Festen, sportlichen Vergnügungen und Picknicks aller Art finden sich in Korschakows Buch über «Boris Jelzin: Von Sonnenaufgang bis -untergang». Diese Offenbarungen drangen freilich erst an die Öffentlichkeit, nachdem der Präsident seinen Leibwächter entlassen hatte.

Während solche Geselligkeiten den persönlichen Günstlingen des Präsidenten sichtlichen Genuß bereiteten, waren sie für andere hochrangige Mitarbeiter Jelzins eher lästig und bisweilen sogar qualvoll. Pressesekretär Kostikow schreibt beredt über die «Qualen der Ohnmacht», die er bei offiziellen Reisen Jelzins und seiner ganzen Suite zu ertragen hatte. Er klagt darüber, daß diese Reisen ganz im sowjetischen Stil verliefen und mit der sinnvollen Beschäftigung eines demokratischen Staatsoberhauptes wenig zu tun hatten.[75] Ähnliche Skrupel kamen bei Jelzin und seiner engeren Umgebung nicht auf. Sie verstanden sich darauf, für die nötige Kurzweil auf solchen Exkursionen zu sorgen. So verfiel man anläßlich einer Schiffsreise auf dem sibirischen Fluß Jenissej auf die Idee, den Pressesekretär aus Spaß ins kalte Wasser zu werfen. Jedenfalls nahmen drei Begleiter Jelzins Kommando «Kostikow über Bord!» beim Wort und beförderten diesen mit großem Schwung in den Jenissej. Auch wenn sich Kostikow aus eigener Kraft retten konnte und für seine Aufnahme auf das Schiff ebenso wie für starke, belebende Getränke schnell gesorgt war, so wirft der Vorfall doch ein bezeichnendes Licht auf den geringen Re-

Pawel Borodin (Mitte) und Boris Jelzin (rechts) erfrischen sich beim Bade im Schwarzen Meer mit Wodka. Das Bild stammt aus den Memoiren des Leibwächters Korschakow («Boris Jelzin. Ot rassweta do sakata», Moskau 1997, S. 90).

spekt des Staatsoberhaupts im Umgang mit den förmlich bestallten Mitgliedern der Präsidialverwaltung. Den Spaß an solch unziemlichen Spielen teilte der Präsident vor allem mit seinen obersten Leibwächtern. Davon zeugt die genüßliche Schilderung der sogenannten «Taufe» Kostikows im Jenissej in den enthüllenden Memoiren Korschakows.[76]

Das Verhältnis Jelzins zu Korschakow blieb keineswegs auf Kumpaneien beschränkt. Der Präsident favorisierte die Vertreter des Sicherheitsdienstes in ihrem Einfluß und Aktionsradius so deutlich, daß die Gruppe klare Vorteile im Rahmen der «kompetitiven Oligarchie» erhielt. Aufgrund der Bevorteilung war es nicht verwunderlich, daß der persönliche Sicherheitsdienst des Präsidenten zunehmend selbst Mitspracherechte in Politik und Wirtschaft und besonders im Bereich der «Kaderpolitik» beanspruchte. Wie Jelzins Assistenten und andere Insider bestätigen, zählte Korschakows Dienst schon seit Ende 1993 zu den Institutionen, die mit anderen Gruppen und Einrichtungen konkurrierten, um auf Jelzins Entscheidungen Einfluß zu nehmen. Die Führung des Sicherheits-

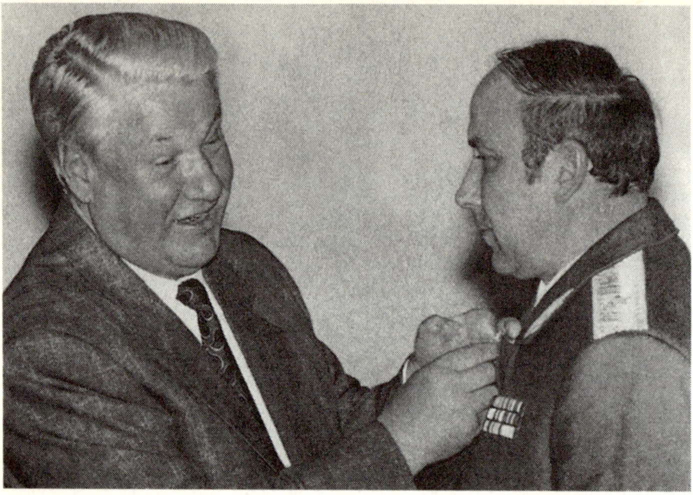

Jelzin zeichnet sichtlich vergnügt seinen Leibwächter Korschakow mit einem Orden aus. Auch dieses Bild stammt aus den Memoiren des Leibwächters Korschakow («Boris Jelzin. Ot rassweta do sakata», Moskau 1997, S. 340).

dienstes brachte den eigenen Anspruch auf politische Mitspracherechte mit Vorliebe so zum Ausdruck: «Wir bewachen nicht nur den Körper, sondern auch die Sache» (*My ochranjaem ne tolko telo, no i delo*), wobei im russischen der ähnliche Klang der Worte Köper = *telo* und Sache = *delo* ein Wortspiel mit dem erwähnten politisch pikanten Inhalt ergibt. Offenkundig verstand der Sicherheitsdienst unter *delo* nicht nur eigene Stellungnahmen zu einzelnen politischen Fragen oder zu personalpolitischen Entscheidungen. Er ging sogar so weit, aus eigener Feder staatstheoretische Entwürfe zur Präsidentschaft in Rußland vorzulegen. Dazu gehörte ein wolkiges Konzept unter dem vielversprechenden Titel «Credo und Kodex», das Gedanken und Anweisungen für eine weitere Stärkung des Präsidentenamtes enthielt. Filatow und Jelzins Assistenten waren gleichermaßen entsetzt und belustigt über den außergewöhnlichen Vorstoß der Leibwächter und über den Inhalt von «Credo und Kodex», der praktisch einem Fürstenspiegel gleichkam. Zugleich erfüllte sie zunehmende Sorge über das wachsende politische Gewicht des präsidentiellen Personenschutzes, der jeglicher demokratischen Kontrolle entzogen blieb.[77]

Auch in der liberalen Presse stieg die Besorgnis darüber, daß offenkundig ein «Staat im Staat» im Entstehen war. Besonders negative Schlagzeilen machte Korschakow, als seine Anweisungen zur Energiepolitik gegenüber Regierungschef Tschernomyrdin publik wurden.[78] Noch stärkeres Aufsehen erregte die brutale und völlig rechtswidrige Strafaktion bewaffneter Kräfte des «Dienstes» gegen die Wachen der Most-Bank, deren Chef der bekannte Wirtschaftsmagnat und «Oligarch» Wladimir Gusinskij war. Da *gus* im russischen «Gans» bedeutet, brüstete sich Korschakow gern mit der von ihm selbst angezettelten «Gänsejagd». Im Grunde wollte Korschakow an den «Gänsen» vorbei den Moskauer Bürgermeister Jurij Luschkow treffen, der mit Gusinskij zusammenarbeitete. Korschakow fühlte sich in seinen eigenen Wirtschaftsinteressen durch jene Beziehung gestört, so daß er auf seine Art dagegen zu Felde zog. Die rechtlichen Folgen der «Gänsejagd» waren für Korschakow selbst glimpflich.

Umgekehrt gerieten Korschakows personalpolitische Initiativen gelegentlich zu einem Desaster für das Ansehen der staatlichen Macht selbst. So löste die von Jelzins oberstem Leibwächter energisch betriebene Ernennung von Alexej Iljuschenko zum Generalstaatsanwalt ein wahrhaftiges politisches Erdbeben aus. Iljuschenko hatte zuletzt als Leiter der Kontrollabteilung der Präsidialadministration amtiert und war im Rahmen seiner Tätigkeit in der Kommission zur Korruptionsbekämpfung mit den Beschuldigungen gegen Ruzkoj befaßt gewesen, die sich allerdings als grundlos erwiesen. Jelzin hatte sich dazu hinreißen lassen, Korschakows Kandidaten tatsächlich zum «geschäftsführenden» Generalstaatsanwalt zu ernennen. Doch der für die Bestätigung in diesem Amt zuständige Föderationsrat verweigerte Iljuschenko zweimal die nötige Zustimmung, während die Duma die Existenz Iljuschenkos als Generalstaatsanwalt überhaupt ignorierte. Dessenungeachtet nahm Iljuschenko das hohe Amt praktisch unabhängig von der Anerkennung durch das Parlament wahr. Der Spuk mit Korschakows Generalstaatsanwalt war erst zu Ende, als Iljuschenko 1996 wegen Korruptionsvorwürfen, die sich nun gegen seine eigene Person richteten, vor Gericht landete.[79] Die Vorgänge taten letztlich der Autorität des Präsidenten selbst in dramatischer

Weise Abbruch. In der Presse rumorte es. Der allgemeine Unmut über das seit Ende 1994 immer dreistere Treiben der «Schatten der Macht» nahm zu.

Besonders alarmiert waren die unter Jelzins Mitarbeitern postierten Demokraten. Denn ihnen wurde durch die «Schatten der Macht» der Kontakt zum Präsidenten erschwert und sogar abgeschnitten. Dies räumte Jelzin in seinem «Mitternachtstagebuch» später selbst reumütig ein.[80] Tatsächlich kontrollierte Korschakow in der Rolle des obersten Leibwächters und Pförtners nach eigenem Gutdünken den persönlichen Zugang zum Präsidenten. Vorzugsweise hielt er die «Jungreformer» und Demokraten aus Intellektuellenkreisen von Jelzin fern. Im Sommer 1995 fand es der Leiter der Präsidialadministration an der Zeit, das Staatsoberhaupt selbst auf den ungebührlichen Platz des persönlichen Sicherheitsdienstes in der staatlichen Machtstruktur und auf die damit verbundene Schwächung der Demokratie aufmerksam zu machen. In einem langen Brief kritisierte Filatow den übermäßigen Einfluß des «Dienstes». Er warf Jelzin vor, daß er dem Sicherheitsdienst zu große Vollmachten wie etwa das Recht auf eine eigenständige Kontrolle über die Tätigkeit der Präsidialadministration und des Regierungsapparates eingeräumt habe. Filatow machte auch geltend, daß die Stärkung der «geheimen Strukturen» des Sicherheitsdienstes zur Fragmentierung der Macht und sogar zu einem «Krieg innerhalb der Macht» geführt hätten.[81]

Ungeachtet aller Kritik an den negativen Auswirkungen der von Filatow so klar beschriebenen kompetitiven Oligarchie auf die politische Legitimität des Systems favorisierte Jelzin weiterhin Korschakow und dessen «Sicherheitsdienst». Dabei ergänzten sich beiderseitige Interessen. Jelzin genoß das ihm gewohnte gesellige Ambiente. Seine Kumpane taten ihrerseits alles, um die wiederkehrenden Ausfälle des Präsidenten aufgrund zu reichlichen Alkoholgenusses vor der Öffentlichkeit zu kaschieren. Als der amerikanische Präsident Bill Clinton einmal mit Jelzin telefonieren wollte, war viele Stunden lang kein Kontakt zu diesem möglich. Die wenig überzeugende offizielle Erklärung dafür lautete, daß «sich der Präsident an einem Ort befindet, an dem es kein Telefon» gibt.[82]

Wie mehrfach bezeugt wurde, verstanden sich Jelzins Günstlinge auch auf ständige Schmeichelei, und sie hofierten den Präsidenten sogar mit der Anrede «Zar Boris». Dies kam Jelzins Hang zu einem autokratischen Selbstverständnis und seiner Vorliebe für monarchische Gesten entgegen. Zunehmend machte sich ein wahrhaftig byzantinischer Stil der äußeren Machtentfaltung breit. Jelzin sprach immer häufiger von dem Präsidenten in der dritten Person. Das neue Amtsverständnis kam in pompösen Ritualen zum Ausdruck. Dazu gehörten die «Präsidentenfanfaren», die vom Dirigenten des «Präsidentenorchesters» sogar eigens «für den Auftritt des Präsidenten bei feierlichen Angelegenheiten» komponiert worden waren.[83] Dem Amtsethos eines demokratischen Präsidenten war der neue bombastische Stil inszenierter Autorität wenig förderlich. Jelzin wurde vielmehr immer intoleranter gegenüber Kritik. Zugleich wuchs die Abhängigkeit des Präsidenten von seinen eigenen Kreaturen. Dabei handelte es sich um eine «klebrige Schicht von Einflüsterern, servilen Tennispartnern und dubiosen Strippenziehern aus den Rüstungs-, Rohstoff- und Geheimdienstsümpfen des alten Reiches», wie Michael Thumann die «Hofschranzen» des ungekrönten «Zaren Boris» charakterisierte.[84]

Die Treffen zwischen dem Präsidenten und seinen Günstlingen spielten sich insbesondere in Jelzins sogenanntem «Präsidentenklub» ab. Diese Einrichtung hatte Jelzin nach eigener Darstellung dazu geschaffen, um seine Mitarbeiter «mit Gewalt» zu zwingen, «Sport zu treiben und damit dem persönlichen Beispiel des Präsidenten zu folgen».[85] Der in einer der repräsentativen Villen an der Kossygin-Straße untergebrachte Klub verfügte über ein breites Angebot an Sport- und Unterhaltungseinrichtungen. Der Klub war von Anfang an ein wichtiger Treffpunkt der wechselnden Favoriten des Autokrators. Die «Einberufung» des ersten Aufgebots an Günstlingen erfolgte bereits am 12. Juni 1993, dem Gründungstag des Klubs, der zugleich Nationalfeiertag war. Außer dem «Vorsitzenden» des Klubs, welches Amt Jelzin persönlich einnahm, umfaßte der Kreis damals zehn Personen: neben Regierungschef Tschernomyrdin einige der «Machtminister», weiter das Wächterduo Korschakow und Michail Barsukow sowie Jelzins Büroleiter Wiktor Iljuschin, Ghostwriter Walentin Jumaschew und Tennislehrer Schamil Tarpischtschew. Zu dem bunt zusammengewürfelten Kreis Jelzins engster Vertrauter stieß bereits Ende 1993 ein nächstes «Aufgebot» an Favoriten hinzu. Die vier Personen erhielten die Chiffre «B»; es waren der später als «Oligarch» bekannte *bisnismen*

Die drei Ehepaare Jelzin (ganz rechts), Soskowez (zweite von links und sitzend in der Mitte) und Korschakow (ganz links und stehend in der Mitte) auf einem Jagdausflug in Sawidowo, dem Areal einer bekannten Regierungsdatscha bei Moskau, mit dem Direktor des Jagdreviers Fertikow (unten links). Das Bild stammt aus den Memoiren des Leibwächters Korschakow («Boris Jelzin. Ot rassweta do sakata», Moskau 1997, S. 90).

Boris Beresowskij, der Leiter der Kremlverwaltung Pawel Borodin, Moskaus Bürgermeister Jurij Luschkow und der damalige Erste Vizepremier Oleg Soskowez.[86] Während Beresowskij erst in Jelzins zweiter Amtszeit zu einer dominierenden Größe in den informellen Strukturen heranwachsen sollte, war Oleg Soskowez bis in den Frühsommer 1996 hinein die zentrale Führungsfigur unter den «Schatten der Macht» der ersten Generation.

Soskowez verkörperte eine Mischung aus sowjetischem Apparatschik und Rotem Direktor. Er hatte leitende Funktionen in der metallurgischen Industrie inne und stand dem militärisch-industriellen Komplex nahe, bevor er von Jelzin im Mai 1993 zum Ersten Stellvertretenden Regierungschef neben Premierminister Tschernomyrdin ernannt wurde. Soskowez wurde außerdem die Leitung der besonderen Kommission für «operative Fragen» innerhalb der Regierung, einer Art inneres Kabinett zur Bestimmung des Kurses in der Wirtschaftspolitik, übertragen. Er verfügte unter den politischen Eliten und in der Öffentlichkeit über eine hohe Reputation; nicht selten wurde über die Ablösung Tschernomyrdins durch Soskowez spekuliert. Er war der eigentliche «Favorit des Zaren». Dies zeigte sich schon daran, daß Jelzin den Vizepremier auch vorzugsweise auf seine Auslandsreisen mitnahm.[87]

Soskowez ragte unter Jelzins Günstlingen insofern heraus, als er hochrangiges Regierungsmitglied war, gleichzeitig der Staatslobby der Rüstungsindustrie angehörte und die geistige Führung in Jelzins Clan der Leibwächter innehatte. Er war also einerseits das Scharnier zwischen der Regierung und den Interessen des militärisch-industriellen Komplexes. Andererseits verklammerte er die Regierung mit den tief ins Private hineinreichenden Seilschaften, die vornehmlich für das gesellige Leben am Hofe des Autokrators zuständig waren. Kritische Kommentatoren bezeichneten die von Soskowez geleitete Gruppe als «Trojka» oder als «Triumvirat», um damit den hohen Rang der drei Männer in den Machtstrukturen des Regimes zu betonen.[88] Neben Oleg Soskowez gehörten Jelzins oberster Leibwächter Alexander Korschakow und der seit Sommer 1995 zum Direktor des Föderalen Dienstes für die Sicherheit des Landes (FSB) avancierte General Michail Barsukow, der bisher als Leiter des Kremlwachdienstes fungiert hatte, dem Triumvirat an.

In der Öffentlichkeit schätzte man es als den «Kulminationspunkt» der Macht des Triumvirats ein, als Jelzin Anfang 1996 Soskowez die Leitung seines Stabes zur Vorbereitung der Präsidentschaftswahlen übertrug. Daß der Präsident sogar den obersten Leibwächter Korschakow und den Leiter des FSB zu Mitgliedern des Wahlkampfstabes machte, erklärte sich nur aus dem tonangebenden Regiment der «Leibwächter» in den engeren Zirkeln der Macht. Zugleich machte die Bestallung der beiden «Wächter» zu Wahlkampfstrategen den fließenden Übergang von den informellen zu den formellen Herrschaftsstrukturen augenfällig. Unter den 43 Mitgliedern des Stabes waren im übrigen auch Jelzins Tochter Tatjana, der Oligarch Beresowskij und Tennislehrer Tarpischtschew vertreten.[89] Es zeigte sich schnell, daß Soskowez, der in seinem Denken und Handeln noch stark der politischen Kultur des *homo sovieticus* verhaftet war, seiner Aufgabe als Leiter eines modernen Wahlkampfes in keiner Weise gewachsen war. Diese Erkenntnis führte letztlich dazu, daß Jelzin die Führung des Stabes dem «Jungreformer» Tschubajs übertrug. Allerdings gingen diesem Wechsel dramatische Ereignisse voraus, in denen der von Filatow beschriebene «Krieg innerhalb der Macht» offen hervortrat.

Später sollte durchsickern, daß Jelzins Triumvirat schon geraume Zeit danach gestrebt hatte, eine Verschiebung der Präsidentschaftswahlen zu erwirken. Jelzin selbst bestätigte dies in seinem «Mitternachtstagebuch». Er rechnete demzufolge mit der Möglichkeit der Machtergreifung durch «eine halbmilitärische Junta von halbsowjetischen Generälen» und er bezeichnete Korschakow, Barsukow und Soskowez als die mutmaßlichen Akteure. Tatsächlich hatte der Präsident selbst angesichts der im März 1996 noch wenig hoffnungsvollen Umfragen ernsthaft erwogen, die Wahlen zu vertagen und außerdem die kommunistische Partei zu verbieten. Als er mit solchen Plänen die Spitzen der Regierung und der Präsidialverwaltung konfrontierte, stieß er allerdings nur zum Teil auf Zustimmung. Zuletzt setzte sich Jelzins «Jungreformer» Tschubajs energisch dafür ein, daß Jelzin von jener «irrsinnigen Idee» wieder Abstand nahm und den fatalen Plan fallen ließ.[90]

In der für die Geschicke Rußlands außerordentlich heiklen Situation siegten zuletzt die reformorientierten «Laborleiter» über Jelzins konservative «Leibwächter». Unter der Führung von

Tschubajs und mit maßgeblicher Unterstützung der «Oligarchen» aus den Industrie- und Bankimperien gestaltete sich der Wahlkampf zugunsten Jelzins deutlich dynamischer und erfolgversprechender als unter der Leitung des konservativen Triumvirats. Als diese drei jedoch zum Gegenschlag ausholten und versuchten, Tschubajs zu diskreditieren, indem sie am 19. Juni 1996 zwei seiner Mitarbeiter aus dem Wahlkampfstab verhafteten, war selbst für Jelzin das Maß seiner Treue zu Korschakow übervoll. Das *corpus delicti* war ein Karton für Xeroxpapier, in dem die beiden inkriminierten Wahlkampfhelfer eine Summe von einer halben Million Dollar aus dem Weißen Haus heraus beförderten. Mit der Verhaftung der Wahlkampfhelfer wollten Korschakow, Barsukow und Soskowez die beiden Mitarbeiter von Tschubajs des illegalen Geldbesitzes überführen und letztlich Tschubajs selbst anschwärzen. Nach dieser Intrige mitten im Wahlkampf veranlaßte der Präsident die sofortige Entlassung der drei Draufgänger.[91] Allerdings trennte sich Jelzin nur schwer von seinem langjährigen Freund Korschakow. Jelzins Frau Naina verglich die Entlassung des Leibwächters mit dem Schmerz, den der Verlust eines geliebten Familienmitgliedes auslöse.[92]

Das Verlangen, die Kontinuität der Macht sicherzustellen, forderte eine klare Abkehr des Präsidenten von seinen alten Günstlingen. Im Kampf um den Sieg bei den Präsidentschaftswahlen 1996 war es für Jelzin von großer Bedeutung, daß er erneut auf Unterstützung durch die demokratischen Kräfte rechnen konnte. Auch dieser Faktor spielte eine Rolle, als im Frühsommer 1996 die demokratischen «Laborleiter» gegenüber den konservativen «Leibwächtern» in der Gunst des Präsidenten obsiegten. Die «Schatten der Macht» des ersten Aufgebots waren zerschlagen. Ihre Nachfolger hatten sich jedoch schon längst in den Kulissen des Kremlpalastes eingenistet und günstige strategische Positionen bezogen.

Allerdings gab es zwischen den verschiedenen Generationen der «Schatten der Macht» grundlegende Unterschiede. Jewgenij Primakow betonte zu Recht, daß die informellen Stützen des Präsidenten, die im Verlaufe der ersten Amtsperiode Jelzins den Ton angaben, die Herrschaft nicht ausschließlich zum eigenen Nutzen und in eigener Machtvollkommenheit auszuüben trachteten, um dem Präsidenten lediglich die Rolle der Galionsfigur zu überlassen. Die neuen «Schatten der Macht» hatten indessen genau dies vor Augen.[93] Jelzins lange Krankheit sollte den Usurpatoren dabei behilflich sein, dieses Ziel tatsächlich zu erreichen.

2. Jelzins zweite Amtszeit zwischen Oligarchie und Anarchie (1996–2000)

Auch während Jelzins zweiter Amtszeit blieb das politische System Rußlands «praktisch in zwei Epochen» gleichzeitig angesiedelt. Gegenüber rudimentären demokratischen Merkmalen dominierten weiterhin autokratische und oligarchische Elemente des Systems. Das Übergangsregime erfüllte die minimalen Kriterien einer bloßen «Wahldemokratie», insofern die Urnengänge zum Parlament und die Volkswahlen der regionalen Oberhäupter termingerecht stattfanden. Es zeigte sich jedoch, daß die Kremlführung den Ausgang der Wahlen nicht dem Zufall überlassen wollte und deswegen eine Reihe von Vorkehrungen traf, um den Wählerwillen zu steuern. Neben massiven Medienkampagnen gehörten die «von oben» kreierten und deswegen so genannten «Parteien der Macht» zu wichtigen Instrumenten der Manipulation. Kritische Beobachter sahen hierin den Beginn eines Regimes der «gelenkten» oder der «imitierten Demokratie».[1]

Die Regierungsmacht stützte sich vorwiegend auf informelle oligarchische Zirkel und auf administrative Ressourcen anstatt auf demokratisch legitimierte Interessengruppen in Gestalt politischer Parteien und Verbände. Deren Stelle nahmen die Leiter der neuen Industrie- und Finanzimperien ein. Ab Mitte der neunziger Jahre nannte man diese Großkapitalisten der ersten Stunde wegen ihrer kleinen Zahl und ihres weitreichenden politischen Einflusses die «Oligarchen». Sie verkörperten mächtige Lobbies in eigener Sache. Ihr Interesse war in erster Linie darauf gerichtet, von der schnellen Privatisierung der lukrativen sozialistischen Großunternehmen zu profitieren und in diesem Sinne auf den Wirtschaftskurs wie überhaupt auf die politische Führung einzuwirken.

Über den politischen Einfluß der «Oligarchen» hinaus war einer demokratischen Entwicklung des Systems auch der Umstand abträglich, daß der gerade zum zweiten Mal gewählte Präsident aufgrund langer schwerer Erkrankungen praktisch nicht amtsfähig war. Dies stärkte die hypertrophe Rolle der oligarchischen Wirtschaftslobbies und das politische Gewicht der «Schatten der Macht» im engeren Sinne, unter denen während Jelzins zweiter Amtszeit die sogenannte «Familie» oder «Kremlfamilie» hervortreten sollte. Während Jelzin im Laufe seiner ersten Amtszeit Gestalt und Funktionsweise der präsidentiellen «Opportunitätsstrukturen» maßgeblich selbst bestimmt hatte, fehlte dem Autokrator seit Mitte 1996 die Kraft, um persönlich für die ganze Regie und das Personal unter den Favoriten «am Hofe» zu sorgen. Als entscheidend für die Profilbildung des Regimes erwies sich die Verschmelzung des oligarchischen Elements mit dem autokratischen Prinzip in Gestalt der «Familie».

Parteien der Macht

Auch wenn «Oligarchen» wie «Parteien der Macht» die Transformation von Anfang an begleiteten, so gewannen sie erst nach und nach ihren zentralen Platz im Regime. Die ersten «Parteien der Macht» wurden von Journalisten bereits nach dem Augustputsch 1991 innerhalb der Machtapparate der Exekutive entdeckt.[2] Die Beobachter hatten dabei die rivalisierenden Cliquen in den bürokratischen Staatsapparaten vor Augen, die sich als maßgebliche Akteure in der anbrechenden «kompetitiven Oligarchie» zu behaupten suchten. Am Vorabend der ersten Dumawahlen im Dezember 1993 identifizierte man erstmals «Parteien der Macht» im Wettbewerb um den Wähler. Seither warben sie in wechselnder Gestalt und in zunehmender Zahl bei allen Parlamentswahlen um die Gunst der Wähler. Generell zeichnen sich «Parteien der Macht» oder auch «administrative Parteien», wie sie mittlerweile von Parteienforschern in Abgrenzung zu den üblichen «gesellschaftlichen Parteien» genannt werden, durch eine fehlende soziale Basis und durch die Unterentwicklung der formalen Organisationsstrukturen aus.[3] Sie bestehen vorwiegend aus informellen Netzwerken und persönlichen Verbindungen. Programme und ideologische Plattformen sind in der Regel diffus oder existieren erst gar nicht. Mangels einer gesellschaftlichen Basis bestehen «administrative» Parteien nur so lange, wie der Führer des Machtkartells eine politische Spitzenposition einnimmt. Verliert dieser sein staatliches Amt, zerplatzt die «Partei» einem Luftballon gleich.

Die erste am Vorabend der Dumawahlen im Dezember 1993 öffentlich als «Partei der Macht» beschriebene politische Kraft war Jegor Gajdars «Demokratische Wahl Rußlands». Sie wurde mit dem fragwürdigen Attribut vorwiegend deswegen etikettiert, weil sie als «Regierungspartei» im Vergleich zu den Konkurrenten über zusätzliche administrative Ressourcen verfügte. Allerdings hatte die politische Führung in verdeckter Form eine weitere administrative Partei lanciert, die unter der Leitung des Stellvertretenden Premierministers Sergej Schachraj als «Partei der russischen Einheit und Eintracht» in den Wahlkampf zog. Während Gajdars Partei 15,5 Prozent der Wählerstimmen für sich verbuchen konnte, erhielt Schachrajs «Einheit» nur 6,8 Prozent des Wählervotums.

Das erfolglose Abschneiden der beiden «von oben» geförderten demokratischen Parteien wurde im Planungsstab der Kremlführung als vernichtende Niederlage empfunden. Demgegenüber schlug der Überraschungssieg der pseudoliberalen Partei des rechtsradikalen Nationalisten Wladimir Schirinowskij wie eine verheerende Bombe in das Jelzinlager ein. Auch wenn Gajdars «Demokratische Wahl Rußlands» den zweiten Platz nach Schirinowskijs «Liberal-Demokratischer Partei» (22,8 Prozent) belegen konnte, so hatten alle demokratischen Kräfte, die einschließlich der Partei «Jabloko» unter Führung von Grigorij Jawlinskij die Fünf-Prozent-Hürde überwanden, gemeinsam bestenfalls ein knappes Drittel des Wählerwillens auf sich vereinigen können. Demgegenüber wurde die erste frei gewählte Duma von den Nationalisten zusammen mit den Kommunisten (KPRF 12,4 Prozent, Agrarier 7,9 Prozent) beherrscht.[4]

Die Wahlen hatten kurz nach der blutigen Niederschlagung des Parlamentsputsches unter äußerst ungünstigen Bedingungen stattgefunden, so daß eine eigenständige Profilierung der neuen Parteien kaum möglich war. Umgekehrt fanden sich auch die Wähler auf dem neuen Markt der politischen Kräfte kaum zurecht. Deshalb war die Wahlbeteiligung mit 54,8 Prozent der Wahlberechtigten denkbar niedrig.

Im Vorfeld der bereits für Dezember 1995 erneut angesetzten Dumawahlen mehrten sich die Anzeichen dafür, daß unter den herrschenden politischen Eliten das Bewußtsein für den Nutzen und die Notwendigkeit wuchs, mit Hilfe einer Partei in den Wahlkampf zu ziehen. Dabei war das maßgebliche Motiv der Parteigründung, über ein Instrument zum Verbleib an der Macht zu verfügen. Zu dem Zweck machten sich die Wahlstrategen in der Kremlführung daran, einmal mehr zwei neue Parteien zu lancieren, eine «rechtszentristische» unter Führung von Regierungschef Tschernomyrdin, und eine «linkszentristische» unter Leitung des Dumasprechers Iwan Rybkin. Wie Jelzins Assistenten später dokumentierten, sollten diese beiden neuen Kräfte «mächtige Wählerbewegungen» abgeben, die nur «von außen betrachtet in Konkurrenz zueinander stehen, von innen her gesehen aber austauschbar» wären. Der Plan wurde mit der Erwartung verknüpft, «die extrem linken und extrem rechten Kräfte» in der Duma marginalisieren und damit das Parlament besser kontrollieren zu können. Nicht zuletzt hoffte man, daß das Experiment zur Bildung «eines normalen Zweiparteiensystems» nach amerikanischem Muster führen werde.[5] Als diese Strategie publik wurde, erntete sie im Ausland wie im Inland nur Spott und Häme. In der International Herald Tribune amüsierte man sich darüber, daß im Unterschied zum Westen, wo man politische Parteien dazu benutze, um Regierungen zu bilden, Jelzin es sich habe angelegen sein lassen, die Regierung dazu zu verwenden, eine Partei zu kreieren. In der Iswestija hatte man am 27. April 1995 dieses bündige Urteil parat: «Die ‹Partei der Macht› kündigt ihre Absicht an, die Macht zu bewahren.»[6]

Die Ergebnisse der Dumawahlen im Dezember 1995 brachten zu Tage, daß die Gedankenspiele über einen raschen Import amerikanischer Verhältnisse nicht weit trugen. Jelzins Ingenieure des Systemwechsels hatten übersehen, daß Parteien eine soziale Verwurzelung und entsprechende Programme brauchten. Über eine stabile gesellschaftliche Basis verfügten indessen nur die Kommunisten. Der Versuch, ein Parteiensystem vom Reißbrett her zu gestalten, hatte nur mit Tschernomyrdins Bewegung «Unser Haus Rußland» einen wenn auch bescheidenen Erfolg. Demgegenüber mißglückte vollends der Versuch, auch eine linkszentristische Bewegung ins Parlament zu bringen. Von den 43 Organisationen, die 1995 die Voraussetzung zur Bewerbung an den Dumawahlen erfüllten, überwanden nur vier die Fünf-Prozent-Hürde. Zu ihnen zählte die KPRF, die diesmal mit 22,3 Prozent der abgegebenen Stimmen den höchsten Anteil erreichte; den zweiten Platz belegte Schirinowskijs LDPR mit 11,9 Prozent. An dritter Stelle landete Tschernomyrdins «Unser Haus Rußland» mit 10,1Prozent; den vierten Platz sicherte sich die demokratische Partei «Jabloko» mit 6,9 Prozent. Die beiden demokratischen «Parteien der Macht», die 1993 inoffiziell begünstigt worden waren, konnten die Fünf-Prozent-Hürde nicht mehr überwinden. Während Schachrajs Partei daraufhin die politische Bühne verließ, schlitterte Gajdars «Demokratische Wahl Rußlands» in die Bedeutungslosigkeit.[7]

Die Parteienlandschaft ließ nach den Wahlen eine grobe Vierteilung erkennen. In Opposition zur Regierung und zum Präsidenten befanden sich nach wie vor die Kommunisten und deren Verbündete. «Jabloko» verkörperte die demokratische Opposition. Schirinowskijs LDPR repräsentierte lautstark die Opposition der radikalen Nationalisten. Tschernomyrdins «Unser Haus Rußland» war ungeachtet seines niedrigen Anteils an der Wählergunst die einzige «Regierungspartei». Das Parteiensystem war aufs ganze gesehen immer noch in einem amorphen Zustand. Es war über seinen von Anfang an «schwebenden» Charakter nicht hinaus gelangt. Abgesehen von der fehlenden gesellschaftlichen Verankerung war in Rußland auch von den klassischen Funktionen politischer Parteien in Demokratien weiterhin wenig zu merken. Die Entwicklung einer intermediären Interessenrepräsentation, die von Transitologen als Voraussetzung einer allgemeinen demokratischen Konsolidierung angesehen wird, gab es daher nicht.

Wirtschaftsmacht und Regierung

Die krasse Unterentwicklung der politischen Parteien in Rußland stand in einem umgekehrt proportionalen Verhältnis zu den mächtigen, aber informellen ökonomischen Interessengruppen, die in der Politik den Ton angaben. Dies zeigte sich in dem ganz besonderen «repräsentativen» Charakter der Ministerkabinette, in denen die alten und die neuen Wirtschaftslobbies dominierten, während weder Parlament noch Parteien auf die Zusammensetzung der Regierungen einzuwirken vermochten. Die Kremlführung sah aufgrund der disparaten Kräfteverhältnisse und der Dominanz nationalistischer und kommunistischer Parteien in der Staatsduma offensichtlich gar keine Möglichkeit, die Regierungsbildung auf einer parlamentarischen Grundlage zu betreiben. Die Schwäche der demokratischen Kräfte und die allenthalben fehlende Bereitschaft zu einer Zusammenarbeit auch nur innerhalb der einzelnen Lager geschweige denn zwischen diesen ließ die Frage etwaiger Koalitionen als Basis eines Regierungsbündnisses erst gar nicht aufkommen. Das Kabinett wurde zwar nach dem ersten demokratischen Urnengang umgebildet, allerdings ohne Rücksichtnahme auf das neu gebildete Parlament.

Tschernomyrdin blieb als Regierungschef weiter im Amt, auch wenn sein Mandat noch den Wirren der «Doppelherrschaft» entstammte. Präsident Jelzin machte keinerlei Anstalten, entsprechend dem jetzt geltenden Verfassungsprinzip der dualen Exekutive seinem Premierminister bei der Zusammensetzung des Kabinetts eigene Initiativen zu überlassen. Vielmehr versuchte Jelzin seine kraft Verfassung gestärkte institutionelle Macht im Bereich der Exekutive sofort zur Geltung zu bringen. Er weitete die Hoheitsgewalt der Präsidialadministration aus und unterstellte sich unmittelbar die Ministerien, die im besonderen Maße das Gewaltmonopol des Staates verkörpern. Dies waren die Ministerien der Verteidigung, des Inneren und des Äußeren sowie die Geheimdienste. Nicht zufällig erhielten sie in der Öffentlichkeit den Beinamen der «Mächtigen», «Gewaltigen» oder auch der «Kraft»-Ministerien, wie der russische Begriff *silowiki* dies anschaulich ausdrückt.[8]

Die politische Couleur des neuen Kabinetts läßt sich am ehesten als zentristisch beschreiben. Die demokratischen «Jungreformer» warfen das Handtuch, obwohl ihnen wieder Ressorts angeboten wurden. Allerdings blieben zwei tüchtige Technokraten im Kabinett. Alexander Schochin wirkte als Wirtschaftsminister, Anatolij Tschubajs war im Range eines Vizepremiers weiterhin für die Privatisierung zuständig. Tschubajs, von Haus aus Ingenieur und Ökonom, der in Wirtschaftsinstituten in St. Petersburg Erfahrungen gesammelt hatte, blieb noch bis 1998 in unterschiedlichen Führungspositionen tätig. Er sollte immer wieder dafür sorgen, daß der Personalnachschub von «Laborleitern» aus seiner Heimatstadt nicht abriß. Neben den beiden «Jungreformern» dominierten Vertreter der mächtigen «natürlichen Monopole» und der wichtigsten weiteren Wirtschaftssektoren. Die ökonomisch bedeutendste Gruppe, die Erdöl- und Erdgasindustrie, hatte in der Person des Premierministers Tschernomyrdin ihren herausragenden Fürsprecher. Der Stellvertretende Premierminister Alexander Sawerjucha kam aus der Agrarpartei und vertrat als neuer Landwirtschaftsminister die Interessen des agrarisch-industriellen Komplexes. Neben Tschernomyrdin ragte aus der Ministerriege Oleg Soskowez heraus. Er bekleidete als Erster Vizepremier das zweithöchste Amt und repräsentierte im Kabinett die Interessen des Kohle- und Metallblocks sowie der Rüstungsindustrie. Außerdem gehörte Soskowez, wie erwähnt, zu den persönlichen Günstlingen Jelzins. So präsentierte sich das Kabinett als ein Forum der Lobbyisten aus den mächtigsten Wirtschaftszweigen des Landes.[9] Der ausgeschiedene «Jungreformer» Boris Fjodorow klagte darüber, daß jetzt die «roten Ökonomen» an die Macht gelangt seien.[10]

Zweifellos stellte die Regierung in erster Linie einen Marktplatz zum Aushandeln von Wirtschaftsinteressen dar. Die im Kabinett miteinander ringenden Lobbies brachten allerdings auch politisches Gewicht ein. Als Repräsentanten der wichtigsten Wirtschaftsmächte des Landes waren sie eine wesentliche Stütze des Jelzin-Regimes. Genau ein Jahr nach Beginn der Tätigkeit der neuen Regierung beschrieb ein wissenschaftlicher Mitarbeiter der Präsidialadministration die typische Arbeit der Regierung wie folgt: «Da es an einem strukturierten Parteieinfluß fehlt, ist an dessen Stelle der Gruppeneinfluß gerückt, der sich in der Regel ‹in einem Kampf der Bulldoggen unter dem Teppich› ausdrückt.»[11] Die Repräsentanten der Wirtschaftsblöcke waren ihrerseits mit bürokratischen Seilschaften und Gruppen verflochten, die allesamt um ökonomischen wie politischen Einfluß rangen. Der britische Rußlandexperte Archie Brown erkannte in den oligarchischen Strukturen typische «Dreiecksbeziehungen», die sich bis Mitte der neunziger Jahre zwischen den «Finanzkräften, den gewinnbringenden Teilen der russischen Industrie und den Politikern oder Bürokraten in den staatlichen Strukturen» herausgebildet hatten.[12] Daß der oligarchische Wettbewerb und ein wildwüchsiger ökonomischer Pluralismus so üppig ins Kraut schießen konnten, war nicht zuletzt durch den Umstand begünstigt, daß ein funktionsfähiger politischer Pluralismus noch nicht Fuß gefaßt hatte.

Nach der erneuten Niederlage der demokratischen Kräfte bei den Dumawahlen im Dezember 1995 beherrschten die Wirtschaftslobbyisten in der Regierung die Szene, während der Anteil der «Jungreformer» weiter zurückging. Auffallend war, daß Tschernomyrdin weiterhin Chef der Regierung blieb, auch wenn sich seine Partei «Unser Haus Rußland» als einzige «Partei der Macht» und als «Regierungspartei» lediglich auf zehn Prozent des

Wählervotums stützten konnte.[13] Diese Tatsache offenbarte in drastischer Deutlichkeit die Ohnmacht von Parlament und Parteien bei der Regierungsbildung in Rußlands Übergangsregime.

Anfang 1996 entfaltete Jelzin eine Reihe von Strategien, um seiner erneuten Kandidatur zur Präsidentschaft den Erfolg zu sichern. In diesem Zusammenhang entließ er den bei der kommunistischen Opposition besonders unbeliebten «Jungreformer» Tschubajs aus dem Amt des Ersten Vizepremiers. Dieser fiel allerdings nicht tief, da er alsbald die Leitung von Jelzins Wahlkampfstab übernahm. Daß Tschubajs diese wichtige Funktion erhielt, war auch dem Drängen der «Oligarchen» zu danken. Die neuen Wirtschaftskapitäne hatten ein gemeinsames starkes Interesse daran, Boris Jelzin zu einer zweiten Amtszeit zu verhelfen.[14] Denn im Falle einer Wahl des Kommunistenführers Sjuganow drohte das Aus für die weiterhin ungestillte Profitgier der russischen Frühkapitalisten. Deshalb kamen sie untereinander überein, ihre Dienste und finanziellen Mittel ganz in den Kampf für eine Wiederwahl Jelzins zu investieren.

Die Macht der «Oligarchen»

Tatsächlich trug das massive Engagement der «Oligarchen» nicht wenig zu einem für Jelzin zuletzt erfolgreichen Wahlkampf bei. Auch die Leiter der elektronischen wie der Printmedien reihten sich hinter Jelzin, da sie ihrerseits im Falle eines Wahlsieges von Sjuganow das Ende der Presse- und Meinungsfreiheit befürchteten. Jelzins Wahlkampfteam, in dem amerikanische Experten fünf Monate lang unter Geheimhaltung mitwirkten, verstand es vorzüglich, den Wahlkampf zu polarisieren und den Amtsinhaber als die einzige ernsthafte Alternative zum Kommunismus und zur Rückkehr in die Sowjetunion zu präsentieren. Als wichtiges Bindeglied zwischen den russischen Mitgliedern des Wahlkampfstabes und den amerikanischen Experten fungierte die Präsidententochter Tatjana.[15] Die Finanzspritzen der «Oligarchen» taten ein übriges, um den amtierenden Präsidenten gegenüber allen anderen Kandidaten zu favorisieren. Auch das Ausland setzte auf Jelzin. Der amerikanische Präsident Clinton kam im April 1996 nach Moskau und pries hier zusammen mit Jelzin die wichtige Großmachtrolle Rußlands. Jelzin punktete auch mit dem Abschluß eines Unionsvertrages Rußlands mit Weißrußland. Die glanzvolle Vertragsunterzeichnung diente vorwiegend dem Zweck, das internationale Prestige Rußlands und seines Präsidenten Jelzin in den Augen der Wähler noch zu verbessern.[16]

Bei den Wählern kamen solche Gesten ebenso gut an wie die vor der zweiten Wahlrunde vorgenommene Entlassung des Triumvirats Soskowez, Korschakow und Barsukow, die als unziemliche «Schatten der Macht» in der Öffentlichkeit übel beleumundet waren. Jelzins Trennung von dem Leibwächterregiment gab zu erkennen, daß der Herrscher selbst in der Lage und entschlossen war, den Augiasstall am eigenen Hofe auszumisten.[17] Darüber hinaus gab sich Jelzin volksnah und generös. Er reiste übers Land, sprach und tanzte auf vielen Veranstaltungen und verteilte – einem Zaren gleich – Geschenke. Jelzin bereiste vor allem die Industriestädte und versprach hier die Zahlung der ausstehenden Löhne. Einer Frau, die auf einer Wählerversammlung den Wunsch nach einem Auto ausdrückte, sicherte er die Erfüllung auch dieses Wunsches zu. Das Auto wurde prompt geliefert. Mit den gönnerhaften Gesten knüpfte Jelzin an den Stil seiner ersten Reisen als gewählter Präsident an. Schon damals nahm er Millionen von Rubeln mit, um «der Arbeiterschaft ein Geschenk zu machen».[18] Schließlich stellte er noch gerade rechtzeitig die Weichen, um eine glaubhafte politische Lösung des ersten Tschetschenien-Konflikts auf den Weg zu bringen.

All diese Faktoren schufen schließlich gute Chancen für einen Sieg Jelzins in der Stichwahl. In der ersten Wahlrunde am 16. Juni 1996 entfielen auf Jelzin 35,3 Prozent der abgegebenen Stimmen. Er wurde dicht gefolgt von Sjuganow, der 32 Prozent des Wählervotums erhielt. An die dritte Stelle gelangte Generalleutnant a.D. Alexander Lebed mit 14,5 Prozent der abgegebenen Stimmen. Da Jelzins Wahlkampfstab den mutmaßlichen Drittplazierten vorsorglich schon in der ersten Runde begünstigt hatte, war es nicht schwierig, Lebed dafür zu gewinnen, in der Stichwahl zugunsten Jelzins einzutreten. Am 3. Juli 1996 gewann Jelzin mit einer Wählerzustimmung von 53,8 Prozent gegenüber 40,3 Prozent für seinen Herausforderer Sjuganow. Unter den Kommentatoren der Wahlen setzte sich die Meinung durch, daß eine Mehrheit Jelzin als «dem geringeren Übel» im Vergleich zu dem Kommunistenführer den Vorzug gegeben habe.[19]

Wenige Tage vor dem Wahlsieg hatte Jelzin eine schwere Herzattacke erlitten, die ihn schon im Vorfeld seines zweiten Mandates amtsunfähig machte. Vor den Wählern wurde der Zustand des ersten Anwärters auf die Präsidentschaft verheimlicht. Man begründete Jelzins Abwesenheit in der Öffentlichkeit mit Heiserkeit bzw. mit der Überanstrengung der Stimmbänder als Folge der vielen Wahlkampfreden. Um die mißliche Situation zu übertünchen, wurde auch die ursprünglich mit byzantinischem Gepränge geplante Inaugurationszeremonie deutlich reduziert. Auch wenn sich nicht länger verbergen ließ, daß Jelzin eine große Herzoperation bevorstand, gelang es den Regenten gleichwohl, fürs erste die Illusion von einem regierungsfähigen Präsidenten aufrechtzuerhalten. Maßgeblichen Anteil an der gelungenen Farce hatte Jelzins tüchtiger «Jungreformer» Anatolij Tschubajs. In seiner Eigenschaft als neuer Leiter der Präsidialadministration nahm er praktisch bis zum Frühjahr 1997 die Zügel der Herrschaft fest in die eigenen Hände.[20] In dem Aufstieg des «Laborleiters» an die Spitze der Präsidialadministration spiegelten sich die Einflüsse der «Oligarchen» ebenso wider wie die Präferenzen der «Kremlfamilie», die sich als oberste informelle Machtstruktur gerade *in statu nascendi* befand.

Das Regime der «Sieben Bankbarone»

Mit dem Beginn des Präsidentschaftswahlkampfes hatte in Rußland der viel zitierte «Sommer der Oligarchen» Einzug gehalten.[21] Es war der Beginn des Regimes der «Sieben Bankbarone», der sogenannten *Semibankirschtschina*. Der in der Öffentlichkeit schnell kursierende Begriff orientierte sich an den sieben Bojaren, die in der Zeit der «Wirren» von 1610 bis 1612 ein besonderes Machtorgan – die *Semibojarschtschina* – gebildet und ein Willkürregime eingeführt hatten. Deshalb wurden nunmehr wechselweise die Begriffe *Semibankirschtschina* und *Semibojarschtschina* verwendet. Gerade die letztere Begriffsprägung untermalte bildhaft den illegitimen, willkürlichen Charakter des Regiments der Wirtschaftsbojaren, das Mitte der neunziger Jahre im postsowjetischen Rußland Fuß faßte.[22]

Der Ausdruck *Semibojarschtschina* versinnbildlicht die Phase in der Entwicklung des Übergangsregimes, in der die neuen frühkapitalitischen Wirtschaftsmagnaten in einer besonders engen Symbiose mit der politischen Führung verschmolzen. Die Moskauer Reporterin der Financial Times, Chrystia Freeland, hat diese Beziehungen zwischen den «Oligarchen» und den Spitzen des Staates als «incestious relations» beschrieben.[23] Der «Inzest» zwischen Staatsgewalt und räuberischem Frühkapitalismus wurzelte sowohl in der prekären Machtbasis der staatlichen Führung wie in dem starken Gewinnstreben der Wirtschaftsführer. Mangels einer Abstützung auf gesellschaftlich organisierte Kräfte war das System Jelzin genötigt, sich gewissermaßen gegenüber den Kreisen zu prostituieren, die eine Kontinuität der politischen Macht zu gewährleisten vermochten. Umgekehrt setzten die «Oligarchen» auf die fortgesetzte Unterstützung der politischen Führung beim Erwerb lukrativer Wirtschaftsbetriebe. Dies war die Substanz der im schweizerischen Davos im Februar 1996 besiegelten Vereinbarung der «Oligarchen» zugunsten einer Unterstützung Jelzins bei den Präsidentschaftswahlen.[24]

Bevor das Regime der *Semibankirschtschina* in seiner Funktionsweise und Wirkung zu skizzieren ist, sollen Auftreten und Aufstieg der «Oligarchen» kurz beleuchtet werden: Die Geburtsstunde eines freien Unternehmertums lag in der Liberalisierung der Handelsstrukturen zu Beginn der ökonomischen Perestrojka Gorbatschows. Die sogenannte «Komsomol-Ökonomie» hatte ihren Ursprung in der ZK-Resolution vom 25. Juli 1986, der zufolge der Kommunistische Jugendverband «Komsomol» auf dessen eigene Initiative hin Spielräume zur Errichtung freier Handelsstrukturen erhielt. Bald tummelten sich Unternehmer der ersten Welle in den neuen Handelszentren, die bei jedem kommunistischen Stadtparteikomitee in Moskau angesiedelt waren. Einige der späteren Wirtschaftsgiganten faßten in jenen ersten kommerziellen Netzwerken schon Fuß. Es entstanden die ersten Privatbanken. Im Zuge der Privatisierung der Großunternehmen bildeten sich neue finanz-industrielle Gruppen heraus. Sie wurden zum Teil «von oben» durch Vereinigung einer Reihe von Industrieunternehmen geschaffen, zum Teil wurden sie von den neuen mächtigen Banken auf eigene Initiative hin gebildet. Allianzen zwischen Banken und staatlichen Machtstrukturen machten sich aller Orten bemerkbar, ob auf zentralstaatlicher, regionaler oder auf städtischer Ebene. Den Prototyp eines solchen Konglomerats bildete die Moskauer

Stadtverwaltung zusammen mit der Finanzgruppe Most unter Leitung des späteren «Oligarchen» Wladimir Gusinskij.[25]

Der zu Beginn der neunziger Jahre geläufige Begriff des «Nomenklaturakapitalismus» verwies auf die Tatsache, daß sich die neue Kapitalistenschicht aus der kommunistischen Nomenklatura rekrutierte, zumal aus der ursprünglichen «Komsomol-Ökonomie». Wie Kryschtanowskaja und andere Sozialwissenschaftler gezeigt haben, konnten die alten sowjetischen Netzwerke zu neuen aus- und umgebaut werden.[26] In ihnen machte sich die neue «kompetitive Oligarchie» breit.[27] Seit Mitte der neunziger Jahre rückten die Leiter der neuen finanz-industriellen Imperien in den Vordergrund, darunter vor allem die Unternehmen des Energiesektors, deren Profite sich maßgeblich aus dem Export von Erdgas und Mineralöl speisten. Daneben trugen auch die neuen großen Privatbanken, die ihre Gewinne vornehmlich mit Währungsspekulationen während der Hyperinflation in den Jahren 1992 bis 1994 gemacht hatten, ihre ökonomische Macht wie ihren politischen Einfluß gerne zur Schau. Die neuen «Bankbarone» schöpften immense Einnahmen aus den Pfand- und Privatisierungsauktionen und den kurzfristigen Staatsanleihen. Um sich in den Auktionen Vorteile zu verschaffen, buhlten sie um die Gunst der Spitzenpolitiker.

Die Präsidentschaftswahlen des Jahres 1996 fanden während dieser Phase des besonders angespannten Gewinnstrebens der Wirtschaftsmagnaten statt. Letztere waren folglich hoch motiviert, sich zu engagieren und den «Pakt von Davos» zu erfüllen. Während der Wahlkampfzeit bildete die *Semibankirschtschina* bestimmte Muster zur Koordination der gemeinsamen Initiativen und Aktivitäten aus. Die «Oligarchen» trafen sich regelmäßig einmal wöchentlich in einem eigenen Club mit fester Mitgliedschaft und klaren Regeln. Die «Gruppe der Sieben» bestand aus den bekanntesten und wohlhabendsten Magnaten. Zu ihnen zählten Boris Beresowskij (Unternehmen Logowas), Wladimir Gusinskij (Media-Most), Wladimir Potanin (Oneximbank), Michail Chodorkowskij (Menatepbank), Michail Friedman (Alfabank), Pjotr Awen (Alfa-Gruppe) und Alexander Smolenskij (SBS Agro).[28]

Der Konvent der Wirtschaftsbojaren setzte seine Treffen sogar über das Ende des Wahlkampfes hinaus fort. Insofern war eine gewisse Institutionalisierung des informellen Regiments der Sieben

Bankbarone zu beobachten. Wie man in den eigenen Reihen ironisch feststellte, hatte man ein neues «Politbüro» geschaffen. Diese Einschätzung machte ersichtlich, daß die «Oligarchen» ihren Konvent als den eigentlichen Olymp der Macht im System Jelzin betrachteten. Das neue «Politbüro» hatte wie das alte sowjetische Herrschaftskollektiv feste Mitglieder und «Kandidaten». Während nur die «Sieben Bojaren» Mitglieder waren, galten diejenigen Wirtschaftsmagnaten als Kandidaten, die dem illustren engeren Kreis der «Oligarchen» zwar nahestanden, ihm aber noch nicht angehörten. Das neue «Politbüro» traf sich in der Regel im Clubhaus des von Beresowskij geführten Unternehmens Logowas, gelegentlich auch in den Büros anderer hochrangiger «Oligarchen» oder auch auf der Datscha Wladimir Potanins, des jungen Leiters der Oneximbank.[29]

Die in Davos vereinbarte «Wahlkapitulation» und die fortgesetzten gemeinsamen Bemühungen der «Oligarchen», ihren Einfluß auf die Politik auszuweiten, trugen schon bald sichtbare Früchte. Jelzin honorierte die Unterstützung des Big Business, indem er Vertreter aus dem Kreis der «Oligarchen» an der Regierung beteiligte. Nicht zufällig sprach die Presse von dem neuen «Kabinett der Sieger». Tatsächlich trug die Regierungsbildung in erster Linie dem Prinzip der Entlohnung für die zugunsten Jelzins Wiederwahl geleisteten Dienste Rechnung. Während Jelzin als Kandidaten für den Regierungsvorsitz erneut seinen altgedienten loyalen Premierminister Wiktor Tschernomyrdin nominierte, plazierte er neben diesem den erst 35 Jahre alten Bankmogul und «Oligarchen» Wladimir Potanin als Ersten Vizepremier, zuständig für den gesamten wirtschafts- und finanzpolitischen Bereich.[30]

Kraft Verfassung mußte der Kandidat für den Vorsitz der Regierung nach der Präsidentenwahl von der Duma bestätigt werden. Keine Fraktion stellte sich geschlossen gegen den neuen alten Premierminister; Tschernomyrdin erhielt das beachtliche Votum von 314 Ja-Stimmen, während er nur 85 Nein-Stimmen einstecken mußte. Die auch seitens der Kommunisten bekundete hohe Zustimmung wurde dahingehend kommentiert, daß die Abgeordneten in das herrschende System einer korporativen Allianz zwischen dem politischen Establishment und dem großen Kapital selbst fest eingebunden seien.[31] Bei der neuen Vorliebe der Kommunisten für Tschernomyrdin waren allerdings auch die Wirkungen der jüngsten

Version der «Gewaltenteilung à la russe» in Rechnung zu stellen. Dank eines neuen Kaderkarussells hatte Jelzin nach seiner Wiederwahl ein Machtdreieck geschaffen, dem zufolge der «Rote Direktor» an der Spitze der Regierung mit dem «Jungreformer» Anatolij Tschubajs als dem neuen Leiter der Präsidialadministration und Alexander Lebed als dem neuen Sekretär des Nationalen Sicherheitsrates konfrontiert wurde. Da Tschubajs den Kommunisten immer schon ein Dorn im Auge gewesen war und sie Lebed als potentiellen Anwärter auf die nationale Führung im Lande fürchteten, mußte es den Kommunisten vergleichsweise leicht fallen, den «Roten Direktor» Tschernomyrdin zu unterstützen.[32]

Die Presse schrieb, daß es sich bei dem neuen Kabinett um eine «Einparteienregierung» handelte. Dies war als Anspielung darauf zu verstehen, daß die «Partei der Macht» die ihr genehme Mannschaft von Repräsentanten unterschiedlicher Wirtschaftslobbies und Fachleuten neu formiert hatte. Tatsächlich blieb das Kabinett wie schon zuvor ein Marktplatz der Wirtschaftsinteressen. Allerdings verlagerte sich das Gewicht auf den Einfluß und die Interessen der neuen Großkapitalisten. Das Grüppchen der «Sieben Bankbarone», das schon im Wahlkampf dominiert hatte, ordnete nicht nur Potanin aus ihrer Mitte in die Regierung ab, sondern bildete in Absprache mit dem «Jungreformer» Tschubajs innerhalb der Regierung nach dem Matrjoschkaprinzip ein weiteres engeres Kabinett, an das man die Interessen der Oligarchen unmittelbar weitergab. Dieser Gruppe, die sich für makroökonomische Interessen stark machte, standen unter der Führung Tschernomyrdins die Lobbies einzelner Wirtschaftssektoren gegenüber, die ihrerseits vor allem die Interessen der sogenannten «natürlichen Monopole» im Bereich von Erdgas, Erdöl, Strom und Transport vertraten. Bei aller Uneinheitlichkeit bot die Regierung zumindest eine Arena zum Aushandeln unterschiedlicher Interessenlagen. Allerdings erwies sich die so verfaßte Regierung als wenig geeignet, das Land aus der allgemeinen ökonomischen Stagnation heraus zu führen.[33]

Ungeachtet aller bisher wenig erfolgreichen Anstrengungen der Kremlführung unter Jelzin, mittels neuer «Parteien der Macht» von oben her Instrumente zur Steuerung von Politik und Gesellschaft zur Geltung zu bringen, hatten sich Jelzins wissenschaftliche Assistenten unmittelbar nach dessen Wiederwahl im Sommer 1996 daran gemacht, nochmals eine Partei diesen Typs zu konzipieren. Die neue Kraft sollte nicht nur die Kontinuität der Macht sichern, sondern auch die «ständige Verbindung zu den Wählern» gewährleisten, um schließlich «ein Objekt gesellschaftlicher und politischer Identifikation für die Wähler» zu werden. Aus dem ganzen Projekt ging hervor, daß tatsächlich in der Retorte eine politische Partei mit weitgehend analogen Funktionen zu modernen Parteien in demokratischen Systemen gestaltet werden sollte. Um den Erfolg des Unternehmens zu sichern, wollten sich Jelzins Planer den demokratischen Konsens unter den «Siegern» der Präsidentschaftswahlen zunutze machen. Sie strebten – in offenkundig bester demokratischer Absicht – danach, endlich eine Art Präsidentenpartei in die Welt zu setzen.[34] Eine solche Auffassung widersprach allerdings den minimalen Voraussetzungen einer Demokratie, denn diese wird bekanntlich als «ein System der organisierten Unsicherheit» definiert, in dem folgerichtig Parteien respektive Präsidentschaftskandidaten Wahlen verlieren könnten. Wie Adam Przeworski immer wieder betont hat, liegt der Wesenskern von Demokratie gerade in der Sicherheit der Verfahren und in der allgemeinen Akzeptanz der demokratischen Spielregeln, während der Ausgang des politischen Wettbewerbs grundsätzlich unsicher sei.[35]

Die «Kremlfamilie»

Angesichts der schweren und langwierigen Erkrankung des Präsidenten, die Jelzin schon vor der zweiten Wahlrunde amtsunfähig gemacht hatte, zerschlug sich das neuerliche Projekt der Gründung einer politischen Partei aus der Retorte. Ersatzweise trat an deren Stelle eine informelle Machtstruktur, die unter dem Namen «Kremlfamilie» bald zwielichtigen Ruhm erlangte. Auch diese Kraft sollte als ihr oberstes Ziel und Handlungsgebot die Sicherung der «Kontinuität der Macht» betrachten. Jelzins Assistenten bilanzierten in ihren kollektiven Memoiren resigniert, daß die neuen Schatten der Macht «unter den Bedingungen eines unterentwickelten Parteiensystems» nunmehr als die «eigentliche Stützmauer des geschwächten Präsidenten» fungierten.[36] Obwohl die Zusammensetzung des Kreises immer wieder wechselte, übernahmen einige Personen darin ständige und herausragende Aufgaben.

Die wichtigste Schaltstelle nahm Jelzins Tochter Tatjana Djatschenko ein. Daneben spielte Jelzins Memoirenschreiber und zeitweiliger Leiter der Präsidialadministration, Walentin Jumaschew, eine zentrale Rolle. Im weiteren Umfeld waren zunächst der «Oligarch» Boris Beresowskij, später der Finanzmagnat Roman Abramowitsch angesiedelt. Zentrale Steuerungsfunktionen sollte ab Frühjahr 1999 der neue Präsidialamtsleiter Alexander Woloschin übernehmen.[37] Die unter dem Kürzel «Familie» firmierende informelle Machtstruktur übte in noch höherem Maße als das frühere «Triumvirat» Korschakow, Barsukow und Soskowez einen erheblichen Einfluß auf den politischen Prozeß in den offiziellen Herrschaftsinstitutionen aus. Dies betraf auch die Besetzung hoher und höchster Ämter, sei es in der Regierung oder in anderen wichtigen Organen der Exekutive.[38]

Jelzins Tochter Tatjana fiel in der «Kremlfamilie» eine Schlüsselrolle zu. Doch wurde ihr Wirken unterschiedlich beurteilt. Jelzin selbst verbreitete sich in höchsten Lobestönen über das Engagement seiner Tochter zuerst im Wahlkampfstab und dann in der offiziellen Rolle einer «Imageberaterin» des Präsidenten. Jelzin zufolge waren Tatjanas Aufgaben ähnlichen Funktionen der Tochter des französischen Präsidenten, Claude Chirac, nachempfunden.[39] Allerdings fielen Tatjana in dem Machtvakuum, das aufgrund der Krankheit ihres Vaters entstanden war, politisch bedeutende Steuerungs- und Kommunikationsfunktionen zu. Jelzins Assistenten schätzten Tatjanas Aufgaben als «sehr viel weiterreichend und gleichzeitig unbestimmter» als diejenigen einer «Imageberaterin» ein.[40] Primakow schrieb Tatjana eher «ausführende» als «konzeptionell strategische» Funktionen zu, da sie den unmittelbarsten Zugang zum Präsidenten hatte und deshalb wußte, ob und wann von diesem eine Entscheidung oder eine Unterschrift zu erwirken war. Nachweislich beteiligte sich Jelzins Tochter aktiv an dem Kaderkarussell ihres Vaters wie überhaupt an personalpolitischen Fragen. So strebte sie beispielsweise mit Primakows Ehefrau sogar «Verhandlungen» an, um die von ihr gewünschte Ernennung eines Kandidaten zum Gesundheitsminister durchzusetzen.[41]

Eine herausragende Rolle bei der Vernetzung und Verkuppelung offizieller und informeller Strukturen nahm Anatolij Tschubajs in seiner Funktion als Leiter der Administration des Präsidenten ein. Er war sowohl der Treuhänder der «Oligarchen» als auch der loyale Diener Jelzins; schließlich fungierte er als ein wichtiges Bindeglied zur neuen «Kremlfamilie». Er war der eigentliche Regent während Jelzins langer Krankheit. Er entschied allein über die wichtigsten Geschäftsgänge und wählte die Dokumente aus, die von dem kranken Jelzin zur Kenntnis genommen werden sollten. Tschubajs war für eine ganze Weile der maßgebliche Favorit Jelzins und zugleich dessen Mentor, Siegelbewahrer und oberster Wächter in einer Person. Im Unterschied zu Jelzins früherem Leibwächter Korschakow, der ebenfalls eine einzigartige Stellung beim Präsidenten genoß, verfügte der junge «Laborleiter» Tschubajs allerdings über herausragende Führungsqualitäten. Er war ein ebenso ausgezeichneter Administrator wie ein konsequenter politischer Reformer.[42]

Zu den Gegenspielern von Tschubajs gehörte der militärische Haudegen Alexander Lebed, der als Belohnung für die Unterstützung Jelzins in der zweiten Wahlrunde zum Sekretär des Nationalen Sicherheitsrats ernannt worden war. Doch erwartungsgemäß ließ sich der eigenwillige Generalleutnant nicht dauerhaft in das von Jelzin konstruierte Machtdreieck zwischen Sicherheitsrat, Regierung und Präsidialadministration einbinden. Bereits vier Monate nach seiner Bestallung unterschrieb Jelzin vor laufender Kamera die Urkunde zu seiner Entlassung. Lebed hatte zwar das Verdienst, mit dem Abkommen von Chasawjurt Ende August 1996 dem ersten Tschetschenienkrieg ein Ende gesetzt zu haben, doch gereichte ihm dies unter den Moskauer politischen Eliten nicht zur besonderen Ehre. Lebed wurde von Regierungschef Tschernomyrdin einerseits, von Präsidialamtsleiter Tschubajs andererseits bedrängt und isoliert. Schließlich wurde ihm von Innenminister Anatolij Kulikow unterstellt, einen Militärputsch anzustreben. Diese Behauptung diente offenkundig lediglich als Vorwand für die schon länger geplante Entlassung des unbequemen neuen Sekretärs im Sicherheitsrat. In seiner über das Fernsehen ausgestrahlten Rede nannte Jelzin die Unfähigkeit Lebeds zur Arbeit im Rahmen eines «einheitlichen, kameradschaftlichen Teams» als den eigentlichen Grund für den Rausschmiß. Wie in der Fabel vom Schwan, Krebs und Hecht bringe der Schwan nur alle durcheinander, sagte Jelzin. Mit dem Schwan war natürlich Lebed – russisch *lebed* bedeutet «Schwan» – gemeint.[43]

Nach dem Abgesang auf den «Schwan» wurde das Kaderkarussell angeworfen, um für eine neue Führung im Nationalen Sicherheitsrat zu sorgen. Das Ergebnis zeugte davon, daß der «Sommer» der «Oligarchen» immer noch im Zenit stand. Zwar wurde zu Lebeds förmlichem Nachfolger der wenig profilierte frühere Parlamentssprecher Iwan Rybkin bestellt. Doch als dessen Stellvertreter gelangte Boris Beresowskij, der bekannteste unter den «Sieben Wirtschaftsbojaren», in ein hohes politisches Amt. In der Presse stellte man zu Recht fest, daß Beresowskij die eigentliche Spitzenfigur im Sicherheitsrat war, während Rybkin bestenfalls als der «Taschensekretär» seines Stellvertreters einzuschätzen war.[44] Die Ernennung Beresowskijs war auf Drängen von Tschubajs und von Mitgliedern der «Kremlfamilie» erfolgt. Dies lag auf der Linie der damaligen engen Kooperation zwischen dem «Jungreformer» und den «Sieben Bankbaronen».[45] Für Beresowskij war es das höchste politische Amt in seiner ohnehin schwindelerregenden Karriere vom habilitierten Mathematiker und Experten für Entscheidungstheorie zu einem der ersten erfolgreichen *bisnismeny* am Ende der UdSSR und dann zum Leiter einer der mächtigsten Industrie- und Finanzimperien in Jelzins Rußland.[46] Tatsächlich war Beresowskij noch weitaus weniger für sein neues Amt fachlich ausgewiesen als der Bankier Potanin für den Posten des Ersten Vizepremiers. Beide Ernennungen waren ein Tribut an die zugunsten der Wiederwahl Jelzins geleisteten Dienste und Ausdruck der neuen Personalhoheit der «Kremlfamilie».

Während Jelzins langer Krankheit fungierten neben der reinen Schattendynastie der «Familie» noch eine Reihe weiterer halboffizieller institutioneller Surrogate, um über das Machtvakuum an der Spitze des Staates hinwegzuhelfen. Auffällig war, daß die neuen Einrichtungen ohne alle Skrupel an der neuen Verfassung vorbei gebildet wurden. Einmal mehr zeigte sich, daß das «institutionelle Nomadentum» in Jelzins Rußland florierte und sogar die wildesten Blüten trieb. Die Presse schrieb, daß das Land während Jelzins Abwesenheit auf «Autopilot» umgestellt worden sei. Doch auch das System des «Autopiloten» bedurfte gewisser Vorkehrungen und Mechanismen. Diese bestanden vornehmlich aus vier Einrichtungen, dem «Rat der Großen Vier», dem Verteidigungsrat, dem «Politischen Konsultativrat» und der «Provisorischen Außerordentlichen Kommission zur Stärkung der Steuer- und

Budgetdisziplin», kurz «Wetscheka» (*wremennaja tschreswytschajnaja kommissija*) genannt.[47] Letztere wurde mit dem Ziel gegründet, ausstehende Steuern in das leere Staatssäckel fließen zu lassen, um dann wiederum die überfälligen Pensionen und Löhne der Staatsbeamten bezahlen zu können. Tatsächlich trat die «Wetscheka», deren Name an das bolschewistische Schrekkensregime der «Tscheka» erinnerte, eher als eine neue Oberregierung auf, während die Regierung, das zunächst viel gerühmte «Kabinett der Sieger» vom August 1996, in den Hintergrund trat.

In dem «Rat der Vier» wurden die beiden Parlamentssprecher, der Premierminister und der Leiter der Präsidialadministration zu einer Art von Regentschaftskabinett zusammengeführt. Der «Politische Konsultativrat» schließlich war als ein zusätzliches konsultatives Parlament kreiert worden, um denjenigen Parteien, die bei den Dumawahlen 1995 knapp an der Fünf-Prozent-Hürde gescheitert waren, ersatzweise ein Repräsentationsforum bereitzustellen. Angesichts der vielen neuen «Räte» wurde in der Presse festgestellt, daß Rußland eben doch ein Land der «Räte», der «Sowjets», geblieben sei.[48] Jenseits ihrer nominellen Verwandtschaft mit sowjetischen Vorläufern machten all die wildwüchsigen «Räte» vor allem deutlich, daß während des Interregnums und angesichts der geringen Effizienz der verfassungsmäßigen Organe wie etwa der Regierung unter Premierminister Tschernomyrdin ein Bedarf an Substituten tatsächlich gegeben war.

Rückkehr der «Jungreformer»

Nach langer Krankheit wurde Jelzin im Frühjahr 1997 wieder auf der politischen Bühne aktiv. Offensichtlich wollte er die allzu enge Symbiose mit den nach Profit gierenden «Oligarchen» auflösen und einen erneuten Reformanlauf mit Hilfe liberaler «Jungreformer» starten. Jelzin äußerte, daß er nicht in einem «Banditenstaat» leben wollte.[49] Im März 1997 bildete er das Kabinett grundlegend um. Er stellte dem Pragmatiker Tschernomyrdin die beiden jungen Ingenieure des Systemwechsels Anatolij Tschubajs und Boris Nemzow als Erste Vizepremiers zur Seite. Bei der neuen Regierung handelte es sich tatsächlich um das zweite große Aufgebot von jungen «Laborleitern» nach der Ära Gajdar. Während die russische Öffentlichkeit die beiden in Erwartung ihres entschiedenen und harten Durchgreifens schnell als die «Jungen Wölfe» bezeichnete, freute sich das westliche Ausland über Jelzins liberales «dream team». Bei dem Engagement der «Jungen Wölfe» hatte Jelzins Tochter Tatjana ihre Hände im Spiel. Über sie erfolgte die Verständigung mit Tschubajs, und sie übernahm es auch, den zögerlichen Gouverneur Nemzow von Nischnij Nowgorod an Ort und Stelle von der Wichtigkeit und Dringlichkeit der Übernahme des Amtes in Moskau zu überzeugen.[50]

Die Regierung der «Jungen Wölfe» nahm einen guten Start. Die Popularitätskurve Boris Nemzows, der sich der Sozialpolitik, der Zerschlagung der Monopole und der Bekämpfung von Amtsmißbrauch und Korruption anzunehmen anschickte, stieg zunächst steil an. Als jedoch sichtbar wurde, daß die «Jungreformer» Wirtschaft und Staat entflechten und sich der Bindungen an die *Semibankirschtschina* entledigen wollten, trachteten die düpierten «Oligarchen» nach Rache. Unterdessen waren sich die Magnaten selbst untereinander uneins geworden. Es kam zum Streit über den Ausgang wichtiger Privatisierungsauktionen. Zu den begehrten Objekten gehörten der weltweit größte Nickelproduzent, Norilsk Nickel, und Swjasinwest, das Telekommunikationsunternehmen, das ein äußerst gewinnträchtiges Unternehmen zu werden versprach. Da in die Streitigkeiten auch die großen Finanzunternehmen einbezogen waren, brach ein «Bankenkrieg» unter den «Oligarchen» aus. Außerdem kam es zu deutlichen Spannungen zwischen den «Jungreformern» in der Regierung und der Mehrheit der «Oligarchen», die unterstellten, daß Wladimir Potanin bei den Auktionen von staatlicher Seite bevorteilt worden sei.[51]

Das Hauen und Stechen zwischen einer Reihe von «Oligarchen» und den «Jungen Wölfen» ging im Herbst 1997 in eine neue Runde. Tschubajs und Nemzow schlichen sich Anfang November unbemerkt von dem abwesenden Regierungschef Tschernomyrdin, der mit Beresowskij gute Beziehungen unterhielt, in die Residenz des Präsidenten, um diesen zur Entlassung Beresowskijs aus dem Amt des Stellvertretenden Sekretärs des Sicherheitsrates zu bewegen.[52] Der geschaßte Beresowskij revanchierte sich umgehend. Er ließ über den Sender «Echo Moskaus» bekanntmachen, daß einige von Jelzins «Jungreformern», darunter Tschubajs, eine Vorauszahlung von je 95 000 US-Dollar für ein noch nicht verfaßtes Buchmanuskript über die Privatisierung in Rußland erhalten hätten. Die Reputation von Tschubajs nahm durch die sogenannte «Honoraraffäre» beträchtlichen Schaden. Doch auch Nemzows Stern verlor seine ursprüngliche Leuchtkraft. Sein lautstarkes Pronunziamento, man müsse den «oligarchischen Kapitalismus» durch einen neuen «Volkskapitalismus» ersetzen, verärgerte die Wirtschaftsmagnaten sichtlich. Die hinter einflußreichen Medien stehenden «Oligarchen» zeigten sich nun nicht mehr bereit, ein positives Image von Nemzow, der eine ganze Weile als möglicher «Erbprinz» Jelzins gegolten hatte, zu vermitteln.[53]

Die Schwächung der «Jungen Wölfe» bedeutete zugleich eine Stärkung des «Roten Direktors» Tschernomyrdin. Das von Jelzin nach seiner Wiederwahl errichtete System der Gewaltenteilung à la russe hatte seine Wirkungskraft eingebüßt. Das ursprüngliche Machtdreieck zwischen Präsidialleitung, Regierung und Sicherheitsrat war durch diverse Umbesetzungen ins Wanken geraten. Weder brachte der Sicherheitsrat – nunmehr ohne Beresowskij – ein nennenswertes Gewicht ins politische Spiel, noch zeigte Walentin Jumaschew als der neue Leiter der Präsidialadministration Autorität und politisches Profil. Daß Jelzin seinen Memoirenschreiber Jumaschew an die Spitze der Administration gesetzt hatte, war als klarer Gunstbeweis gegenüber seinem Vertrauten aus dem engeren Zirkel der «Kremlfamilie» zu werten. Darin manifestierte sich auch die enge Verflechtung hoher offizieller Ämter mit den informellen Strukturen der Macht. In der neuen Konstellation verkörperte Tschernomyrdin das letzte politische Schwergewicht in der «Präsidentenvertikale». Wohl aus diesem Grunde waren auch die Tage des «Roten Direktors» an der Spitze der Regierung gezählt.[54]

Tatsächlich entließ Jelzin Ende März 1998 mit einem unerwarteten Paukenschlag Tschernomyrdin und die gesamte Regierung. Die Öffentlichkeit wurde davon ebenso überrascht wie die betroffenen Minister.[55] Der offenkundigen Geste autokratischer Willkür, die im übrigen gegen den ausdrücklichen Rat der «Familie» erfolgte,[56] lag überwiegend die Eifersucht des Präsidenten auf seinen Premierminister zugrunde, der in den letzten Monaten zunehmend an Autorität gewonnen hatte. Insbesondere nahm Jelzin an den Ehrungen für Tschernomyrdin Anstoß, die diesem, einem künftigen Präsidenten Rußlands gleich, bei seiner Reise

Anfang März nach Washington zuteil geworden waren. Es hatte Jelzin wohl mißfallen, daß der amerikanische Vizepräsident Al Gore und Tschernomyrdin in Washington auf einem Treffen, das dort als «meeting of future presidents» bezeichnet wurde, scherzhaft fröhliche Toasts auf ihre Erfolge als etwaige Prätendenten auf das jeweilige Präsidentenamt ausgebracht hatten.[57] Jelzin schien an dieser Perspektive keinen Gefallen zu finden. Noch in seinem «Mitternachtstagebuch» sprach er Tschernomyrdin die Fähigkeit zur Nachfolge an der Spitze des Staates ab und nannte hier als den eigentlichen, wenn auch kaum überzeugenden Grund für dessen Entlassung, daß die Menschen im Lande «ein neues Gesicht» sehen wollten.[58]

Allerdings tat sich der Autokrator schwer, in aller Eile so ein neues Gesicht, möglichst einen «guten Verwalter und Ökonomen», aufzutun. Seinen Mißmut darüber, daß Tschernomyrdin zuletzt zu viel politisches Profil gezeigt hatte, brachte Jelzin noch in seiner Fernsehmitteilung zur Entlassung der Regierung zum Ausdruck: «Das Land braucht eine neue Mannschaft. Die Kabinettsmitglieder müssen sich mehr auf die Entscheidung konkreter Fragen konzentrieren und sich weniger um Politik kümmern.»[59] Es lag in der logischen Konsequenz dieser Vorstellungen, daß Jelzins Wahl auf einen jungen Technokraten von unpolitischer Statur als Kandidaten für das Amt des Regierungsvorsitzes fiel. Er nominierte den 35 Jahre alten Sergej Kirijenko, der im Kabinett den Rang eines Ministers für Brennstoff und Energie bekleidet hatte. Triumphierend strich Jelzin die Qualitäten seines Überraschungskandidaten als «Verwaltungsspezialist ohne gegenwärtige Bindungen an irgendwelche Parteien oder Bewegungen» heraus.[60] Außerdem imponierte es Jelzin, daß sein Kandidat, der selbst im Rahmen der «Komsomolökonomie» seine ersten Schritte in Richtung Marktwirtschaft getan hatte, keinerlei Beziehungen zu den «Oligarchen» unterhielt.[61] Die Presse registrierte mit Häme, daß es in Rußland offenkundig leicht sei, «Premier zu werden, wenn man unpolitisch ist».[62]

Der Präsident und sein Kandidat betonten immer wieder, daß die Regierungsbildung nur technokratischen Maßstäben entsprechen dürfe. Kirijenko dozierte: «Die neue Regierung muß aus Fachleuten bestehen und darf nicht nach dem Parteiprinzip gebildet werden.»[63] Der Opposition und darüber hinaus vielen Angehörigen der politischen Klasse ging Jelzins Experiment mit der «Kinderüberraschung», wie man Kirijenko in Anspielung an dessen Jugendlichkeit und an die Schokoladeneier gleichen Namens bald nannte, entschieden zu weit. Vor allem erregte die völlige politische Unerfahrenheit des jungen Mannes aus der Provinz die Gemüter. Die Kommunisten sahen in Kirijenko einen «kleinen Gajdar», einen «Gajdartschik».[64] Sjuganow machte geltend, daß ein Premierminister über einen hohen Bekanntheitsgrad, über politisches Prestige und über administrative Erfahrungen verfügen müsse. Der Fraktionsvorsitzende von «Unser Haus Rußland» Alexander Schochin, ging deutlich weiter. Er plädierte unter Hinweis auf die Verfassung und die grundsätzliche Notwendigkeit einer demokratisch gebildeten Regierung klar gegen jede technokratische Regierung.[65] Schochins Lektion zerschellte indessen an der Mauer der immer noch zählebigen politischen Kultur des *homo sovieticus*. Weiterhin wurde das technokratische Prinzip und der Grundsatz bloßer Präsidialkabinette über die Notwendigkeit einer auf politischer Basis gebildeten, demokratisch verantwortlichen Regierung gestellt.

Der Autokrator wollte zwar in keinem Fall von seinem Findelkind ablassen, tat sich aber schwer, die Akzeptanz seines Kandidaten in der Duma zu erreichen. Die Deputierten machten dem Präsidenten deutlich, daß sie von seiner Entdeckung nichts hielten. Erst im dritten Durchgang erreichte Kirijenko am 24. April 1998 das Plazet von nur 251 Ja- gegen 25 Nein-Stimmen. Das Ergebnis wurde letztlich nur durch beträchtliche Stimmenthaltungen und aufgrund einer geheimen Abstimmung erzielt. Dies hatte es auch einigen Kommunisten ermöglicht, für Kirijenko zu stimmen, obwohl Sjuganow ein Njet angefordert hatte. Dabei war auch in Rechnung zu stellen, daß es die Präsidialadministration nicht daran hatte fehlen lassen, sowohl mittels Überzeugungskampagnen als auch mittels subtiler Formen der Bestechung für die dritte und letzte Wahlrunde die nötige Stimmenmehrheit sicherzustellen. Die Abgeordneten begründeten ihr Einknicken zuletzt damit, daß man nur einer drohenden endgültigen Auflösung der Duma vorgebeugt habe. Der Dumasprecher Gennadij Selesnjow drückte dies so aus: «Die Duma stimmt nicht für Kirijenko, sondern für ihr eigenes Überleben.»[66]

Aufgrund der alsbald hereinbrechenden schweren Finanz- und Wirtschaftskrise sollte sich Jelzin jedoch bald wieder von seiner «Kinderüberraschung» trennen. Als sich die Krise immer mehr zuspitzte, bat Kirijenko vornehmlich Tschubajs und selbst Gajdar um Rat und Tat. Diese prowestliche Gruppe riet dazu, den Forderungen des IWF zu folgen und ein Bündel harter Maßnahmen zur Rekonsolidierung der russischen Finanzen zu verabschieden. Der Plan löste wiederum bei so manchen «Oligarchen» und Vertretern der «natürlichen Monopole» Protest und Aufruhr aus, da diese ihre bisher privilegierten Positionen gefährdet sahen. Daraufhin drängte Beresowskij die Präsidialadministration und den Kern der «Kremlfamilie», eine sofortige Entlassung Kirijenkos und die Rückkehr Tschernomyrdins als Premier zu erwirken.[67] Tatsächlich folgte Jelzin dem kurzsichtigen Ratschlag und argumentierte jetzt, daß angesichts der Krise nur ein «politisches Schwergewicht» von der Statur des – von ihm so schmählich davongejagten – früheren Premiers Tschernomyrdin gefragt sei.

Es zeigte sich, daß die Augurendienste der «Kremlfamilie» eher schädlich als hilfreich waren. Denn die Duma war nicht mehr bereit, erneut den Launen des Autokrators zu folgen und Tschernomyrdin das Plazet zu geben. Nach dem faktischen Oktroi Kirijenkos wollte sich das Parlament nach so kurzer Zeit nicht erneut durch die «superpräsidentiellen» Extravaganzen Jelzins demütigen lassen. Die Abgeordneten verpaßten dem Kandidaten Tschernomyrdin zweimal eine Niederlage. Die Waffe des bloßen «Kaderkarussells» als ultima ratio des Systems Jelzin war stumpf geworden. Der Präsident hatte den Bogen der verfügbaren verfassungsmäßigen Handhaben zur Regierungsbildung weit überspannt. Im Ergebnis untergrub er damit die Autorität und Legitimität des Präsidentenamtes selbst.[68] Der «Superpräsidentialismus» führte sich selbst ad absurdum. Die Situation hatte sich von der akuten Wirtschaftskrise zu einem schweren Staatsnotstand ausgeweitet. Deshalb war dringend eine Kandidatur erforderlich, die auf breite Zustimmung stoßen würde. Dies gelang, als in letzter Minute der allseits angesehene Außenminister Jewgenij Primakow dafür gewonnen werden konnte.[69]

Jewgenij Primakow wurde am 11. September 1998 von der

Duma mit der bisherigen Rekordzahl von 317 Ja-Stimmen zum Premierminister gewählt. Gegen Primakow stimmten praktisch nur die Abgeordneten aus Schirinowskijs Partei. Der exzentrische Politiker ließ Primakow allerdings bald wissen, daß ihm künftig die Stimmen der «Liberaldemokraten» in der Duma sicher seien.[70] Für die nächsten acht Monate brach in Rußland eine neue Ära an. Erstmals erhielten Geist und Buchstaben der semipräsidentiellen Verfassung eine Chance, sich zu materialisieren. Durch die enorme Machteinbuße des Präsidenten war der neue Regierungschef in der Lage, sein Kabinett nach eigenen Vorstellungen zu bilden und die Politik der Regierung souverän zu bestimmen. In der Presse tauchte schnell die Vorstellung auf, Rußland habe sich zu einer «parlamentarischen Republik» gewandelt. Tatsächlich war die allgemeine Erleichterung darüber groß, daß es erstmals eine reale Mehrheit in der Duma zugunsten einer Regierung gab.[71]

Jewgenij Primakow machte in seiner «Kandidatenrede» vor den Abgeordneten klar, daß die Arbeit seiner Regierung ohne die «entschlossene Unterstützung» seitens der Abgeordneten gar nicht möglich sei. Obwohl er damit im Grundsatz honorierte, daß jede verantwortliche Regierung einer parlamentarischen Mehrheit bedürfe, zeigte Primakow andererseits auch Hemmungen, die von der Duma gewünschte «Regierung des nationalen Vertrauens» zu bilden. Er räumte ein, daß in die Regierung «Vertreter verschiedener Parteien eintreten können», doch dürften diese fortan nur als *professionaly* (Fachleute) im Rahmen einer «einheitlichen Mannschaft» arbeiten.[72] Offensichtlich scheute Primakow davor zurück, angesichts des unterentwickelten Parteiensystems eine förmliche Parteienkoalition zum Regierungsprinzip zu erheben und damit zugleich die Kommunisten aufzuwerten. Er wollte wohl auch etwaige Vorwürfe der «Kremlfamilie» abwehren, die Regierung werde zur Geisel bestimmter Parteien. Primakow schätzte die politische Couleur seines eigenen Kabinetts als «linkszentristisch» ein. Tatsächlich vereinigte er in seinem Kabinett Repräsentanten aus den Lagern der «Demokraten», «Zentristen» wie der Kommunisten. Es war im übrigen die erste Regierung, die ohne den Einfluß von Wirtschaftslobbies auskam. Nodari Simonia, der Direktor des angesehenen Instituts für Weltwirtschaft und Internationale Beziehungen der Russischen Akademie der Wissenschaften, stellte fest, daß die Exekutive erstmals von «einem Mann geführt wurde, der keinerlei Beziehungen zu einer der Fraktionen des bürokratischen Kapitals unterhielt».[73] Primakow war vor allem gegenüber den «Oligarchen» kritisch und abweisend eingestellt. Ihm ging es darum, dem «Inzest» von Politik und Big Business ein Ende zu bereiten. Dem kam entgegen, daß eine Reihe der «Oligarchen» aufgrund der Auswirkungen des Wirtschaftsfiaskos deutlich geschwächt waren, so daß im Gefolge der Finanzkrise schon vom «Herbst» und selbst vom «Tod der Oligarchen» die Rede war.[74]

Zu den Veränderungen in der politischen Machtkonstellation während der Amtszeit Primakows gehörte auch, daß die Präsidialadministration ihre bisher stets dominierende Rolle gegenüber der Regierung einbüßte. Noch während der Regierungszeit Kirijenkos hatten Kabinettsmitglieder immer wieder darüber geklagt, daß sie in ihren Aktionen stark von der Administration eingeengt würden. Sie warfen der Behörde vor, das Land «auf eigene Faust» zu regieren, alles zu kontrollieren, sich aber für nichts zu verantworten. Diese Zustände entsprächen noch den sowjetischen Verhältnissen. Hochrangige Vertreter der Präsidialadministration bemühten sich erst gar nicht, ihre anleitende Rolle gegenüber der Regierung zu kaschieren. So erklärte der Stellvertretende Leiter der Administration Ende Mai 1998 ganz unverblümt: «Wir übernehmen die politische Führung der Regierung.»[75] Während der langen Regierungszeit Tschernomyrdins hatte der Präsident im übrigen darauf bestanden, im Rahmen regelmäßiger wöchentlicher Treffen zu zweit, den Premierminister über seine Arbeit gründlich zu belehren. Jelzin sah dies als eine ihm von der Verfassung auferlegte Pflicht an, die er nicht aus innerem Antrieb heraus erfüllte. Die Zwiegespräche mit dem Premierminister waren ihm bisweilen durchaus lästig, wie seine Assistenten dokumentierten. Tschernomyrdin durfte im voraus nicht über die Inhalte des Gesprächs informiert werden. Der Präsident wünschte ausdrücklich, «daß in dem wöchentlichen Spektakel Raum für eine Intrige oder irgend eine Überraschung» verblieb, womit er den darüber wenig erfreuten Premierminister zu inkommodieren vermochte. Jedenfalls mußte die Administration geeignetes Material «für das Spektakel» vorbereiten.[76]

Auch wenn Primakow keine solchen autokratischen Allüren des Staatsoberhauptes zu gewärtigen hatte, schwebte gleichwohl das Damoklesschwert über ihm, wie schon seine Vorgänger von Jelzin in einem Überraschungscoup entlassen zu werden. Deshalb verfolgte Primakow die Absicht, zusammen mit den beiden Parlamentskammern einen politischen Stabilitätspakt vorzubereiten und auch den Präsidenten darin einzubinden. In seinen Grundzügen war ein solcher Burgfrieden zwischen den Staatsgewalten bereits während der Augustkrise konkret erarbeitet worden. Der Pakt sollte folgendes festlegen: Während sich der Präsident verpflichtete, die Duma nicht aufzulösen und die Regierung nicht zu entlassen, sollte umgekehrt das Parlament von dem Plan ablassen, ein Verfahren zur Amtsenthebung des Präsidenten zu initiieren.[77] Jelzin stellte sich jedoch gegen einen solchen Pakt. Er gab vor, damit Tür und Tor für eine parlamentarische Entwicklung des Landes zu öffnen. In seinem «Mitternachtstagebuch» bestätigte er nochmals die ursprüngliche Sorge, daß ein solcher Pakt zur Aushöhlung der Verfassung und damit zum plötzlichen Wechsel von einer präsidentiellen in eine parlamentarische Republik hätte führen können.[78] Solche Überlegungen zeigen einmal mehr Jelzins einseitige Auslegung der Verfassung und sein tiefsitzendes Mißtrauen gegenüber etwaigen «parlamentarischen» Entwicklungen. Im Widerspruch dazu stand seine mehrfach geäußerte Genugtuung darüber, daß Primakow das Vertrauen sowohl des Parlaments wie des Präsidenten genoß. Schließlich erwies doch das neue Arrangement der Macht deutlich, daß sich die «Cohabitation à la russe» mit den Verfassungsbestimmungen vorzüglich vertrug und daß sie darüber hinaus in kurzer Zeit für eine deutliche Stabilisierung der Verhältnisse im Lande gesorgt hatte.

Gleichwohl war der Präsident daran interessiert, Gegengewichte zur mächtigen Regierung zu schaffen. Dabei setzte er auf General Nikolaj Bordjuscha, der seit dem Beginn der Regierung Primakows als Sekretär des Nationalen Sicherheitsrates fungierte. Bordjuscha kam aus dem KGB; vor seiner Berufung in den Sicherheitsrat stand er an der Spitze des Föderalen Grenzdienstes. Auf Anraten der «Kremlfamilie» betraute Jelzin Anfang Dezember 1998 den vierzig Jahre alten General zusätzlich mit der Leitung der Präsidialadministration. Jelzin begründete den Schritt damit, daß «die Macht in einer Hand konzentriert sein» müsse.[79] Die von Jelzin gewünschten Wirkungen, durch die Ämterkonzentration auf Bordjuscha ein Bollwerk gegenüber der Regierung Primakows zu bilden, blieben indessen aus. Bordjuscha zeigte sich nicht gewillt, Generalstaatsanwalt Jurij Skuratow, der sich «erdreistet» hatte, in dem Revier der «Kremlfamilie» Recherchen über Korruption anzustellen, unter dem Vorwand eines liederlichen persönlichen Lebenswandels loszuwerden. Wegen dieses Versagens sollte Bordjuscha aus der Sicht der «Kremlfamilie» zumindest eines der beiden Ämter wieder abgeben. Die «Familie» hielt bereits Alexander Woloschin, der enge Beziehungen zu Beresowskij unterhielt, als Kandidaten für die Übernahme der Leitung der Präsidialadministration parat.[80]

Bordjuscha erkrankte unterdessen und mußte mit schweren Herzbeschwerden ins Krankenhaus. Von hier aus führte er am 19. März 1999 ein Gespräch mit Jelzin, das er auf Band aufnahm. Bordjuscha stellte die Aufzeichnung des Gesprächs Primakow zur Publikation zur Verfügung. Der Inhalt des Gesprächs ist sowohl im Hinblick auf die «Kremlfamilie» als auch auf das Verhältnis von Jelzin zur «Kremlfamilie» besonders aufschlußreich:[81]

Eingangs tat Jelzin gegenüber Bordjuscha seine Absicht bekannt, er wolle die Ämter eines Sekretärs des Sicherheitsrates und der Leitung der Präsidialadministration wieder trennen, da er bei ihrer Zusammenlegung einen Fehler begangen habe. Weiter teilte er Bordjuscha mit, daß er ihn auf dem Posten des Sekretärs des Sicherheitsrates belassen, die Leitung der Administration jedoch Woloschin übertragen wolle. Bordjuscha bedankte sich für das Angebot, lehnte es jedoch ab und nannte Jelzin die folgenden Gründe dafür:
«Erstens handelt es sich nicht um Ihre Entscheidung, sondern sie wurde Ihnen von Ihrer Tochter Djatschenko auf Empfehlung einer Gruppe von Personen aufgedrängt. Die Ursache steckt nicht in der Fehlerhaftigkeit der Vereinigung der zwei Ämter, sondern darin, daß ich die Entlassung Beresowskijs vom Posten des Exekutivsekretärs der GUS initiiert und mich darüber hinaus verweigert habe, an der Kampagne zur Diskreditierung Primakows und seiner Regierung teilzunehmen. Diese Kampagne haben Djatschenko, Abramowitsch, Jumaschew, Woloschin und Mamut mit der Billigung von Beresowskij organisiert.
Zweitens bedeutet die Fortsetzung der Arbeit im Kreml, sich an der Umsetzung der Entscheidungen zu beteiligen, die Ihnen Djatschenko, Jumaschew, Abramowitsch, Beresowskij, Woloschin aufdrängen. Und viele von ihnen tragen häufig einen gegen den Staat gerichteten Charakter oder sie widersprechen den Interessen des Staates. Daran will ich mich nicht beteiligen.
Drittens bin ich ein Kriegsgeneral, und ich war an vielen ‹heißen Punkten› im Einsatz; ich habe mein Leben aufs Spiel gesetzt und lange Zeit meine

Familie nicht gesehen. Ich war immer überzeugt, daß ich den Interessen Rußlands und den Interessen des Präsidenten Rußlands diene. Bei meiner Arbeit im Kreml habe ich gelernt, daß nicht der Präsident das Land regiert, sondern daß das Land im Namen des Präsidenten von einem Häuflein gewissenloser Personen regiert wird, und dies geschieht in deren Interesse, und nicht im Interesse des Staates. In dieser Gesellschaft kann und will ich nicht sein.»

Auf die Anschuldigungen Bordjuschas hin bekräftigte Jelzin, daß er weiter mit ihm zusammenarbeiten wolle. Im Hinblick auf die von Bordjuscha mehrfach aufgeführten Mitglieder der «Kremlfamilie» sagte er, er habe «nicht erwartet, daß sie ein solches Gewicht erlangen würden». Und weiter: «Ich jage sie alle weg! Gut! Ich mache meine Entscheidung rückgängig! Sie bleiben Leiter der Administration, und wir arbeiten zusammen. Wie finden Sie das?» Bordjuscha erklärte sich dazu unter der Bedingung bereit, daß noch am gleichen Tag die genannten Personen den Kreml verlassen müßten.

Jelzin verabschiedete sich mit den Worten, daß er darüber nachdenken und dann alles mit Bordjuscha besprechen werde. Tatsächlich unterschrieb Jelzin noch am gleichen Tag die Urkunde zur Entlassung von Nikolaj Bordjuscha aus beiden Ämtern.

Die Aussagekraft des Zwiegesprächs liegt zum einen in der präzisen Identifikation der Mitglieder der «Kremlfamilie» im Frühjahr 1999. Weiter wird der Eindruck vermittelt, daß Jelzin selbst das politische Gewicht und die Umtriebe der «Familie» entweder nicht richtig einzuschätzen vermochte oder dies mit gespielter Naivität kaschierte. Falls er Bordjuscha wirklich halten wollte, vermochte er seinen Willen keineswegs gegenüber der «Familie» durchzusetzen. Dies dokumentierte die prompte Entlassung Bordjuschas aus allen Ämtern. Besonders interessant sind jedoch die von dem Insider Bordjuscha übermittelten Beobachtungen darüber, daß die informelle Struktur mit der schlichten Bezeichnung «Familie» eine enorme Machtfülle entfaltet hatte und Ziele verfolgte, die im Widerspruch zu den nationalen Interessen standen.

Obwohl Jelzin die Verdienste seines Regierungschefs Primakow nicht übersehen konnte und die konstruktive Rolle der Regierung auch ausdrücklich anerkannte, war ihm und mehr noch der «Familie» daran gelegen, Primakows Entlassung auf die Tagesordnung zu setzen. Denn der Platz an der Regierungsspitze mußte für einen potentiellen Nachfolger im Präsidentenamt, das im Jahr 2000 zur

Neubesetzung anstand, freigemacht werden. Da Primakow über eine hohe und stetig weiter ansteigende Popularität im Lande verfügte, wurde es immer wahrscheinlicher, daß er im Falle einer Kandidatur für das Präsidentenamt eine deutliche Zustimmung erlangen würde. Deshalb mußte Primakow aus der Sicht derer, die anderes im Visier führten, zumindest den Bonus eines Premierministers schnell verlieren. Jelzin räumte später offen das Kalkül der Kremlführung ein, daß «Primakow unter keinen Umständen als Regierungschef in den Präsidentschaftswahlkampf des Jahres 2000 gehen» durfte.[82] Die Entlassung Primakows erfolgte drei Tage vor der für den 15. Mai 1999 angesetzten Eröffnung eines Verfahrens zur Amtsenthebung des Präsidenten in der Duma. Jelzin folgte dabei seiner Devise: «Ein heftiger, unerwarteter Schlag entwaffnet den Gegner.»[83]

Tatsächlich entging Jelzin nur knapp dem drohenden Beginn eines «Impeachments». Zuletzt fehlten lediglich 16 Abgeordnetenstimmen für die notwendige Zweidrittelmehrheit der Kammer in dem Punkt der Anklage, in dem Jelzin der Mitschuld am ersten Tschetschenienkrieg bezichtigt wurde. Allerdings hatte man erneut das Abstimmungsverhalten der Abgeordneten zu beeinflussen versucht, so daß die Eröffnung des Verfahrens von vorneherein wenig Aussichten auf Erfolg hatte. Spekulationen über die mutmaßlich offerierten Summen zum Abkauf einer Stimme – es wurden Beträge von 10000 bis 30000 Dollar genannt – schossen nur so ins Kraut.[84]

Der dramatische Verlauf der Entlassung Primakows durch Jelzin wurde in den Memoiren beider Akteure beschrieben. Während Jelzin dabei die großartige Haltung Primakows hervorhebt, beschreibt Primakow die Szene in ihrer ganzen geradezu herzzerreißenden Dramaturgie.[85] Zunächst akzeptierte er die für ihn tatsächlich überraschende Entlassung nicht unwidersprochen. Er räumte Jelzin das verfassungsmäßige Recht zu dem Schritt zwar ein, stellte jedoch dessen politische Zweckmäßigkeit in Frage. Auf Jelzins Ersuchen, Primakow möge doch selbst die Entlassung unter Angabe «eines beliebigen Grundes» einreichen, reagierte dieser ablehnend. Als Jelzin sodann die ohnehin schon vorbereitete Entlassungsurkunde hereinbringen ließ, wurde er selbst von großen körperlichen wie seelischen Schmerzen übermannt. Nach rascher ärztlicher Behandlung verabschiedete er sich von Primakow, indem er ihn umarmte und aufforderte: «Lassen Sie uns Freunde bleiben!» Die verkürzt wiedergegebene Szene könnte den Schluß nahelegen, daß Jelzin vorrangig im Auftrage der «Familie», aber gegen seinen persönlichen Wunsch und Willen gehandelt habe. Primakow vertritt in seinen Memoiren durchweg die These, daß Jelzin sich aufgrund seiner Krankheiten verändert habe und zuletzt ganz die Geisel der informellen Machtstruktur namens «Familie» geworden sei. Der gerade wiedergegebene Dialog zwischen Jelzin und Bordjuscha legt eine ähnliche Deutung nahe.

Kandidaten für das Präsidentenamt

Mit dem Abgang Primakows begann der Reigen der Premierminister, die in diesem Amt einer Art Eignungstest für die mögliche Nachfolge in der Präsidentschaft unterzogen wurden. Auch wenn Jelzin im nachhinein behauptete, bereits bei der Entlassung Primakows sei die Vorentscheidung zugunsten des Kandidaten Wladimir Putin gefallen gewesen, erscheint es nicht ausgeschlossen, daß auch Sergej Stepaschin einer Kandidatenkür ausgesetzt wurde, wobei dieser zuletzt dem Urteil der kritischen Juroren in der «Familie» nicht standhielt.[86] Andererseits war auch die von Jelzins Assistenten vertretene Version plausibel, daß die «Familie» zwar zum Zeitpunkt der Entlassung Primakows bereits auf Putin gesetzt hatte, jedoch nicht das Risiko eingehen wollte, den unbekannten Putin unmittelbar nach dem populären Primakow ins politische Rennen zu schicken. Der getreue Stepaschin habe insofern als bloßer Zählkandidat für eine kurze Übergangszeit gedient. Für die Richtigkeit dieser Hypothese spricht, daß Jelzin beim juristischen Dienst der Administration Erkundigungen einzog, ob es zulässig sei, einen Premierminister für drei Monate zu berufen.[87] Auch wenn die Antwort auf die Anfrage negativ ausfiel, handelte der Präsident ganz im Sinne der Anfrage, indem er Stepaschin nach genau drei Monaten Amtszeit wieder entließ.

Solche Überlegungen waren indessen zu dem Zeitpunkt, als Jelzin nach Primakows Entlassung zunächst Sergej Stepaschin als neuen Regierungschef vorschlug, der Öffentlichkeit völlig unbekannt. Nach dem Scheitern des Amtsenthebungsverfahrens war der Präsident gegenüber der Duma in einer so starken Position, daß kaum mit Widerstand zu rechnen war. Auch umgekehrt fiel es einer Mehrheit in der Duma diesmal nicht schwer, Jelzins neuen Vorschlag zu akzeptieren. Der Kandidat Stepaschin hatte bereits mehrere Ministerämter bekleidet und war anders als Kirijenko politisch erfahren und bekannt. Am 19. Mai 1999 wurde Stepaschin mit der stattlichen Mehrheit von 301 Ja-Stimmen bestätigt.[88]

Bei der Regierungsbildung sprach sich Stepaschin der Tradition gemäß für ein Kabinett von Fachleuten *(professionaly)* aus, legte aber zugleich eine klare Präferenz für die Ernennung liberaler «Jungreformer» an den Tag. Ebenso schnell wurde deutlich, daß die «Familie» massiven Einfluß auf die Regierungsbildung zugunsten ihrer eigenen Favoriten nahm, die vornehmlich Repräsentanten von Wirtschaftslobbies waren, wie beispielsweise der Minister für Verkehrswesen, Nikolaj Aksjonenko, den Jelzin vorübergehend auch als potentiellen Nachfolgekandidaten für das Präsidentenamt ventiliert hatte.[89] Obwohl Stepaschins Autorität durch die in der Öffentlichkeit kaum verdeckte Intervention der «Familie» bei der Besetzung wichtiger Ministerposten Schaden nahm, blieb der neue Regierungschef, der früher im Rang eines Generalleutnants des FSB gedient hatte, dem Präsidenten soldatisch treu ergeben. Als er im Vorfeld der Dumawahlen von Journalisten gefragt wurde, mit welchem Lager oder welcher Partei er sympathisiere, war die Antwort eindeutig: «Mit keiner Seite. Partei zu ergreifen verbietet sich durch das Amt, das ich ausübe ... Das Ministerkabinett muß den Test der vollkommenen Übereinstimmung mit der Verfassung bestehen, wirksam den Interessen der ganzen Gesellschaft dienen und den Willen einer einzigen Person, des Präsidenten, strikt befolgen. Wenn dieser Test nicht bestanden wird, dann käme dies einer Katastrophe für Rußlands Weg zu einer modernen und prosperierenden Weltmacht gleich. Zur größten Bananenrepublik der Welt zu werden, und dies sogar ohne Bananen, ist eine wenig beneidenswerte Aussicht!»[90] Die Aussage Stepaschins wirft ein Schlaglicht darauf, wie stark Jelzins superpräsidentielle Auslegung der Verfassung in der politischen Elite Schule gemacht hat und in welcher extremen Form auch nur der Gedanke einer Parteiidentifikation von Politikern in verantwortlichen Spitzenpositionen verworfen wurde. Offenkundig hielt sich das zählebige Vorurteil, daß ein Parteibuch mit einem Amt in der Regierung, die man fälschlicherweise allein in die Obedienz des «Superpräsidenten» gestellt sah, nicht vereinbar war.

Am 5. August wurde der bis dahin ahnungslose Stepaschin über seine beabsichtigte Entlassung durch den Präsidenten in Kenntnis gesetzt.[91] Gleich Primakow machte Stepaschin geltend, daß dies ein politischer Fehler sei; vergeblich führte er auch seine ungebrochene Loyalität zum Präsidenten ins Treffen. Jelzin schrieb später zu Stepaschins Einlassungen: «Er hatte recht: Er war treu und ehrlich gewesen, er hatte mich nie verraten, es gab keinen Grund für seine Absetzung – bis auf einen, den wichtigsten: Er war nicht der Richtige für den jetzigen Kampf. Doch wie sollte ich ihm das erklären?»[92] Unter der Wendung «jetziger Kampf» war nichts anderes als die unmittelbar bevorstehende öffentliche Schlammschlacht der Kremlführung gegen den politischen Gegner zu verstehen. Er erforderte eine schlagkräftige und zu jeder Kampagne bereite Mannschaft, um der politischen Opposition, die von Jurij Luschkow und Jewgenij Primakow angeführt wurde, keine Siegeschancen zu geben. Die «Familie» hatte wohl zu Recht den integeren Stepaschin für wenig geeignet gehalten, auch diesen Härtetest zu bestehen.

In letzter Minute versuchte Anatolij Tschubajs, bei Jelzin eine Lanze für Stepaschin und gegen Putin zu brechen. Dabei führte Jelzins einst so mächtiger Steuermann ins Treffen, daß die Kremlführung mit einem erneuten unmotivierten Wechsel an der Regierungsspitze einen extremen Verlust an politischer Glaubwürdigkeit und folglich den eigenen Untergang riskiere.[93] In einem ähnlichen Sinne hatten die Soziologen Schewzowa und Kljamkin bereits nach dem abrupten Wechsel von Primakow zu Stepaschin geklagt, daß aufgrund des fortgesetzten Kaderkarussells in Rußland ein «Regime ohne System» entstanden sei. Die chaotischen und anarchischen Verhältnisse ließen es nicht mehr zu, das politische System überhaupt noch zu klassifizieren.

Jelzin und die «Familie» zeigten sich bei der Verfolgung ihrer sprunghaften Personalpolitik jedoch unbeirrt von weiteren Legitimitätsverlusten des Regimes und des Staatsoberhaupts. Am 9. August schlug Jelzin in einer Fernsehansprache Wladimir Putin als neuen Regierungschef vor.[94] Zugleich machte er deutlich, daß Putin auch sein Wunschkandidat für die Nachfolge im Präsidentenamt war. Putin hatte zu dem Zeitpunkt die Leitung des Föderalen Sicherheitsdienstes (FSB) inne und war außerdem Sekretär des Nationalen Sicherheitsrates. In der Presse regte sich rasch Empörung darüber, daß sich Jelzin mit der Favorisierung eines weitgehend unbekannten höheren Apparatschiks bestrebt zeigte, in Rußland wieder eine Art Erbmonarchie einzuführen.[95] Die Staatsduma gab dem von dem Präsidenten vorgeschlagenen Kandidaten mit 233 Ja-Stimmen das bisher niedrigste Plazet für einen neuen Regierungschef überhaupt.[96] Darin drückten sich auch die Reserven des Parlaments gegenüber dem «Mann aus dem Nichts» aus. Bekannte Vertreter aller politischen Lager gossen Spott und Häme über Jelzins jüngste Entdeckung aus. Zugleich kritisierten sie damit die in ihren Augen verfehlte Personalpolitik des Patriarchen im Kreml. Der demokratische Abgeordnete Wladimir Ryschkow schätzte Putin als einen «rein technischen Premierminister» ein. Der liberale «Jungreformer» Boris Nemzow sprach von einem «Akt des Wahnsinns», der Kommunistenführer Gennadij Sjuganow von einem «klinikreifen» pathologischen Vorgang, und für Moskaus Oberbürgermeister Jurij Luschkow war «der höchste Grad an Absurdität im politischen Establishment» erreicht.[97]

Als Putin sich daran machte, seine Regierung zusammenzustellen, sicherte Jelzin ihm dabei «vollkommene Unabhängigkeit» zu, nur um gleichzeitig die Notwendigkeit zu unterstreichen, daß Regierung und Präsidialadministration eine einheitliche Mannschaft bilden müßten und «es niemand in der Regierung wagen» dürfte, die Anordnungen des Präsidenten nicht auszuführen.[98] Im Klartext hieß dies, daß noch deutlicher als zuletzt unter Stepaschin eine Unterordnung der Regierung unter die Administration, die ganz im Hoheitsbereich der «Familie» stand, geboten war. Die insgesamt geringen Änderungen im Kabinett zeigten an, daß die von der «Familie» bereits Stepaschin aufgezwungene Mannschaft von Lobbyisten verschiedener Oligarchenclans auch in Putins Kabinett überlebte. Putin erhielt keine Chance zur eigenständigen Bildung des Kabinetts.[99] Es war auch nicht davon auszugehen, daß der zuletzt hochrangig postierte Apparatschik, der weder nach seinem persönlichen Urteil noch in der Einschätzung anderer einen «Politiker» verkörperte, zu jenem Zeitpunkt klare Vorstellungen von einer Regierungsmannschaft eigenen Zuschnitts hatte.[100] Vielmehr war Putins absolute Loyalität gegenüber der «Familie», die ihn ausgesucht hatte und nun massive Unterstützung für seine weitere Karriere offerierte, gefragt.

Im Herbst 1999 wurden alle Register der sprichwörtlichen «manipulierten Demokratie» am Ende der Ära Jelzin gezogen, um dem designierten Nachfolger an der Spitze des Staates in den Wahlen einen sicheren Sieg zu bereiten. Außerdem wurde vor den Dumawahlen eine neue «Partei der Macht» namens «Einheit/Der Bär» gegründet, die als Putins vorgebliche Heimstatt schon bei den Parlamentswahlen politisches Kapital einfahren sollte. Mit einer intensiven Public-Relations-Kampagne gelang es Putins Förderern in der «Familie» und deren Umfeld, ihren Schützling als erfolgreichen Feldherrn in Tschetschenien, als den Mann von *Law and Order* und vor allem als das strahlende Gegenbild zu Jelzins korrupter Mannschaft zu vermitteln. In Umfragen stieg die Zustimmung zu der Frage, ob Putin ein wünschenswerter Präsident sei, rasant an. Während sich für eine solche Perspektive im September 1999 nicht mehr als 1 Prozent der Befragten erwärmen konnte, waren es im Dezember bereits 52 Prozent.[101]

Mindestens so spektakulär war der Erfolg der neuen «Partei der Macht» «Einheit/Der Bär», die nur wenige Wochen vor dem Wahltag in den Korridoren des Kremls konzipiert worden war und im Wahlkampf effektvoll präsentiert werden sollte. Auffällig an dieser neuen administrativen Partei war ihr geradezu gespenstisch anmutender Erfolg. Obwohl es ihr an einem Programm ebenso wie an einer politisch bekannten oder gar erfahrenen Führung fehlte und obwohl sie weder über Organisationsstrukturen noch über freiwillige Mitarbeiter verfügte, gelang es ihr, am 19. Dezember 1999 auf Anhieb und mit nur einem Prozent Abstand zu den mit 24,3 Prozent führenden Kommunisten den zweiten Platz zu behaupten. Nicht zu Unrecht wurde die «Partei der Macht» von kritischen Beobachtern als «virtueller Popanz» eingeschätzt.[102] Im Unterschied zu früher war es der Kremlführung diesmal mit Hilfe von «politischen Technologen» und einer äußerst geschickten Inszenierung gelungen, vom Reißbrett her eine «Partei» in die Wahlen und darüber hinaus ins Parlament einzuschleusen. Die gegenüber früher deutlich verfeinerten Mechanismen der «manipulativen Demokratie» hatten diesmal das Produkt ihrer Werbung tatsächlich an den Wähler gebracht. Ein Hit der Werbestrategie bestand darin, die Führung der neuen Partei wie Putin selbst als kraftstrotzende Symbole von Ordnung zu präsentieren. Deswegen hatte man den mit olympischem Lorbeer gesegneten Ringkämpfer Karelin in der Führungstroika von «Einheit/Der Bär» plaziert.[103] Und Putin beherrschte als erfolgreicher Judokämpfer noch am Vorabend der Wahlen den Bildschirm.

Mit den gleichen effizienten Medienkampagnen gelang es, den in den Augen der «Familie» gefährlichsten politischen Gegner, die von Luschkow und Primakow geführte Gruppe «Vaterland – Ganz Rußland», auf infame Weise zu diskreditieren und sie auf einen bescheidenen dritten Platz von 13,1 Prozent in der Wählergunst zu verweisen. Den vierten Platz gewann eine weitere neue Kraft, die «Union der Rechten Kräfte», in der sich neun verschiedene Parteien und Bewegungen unter Führung aller bekannten «Jungreformer» zusammengeschlossen hatten. Schirinowskijs Wähler schrumpften auf 6,1 Prozent zusammen, so daß dieser Block auf dem fünften Platz landete, während Jawlinskijs demokratische «Jabloko»-Partei nicht wenige Wähler an die neu organisierten «Jungreformer» verlor und deshalb nur noch den letzten Rang mit 5,9 Prozent belegen konnte. Die langjährige «Partei der Macht» «Unser Haus Rußland» konnte die Fünf-Prozent-Hürde nicht überwinden. Da ihr Führer Wiktor Tschernomyrdin kein wichtiges staatliches Amt mehr bekleidete, erlitt sie das für «administrative Parteien» typische Schicksal eines frühen politischen Todes.[104]

Die Wahlen vom Dezember 1999 hatten nicht nur eine deutliche Veränderung der Parteienlandschaft, sondern auch der Machtkonstellation in der Duma mit sich gebracht. Mit Hilfe der neuen Partei «Einheit/Der Bär» und dank verschiedener, nicht zuletzt von der Kremlführung gesteuerter Migrationsbewegungen zwischen den Fraktionen und anderen Abgeordnetengruppen konnte die Regierung erstmals damit rechnen, sich die gewünschten Mehrheiten für Gesetzesvorlagen zu organisieren. Der Hebel zu solchen Manövern lag in der Fraktion von «Einheit/Der Bär». Daher war es nicht verwunderlich, daß kritische Beobachter wie etwa Wiktor Schejnis von der Partei «Jabloko» zu dem folgenden Urteil kamen: «Anstatt daß das Parlament die Regierung bildete, war es die Regierung [gemeint war im weiteren Sinne die Kremlführung; MM], die sich für sich und unter ihrer Führung ein Parlament schuf.»[105] Die Beobachtung hatte auch insofern ihre Richtigkeit, als umgekehrt die neue Machtkonstellation im Parlament ohne jede Auswirkung auf die Regierung blieb.

Als Boris Jelzin zum Jahresende 1999 vorzeitig von seinem Präsidentenamt zurücktrat, erlangte Regierungschef Putin kraft Verfassung den zusätzlichen Status eines geschäftsführenden Präsidenten. Putin revanchierte sich umgehend für die Aufwertung, indem er ein Dekret verabschiedete, das Boris Jelzin die Freiheit vor Strafverfolgung zusicherte.[106] Der Amtsbonus als Interimspräsident sowie die Identifikation Putins mit der erfolgreichen neuen Partei «Einheit/Der Bär» gehörten neben den anhaltenden PR-Kampagnen zu den Faktoren, die Putins Sieg bei den Präsidentschaftswahlen Ende März 2000 schon im Vorfeld sicherstellten.

Die Frage, warum gerade Putin der designierte Nachfolger im Präsidentenamt war, läßt sich mit den Vorzügen dieses Kandidaten in den Augen der «Familie» nicht vollständig erklären. Grundsätzlich muß die Auswahl gerade dieses Vertreters aus den Sicherheitsdiensten als willkürlich und zufällig erscheinen. Daß überhaupt ein Repräsentant der «Dienste» ausgewählt wurde, entsprach indessen der Logik des gelenkten Machttransfers. Offensichtlich boten die «Dienste» als Rekrutierungspool für einen Nachfolger besondere Vorteile. Primakow gab in dem Zusammenhang zu bedenken, daß die «Familie» mit Putin «den Leiter des FSB als eine der am besten informierten Personen im Staate» kooptieren wollte, schon um die weitere Sicherheit der «Familie» zu gewährleisten.[107]

Über dieses plausible Argument hinaus wäre auch zu überlegen, inwieweit Jelzins Vertrauen auf die Führungseigenschaften des Kandidaten Putin auch darauf gründeten, daß dieser neben seiner Qualität eines Tschekisten auch dem Ideal des technokratischen «Ingenieurs des Systemwechsels», wie es die früheren «Jungreformer» und «Laborleiter» verkörpert hatten, nahekam. In seinem «Mitternachtstagebuch» begründete Jelzin die Auswahl Putins damit, daß dieser «ein eindeutiges Bekenntnis zu Demokratie und Marktwirtschaft mit entschiedenem Patriotismus vereinte». Außerdem sah er in ihm eine «neue, konsequente und willensstarke Figur», die in der Bevölkerung auf bereitwillige Akzeptanz stoßen werde.[108] Im übrigen bescheinigte auch Primakow Jelzins Nachfolger die Eigenschaft eines guten «Patrioten», dessen politische Sympathien weder zu den Linken noch zu den Rechten gingen, sondern nur auf die Erfüllung der nationalen Interessen Rußlands gerichtet seien.[109] All diese eher vagen Zuschreibungen lieferten freilich keinerlei konkrete Anhaltspunkte für die tatsächlichen politischen Positionen oder Führungsqualitäten des Kandidaten, der zum Zeitpunkt seiner Auswahl eben ein politisch völlig unbeschriebenes Blatt war. Selbst Jelzin schloß nach eigenem Bekunden ein gewisses Risiko bei der handverlesenen Nominierung eines «unvorhergesehenen» Ministerpräsidenten und Kandidaten für die Präsidentschaft nicht aus.[110]

Daß man tatsächlich den Weg einer willkürlichen Nominierung beschritt, nur um die Kontinuität der Macht sicherzustellen und um damit jeglichen fairen politischen Wettbewerb zu unterhöhlen, warf ein grelles Licht auf eine der gravierenden Schwachstellen in Jelzins «defekter Demokratie»: Das Prinzip, daß Demokratie «ein System der organisierten Unsicherheit» darstellt, in dem der Ausgang des politischen Wettbewerbs grundsätzlich offen ist, wurde einmal mehr mit Füßen getreten. Über den Verstoß gegen dieses demokratische Grundgebot hinaus wurde bei der manipulativen Beförderung eines Nachfolgers in das Präsidentenamt ein weiteres Manko des «Systems Jelzin» besonders deutlich. Es bestand darin, daß die Quelle von politischer Innovation und überhaupt von Politikwechsel auf den bloßen «Austausch von Kadern» beschränkt blieb. Die klassischen Regeln des Sowjetsystems lebten also fort. Sie wurden lediglich um die neuen Technologien medialer Werbefeldzüge und um die demokratischen Kulissen allgemeiner Wahlen ergänzt und auf diese Weise verbrämt.

3. Die «gelenkte Demokratie» unter Putin (2000–2002)

«Who is Mister Putin?» Diese von einem amerikanischen Journalisten in Moskau so direkt gestellte Frage wurde bald nach Putins Auftritt auf der politischen Szene zum geflügelten Wort. Außerdem kamen Ratespiele über das «Rätsel Putin» in Mode. Die damit verfolgten Spekulationen erinnerten an das in der zweiten Hälfte der achtziger Jahre sprichwörtliche «Rätsel Gorbatschow». Gorbatschow hatte man damals vorgeworfen, gleichzeitig Luther und der Papst, Regierung und Opposition in einem zu sein. Unter dem Titel «Das Rätsel Putin» erschien im Frühjahr 2000 sogar ein Buch aus der Feder des bekannten Historikers Roj Medwedew.[1] Während dieser Autor keine Mühe hatte, das Rätsel zugunsten eines wohlgefälligen Urteils über den neuen Präsidenten zu lösen, hatten andere Kreml-Astrologen noch lange Zeit größte Mühe, zum Kern und damit zur Lösung des «Rätsels Putin» vorzustoßen. Allenthalben kam die Vorstellung auf, daß der Präsident noch auf der Suche nach sich selbst sei. Tatsächlich war in Rechnung zu stellen, daß Putin praktisch über Nacht in die Lage versetzt worden war, grundlegende politische Optionen und Entscheidungen treffen zu müssen, die Erfahrungen, Reflexion und Lernprozesse voraussetzten.[2] Putin war also von Anfang an mit dem Imperativ des *learning on the job* und mit allen damit verbundenen Chancen und Risiken konfrontiert.

Der Name Wladimir Putin wurde in der russischen Öffentlichkeit erstmals bekannt, als Boris Jelzin Anfang August 1999 den damaligen Vorsitzenden des Föderalen Sicherheitsdienstes (FSB) und gleichzeitigen Sekretär des Nationalen Sicherheitsrates als neuen Kandidaten für das Amt des Regierungsvorsitzenden vorschlug. Der Name erhielt in der Öffentlichkeit sofort eine ganz besondere Resonanz. Die Neugierde speiste sich weniger aus der Tatsache, daß Putin einen neuen Regierungschef abgeben sollte. Immerhin war er schon der dritte Ministerpräsident Jelzins im Jahr 1999 und seit März 1998 sogar der fünfte Kandidat für dieses Amt in Folge. Das öffentliche Interesse an Putin wurde vielmehr dadurch geweckt, daß Jelzin den bis dahin weitgehend unbekannten Kandidaten nicht nur für den Regierungsvorsitz nominierte, sondern gleichzeitig als den gewünschten Nachfolger im Amt des Präsidenten selbst präsentierte. Dies wurde damit begründet, daß Putin ein «erfahrener Verwaltungsfachmann» und ein «Politiker» sei, der einen «Menschen neuen Typs» verkörpere, der «nicht zwischen Vergangenheit und Zukunft lavieren» müsse.[3]

Angesichts seiner Karriere im KGB und seiner jüngsten Position als Leiter des institutionellen Nachfolgers dieses historisch übel beleumdeten Staatsorgans wurde jedoch in Zweifel gezogen, ob Putin überhaupt ein «Mensch neuen Typs» sein könne. Vielmehr tendierte man dazu, in Putin eher einen «Andropow von heute» zu sehen.[4] Diese Anspielung auf den Generalsekretär des ZK der KPdSU, Jurij Andropow, der nach dem Tod Leonid Breschnews 1982 von der Leitung des KGB an die Spitze der Kremlführung gerückt war, vermittelte die Vorstellung, daß Putin wie sein Vorgänger das Land im Geiste von *law and order* erneuern wolle.

Zu den prägenden Erfahrungen des jungen Putin, der 1952 in Leningrad geboren wurde, gehörten zweifellos das Jurastudium in seiner Heimatstadt und seine 17 Lehr- und Wanderjahre im Dienste des sowjetischen KGB. Diese führten ihn für fünf Jahre nach Dresden, wo er im Range eines Obersten für die sowjetische Auslandsaufklärung tätig war.[5] Als in der DDR wie in der UdSSR selbst das kommunistische Regime zusammenbrach, kehrte Putin in seine Heimatstadt zurück, die jetzt wieder ihren Namen St. Petersburg erhielt. Hier arbeitete er seit dem Sommer 1990 eng mit seinem früheren Juraprofessor Anatolij Sobtschak zusammen, der mittlerweile einer der bekanntesten Vorkämpfer der demokratischen Bewegung war. Im März 1994 wurde Putin der Erste Stellvertreter des plebiszitär gewählten Oberbürgermeisters Sobtschak. Der tüchtige und wendige Putin galt bald als der «graue Kardinal» in den vielen Tätigkeitsfeldern seines liberalen Mentors.[6] Nachdem Sobtschak 1996 bei der Wiederwahl zum Bürgermeisteramt gescheitert war, wurde Putin von dem bekannten «Jungreformer» Anatolij Tschubajs in die Dienste der Kremlverwaltung nach Moskau geholt. Ab Ende März 1997 leitete er die Hauptkontrollverwaltung beim Präsidenten der Rußländischen Föderation und bekleidete gleichzeitig den Rang eines Ersten Stellvertreters des Leiters der Präsidialadministration. Rasch erklomm er weitere Stufen in der Karriere eines offenkundig ausgezeichneten Administrators. Bereits Ende Juli 1998 erhielt er die Leitung des FSB übertragen. Ende März 1999 wurde er zusätzlich mit dem auch politisch wichtigen Amt des Sekretärs des Nationalen Sicherheitsrates betraut.[7]

Diese Kumulation hoher Ämter war im «System Jelzin», das sich durch ein permanentes Kaderkarussell auszeichnete, eine auffällige Seltenheit. Daraus war zu schließen, daß sich Putin bei Jelzin und zumal bei der «Kremlfamilie», die damals den Kern der informellen Machtstrukturen verkörperte, als ein ebenso zuverlässiger wie tüchtiger «Verwaltungsfachmann» empfahl. Hinzu kam, daß Putin schon deutliche Nachweise seiner absoluten Loyalität gegenüber der Kremlspitze erbracht hatte, als es darum ging, den von der «Familie» gefürchteten Generalstaatsanwalt Jurij Skuratow mit Mitteln des FSB zu diskreditieren.[8] Als Leiter des

FSB war Putin letztlich für das Video verantwortlich, das einmal in Umlauf gesetzt, den Verdacht aufkommen ließ, der hohe Staatsdiener Skuratow habe sich mit zwei Dirnen vergnügt. Mit dem Video war die Kampagne zur Verfemung des Generalstaatsanwaltes eingeleitet worden; die Absicht dabei war, diesen von weiteren Untersuchungen potentieller Korruptionsaffären in den Reihen der «Familie» abzuschrecken.

Zu dem Zeitpunkt, als die «Familie» fieberhaft nach einem idealen Nachfolger im Präsidentenamt Ausschau hielt, der vor allem auch die Loyalität nach der Amtsübergabe aufrecht erhalten würde, schien sich Wladimir Putin als ein idealer Kandidat anzubieten. Die professionellen Qualitäten, die Putin auf dem Weg ins Präsidentenamt mitbrachte, bestanden neben seiner Schulung im Auslandsgeheimdienst in den umfangreichen Erfahrungen eines postsowjetischen Apparatschiks auf mittlerer und zuletzt höherer Stufe. In seinen diversen Funktionen in den Kremlbehörden konnte er wichtiges Insiderwissen über die Arcana der Macht im «System Jelzin» erwerben. Andererseits war Putin während seiner Tätigkeit als Apparatschik auf mittlerer und zuletzt selbst auf höherer Ebene nicht gefordert gewesen, selbständige politische Entscheidungen von weitreichender Bedeutung zu treffen. Unmittelbar nach seiner Nominierung zum Kandidaten für das Amt des Regierungschefs zeigte sich Putin deshalb unsicher in der Einschätzung seiner eigenen professionellen Qualitäten. Die Fragen von Journalisten, ob er «Ökonom» oder «Politiker» sei, beantwortete er mit Nein.[9] Offenkundig fühlte er sich am ehesten seiner Herkunft als «Beamter» bzw. als «Verwaltungsfachmann» verpflichtet. Noch bei seinem Staatsbesuch in den USA im November 2001 sprach er von seiner Herkunft als der eines «bescheidenen Beamten».[10]

Über Putins fragwürdige Vorbereitung auf das höchste politische Amt wurde noch eine ganze Weile diskutiert. Der Politikwissenschaftler Awtanidil Tseladse urteilte im Februar 2000, daß Putin keineswegs einen Politiker verkörpere, sondern lediglich einen «vor Energie strotzenden Neuling unter den Beamten zweiten Ranges», der nur dank des an wahren «Stars» erschöpften Kaderreservoirs Jelzins in den Vordergrund gerückt sei. Die maßgebliche Ursache für den Erfolg von Jelzins jungen Emporkömmlingen liege darin, daß sie sich durch «Verläßlichkeit, hohe Arbeitsfähigkeit, durch einen Würgegriff und durch den Mangel an jeglichen ideologischen Positionen», schließlich «durch Pragmatismus und Härte» auszeichneten.[11] Diese Beschreibung schien auf Putins Anfänge in der russischen Politik durchaus zu passen. Allerdings war bei diesen Wahrnehmungen in Rechnung zu stellen, daß die Öffentlichkeit sehr stark mit dem bloßen Image Putins konfrontiert wurde, das die zahlreichen «politischen Technologen» und *imidschmekery* von dem potentiellen Nachfolger im Präsidentenamt zeichneten und das schon im Herbst 1999 in Medienkampagnen verbreitet wurde.

Als Regierungschef zeigte sich Putin früh als Mann des harten Durchgreifens. Die rätselhaften Bombenattentate auf Wohnhäuser in Moskau und andere Städte sowie die tschetschenischen Überfälle in Dagestan boten ihm Gelegenheit, die eiserne Faust auch gegen einen noch unbekannten Feind zu zeigen. Dann machte sich Putin der russischen Öffentlichkeit vorwiegend als gnadenloser Verfechter einer gewaltsamen «antiterroristischen Operation» im Kaukasus bekannt. Man sollte die Rebellen «auch auf der Latrine plattmachen», forderte er.[12] Putin scheute nicht vor starken Worten und einer «harten Hand» im Vorgehen gegen die tschetschenischen Rebellen zurück. Dies kam bei der Bevölkerung gut an. Die Medien taten ein weiteres, um das Image von dem neuen starken Mann in Rußlands Führung kunstvoll in Szene zu setzen. Putin selbst zeigte sich als Flieger von Jagdbombern im Kaukasus und schoß eigenhändig Raketen ab.[13] Das von Putin von Anfang an propagierte Ideal des «starken Staates» nahm in seinen wechselnden martialischen Auftritten bereits konkrete Konturen an. Die politische Wirkung ließ nicht auf sich warten. Die Zustimmung zu Putin als einem potentiellen Kandidaten für die Präsidentschaft stieg in der Bevölkerung rasant an.[14]

Kriegsherr in Tschetschenien

Von besorgten Stimmen wurde bemerkt, daß der brutale Kraftakt im Kaukasus vorwiegend dazu diente, dem «Tschekisten-Premier» nicht nur parlamentarische Unterstützung, sondern darüber hinaus auch den Sprung in den Präsidentensessel zu sichern.[15] Angesichts seiner anhaltenden Popularität konnte Putin den für Ende März angesetzten Präsidentenwahlen in der Tat hoffnungsvoll entgegensehen. Die liberale Politikerin Marina Salje kam Anfang Februar 2000 in der Nesawisimaja Gaseta zu dem Schluß, daß die überaus schnell angestiegene Zustimmung zu Putin keineswegs irgendeinem «Phänomen Putin» zugeschrieben werden könne, sondern eher ein typisches «Phänomen Rußland» sei. Die Menschen im Lande hätten von Putin eben das zu hören bekommen, wonach sie sich schon so lange gesehnt hatten. Das reichte von der Verherrlichung des Patriotismus und der gepriesenen Wiederauferstehung des großen Rußlands bis hin zu Erfolgsmeldungen von der Front in Tschetschenien.[16] Saljes Aufzählung der Themen, mit denen Putin schon im Vorfeld der Wahlen punktete, zeigte jedenfalls, daß die Regisseure am Pult der «gelenkten» Demokratie die Werbung für ihr Produkt richtig und erfolgreich auf den Markt gebracht hatten.

Von Putin selbst kamen während seiner «geschäftsführenden» Präsidentschaft und im Wahlkampf eher vage und inkohärente Signale zu seinem eigenen politischen Standort. Erstmals gab er im Rahmen einer «Milleniumsbotschaft» Einblick in sein Weltbild.[17] Er hob dabei hervor, daß die Rolle der Staatsmacht in Rußland herkömmlicherweise größer war als in der westlichen politischen Kultur. Daher könne Rußland «nicht so bald, wenn überhaupt, zu einer Kopie der USA oder Englands, wo liberale Werte lange historische Traditionen haben», werden. «Ein starker Staat ist für die Russen keine Anomalie, nichts wogegen man kämpfen müßte, sondern im Gegenteil die Quelle und der Garant der Ordnung, Initiator und Motor für jegliche Veränderungen.» Der Argumentationsgang legte nahe, daß Putin selbst nicht liberale westliche Werte zu seinem Leitbild erkor, sondern der Stärkung der staatlichen Macht auch im postsowjetischen Rußland den Vorzug einräumte. Allerdings plädierte er zugleich für eine Art neuer «Russischer Idee», die sich mit dem starken Staat verbinden ließe. Er nannte die universellen Werte der Redefreiheit und des freien Unternehmertums sowie die «traditionellen Werte» der Bewohner Rußlands, etwa die Liebe zum Vaterland, die soziale Solidarität und die Überzeugung von Rußlands Berufung zur Großmacht.[18] Diese Mischung offenbarte sofort eine enge Verwandtschaft mit dem Ende 1996 preisgekrönten Beitrag von Gurij Sudakow im landesweiten Wettbewerb um eine neue nationale Idee. Auch Gorbatschows Vision von den «allgemeinmenschlichen Werten» war zu neuen Ehren gekommen. Gorbatschow selbst fand das neue Ideengebräu wenig überzeugend. Er kommentierte die Milleniumsbotschaft despektierlich, sie sei ein «Sammelsurium von Schlagwörtern, purer Eklektizismus, kein Programm».[19]

Im Vorfeld der Wahlen rückte Putin die unklare Formel von der «Demokratie als Diktatur des Gesetzes» in den Vordergrund seines Werbens um Wählerstimmen. Sie dominierte in dem Ende Februar 2000 verfaßten «Offenen Brief an die russischen Wähler».[20] Offensichtlich sollte diese ursprünglich von Generalleutnant a.D. Alexandr Lebed propagierte Devise signalisieren, daß während einer Präsidentschaft Putins die strikte Durchsetzung der staatlichen Normen gewährleistet sei, während Willkür und Korruption der Staatsdiener geahndet würden. Eine Broschüre mit dem Titel «In erster Person», die Gespräche Putins mit Journalisten und Aussagen von Weggefährten enthielt, führte den Wählern den recht durchschnittlichen Lebensweg des Kandidaten vor Augen. Darin bezeichnet Putin sich selbst als ein Produkt der «typisch sowjetischen patriotischen» Erziehung. Diese Aussage entbehrte jeden ironischen Untertons. Daraus war unzweifelhaft zu folgern, daß Putin an der typisch sowjetischen Prägung nichts zu beanstanden hatte, im Gegenteil. Die Broschüre fand hohen Absatz und ließ offenkundig bei vielen das eher positive Gefühl aufkommen, der einfache, sowjetisch geprägte Putin sei «einer von uns».[21] Zweifellos hielt Putins Wahlkampf aufgrund der Unbestimmtheit und Flexibilität seiner Aussagen für ein breites soziales Spektrum positive Identifikationsangebote bereit. Auf Nachfragen nach klaren Programmaussagen reagierte Putin mit einem trotzigen «Das sag' ich nicht.»[22] Und als Erklärung für seine Verweigerung schob er nach, daß er keine leeren Kandidatenversprechungen abgeben wolle.

In der westlichen Presse assoziierte man Putin wegen seiner extremen Wendigkeit gelegentlich mit einem «Playmobil-Präsidenten».[23] Ähnlich den Playmobil genannten Spielzeugfiguren, denen ganz unterschiedliche Kostüme übergestreift werden könnten, ob Soldat, Polizist oder Cowboy, versuche Putin immer eine gute Figur zu machen. Andere sahen in Putin einen «Napoleon-Verschnitt», einen «Moralagenten» oder einen «Leibwächter» des ganzen Landes.[24] Parallel dazu kursierten in Rußland auch Vorstellungen von Putin als einer «Black Box» oder von einem «unidentifizierten Objekt» und selbst von einem schwarzen Feld wie auf Bildern von Kasimir Malewitsch. Diese skeptischen Einschätzungen gegenüber dem tatsächlich weitgehend unbekannten Kandidaten traten indessen zurück hinter den gewinnenden «Images» der auf sicheren Erfolg setzenden Wahlkampfstrategen. Putin verfügte für seine Auftritte über die meiste Sendezeit in den Medien. Seine drei wichtigsten Herausforderer, Gennadij Sjuganow, Grigorij Jawlinskij und Wladimir Schirinowskij, mußten sich die gleiche Sendezeit untereinander teilen. Die in den Medien von Putin gezeichnete Charakterstudie war sorgfältig auf eine äußerst positive Abgrenzung von Jelzin zugeschnitten. Putin zeichnete sich demzufolge durch Geradlinigkeit, Nüchternheit, Durchsetzungsfähigkeit, Verantwortungsbewußtsein, Stärke, Jugend und Gesundheit aus. Das gefällige Phantombild verfehlte seine Wirkung nicht.[25]

Putin gewann die Wahlen schon im ersten Wahlgang am 26. März 2000 mit knapp 53 Prozent der abgegebenen Stimmen. Dies bedeutete einen klaren, wenn auch nicht fulminanten Sieg.[26] Meinungsumfragen ergaben, daß die Wähler vornehmlich für eine Person votieren wollten, die dem Land Ordnung zu bringen versprach. Wie der bekannte Soziologie Jurij Lewada und andere Meinungsforscher die Umfragen kommentierten, habe das von Putin übermittelte Image eines Garanten von Ordnung die ausschlaggebende Rolle gespielt. Hinzu kamen Gefühle der Revanche für erlittene nationale Erniedrigungen. Aufgrund dieses Befundes attestierte Lewada den Wählern, daß sie in hohem Maße Sowjetmenschen geblieben seien.[27] Eine weitere äußerst kritische Stimme stammte von dem Rechtswissenschaftler und Verfassungsvater Sergej Aleksejew. Er sah einen klaren Zusammenhang zwischen dem Ausgang der Wahlen und einer aufgrund der erneuten Kriegsführung im Kaukasus und der damit begründeten Gängelung der Massenmedien deutlich veränderten Atmosphäre im Lande. Sie erinnerte ihn an bolschewistische Zeiten und an die wiedergekehrte Wertewelt des sowjetischen Imperialismus und der Großmachttraditionen. Dies erkläre, warum die Mehrheit der Bevölkerung einem schon vorher ernannten Führer unterwürfig zugestimmt habe. Aleksejew beklagte vor allem, daß der Machttransfer von Jelzin auf Putin gegen die Verfassung verstieß, da der Nachfolger durch den Amtsbonus im Wahlkampf deutlich begünstigt gewesen sei.[28]

Neben dem Verfassungspatrioten Aleksejew erkannte auch der liberale Publizist Dmitrij Furman klare Parallelen zum Sowjetsystem darin, daß die Bürger den von der staatlichen Autorität vorgegebenen Kandidaten in einer archaisch anmutenden Haltung akzeptiert und dann auch noch in vorgeblich demokratischen Wahlen bestätigt hätten. Letztlich habe das Jelzin-Regime mit dem so manipulierten Machttransfer bewiesen, daß es nicht nur von der Bevölkerung, sondern selbst von der herrschenden Klasse unabhängig sei. Diese einzigartige Kombination von «absolutem Despotismus und demokratischen Verfahrensweisen» hielt Furman für das herausragende Merkmal des postsowjetischen politischen Systems. Nach all den Wirren hätten die Menschen der Sicherheit den Vorzug vor einem demokratischen Wettbewerb mit offenem Ausgang gegeben.[29] Diese Einschätzung wurde von anderen kritischen Kommentatoren geteilt. Im Grunde fußte dieser Erklärungsansatz für das ominöse «Phänomen Putin» auf der plausiblen Annahme, daß die Denkmuster der traditionellen politischen Kultur weiterhin vorherrschten und schon deswegen ein genuin politischer Wettbewerb, der auf einer eigenständigen Bürgermeinung aufbaut, nur begrenzt möglich war. Dabei kam auch ins Spiel, daß die atomisierte russische Gesellschaft ohne die meinungsbildende Stütze politischer Parteien den manipulativen Wirkungen der Medienkampagnen besonders leicht zugänglich war. Neben diesen Faktoren spielte auch die von Furman erwähnte Ermüdung der Menschen aufgrund der Turbulenzen der Jelzin-Ära bei dem Votum für den allseits so attraktiv modellierten Kandidaten eine Rolle.

Inauguration zum Präsidenten

Bei der feierlichen Amtseinführung, die mit großem Pomp am 7. Mai 2000 in den drei Prachtsälen des Kremls im Beisein von 1500 Gästen erfolgte, stach ins Auge, daß die Zeremonie Anleihen bei Symbolen zaristischer, sowjetischer und postsowjetischer Zeit machte. Damit wurden die Identitätsbezüge des heutigen Rußlands klar auch auf die früheren, in ihren Strukturen und Wertesystemen so unterschiedlichen Epochen des Landes ausgedehnt. Immerhin hatten die Zeremonienmeister dafür gesorgt, daß der Zarenthron verhüllt wurde, um allzu offenkundige Assoziationen mit einer Zarenkrönung zu vermeiden. Allerdings drängte sich vielen Beobachtern spontan der Eindruck einer monarchischen Erbfolge auf. Soldaten in Uniformen des frühen 19. Jahrhunderts brachten die Nationalflagge und die Präsidentenstandarte in den Palast. Eine in rotes Leder gebundene Sonderanfertigung der Verfassung wurde ebenfalls von einem Offizier im Stechschritt hereingetragen.[30]

Nachdem Putin darauf den Eid abgelegt hatte, hielten sowohl Boris Jelzin, dem die förmliche Bezeichnung eines «Ersten Präsidenten» zuerkannt wurde, und das soeben vereidigte neue Staatsoberhaupt Putin kurze Ansprachen. Beide hoben hervor, daß erstmals in der Geschichte Rußlands die Macht im gesetzlichen Rahmen und auf demokratische, friedliche Weise übergeben werde. Während Jelzin betonte, daß eine solche Errungenschaft nur in «einem freien Land möglich» sei, stellte Putin heraus, daß ein solcher Machttransfer ein Test der Stärke des Verfassungssystems sei.[31] Die feierlichen Worte standen freilich in glattem Widerspruch zu dem tatsächlich machiavellistisch manipulierten Transfer der Macht, der spätestens zu Silvester 1999 mittels der vorzeitigen Amtsübergabe vollzogen worden war. Insofern kamen die hehren Worte von der vorgeblich «demokratischen» Machtübergabe einer zynischen Groteske gleich. Es war indessen kaum davon auszugehen, daß die Hauptakteure des Coups von Skrupeln heimgesucht wurden. Da die Erfordernisse der «Wahldemokratie» formal eingehalten worden waren, zeigte man sich unbekümmert über die selbst gesteuerten Auswüchse der manipulierten Mediendemokratie und über die Ursprünge der ganzen Intrige des Machttransfers, der in den informellen oligarchischen Machtzirkeln des Jelzin-Regimes vorbereitet worden war.

Nach Putins Amtseinführung mußte verfassungsgemäß der neue Regierungschef von der Duma bestätigt werden. Putin schlug Michail Kasjanow, den amtierenden Stellvertretenden Vorsitzenden der Regierung, der praktisch schon als Wirtschaftspremier fungiert und sich eine Reputation als Finanzexperte für die Regelung der russischen Auslandsschulden erworben hatte, als Kandidaten vor. Kasjanow erhielt am 17. Mai 2000 das Plazet von 325 Abgeordneten und erreichte damit im Vergleich zu allen Vorgängern die höchste Zustimmung.[32] Die Mehrheit für Kasjanow war auch als positives Votum der Duma für Präsident Putin zu werten. Auf den ersten Blick präsentierte sich das Kabinett Kasjanow als eine Mannschaft von jüngeren Technokraten, deren Durchschnittsalter nur knapp über 40 Jahren lag.

Kritische Beobachter fanden schnell heraus, daß das Kabinett in Wirklichkeit gespalten war und sich im wesentlichen auf drei politische «Familien» oder Gruppen aufteilte.[33] Zur vorherrschenden Gruppe gehörten die Vertreter des früheren Jelzin-Kommandos bzw. die Favoriten der alten «Kremlfamilie»; ihr war Premierminister Kasjanow zuzuordnen. Die zweite Gruppe rekrutierte sich vornehmlich aus der sogenannten «Petersburger Landsmannschaft» Putins. Sie umfaßte einige typische liberale «Jungreformer», darunter den erst 36 Jahre alten Minister für wirtschaftliche Entwicklung, German Gref. Dieser Flügel des Kabinetts befand sich in Konkurrenz zu der sogenannten «Moskauer Gruppe» Kasjanows. Die dritte Gruppe rekrutierte sich aus den Sicherheitsdiensten und dem Militär; diese Leute «mit den Schulterstücken» waren vorwiegend Putins frühere Mitarbeiter oder Bekannte aus den «Diensten». Ins Auge stach, daß ein einziges Regierungsmitglied einer Partei angehörte; es handelte sich um den schon seit längerem amtierenden Minister für Katastrophenschutz, Sergej Schoigu, aus der Führungsriege der neuen Kraft «Einheit/Der Bär». Putins Kabinett war insgesamt eine uneinheitliche Mannschaft mit bereits programmierten Ziel- und Interessenkonflikten. Insofern versinnbildlichte sie in hohem Maße die typischen Strukturen der überkommenen «kompetitiven Oligarchie».

Mitglieder und Protégés der «Kremlfamilie» dominierten nicht nur in der Regierung, sondern auch in der Präsidialadministration. Diese wurde weiterhin von Alexandr Woloschin, der dem engeren Kern jener informellen Machtstruktur angehört hatte, geleitet. Putin selbst hatte Woloschin im Amt bestätigt. Der öffentlichkeitsscheue Woloschin war ursprünglich als wirtschaftlicher Berater Jelzins tätig gewesen. Im Frühjahr 1999 hatte er Nikolaj Bordjuscha, der in den Augen der «Familie» ohne Fortüne geblieben war und seinerseits gegen jenes «Häuflein gewissenloser Personen»[34] rebelliert hatte, in dem herausragenden Posten abgelöst. Woloschin war zweifellos von Anfang an einer der führenden Strategen in den Intrigen der «Kremlfamilie» und hatte sowohl bei der Kreation der Kunstpartei «Einheit/Der Bär» Pate gestanden als auch bei der Planung der präsidentiellen Nachfolge durch Putin eine wichtige Rolle gespielt.

Über Woloschin und dessen Verhältnis zu dem gewählten Präsidenten Putin wurde in der Presse immer wieder spekuliert. Woloschin wurde nicht selten als eine Art Mephisto im Hintergrund der Regierungsszene gesehen. Dmitrij Pinsker beschrieb ihn während der Anfänge des Putinschen Regiments als einen politischen Strategen ersten Ranges, der an Wladimir Lenin erinnere.[35] Zur gleichen Zeit sahen andere Kommentatoren Woloschin in der Rolle eines bösen Zaren und übelwollenden Ratgebers à la Rasputin, mithin als den Widerpart zu dem «guten Zaren» Putin.[36] In der satirischen Fernsehsendung «Kukly», der Moskauer Variante der britischen «Spitting Images», wurde Woloschin Mitte Juni 2000 in der Rolle des russischen Künstlers Repin gezeigt, als dieser in den Jahren 1901 bis 1903 das Bild über die «Feierliche Sitzung des Staatsrates» malte. Dies war eine deutliche Anspielung darauf, daß Woloschin den eigentlichen Regisseur des aktuellen Staatstheaters verkörpere und den darin auftretenden hohen Würdenträgern Anweisungen erteile.[37] Wieder andere Beobachter hielten Woloschin für den tüchtigen obersten Beamten Putins, ohne dessen Unterstützung und Anleitung Putin hilflos wäre.[38]

Daß sich Woloschin in der Personalpolitik gegenüber Putin behauptete, war gewiß als ein schlagender Beweis für die weiterhin führende Rolle des Präsidialamtsleiters zu sehen. Es zeigte sich, daß Woloschin von Anfang an Ernennungen für hohe Posten durchsetzte, für die Putin ganz andere Kandidaten ins Spiel gebracht hatte. Dies betraf immerhin die Ernennung eines neuen Generalstaatsanwaltes, aber auch die Nominierung so mancher Minister. Diese Vorgänge ließen öffentliche Spekulationen darüber aufkommen, wer eigentlich über die Macht im Zentrum verfüge. In der Zeitung Segodnja hieß es dazu am 18. Mai 2000: «Der Eindruck drängt sich auf, daß wir zwei Präsidenten in Rußland haben. Obwohl die Menschen nur einen Präsidenten gewählt haben, erhielten wir zwei – Wladimir Putin und Alexandr Woloschin.»[39] Auch die Existenz eines «kollektiven Präsidenten» wurde beobachtet, wobei die Anspielung in die Richtung ging, daß Putin zusammen mit der immer noch mächtigen «Familie» den «kollektiven Präsidenten» verkörperte. Wieder andere prognostizierten, daß das weitere Schicksal Woloschins den Lackmustest für Putins Präsidentschaft abgebe. Erst eine Entlassung Woloschins durch Putin werde erweisen, daß Putin sein eigener Herr geworden sei. Bleibe Woloschin jedoch im Amt, so zeige dies, daß Putin immer noch von den Personen abhängig sei, die ihn selbst an die Macht gebracht hatten.[40] Diese Diskussionen offenbarten, daß in der kritischen Öffentlichkeit die Vorstellung von den eigentlichen Königmachern Putins durchaus noch lebendig war. Da die Schlüsselgewalt in der «Kaderpolitik» zu sowjetischen wie zu postsowjetischen Zeiten die klarste Auskunft über die Rangordnung der Politiker gab, war aus Woloschins souveräner Personalpolitik nur zu folgern, daß die «Kremlfamilie» noch längst nicht von der Macht abgetreten war.

Da Putin von Anfang an weder in der Regierung noch in der Administration über eine eigene Hausmacht verfügte, lenkte er seine Bemühungen darauf, den Nationalen Sicherheitsrat zu seiner eigenen Machtbasis auszubauen. Per Dekret vom 27. Mai 2000 legte er die Mitglieder des Rates fest und bestätigte den vor wenigen Monaten zum Sekretär des Rates bestellten Sergej Iwanow in diesem Amt. Iwanow war ein Vertrauter Putins aus dem KGB und galt als einer der engsten Mitarbeiter des neuen Präsidenten. Putin legte außerdem fest, welche Minister dem Sicherheitsrat angehörten. Der Erlaß über den Sicherheitsrat wurde in der Presse als «eine Sensation» gewertet, weil ersichtlich wurde, daß nunmehr eine ganze Reihe von Personen «mit den Schulterstücken» in das Gremium aufrückten.[41] Aufs ganze gesehen war Putins persönliche Gefolgschaft in den bürokratischen Apparaten des Zentrums noch so prekär, daß von einem Machtwechsel innerhalb der «Präsidentenvertikale» im engeren Sinne nicht gesprochen werden konnte.

Mit der Festigung der bürokratischen Machtbasis im Zentrum ging es also äußerst schleppend voran. Allerdings konnte der Präsident seit den Wahlen vom Dezember 1999 in der Staatsduma mit einer gewissen Unterstützung rechnen, wenn auch nur mit den typischen, je nach Gesetzesprojekt wechselnden Schaukelmehrheiten unter den Abgeordneten. Andererseits war die zweite Parlamentskammer, der Föderationsrat, in der sich die Oberhäupter der Provinzen versammelten, noch eine dräuende Gegenmacht. Beim Aufbau des «starken Staates» mußte Putin daran gelegen sein, diese Bastion alsbald zu schleifen wie überhaupt die übermächtig gewordenen Provinzen wieder unter die Kontrolle des Zentrums zu bringen. Deshalb machte er sich nach seiner Amtseinführung schleunigst daran, die regionalen politischen Eliten in die Knie zu zwingen. Unter dem Schlagwort einer «Reform der Macht» zeigte der Präsident, welche konkreten Vorstellungen er mit seinem Leitbegriff vom «starken Staat» verband.[42]

Entmachtung der Gouverneure

Angesichts der Anhäufung von Mißständen in den Provinzen hatte die von Putin so plötzlich losgetretene «Reform der Macht» durchaus eine gewisse Berechtigung. In der Tat hatten die Spitzen der insgesamt 89 «Subjekte» der Rußländischen Föderation, die sich in 21 nationale Republiken, 6 Bezirke, 49 Gebiete, ein autonomes Gebiet, 10 autonome Bezirke und 2 Städte von föderaler Bedeutung (Moskau und St. Petersburg) gliedern, in der Ära Jelzin einen ungeheuren Machtzuwachs erfahren. Damit einher ging die Entstehung durchweg autoritärer politischer Regime mit unterschiedlichem institutionellen Design. Die Bandbreite reichte von Präsidialsystemen in Tatarstan und Baschkortostan über autoritäre Gouverneursregimente in Moskau und St. Petersburg bis hin zu einem präsidentiell-parlamentarischen Mischsystem in Swerdlowsk und zu einem komplizierten ethnischen Proporzsystem in Dagestan.[43] Aufgrund des selbstherrlichen Auftretens der Provinzoberhäupter hatte man für sie in der Presse ein breites Spektrum an Bezeichnungen parat. Am häufigsten wurden sie entweder Scheichs, Fürsten, feudale Barone oder Bojaren genannt. Neben den «Superpräsidentialismus» auf gesamtstaatlicher Ebene waren viele Superpräsidentialismen auf subnationaler Ebene getreten.[44]

Daß die Spitzen der Provinzen seit 1996 von der regionalen Bevölkerung direkt gewählt wurden, stärkte ihre politische Legitimation und zugleich ihre Machtposition gegenüber dem Zentrum. Dieser Faktor kam im Föderationsrat zunehmend zur Geltung und zeigte sich etwa darin, daß seine Mitglieder die nötige Zustimmung zur Ernennung von Verfassungsrichtern oder die von Jelzin gewünschte Absetzung des Generalstaatsanwaltes Skuratow verweigerten. Das Erstarken des Föderationsrates bewirkte generell, daß im Verhältnis von Zentrum und Regionen eine Art Balance der Macht bzw. ein recht urwüchsiges System der *checks and balances* und damit eine besondere Spielart des Föderalismus entstand. Während der zweiten Amtszeit Jelzins leistete der Föderationsrat gerade aufgrund seiner eigenständigen Position auch beachtliche Beiträge zur politischen Stabilisierung im Lande. Dies wurde vor allem in der Krisensituation vom Sommer 1998 sichtbar.[45]

Zu den negativen Seiten der Entwicklung in den Regionen gehörte, daß sich die Verletzungen der Verfassung und der föderalen Gesetzgebung durch die regionalen Organe häuften. Schon die Verfassungen der Republiken wie die Statuten der Verwaltungsgebiete widersprachen der Verfassung der Rußländischen Föderation. Tatarstan ernannte sich beispielsweise zu einem «assoziierten Mitglied» der Föderation. Alle Republiken gingen von einer eigenen Staatsbürgerschaft aus. In Inguschetien wurden die Polygamie und Teile der Scharia legalisiert. Hinzu kam, daß vor allem die regionalen Machtexekutiven immer stärker der Kontrolle des Zentrums entglitten.

Vor diesem Hintergrund erklärte Putin sofort nach seiner Inauguration im Mai 2000 den Regionen den Krieg. Oberstes Ziel eines ganzen Bündels von Maßnahmen war nicht weniger als die Entmachtung der Provinzoberhäupter und die Rezentralisierung des Landes. Putins «starker Staat» duldete keinen weiteren «Superpräsidentialismus» neben demjenigen des Staatspräsidenten. Putin hatte bereits vor seinem Amtsantritt als Staatsoberhaupt gegenüber den regionalen Eliten eine harte Haltung bekundet. In seiner Eigenschaft als Erster Stellvertretender Leiter der Präsidialverwaltung hatte er schon 1998 den Ruf eines jener «radikalen Bürokraten», die sich durch «eine extrem harte Linie gegen die regionalen Barone auszeichneten», erworben.[46] Nun nutzte er die Chance, den Provinzoberhäuptern die Grenzen ihrer Macht zu zeigen.

Zu den ersten einschneidenden Maßnahmen gehörte es, das schon bestehende System der Präsidentenvertreter deutlich zu stärken. Diese Kontrolleure des Präsidenten in den Regionen hatten sich zumeist auf die Seite der regionalen Feudalherren ziehen lassen und waren deshalb als «Auge und Ohr des Zaren» nutzlos geworden. Am 13. Mai 2000 verfügte Putin per Dekret die Einteilung des Landes in sieben sogenannte «Föderale Distrikte», die jeweils zehn bis fünfzehn «Subjekte» umfaßten. An ihre Spitze setzte der Präsident je einen Bevollmächtigten Vertreter des Präsidenten. Zu den wichtigsten Kompetenzen der sieben neuen «Statthalter» oder «Generalgouverneure», wie man die Präsiden-

Rußländische Föderation Verwaltungseinteilung 2000

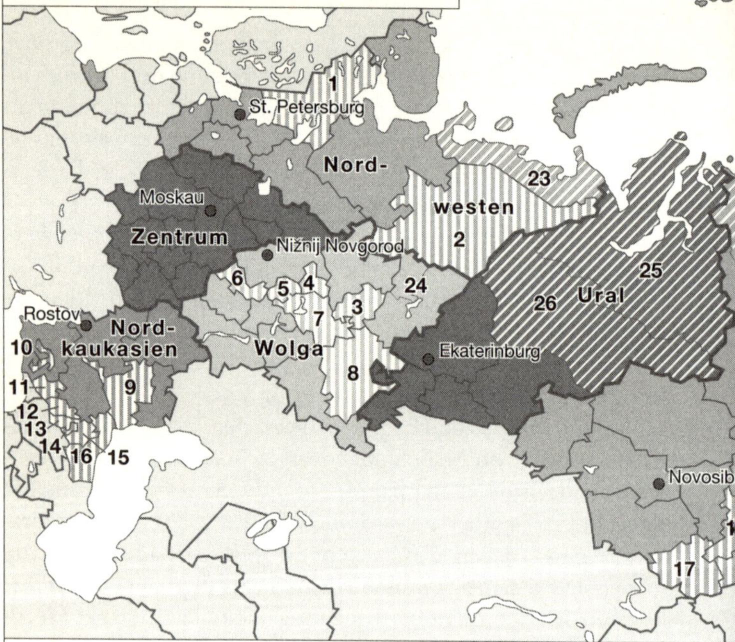

Grenzen:

Föderaler Distrikt
(Auton.) Republik
Verwaltungsgebiet, -region
Autonomes Gebiet
Autonomer Bezirk

Territorien:

Republik
Autonomes Gebiet (avton. oblast)
Autonomer Bezirk (avton. okrug)

0 500 1000 km

Republik:

1	Karelien
2	Komi
3	Udmurtien
4	Mari-El
5	Tschuwaschien
6	Mordwinien
7	Tatarstan
8	Baschkortostan
9	Chalmg-Tangtsch/Kalmückien
10	Adygeia
11	Karatschajewo/Tscherkessien

2	Kabardino/Balkarien
3	Nordossetien/Alanija
4	Inguschetien
5	Tschetschenien
6	Dagestan
7	Berg-Altai
8	Chakassien
9	Tyva
0	Burjatien
1	Sacha/Jakutien
2	Autonomes Gebiet der Juden

Autonomer Bezirk:

23	der Nenzen
24	der Komi-Permjaken
25	der Jamal-Nenzen
26	der Chanten und Mansen
27	Tajmyr (der Dolganen und Nenzen)
28	der Ewenken
29	der Burjaten von Ust-Orda
30	der Burjaten von Aginskoje
31	der Tschuktschen
32	der Korjaken

tenvertreter in Anlehnung an ihre Vorläufer in der Zarenzeit schnell nannte, gehörten Funktionen der Kontrolle, der Koordination und Information. So sollten sie die Umsetzung der Politik der Zentralregierung überwachen und die Arbeit der örtlichen Dienststellen der Zentrale koordinieren. An oberster Stelle stand die Aufgabe, den weitreichenden Verfassungs- und Gesetzesverletzungen entgegenzuwirken und damit zur Wiederherstellung eines «einheitlichen Rechtsraumes» beizutragen.[47]

Auffällig war, daß unter den sieben neuen Präsidentenvertretern allein fünf Generäle waren. Außerdem stellte sich heraus, daß die neuen «Generalgouvernements» fast gänzlich mit den Militärbezirken Rußlands übereinstimmten. Lediglich die Region von Nischnij Nowgorod wurde dem Bezirk Wolga zugeschlagen und die Exklave Kaliningrad dem Nordwestlichen Föderalen Bezirk. Die militärische Statur der Präsidentenvertreter wurde in der liberalen Presse als bedrohlich eingeschätzt. In der Iswestija warnte man davor, in den Regionen neben die zivilen Behörden eine «parallele Elite» aus Militärs zu stellen. Damit sei schon Iwan der Schreckliche gescheitert, als er im 16. Jahrhundert die gefürchtete Opritschnina einführte. Andere hoben hervor, daß Kontrolleure aus den Rängen des Militärs sich gewiß nicht durch eine rechtsstaatliche Schulung auszeichneten. Deshalb lag nur eine Schlußfolgerung nahe: «Von der fehlenden Rechtskultur bis zum Polizeistaat ist die Entfernung nicht weit.»[48]

Auf den Paukenschlag der Einsetzung Bevollmächtigter Vertreter in den Provinzen folgte die Ankündigung, daß die Oberhäupter der regionalen Exekutive und die Vorsitzenden der regionalen Parlamente künftig nicht mehr selbst im Föderationsrat vertreten sein durften. Ab 1. Januar 2002 sollten nur noch deren weisungsgebundene ständige Delegierte in Moskau tätig sein. Außerdem wurde der Präsident berechtigt, regionale Legislativen aufzulösen und Oberhäupter der Exekutive abzusetzen, wenn diese gegen Rechtsvorschriften verstießen. Praktisch im Ausgleich dazu wurden letztere ermächtigt, gegen Bürgermeister und Ortsvorsteher bei Rechtsübertretungen vorgehen zu können.[49] Schon diese Neuerungen zeigten, daß sich Putins «starker Staat» dem Prinzip verschrieben hatte, strikte bürokratische Hierarchien zu errichten. Allenthalben wurde auf die Gefahren einer bloßen Stärkung der bürokratischen Strukturen hingewiesen. Das Oberhaupt der

Republik Komi sprach die Befürchtung aus, daß Putins Regionalpolitik wegen der zusätzlich eingezogenen bürokratischen Struktur gerade nicht die vom Präsidenten gewünschte Stärkung der vertikalen Kommandolinie leisten könne. Vielmehr würden die Generalgouverneure von der Präsidialadministration abhängen, und der Präsident selbst würde von den Regionen abgeschnitten sein. Andere Kritiker brachten Nikolaj Gogols Satire auf die endlosen Ketten bürokratischer Kontrolleure in Rußlands Verwaltungssystem in Erinnerung und warnten so vor der schon absehbaren Sinnlosigkeit eines neuen Anlaufs, mit Hilfe bürokratischer Hierarchien Rußland zu modernisieren.[50]

Nicht weniger Kritik löste bei demokratischen Politikern wie bei den betroffenen Gouverneuren der neue Rekrutierungsmodus zum Föderationsrat aus. Wladimir Ryschkow hielt den Ersatz der bisher gewählten Mitglieder der zweiten Kammer durch bloße Abgesandte für einen klaren Verfassungsverstoß. Er warf Putin vor, mit seiner sogenannten «Reform der Macht» wieder einmal den traditionellen russischen Pfad der Autokratie und nicht den Weg des zivilisierten Europa eingeschlagen zu haben. Ryschkow und andere liberale Politiker vertraten völlig zu Recht die Meinung, daß die einzige demokratische Lösung die direkte Wahl der Föderationsratsmitglieder nach dem Vorbild der Wahl der Senatoren in den USA sei.[51]

Der Gouverneur des riesigen sibirischen Gebiets von Krasnojarsk, Generalleutnant a.D. Alexandr Lebed, hielt Putins Reformen ebenfalls für einen verfassungswidrigen Vorgang. Außerdem war ihm der positive Zweck der Maßnahmen jenseits der von Putin beabsichtigten völligen Entmachtung der Gouverneure nicht einsichtig. Mit der künftigen Abordnung von Vertretern zum Föderationsrat sah Lebed nur ein weiteres Einfallstor für die ohnehin grassierende Vetternwirtschaft geöffnet. Er meinte, daß die Gouverneure künftig ihre «Neffen, vielleicht auch Schwiegerväter, Freunde oder Kumpel» nach Moskau schicken würden. Im Ergebnis stöhnte Lebed nicht ohne Grund, daß man zwar 1991 in Rußland eine Demokratie eingeführt habe, «doch niemand weiß, wie man damit umgehen soll».[52]

In den Sommermonaten des Jahres 2000 wurden Putins Gesetze zur neuen Regionalpolitik in der Staatsduma mit überwältigenden Mehrheiten angenommen. Auch der Föderationsrat fügte sich nach einem erwartungsgemäß ergebnislosen Widerstand zuletzt in sein Schicksal und stimmte der eigenen Entmachtung zu. Die Kremlführung kam den Gouverneuren zum Ausgleich für den gewaltigen Machtverlust mit attraktiven Angeboten entgegen. So wurde den regionalen Spitzen, die noch vor dem Herbst 1999 gewählt worden waren, konzediert, insgesamt für drei bis vier Amtsperioden zu regieren. Ansonsten galt eine Beschränkung auf zwei Wahlperioden. Einen weiteren Köder zum Ausgleich für die Verbannung der Provinzoberhäupter aus dem Zentrum der Macht stellte die Bildung eines neuen Organs dar. Es ging um den konsultativen Staatsrat, der aus dem Boden gestampft wurde, um als Forum für den unmittelbaren Dialog der regionalen Barone mit dem Staatsoberhaupt zu dienen. Da die neue Einrichtung keinerlei Entscheidungsbefugnisse hatte, wurde sie zu Recht als die «Traumfabrik» der Gouverneure bezeichnet. Auch die Vorstellung von einer Art «exklusivem Club» kam auf, in dem die Provinzoberhäupter dem Präsidenten persönlich ihre Klagen vortragen durften.[53] Es blieb abzuwarten, ob sich das Gremium mit dem Namen «Staatsrat» länger behaupten würde als ein Organ gleichen Namens, das zu den ersten institutionellen Experimenten in der Ära Jelzin gehört hatte. Offensichtlich teilte Putin mit dem frühen Jelzin die Leidenschaft zum Experimentieren mit immer neuen Institutionen und Gremien. Letztlich zeigte sich darin aber nur die weiterhin vorherrschende Unsicherheit darüber, wie der Grundriß des politischen Gemeinwesens überhaupt beschaffen sein sollte.

Offen blieb, welches Profil der neu gebildete Föderationsrat annehmen würde und ob sich Lebeds Prognose, daß die neuen Delegierten ihnen nahestehende Personen in den Föderationsrat schleusen würden, bewahrheiten sollte. Tatsächlich gab es eine starke Nachfrage nach den «Senatorensitzen». Repräsentanten der Moskauer politischen Elite und der «Oligarchen» interessierten sich für das honorige Amt, das zudem Chancen für das Betreiben eines ökonomischen Lobbyismus bot. Es kursierten Gerüchte, daß man hohe Summen für einen Sitz im Föderationsrat geboten habe.[54] Schließlich wurde deutlich, daß die neue Zusammensetzung des Föderationsrates eine bunte Mischung von Personengruppen darstellte, angefangen bei früheren Mitgliedern des Gremiums bis hin zu Vertretern von Wirtschaftslobbies. Außerdem zogen nicht wenige Personen mit guten Beziehungen zur Kremlführung in die Kammer ein, darunter vor allem die für die «manipulierte Demokratie» so unverzichtbaren «politischen Technologen». Besonders grotesk wirkte, daß in dieser «Kammer der Regionen» jetzt mehr als die Hälfte Moskowiter waren, die engere Beziehungen zur Zentralmacht als zu den Regionen unterhielten, die sie repräsentierten.[55] Von der früheren Gegenmacht war nichts mehr zu spüren. Auffallend war weiter, daß in der Kammer, die bisher keine Fraktionen gekannt hatte, nunmehr eine einzige Riesenfraktion namens «Föderation» entstand, die sichtlich dazu geschaffen worden war, die von der Kremlführung gewünschten Mehrheiten zu organisieren. Die Gleichschaltung der zweiten Parlamentskammer und ihre Eingliederung in die neue, von Putin angestrebte hierarchische Machtvertikale schien damit weitgehend vollzogen.

Die nach einem Jahr erstellten Leistungsbilanzen der «Generalgouverneure» erwiesen sich als gemischt. Vielfach wurde darüber berichtet, daß diese ihre Rolle im Mittelfeld zwischen Zentrum und «ihren» Regionen noch finden mußten. Allenthalben wurden Tendenzen zur Bildung von Allianzen zwischen den regionalen Mächten und den Moskauer Emissären beobachtet. Auch der Hang zu einem pompösen Auftreten wurde so manchem neuen Generalgouverneur attestiert. Befürchtungen des Oberhaupts der Republik Komi, daß der von Putin dergestalt rezentralisierte Staat noch lange nicht effizient sein werde, wurden bestätigt.[56] Die ganze «Reform der Macht» war weniger ein Schritt zur Konsolidierung des Gemeinwesens als der Nachweis dafür, daß weiterhin das «institutionelle Nomadentum» florierte und gleichzeitig demokratische Elemente des Jelzin-Regimes abgebaut wurden.

Mit seiner neuen Regionalpolitik hatte Putin jedenfalls vorgeführt, was er unter der «Diktatur des Gesetzes» verstand. Mit den einschneidenden Maßnahmen war ein wichtiger Schritt vom virtuellen zum realen Präsidenten erfolgt. Sonstige Grundpositionen und Vorstellungen von den Zielen der Transformation blieben noch eine Weile unklar oder zeigten sich widersprüchlich. Die schon Anfang März 2000 von Sergej Markow abgegebene Einschätzung, Putins Weltanschauung sei «eine Synthese von Liberalismus und Patriotismus», schien sich fürs erste zu bestätigen.[57] Denn das hohe Lied auf den Patriotismus, die Großmachtidee und den «starken Staat» setzte Putin auch nach seinen ersten Aussagen in der Milleniumsbotschaft fort. Von der Russischen Idee nahm er indes Abstand. Schon im Juli 2000 erklärte er in einem Interview mit der Iswestija, daß es abwegig sei, irgendeine Art nationaler Idee von oben einzuführen. Dem Schwenk entsprach Putins erste Adresse an das Parlament: Darin zeigte er deutliches Interesse an der Entwicklung politischer Parteien, an Gewerkschaften und überhaupt an einer Zivilgesellschaft. Er führte viele Mißerfolge in Rußland auf das Fehlen einer solchen bürgerlichen Gesellschaft und auf die Bevormundung der Gesellschaft durch die Staatsmacht zurück.[58] Damit schien er die in der Milleniumsbotschaft vertretenen positiven Auffassungen von der lenkenden Rolle des Staates gegenüber der Gesellschaft zu korrigieren. Obwohl sich Putin solchermaßen aufgeschlossen für die wünschenswerte Aktivierung der Gesellschaft zeigte, unterblieben zunächst ermunternde Initiativen. Vielmehr schien er mit seinem repressiven Verhalten gegenüber dem unabhängigen Fernsehsender NTW im Frühjahr 2000 zu bezeugen, daß er die Stimmen kritischer Medien wenig zu schätzen wußte.[59]

Andererseits entschied sich Putin schon früh für einen konsequenten Kurs in Richtung liberaler Marktwirtschaft, so wie er von German Gref, seinem Minister für Wirtschaftliche Entwicklung und Handel, vorgezeichnet wurde. Er formulierte in seiner ersten Jahresbotschaft an das Parlament seine wirtschaftspolitischen Zielsetzungen ganz im Geist des klassischen Liberalismus. Das von der Regierung Ende Juni 2000 vorgelegte Programm gab eine konkrete Antwort auf die akuten Anforderungen zur Modernisierung der Wirtschaft. Putin machte seither immer wieder deutlich, daß eine Erneuerung des Wirtschaftssystems und die daran geknüpfte Steigerung der ökonomischen Leistungsfähigkeit nur zusammen mit einer funktionstüchtigen Staatsorganisation die weiterhin gewünschte Großmachtrolle Rußlands gewährleisten könne.[60] Damit stufte er die Großmachtidee auf den Rang einer abhängigen Variable herab.

Während in den wirtschaftspolitischen Positionen die liberale Seite an Putin hervortrat, blieb seine Aufgeschlossenheit für konservative, patriotische Werte ebenso unübersehbar. Allerdings trug der Patriot in Putin zunächst unverkennbar sowjetische Züge und entsprach damit ganz dem Selbstbild als Produkt einer «typisch sowjetischen patriotischen Erziehung». Dies zeigte sich vor allem in seinem Eintreten für die Wiedereinführung der sowjetischen Hymne. Um dieses Projekt zu realisieren, leisteten Putin die Mechanismen der «manipulierten Demokratie» große Hilfe. Noch im Februar 2000 hatten Umfragen ergeben, daß nur 27 Prozent der Wiedereinführung der alten Hymne zustimmen würden. Zu dem Zeitpunkt war auch die Identifikation mit der von Jelzin per Dekret eingesetzten neuen Hymne, dem Patriotischen Lied von Michail Glinka, eher gering; denn dafür sprachen sich 24 Prozent der Befragten aus. Im Oktober und November 2000 setzten dann allerdings massive Medienkampagnen zur Wiedereinführung der alten Hymne ein. In Umfragen stieg die Zustimmung zur sowjetischen Hymne schnell auf 75 Prozent der Befragten. Für Putin war es dank der Vorarbeiten der Regisseure der «manipulierten Demokratie» zuletzt ohne Risiko, sich persönlich zugunsten der Sowjethymne zu engagieren. Seine Beliebtheit machte in dem Zusammenhang zum Jahresende 2000 einen weiteren deutlichen Sprung nach oben.[61]

Zwar hatte die Zustimmung zum Präsidenten aufgrund seiner unangemessenen Reaktionen auf die Havarie des Unterseeboots «Kursk» im August einen Einbruch von etwa 10 Prozent erlitten; er hatte in seinem Urlaubsort am Schwarzen Meer zunächst keinerlei Anstalten gemacht, sich in das Krisenmanagement einzumischen und sich überhaupt der Verantwortung zu stellen; offenkundig verkannte er, daß die Situation das Engagement und die Betroffenheit des Staatsoberhauptes erforderte. Doch erholte sich sein «Rating» von dem Lapsus erstaunlich schnell. Es bewahrheitete sich das Wort vom «Teflon-Präsidenten», das der Direktor eines Meinungsforschungsinstituts bereits im Juli 2000 in dem Sinne geprägt hatte, daß Putin gegen ein Absinken seiner Beliebtheit grundsätzlich gefeit sei.[62]

Das «Phänomen Putin» lag vor allem darin, daß der Glaube an Putin unter den Menschen unerschütterlich schien. Wie Soziologen früh feststellten, war diese Einstellung vorwiegend darauf zurückzuführen, daß viele ihre Hoffnungen auf eine Besserung der Verhältnisse in Rußland nicht preisgeben wollten. Deswegen klammerten sie sich um der Erfüllung ihrer Erwartungen willen an einen Hoffnungsträger. Dieser hätte auch ein anderer als Putin sein können. Die Soziologen unterschieden folglich zwischen einem «Hoffnungsindex», der in der Zeitspanne von Oktober 2000 bis April 2001 zwischen 64 und 67 Prozent lag, und einem «Erfolgs»- oder «Leistungsindex», der in der gleichen Zeit nur bei 33–37 Prozent lag. In diesen gegenüber dem «Hoffnungsindex» deutlich niedrigeren Zahlen drückte sich die Bewertung der Leistungen Putins bei der Lösung von Problemen in einzelnen Politikfeldern wie der Wirtschaft oder bei der Beendigung des Konflikts in Tschetschenien aus. Es zeigte sich, daß Putin lediglich im Bereich der Außenpolitik 50 Prozent Zustimmung fand, während ansonsten die realen Erwartungen in eine erfolgreiche Politik des Präsidenten nicht weit über 30 Prozent, in der Tschetschenienfrage sogar nur bei 20 Prozent lagen.[63]

Die Wiedereinführung der sowjetischen Hymne war von vornherein als Kapitalzufuhr zum «Hoffnungsindex» oder als eine billige Strategie der Legitimierung politischer Macht mit Hilfe bloß symbolischer Aktionen erkennbar. Auch wenn die alte Hymne, für deren Übernahme sich Putin einsetzte, einen neuen Text erhielt, so zeigte sich an dem ganzen Vorgang in auffälliger Weise, wie stark die sowjetische politische Kultur lebendig geblieben war. Dies drückte sich schon darin aus, daß man dem mittlerweile 87 Jahre alten Schriftsteller Sergej Michalkow, der schon die verschiedenen Textvarianten zur Sowjethymne geschaffen hatte, nun auch die Aufgabe übertrug, den Text der Hymne für das demokratische Rußland zu verfassen. Michalkow hatte schon 1943 für die von Alexandr Alexandrow komponierte Musik die Huldigungen an Stalin verfaßt. Unter Chruschtschow wurden die Zeilen von Michalkow «entstalinisiert» und 1977 unter Breschnew erneut geändert.[64]

In dem Text von 2000 waren freilich nicht mehr Oden an den Kommunismus oder, wie es noch 1977 hieß, an die «unzerstörbare Union freier Republiken» enthalten. Vielmehr traten religiöse Werte in den Vordergrund. Schon der erste Vers des neuen Textes bezeichnet «Rußland» als «unseren heiligen Staat». Außerdem werden die «von den Ahnen übermittelte Weisheit des Volkes»

Der neue Text der Nationalhymne der Rußländischen Föderation

Rußland, unser heiliger, mächtiger Staat.
Rußland, unser geliebtes Land.
Starker Wille und großer Ruhm
sind dein auf ewig!

Von den südlichen Meeren bis zum Polarkreis
Erstrecken sich unsere Wälder und Äcker.
Du bist einmalig auf der Welt!
Du einzigartige, von Gott bewahrte Heimaterde!

Eine endlose Weite für Traum und Leben
eröffnet uns die Zukunft.
Die Treue zur Heimat gibt uns Kraft,
so war es, und so wird es immer sein!

Refrain:
Sei gerühmt, freies Vaterland,
ewige Union der Brudervölker,
von den Ahnen übermittelte Weisheit des Volkes.
Sei gerühmt, Heimat. Wir sind stolz auf dich.

und die «von Gott bewahrte Heimaterde» besungen.[65] Während der Text also geradezu antipodisch zu den Werten der sowjetischen Staatsideologie ausfiel, bot sich nur die alte Melodie Alexandrows als symbolische Identifikation mit den «Errungenschaften» der Sowjetunion an. Doch schon die bloße Nostalgie nach der – wie es vielfach hieß – «mitreißenden» Musik mobilisierte Kräfte.

Am Vorabend der Behandlung des Gesetzentwurfes über die Staatssymbole im Parlament rief Putin die Bürger dazu auf, sich stolz zur ganzen Geschichte ihres Vaterlandes zu bekennen. Diese Haltung müsse auch den Leistungen der Sowjetunion gelten, so wie sie in dem Sieg der Roten Armee über das nationalsozialistische Deutschland oder in dem ersten Weltraumflug des Kosmonauten Jurij Gagarin zum Ausdruck kamen. Wollte man dies und die gesamte Symbolik der Sowjetzeit nicht ehren, so hieße dies, «daß unsere Mütter und Väter ihr Leben umsonst gelebt haben, daß ihr Leben unnütz war», sagte Putin. Und er fügte hinzu, daß er einer solchen Einstellung «weder mit dem Verstand noch mit dem Herzen zustimmen» könne. Putin rechtfertigte sein Werben für die Hymne auch mit dem Hinweis darauf, daß Umfragen zufolge eine große Mehrheit der Bevölkerung die alte Melodie favorisiere. Er räumte allerdings ein, es könne durchaus sein, «daß wir und das Volk uns irren». Damit wich er wieder einen kleinen Schritt von seinem plebiszitären Appell zur Anerkennung und Übernahme sowjetischer Werte und «Errungenschaften» zurück.[66]

In der Staatsduma fand Putins Sowjetpatriotismus indes vollen Widerhall. Die neue alte sowjetische Hymne wurde zusammen mit den aus zaristischer Zeit stammenden übrigen Staatssymbolen mit großen Mehrheiten gesetzlich sanktioniert. Bei der Flagge war man dem schon von Jelzin zugestandenen Kompromiß gefolgt, neben der allgemein verbindlichen neuen Trikolore der Armee auch die Nutzung der roten Fahne – allerdings ohne Hammer und Sichel – zu erlauben.

Putins Initiative zur Wiedereinführung der sowjetischen Hymne und vor allem sein öffentliches Werben dafür löste in liberalen Kreisen heftige Kritik aus. Der Führer der demokratischen «Jabloko»-Partei meinte, daß die Wiedereinführung der Hymne «nichts als Ekel hervorrufe». Der Vorgang zeige, daß Putin ein «Sowjetmensch» geblieben sei, daß aber auch die Gesellschaft noch zu zwei Dritteln sowjetisch sei.[67] In einem gemeinsamen öffentlichen Brief begehrte eine ganze Reihe namhafter Vorkämpfer der Perestrojka, darunter Gorbatschows Vordenker Alexandr Jakowlew, gegen die Wiederauferstehung der alten Hymne auf. Die Autoren kündigten in ihrem Brief an, daß sie sich beim Abspielen der Hymne künftig nicht erheben würden.[68] Auf Kritik stieß zumal Putins offenkundige Absicht, gleichwertige Identitätsbezüge zum zaristischen Rußland, zur sowjetischen Ära und zur postsowjetischen Demokratie herzustellen. German Diligenskij, Leiter des Zentrums für soziologische Forschungen am namhaften IMEMO-Institut der Akademie der Wissenschaften, warf Putin vor, damit den russischen Despotismus, den kommunistischen Totalitarismus und die Demokratie auf eine Stufe zu stellen.[69] Eine solche unzulässige Vermischung kritisierten auch andere Kommentatoren, die zu Recht beklagten, daß sich Rußlands Identitätsprofil durch immer widersprüchlichere, höchst unklare Züge auszeichne und deshalb einer häßlichen Fratze gleiche.

Über die Gleichsetzung aller Epochen hinaus machten kritische Kommentatoren Putin vor allem zum Vorwurf, die Rehabilitierung der alten Hymne vorwiegend als Legitimitätsersatz für bisher versäumte Wirtschaftsreformen genutzt zu haben. Auch seine

Tendenz zur Manipulation der gesellschaftlichen Meinung wurde kritisiert. Dmitrij Schuscharin hielt dies für ein bloßes Surrogat einer wirklich staatsmännischen Führung. Der Präsident habe mit der Hymne nur diejenigen zufrieden zu stellen versucht, die einer Imitation von Politik den Vorzug vor realen Handlungen gäben. Andererseits habe er beachtliche Teile der Gesellschaft vor den Kopf gestoßen und damit unnötige soziale Spannungen provoziert.[70] Der Schriftsteller und nationale Prophet Alexandr Solschenizyn gab entgegen allen Erwartungen einen prosaischen, nüchternen Kommentar. Er meinte, daß man die Frage der Staatssymbole noch mindestens weitere 25 Jahre hätte hintanstellen müssen. Denn ein sterbendes Land brauche wichtigere Dinge als nationale Symbole.[71] Jurij Lewada, der Doyen der russischen Soziologie, legte die Hand in eine andere Wunde. Er sah in dem Rekurs auf die alten Symbole vorwiegend eine Huldigung gegenüber einem autoritär verfaßten Staat. Denn zu einem solchen Regime gehörten üblicher Weise «symbolische Ordnung und symbolische Übereinstimmung anstelle einer wirklichen Ordnung und einer demokratischen Entwicklung der Gesellschaft».[72]

Während Putin mit seinem Eintreten für die alte Sowjethymne nicht nur emotionale Bindungen an die Sowjetunion, sondern auch seine bonapartistischen Neigungen offenbart hatte, legte er zur gleichen Zeit druckreife Bekenntnisse zur Demokratie in Rußland ab. In einem Radiointerview sagte er am 24. Dezember 2000, daß es in Rußland bisher noch «keine klar definierte Struktur des politischen Lebens» gebe. Dies resultiere aus der Tatsache, daß noch «keine stabilen gesamtnationalen Parteien» existierten. Bei der Gelegenheit drückte Putin die Hoffnung aus, daß es bei Annahme eines neuen, von ihm selbst betriebenen Parteiengesetzes gelingen könne, den Parteien zu einem landesweiten Einfluß zu verhelfen. Dann könne man die Regierung «nach dem Parteienprinzip» bilden. Außerdem werde «gewiß eine legale Opposition zum Vorschein kommen», die sich dem Kurs der Regierung entgegenstellen werde.[73] All diese Äußerungen legten nahe, daß Putin das ABC einer modernen Demokratie beherrschte, daß er ihr Entstehen in Rußland wünschte und daß er sogar Bemühungen ins Auge faßte, dies tatkräftig zu fördern. Allerdings war es weiterhin nicht einfach, in Putins konkreten politischen Handlungen und Initiativen irgendeinen schlüssigen Nachweis über das tatsächliche Verlangen des Präsidenten zu finden, eine solche demokratische Mission zu übernehmen. Vielmehr wechselten sich selbst auf der Ebene der Deklarationen die Bekenntnisse zum «starken Staat» und zur Demokratie immer wieder ab. Dieses Phänomen der konsequenten Aufhebung einer Standortbestimmung durch eine entgegengesetzte Position wurde bald recht treffend als die typische «Putinsche Dialektik» bezeichnet.[74]

Von der fortgesetzten Wirksamkeit dieser «Dialektik» zeugten im Frühjahr und Sommer 2001 so unterschiedliche gleichzeitige Initiativen wie der Erlaß eines konservativen «staatlichen Programms» für die «patriotische Erziehung der Bürger der Rußländischen Föderation», die Verteidigung der fortgesetzten Mumifizierung Wladimir Lenins und die in der Jahresbotschaft verkündete neue liberale Wirtschaftsreform. Während die ökonomischen Neuerungen tatsächlich großen Schwung in den schon ein Jahr zuvor sanktionierten marktwirtschaftlichen Kurs brachten, ging man mit dem patriotischen Erziehungsprogramm einen deutlichen Schritt zurück in die Sowjetära.

Schon im Februar 2001 waren mittels eines Präsidentendekrets die Grundlagen für das neue «staatliche Programm» zur Stärkung des Patriotismus im Lande gelegt worden. Als Ziel des Erziehungsprogramms nannte das Dekret den Kampf gegen den Werteverfall im Lande, der beispielsweise in einer respektlosen Haltung dem Staat gegenüber zum Ausdruck kam. Dem sollte die neue patriotische Erziehung entgegenwirken. Sie sollte die bleibenden moralischen Ideale wie die «heroischen Ereignisse der vaterländischen Geschichte» vermitteln. Das bereits bestehende Gesetz «Über russische Siegesfeiern» sollte, wie es in dem Dekret hieß, ergänzt werden um den verpflichtenden Auftrag an alle Museen, die nationalen Errungenschaften mit Exponaten und speziellen Ausstellungen zur Geltung zu bringen. Unumwunden wurde auch die Stärkung des «staatlichen Einflusses auf die Propagierung des Patriotismus in den Massenmedien» gefordert. Ganz im sowjetischen Geiste wurde dabei festgehalten, daß auf diesem Wege die «objektive Auslegung historischer und aktueller Ereignisse» garantiert werden müsse. Besonders auffällig war, daß in dem Dekret die Staatsorgane als maßgebliche Agenturen zur Vermittlung und Umsetzung des patriotischen Erziehungsprogrammes aufgeführt wurden. Vorrangige Aufgabe des Erziehungsprogrammes sollte es sein, den Typus eines «Bürgerpatrioten der Heimat» *(graschdanin-patriot rodiny)* hervorzubringen.[75]

Spätestens bei der Nennung dieses Ziels mußte sich jeder kritische Leser fatal an die wiederholten Anläufe in der Sowjetzeit erinnert fühlen, einen ganz «neuen Menschen», den «Sowjetmenschen», zu formen. Nunmehr war die Bildung des neuen postsowjetischen «patriotischen Staatsbürgers» nach staatlichen Maßstäben gefordert. Über den Erfolg der neuen Staatspädagogik wurde unterdessen noch wenig berichtet. Doch unabhängig von den möglichen Wirkungen des genannten Dekrets stellte sich die Frage, ob der Typ des «Bürgerpatrioten der Heimat» überhaupt in der Lage sein würde, den Weg in die Demokratie ausfindig zu machen.

Von Putins anhaltender «typisch sowjetischer patriotischer» Prägung zeugte auch sein Eintreten für die fortgesetzte Mumifizierung des revolutionären sowjetischen Staatsgründers Wladimir Lenin. In einem Gespräch mit Zeitungsreportern machte er am 20. Juli 2001 klar, daß er sich gegen die in der Öffentlichkeit schon lange diskutierte Beisetzung des Leichnams stelle. Er begründete dies ähnlich wie sein Plädoyer für die Wiedereinführung der sowjetischen Hymne damit, daß noch viele Menschen der älteren Generation sich mit der UdSSR und somit auch mit Lenin identifizierten. Eine Bestattung der Mumie Lenins würde ihnen signalisieren, daß sie für «falsche Werte» eingetreten waren und ihr Leben deshalb nichtig war. Dies würde den mittlerweile so mühselig errungenen sozialen Frieden nur stören. Ohne ein stabiles Klima in der Gesellschaft könnten jedoch die für eine positive wirtschaftliche Entwicklung des Landes so dringend notwendigen politischen Entscheidungen nicht durchgesetzt werden. Aus diesen Überlegungen heraus formulierte Putin die bizarr klingende These, daß die Beisetzung von Lenins Leichnam die «wirkliche Modernisierung Rußlands behindern» würde. Schließlich räsonierte er über die mentalen Veränderungen, die automatisch aus dem Strukturwandel in Politik und Wirtschaft resultieren würden.[76] Offenkundig hielt der Präsident es für angebracht, den Bürgern bis auf weiteres nicht die Identifikation mit den Ikonen der Sowjetzeit zu nehmen, um sie quasi unmerklich und unbeschwert den Segnungen von Demokratie und Marktwirtschaft zuführen zu können.

Das dargelegte staatspatriotische Erziehungsprogramm erschien allerdings ebensowenig wie der fortgeführte Leninkult dazu geeignet, die Fundamente für eine Zivilgesellschaft, einen demokratischen Pluralismus und einen *homo oeconomicus* zu legen. Es kam daher darauf an, ob und inwieweit Putin wenigstens darauf achtete, den Zustrom demokratischer Kräfte auf hohe Posten der Regierungsgewalt wie überhaupt in die Verwaltungsapparate zu fördern und ob er Anstalten machte, die von ihm selbst so positiv beschriebene Bildung der Regierung «nach dem Parteienprinzip» zu betreiben. Putins erstes Revirement innerhalb der Führungsmannschaften fand im Juni 2001 statt. Er beförderte damals seinen Vertrauten aus dem KGB, Sergej Iwanow, vom Posten eines Sekretärs des Nationalen Sicherheitsrates in das Amt des Verteidigungsministers, das von Marschall Igor Sergejew geräumt werden mußte. Durch den Wechsel Iwanows in die Regierung büßte der unter Putin zunächst als Stütze seiner Macht favorisierte Sicherheitsrat an politischer Bedeutung ein. Umgekehrt erfuhr das Kabinett eine Aufwertung. Im Rahmen von Putins erstem «Kaderwechsel» wurde auch der Innenminister, Polizeigeneral Wladimir Ruschajlo, gegen den Fraktionsführer von «Einheit/Der Bär», den Petersburger Boris Gryslow, ausgetauscht. Putin selbst nannte diese Umgruppierung einen Schritt zur «Entmilitarisierung des gesellschaftlichen Lebens».[77] Der Kremlberater und «politische Technologe» Gleb Pawlowskij ging noch weiter. Er sprach davon, daß sich Rußland damit dem «europäischen» Modell der Regierungsbildung angenähert habe.[78] Angesichts der insgesamt geringfügigen Änderungen und in Anbetracht der Tatsache, daß auch der neue Verteidigungsminister beim KGB den Rang eines Generalleutnants bekleidet hatte, erwiesen sich solche Kommentare zwar als weit hergeholt. Sie zeigten jedoch, daß sich ein Bewußtsein für die demokratischen Defizite der Regierungsbildung in Rußland nicht nur anzubahnen schien, sondern sich sogar öffentlich artikulierte.

Putins Umbesetzungen wie seine Personalpolitik insgesamt machten vor allem deutlich, daß er bei der Rekrutierung vornehmlich dem Prinzip folgte, Berufs- und Studienkollegen oder auch nur alte Bekannte aus St. Petersburg zu berufen, auf deren absolute persönliche Loyalität er zu setzen vermochte.[79] Aufs ganze gesehen zeichnete sich der Trend ab, Vertreter hoher militärischer Ränge aus Armee und Sicherheitsdiensten in vakante politische und Verwaltungsposten aller Hierarchieebenen zu holen.[80] Diese Tendenz zur «Militarisierung» der Kader sprach der von Putin behaupteten «Entmilitarisierung» geradezu Hohn. Als ein auffälliges Moment der Putinschen Rekrutierung politischer Eliten trat der erwähnte «geographische» Faktor hinzu. Während unter Jelzin der Nachschub an politischem Spitzenpersonal aus dem Swerdlowsker Revier des vormaligen Gebietsparteisekretärs in der engeren Führungselite mit 31,4 Prozent und in den Ministerkabinetten nur mit 2,9 Prozent zu Buche schlug, lagen die entsprechenden Zahlen für die Petersburger «Connection» unter Putin bei 36,8 Prozent und bei 22,9 Prozent.[81] Daß nahezu ein Viertel des Kabinetts nach und nach mit Abkömmlingen aus der Heimatregion des Präsidenten aufgefüllt wurde, machte deutlich, daß die Rekrutierung des politischen Personals in hohem Maße auf Putins persönlichem Vertrauen kraft alter Bekanntschaft fußte. Die sowjetischen Züge dieser einseitigen Personalpolitik waren unverkennbar. Jedenfalls reichte ein politisch so wenig berechenbares und enges Kaderreservoir für die Bildung einer demokratisch verantwortlichen Regierung keineswegs aus.

Offenkundig war Putin bestrebt, durch den Zuzug weiterer ihm vertrauter *Piterzy*, wie man die Petersburger in Anlehnung an *Piter*, den holländischen Namen für Peter den Großen, heute noch nennt, seine Hausmacht in den Moskauer Apparaten zu stärken. Dies schuf Konflikte und Reibungen mit den anderen hier etablierten Stäben, worüber die Presse im Spätherbst 2001 ausführlich berichtete. Den Moskauer «Kreml-Astrologen» drängte sich dabei der Eindruck auf, daß sich zwei Mannschaften in den Korridoren der Macht bis aufs Messer bekämpften. An der Spitze der mit «Kreml 1» bezeichneten Mannschaft wurden der Leiter der Präsidialadministration, Alexandr Woloschin, und der Regierungschef Michail Kasjanow, die beiden verbliebenen Schwergewichte der alten «Kremlfamilie», gesichtet. Demgegenüber ordnete man der Führung der Mannschaft «Kreml 2» Putins persönlichen Kanzleileiter Igor Setschin zu, weiter den für Kaderpolitik zuständigen Stellvertretenden Leiter der Präsidialadministration, Wiktor Iwanow, schließlich den Leiter des FSB, Nikolaj Patruschew, und zuletzt auch noch den Generalstaatsanwalt Wladimir Ustinow.[82]

Daraus war zu folgern, daß Putin sich vornehmlich auf die Sicherheitsdienste, die Staatsanwaltschaft sowie die «Kaderverwaltung» und damit auf die Pfeiler zu stützen suchte, denen in der Pyramide seines «starken Staates» tragende Funktionen zufielen. Es war noch eine offene Frage, auf welche Seite sich die liberalen Wirtschaftspolitiker im Kabinett in dem Kampf der beiden Gruppen schlagen würden. Sicher war nur, daß die «kompetitive Oligarchie» in Gestalt der konkurrierenden bürokratischen Gruppen auch unter Putin weiter florierte. Da es sich auf den ersten Blick um den Wettbewerb zwischen den Repräsentanten der alten «Kremlfamilie» und den von Putin persönlich angeheuerten Mitstreitern handelte, schossen Spekulationen ins Kraut, Putin versuche, sich endlich von den Kräften zu emanzipieren, die seinerzeit seinen Aufstieg vom Apparatschik zum Präsidenten unterstützt hatten.[83] Während solche Annahmen schwer zu erhärten waren, machten die Vorgänge zumindest deutlich, daß nach wie vor von der Entstehung einer «klar definierten Struktur des politischen Lebens» nicht die Rede sein konnte. Vielmehr beschränkte sich der «politische Pluralismus» weitgehend auf ein gegenseitiges Hauen und Stechen der bürokratischen Gruppen hinter den Kulissen der Präsidentenvertikale. Insofern schien es selbst um die Aussichten auf Entstehen eines «starken Staates» schlecht bestellt.

Putin und das Großkapital

Während Jelzins zweiter Amtszeit war eine Verschmelzung der bürokratischen Gruppen mit den oligarchischen Gliederungen der Wirtschaftsmächte zu beobachten gewesen. Das Phänomen hatte man unter anderem als den «bürokratischen Kapitalismus» bezeichnet und darin ein typisches Merkmal von Rußlands Übergangsregime gesehen.[84] Was war davon unter Putins Kommando übriggeblieben, und wie hielt es Putin überhaupt mit den «Oligarchen» und im weiteren Sinne mit den Repräsentanten des Big Business? Im Unterschied zu dem «Blitzkrieg» gegen die Oberhäupter in den Provinzen schlug Putin gegenüber den «Oligarchen» eine weitaus weniger klare und zielgerichtete Linie ein.

Allerdings gab er von Anfang zu erkennen, daß er anders als sein Vorgänger zu den Vertretern der Wirtschaftsmächte auf «gleiche Entfernung» gehen wolle.[85] In seiner ersten Botschaft an das Parlament betonte er am 9. Juli 2000, daß gleicher Wettbewerb für alle gelten müsse. Im Rahmen dieser Rede gelangte Putin zu einer bemerkenswert präzisen Einschätzung der vorherrschenden Symbiose von Politik und Wirtschaft. Er sagte, daß das «Machtvakuum», womit nur eine Anspielung auf Jelzins zweite Amtszeit gemeint sein konnte, zu einem «Abfangen der Staatsfunktionen durch private Korporationen und Clans» geführt habe. Putins Credo lautete nun, daß der Staat aus seiner engen Verklammerung mit der Wirtschaft gelöst werden müsse. Dies sollte Aufgabe der neuen «Diktatur des Gesetzes» sein. Ministerpräsident Kasjanow gab sich überzeugt davon, daß die «Oligarchen» mittlerweile schon ihrer «Immunität» verlustig gegangen seien.[86] Indirekt wurde damit die Jelzin-Ära als die Zeit stigmatisiert, in der Wirtschaftsverbrecher offensichtlich Immunität genossen hatten.

Unterdessen stellte sich bald heraus, daß die «Diktatur des Gesetzes» nicht alle ehemaligen potentiellen Wirtschaftsverbrecher mit der gleichen Härte traf, und daß überhaupt die «Äquidistanz» zu den Oligarchen als eine relative Größe gehandhabt wurde. Denn schon kurz nach Putins Amtseinführung kamen nur gegen einige Magnaten drastische Untersuchungsverfahren in Gang. Die Steuerpolizei bedrängte vor allem den Medienkonzern Media-Most. Dessen Leiter, der «Oligarch» Wladimir Gusinskij, wurde der Steuerhinterziehung beschuldigt und am 13. Juni 2000 sogar festgenommen. Dieses Vorgehen rief jedoch den kollektiven Protest der ansonsten miteinander rivalisierenden Wirtschaftsmagnaten hervor. Siebzehn «Oligarchen» schrieben dem Präsidenten einen gemeinsamen Brief und verwahrten sich gegen den aus ihrer Sicht offenkundigen Willkürakt.[87] Beresowskij legte bald darauf sogar sein Abgeordnetenmandat in der Duma nieder, um auf diese Weise seine Opposition gegen die Politik Putins zu manifestieren. In Zeitungsbeiträgen verkündete er, daß er die Positionen seines vormaligen Protégés in keiner Weise gutheißen konnte. Auf Fragen und Vorwürfe von Reportern, er habe doch selbst Putin als Nachfolger Jelzins favorisiert, räumte Beresowskij kleinlaut ein, daß dies in Ermangelung einer besseren Alternative geschehen sei.[88]

Bald wurde offensichtlich, daß sich Putins Speerspitzen in erster Linie gegen die beiden «Oligarchen» Beresowskij und Gusinskij richteten. Beide besaßen große Anteile an den Medien und verfügten schon deshalb über beträchtlichen Einfluß auf die Steuerung der «manipulierten Demokratie». Auch für dieses Phänomen hatte Putin in seiner ersten Botschaft an das Parlament die richtige Einschätzung parat. Er sagte: «Die journalistische Freiheit wurde zum leckeren Brocken für Politiker und große Finanzgruppen, ein bequemes Instrument für den Kampf zwischen den Clans. [...] Man verwandelte die Massenmedien, um Rechnungen mit seinen Konkurrenten zu begleichen, und manchmal verwandelte man sie sogar in Mittel der Massendesinformation, in Instrumente zur Bekämpfung des Staates.»[89] Diese Vorwürfe, die keineswegs aus der Luft gegriffen waren, zielten eindeutig in die Richtung der Medienmogule Gusinskij und Beresowskij.

Es stellte sich die Frage, ob der Präsident mit seinem Feldzug gegen Gusinskij und Beresowskij nur selbst alte Rechnungen begleichen wollte, etwa um bei Gusinskij dafür Rache zu nehmen, daß ihn dessen NTW in den Wahlen nicht unterstützt hatte. Möglich war auch, daß er sich gegenüber Beresowskij als «Vatermörder» betätigen wollte, da dieser seine Blitzkarriere auf illegitime Weise begünstigt hatte. Ein anderes Handlungsmotiv mochte sein, auf populistische Art in der Öffentlichkeit Zustimmung für ein drakonisches Vorgehen gegen einseitige Einflüsse auf die Medien zu erlangen. Insofern mochte das Vorgehen gegen die beiden «Oligarchen» als bloßer Vorwand dienen, um wieder ein staatliches Monopol über die Medien zu errichten. In diesem Fall war jedenfalls gewährleistet, daß die plebiszitären Grundlagen des Regimes durch etwaige kritische Medienberichte nicht in Frage gestellt und der von Putin so geschätzte «soziale Frieden» nicht behindert wurden. Unter allen möglichen Deutungen des Feldzuges gegen die beiden renommierten «Oligarchen» scheint letztere am plausibelsten zu sein.

Putin drängte Beresowskij und Gusinskij in die Ecke und bald überhaupt aus dem Lande. Der sogenannte Rechtsstreit mit Media-Most hatte einen mehr als üblen Beigeschmack. Nachdem sichergestellt war, daß Gusinskij Rußland verlassen hatte, wurde das Strafverfahren gegen ihn Ende Juli 2000 plötzlich eingestellt. Wie im September ruchbar wurde, geschah dies, nachdem sich

Gusinskij vertraglich verpflichtet hatte, Anteile an Media-Most an den Gasmonopolisten Gasprom zu verkaufen. Es wurde publik, daß Michail Lesin, Minister für Presse, Fernsehen, Radio und Massenkommunikation, der von Journalisten gerne als der «Minister für Wahrheit» glossiert wurde, zu dem Vertrag mit Gasprom einen geheimen Zusatz unterschrieben hatte, in dem die Zusicherung enthalten war, von allen Anschuldigungen gegen Gusinskij Abstand zu nehmen, sobald der Verkauf der Anteile tatsächlich erfolgt sei.[90] Der eigentümliche Deal zwischen der Staatsgewalt und einem angeblich steuerflüchtigen Delinquenten löste in der Öffentlichkeit vorübergehend Empörung aus. Doch bald verstummte dieser Aufschrei. Es blieb die Erkenntnis, daß sich die Kremlführung der Hilfestellung seitens der mächtigen Energieproduzenten Gasprom und Lukoil zu bedienen wußte, um mittels vordergründiger «Wirtschaftsstreitigkeiten» die staatliche Kontrolle über die Medien zu behaupten.

Nach der Jagd auf Beresowskij und Gusinskij nahm Putin gegenüber den Wirtschaftsmagnaten insgesamt eine kooperative Haltung ein. Es entwickelte sich sogar eine Art von institutionalisiertem Dialog zwischen dem Präsidenten und der Regierung auf der einen, den «Oligarchen» auf der anderen Seite. Nachdem auf Vorschlag von Boris Nemzow Ende Juli 2000 ein erster Runder Tisch zwischen den Wirtschaftsmagnaten und dem Präsidenten zustande gekommen war, wiederholten sich diese Treffen in regelmäßigen Abständen. Bei der Institutionalisierung der Kontakte war hilfreich, daß mittlerweile alle «Oligarchen» Mitglieder in den Exekutivgremien des Russischen Industriellen- und Unternehmerverbandes geworden waren.[91]

Putin zeigte sich aber nicht nur für den wirtschaftspolitischen Dialog mit den wichtigsten Repräsentanten der neuen Kapitalistenklasse aufgeschlossen, er favorisierte auch engere Kontakte zu einzelnen der alten und vor allem der neuen Bankbarone und Großunternehmer.[92] Es zeigte sich bald, daß Putin wie Jelzin seine Machtbasis nicht zuletzt in den großen Kapitalgesellschaften fand. Allerdings veränderte sich der Charakter der Verflechtung zwischen den Wirtschaftsmagnaten und der staatlichen Macht, da nun nicht mehr die Oligarchen, sondern die Kremlführung das Gesetz des Handelns diktierte. Auch wenn es Putin gelang, die Stellung der zentralen Bürokratie gegenüber den Kapitalgesellschaften zu stärken, so änderte dies wenig an den typischen inneren Strukturen des Beziehungsgeflechts. Diese trugen weiterhin die Gestalt von «Korporationen und Clans», über die sich der Präsident zunächst selbst so abfällig geäußert hatte.

Manipulation politischer Parteien

Während Putins Macht in den gemischten Oligarchien von Wirtschaft und zentraler Bürokratie sowie in den Sicherheitsapparaten ihre Basis fand, blieb eine gesellschaftliche Verankerung der politischen Führung auf der Grundlage einer politischen Partei oder einer Parteienkoalition bisher aus. Aufs ganze gesehen geschah wenig, um die demokratische Infrastruktur des Systems in Gestalt von politischen Parteien und Verbänden nachhaltig zu fördern. Immerhin wurde im August 2001 von der Duma ein neues Gesetz über politische Parteien verabschiedet, dessen Entwurf der Kremladministration entstammte. Das Gesetz machte zur Auflage, daß sich innerhalb von zwei Jahren alle politischen Parteien neu registrieren lassen und dabei den Nachweis von mindestens 10000 Mitgliedern erbringen müssen.[93] Es wurde in Rechnung gestellt, daß diese und weitere Vorschriften zu einer Konsolidierung und Ausweitung der Parteien auf die Provinzen beitragen würden. Tatsächlich erschien eine solche Entwicklung schon in Anbetracht der Tatsache dringend erforderlich, daß im Jahr 2001 noch 189 Parteien registriert waren, die – abgesehen von den Kommunisten – praktisch ohne jeden sozialen Unterbau existierten.[94] Die Akzeptanz von Parteien in der Bevölkerung war sehr niedrig. Aus einer Umfrage vom Herbst 2001 ging hervor, daß 54 Prozent der Befragten meinten, Parteien würden «die Macht an einer effizienten Arbeit hindern»; 23 Prozent sprachen sich für ein Einparteiensystem aus.[95]

Seitdem das Gesetz über die Parteien in Kraft getreten war, wurde das bestehende Parteienfeld gewaltig umgepflügt. Nicht wenige Parteien wurden neu gegründet, manche verschwanden, und nicht selten kam es zu den eigentümlichsten Allianzen unter den schon bestehenden Kräften. Im Sommer 2002 war das Ende dieses chaotischen Umgestaltungsprozesses noch nicht absehbar. Zu den auffälligsten neuen Kreationen gehörte die Verschmelzung von drei «zentristischen» Parteien zu einer einzigen «Partei der

Macht» in der Mitte des Spektrums. Während eine von diesen, die Partei «Vaterland» *(Otetschestwo)*, unter Führung Jurij Luschkows schon im Dezember 1998 entstanden war, tauchten die beiden anderen Kräfte, «Ganz Rußland» *(Wsja Rossija)* und «Einheit / Der Bär» erst im Vorfeld der Dumawahlen vom Dezember 1999 auf. Die Kremlführung wirkte bald auf eine Zusammenlegung der ideologisch kaum unterscheidbaren, jedoch ursprünglich in Opposition zueinander stehenden Kräfte hin. Schon Anfang Dezember 2001 erfolgte eine vorläufige Zusammenlegung unter dem Namen «Einiges Vaterland» *(Jedinoje Otetschestwo)*. Diese Union sicherte Putin sogleich ihre ganze Unterstützung zu.[96]

Die Manipulationen der Kremlführung bei der Schaffung der neuen Parteienallianz wurden in der liberalen Presse mit Spott übergossen. Der angesehene Journalist Otto Latsis glossierte dies in den Nowyje Iswestija, indem er die ersten Silben beider Namen *Jed* und *Ot* mit dem russischen «und» *(i)* zu der Wortverbindung *Jediot* zusammenzog. Die Anspielung auf «Idiot» war unschwer auszumachen.[97] Im Februar 2002 erfolgte eine weitere Metamorphose der «Parteien der Macht». Nachdem sich «Einheit», «Vaterland» und «Ganz Rußland» jetzt förmlich aufgelöst hatten, konnten sie sich als ganz neue Partei unter dem Namen «Einiges Rußland» *(Jedinaja Rossija)* konstituieren.[98] Diese Art der von oben gesteuerten Parteienkonzentration und schon die dazugehörigen Namensänderungen offenbarten, daß die Kremlführung der Vereinigung bzw. Gleichschaltung der Parteien den Vorzug gab, anstatt einen Pluralismus der gesellschaftlichen Kräfte und damit den politischen Wettbewerb der Parteien zu fördern.

Die jüngeren Entwicklungen bestätigen die Kritik, die schon früh an dem Parteiengesetz und an dessen mutmaßlichen Wirkungen vorgebracht worden war. Der demokratische Dumaabgeordnete Wladimir Ryschkow hatte schon im Sommer 2001 vorhergesagt, daß das Gesetz nicht dazu diente, die Parteien zu stärken. Es habe vielmehr dem «parteilosen Staat» die Möglichkeit verschafft, die Parteien zu kontrollieren, zu gängeln oder aufzulösen. Ryschkow sah in dem Gesetz vorwiegend den Versuch Putins, seine «gelenkte Demokratie», in der demokratische Einrichtungen nur eine dekorative Funktion erfüllten, fortzuentwickeln.[99] Tatsächlich waren seit der Verabschiedung des Gesetzes keine Maßnahmen erkennbar, die auf eine Stärkung der gesellschaftlichen Grundlagen des Parteiensystems hinzielten. Insofern blieb Ryschkows Diktum, daß in Rußland die Parteien machtlos und die Mächtigen parteilos sind, weiterhin aktuell.

Ersatzweise für die fehlende Mitwirkung von politischen Parteien bei der politischen Zielfindung, der Artikulation gesellschaftlicher Interessen und der Beschaffung von Unterstützung für die politische Führung trat schon bald die Politikberatung über *think tanks* aller Art und spätestens seit den Wahlen von 1996 mittels sogenannter «politischer Technologen», Informationsmanager, Propagandisten, *imidschmekery* und «Konsultanten» der Kremlführung auf den Plan. Unter ihnen profilierte sich etwa Gleb Pawlowskij mit seiner «Stiftung für effiziente Politik». Wegen ihrer übereifrigen Beratungstätigkeit wurde die Stiftung, die über 90 Personen beschäftigte, gelegentlich auch als «Stiftung für politische Effekte» glossiert. In den Jahren 1999 und 2000 erschien Pawlowskij vielen in der Rolle einer Grauen Eminenz des Kremls. Kritiker und Konkurrenten der Stiftung nannten sie deshalb auch abschätzig die «Gedankenlieferantin des Hofes Seiner Kaiserlichen Majestät».[100] Auch wenn die Rangordnung unter den einzelnen Konsultanten «zu Hofe» bisweilen wechselte, hielt sich die generelle Hochkonjunktur der neuen Agenturen für Öffentlichkeitsarbeit. Im März 2001 wurde sogar in der Präsidialadministration eine eigene Untergliederung in der Abteilung für Informationen geschaffen. Sie sollte unter Leitung von Sergej Jastrschembskij als Agentur für «staatliche Public Relations» arbeiten. Ihre Aufgabe wurde als «Arbeit im Schatten» bezeichnet, der es obliege, «einen wohlgefälligen Hintergrund für die Realisierung der Politik» zu schaffen.[101]

Dialog mit der «Bürgergesellschaft»

Die neuen Propagandastrukturen waren wichtige Elemente der «manipulierten Demokratie» und des plebiszitären Regimes unter Putin. Der Gestaltung eines «wohlgefälligen Hintergrunds» für Putins Politik war es gewiß förderlich, das Interesse des Präsidenten an zivilgesellschaftlichen Einrichtungen und die Volksverbundenheit des Staatsoberhauptes in Szene zu setzen. In dem Zusammenhang war 2001 die Idee entstanden, einen Dialog Putins mit der «Bürgergesellschaft» zu inszenieren. Tatsächlich wurden Ende

November 2001 tausende Bürger aus Moskau und den Regionen in den Kreml zu einem ersten «Bürgerforum» eingeladen. Zu den 5000 Anwesenden gehörten Vertreter namhafter Nichtregierungsorganisationen wie der Moskauer Helsinki-Gruppe, der Konföderation der Verbraucherschutzgesellschaften und der Menschenrechtsgruppe Memorial. Putin hielt eine viel beachtete Rede. Er sagte, daß die Hilfestellung des Staates für das Zustandekommen des «Bürgerforums» aus dem Bewußtsein für die Notwendigkeit eines Dialogs und einer Partnerschaft zwischen Staat und Zivilgesellschaft resultierte. Ein Staat werde «nicht nur danach beurteilt, wie er sich wirtschaftlich entwickelt, sondern danach, welche Freiheiten er seinen Bürgern garantiert». Weiter machte er klar, daß der Versuch, eine Zivilgesellschaft von oben zu errichten, «unproduktiv und sogar gefährlich» sei. Vielmehr müsse eine Zivilgesellschaft «unabhängig sein, ihre eigenen Wurzeln haben und von dem Geist der Freiheit beseelt sein», wie Putin zum Wohlgefallen der anwesenden Bürgerrechtsvertreter ausführte.[102] Diese honorierten auch, daß auf ihren Wunsch hin die von ihnen verhaßte neue alte Hymne nicht gespielt wurde. Gleichwohl blieb es unter den Vertretern der Nichtregierungsorganisationen vorerst eine umstrittene Frage, ob das neue «Bürgerforum» – Putins Schalmeientönen zum Trotz – vorwiegend der Kontrolle der zivilgesellschaftlichen Gruppen dienen würde oder möglicherweise doch den Aufbruch in eine neue Phase auf dem langen und unsicheren Weg in Richtung Demokratie markierte. Der Vorsitzende von Memorial, der frühere Dissident und Historiker Arsenij Roginskij, wiegelte zu viel Skepsis mit den folgenden Worten ab: «Früher war ich ein Dummkopf, weil ich etwas tat, wofür mich die Sowjetmacht einlochte. Heute soll ich der Dummkopf sein, weil ich mich von der Macht vereinnahmen lasse, daß ich nicht mehr daran glaube, daß wir noch immer in der Sowjetunion leben.»[103]

Es bleibt eine offene Frage, ob und wie viele Roginskijs auf dem «Bürgerforum» und darüber hinaus in der politisch interessierten und sozial engagierten Gesellschaft die Kraft finden werden, den wichtigen Schritt über die NGOs hinaus zu tun und sich in politischen Parteien einzubringen. Denn nur über die Entwicklung dieser mediären Strukturen könnten die bestehenden staatlichen Einrichtungen wie das Parlament in ein repräsentatives Organ und die

Regierung in ein politisch verantwortliches Führungsgremium verwandelt werden.

Der Putinschen «Dialektik» zufolge wechselten sich indessen weiterhin hehre demokratische Episteln mit populistischen Ansätzen ab, während Impulse und konkrete Unterstützung für die Entwicklung eines demokratischen Pluralismus unterblieben. Während sich Putin auf dem «Bürgerforum» für den Dialog mit Bürgergruppen aufgeschlossen gab, versuchte er sich nur wenige Wochen später im Gespräch «mit dem ganzen Volk». Tatsächlich wurde am 24. Dezember 2001 vom russischen Fernsehsender ORT ein derartiger direkter Dialog zwischen dem Präsidenten und vielen Fragestellern aus dem ganzen Land herbeigeführt. Putin antwortete zweieinhalb Stunden lang auf unterschiedlichste Fragen. Es wurde ihm attestiert, daß er äußerst kompetent, informiert und engagiert Rede und Antwort stand. Er selbst äußerte danach, daß er auf diesem Wege seinerseits so viele Informationen wie möglich in das ganze Land transportiert habe. Putins Auftritt wurde auch dahingehend kommentiert, das Wichtigste an dem Ereignis sei es wohl gewesen, daß der Präsident eine so lange Zeit unmittelbar von der Bevölkerung «bewundert» werden konnte.[104]

Zweifellos spiegelte sich in diesen Gesten und Handlungen des Präsidenten ein bonapartistisches Verständnis von politischer Führung wider. Es war davon auszugehen, daß Putin in der Haltung, die ihn «ins Volk gehen» ließ, von Dritten beraten und bestärkt wurde. Tatsächlich war das Thema eines wünschenswerten «Bonapartismus», dem zufolge sich der Präsident über die politische Arena erheben und unmittelbar bei der Gesellschaft Unterstützung anfordern müsse, um eine neue Etappe von Reformen erfolgreich angehen zu können, in den fortgesetzten Diskussionen über Rußlands Entwicklungsweg durchaus präsent. Kritische Stimmen mahnten indessen zu Recht, daß die amorphe Unterstützung durch die Gesellschaft eine höchst unsichere Grundlage für die Durchsetzung weitreichender Reformen darstelle. Außerdem sei die herrschende Klasse schon wegen ihrer Servilität ein unsteter Bündnispartner. Schließlich tauge das Prinzip der persönlichen Gefolgschaft überhaupt nicht, um darauf ein modernes Gemeinwesen zu errichten. Die Soziologen Lewada und Lew Gudkow warnten davor, daß Putins populistisches Verhalten das ohnehin noch sowjetisch geprägte paternalistische Bewußtsein nur weiter stärke und den Voraussetzungen für die Entstehung einer politischen Zivilgesellschaft geradewegs widerspreche. Gudkow klagte zugleich bitter über die gesellschaftlichen Ursachen des «Phänomens Putin»: «Wir erleben eine infantile, verantwortungslose Gesellschaft von Menschen, die von der Politik ferngehalten werden, ohne Möglichkeiten, auf die Entscheidungsfindung einzuwirken. Eine Bürgergesellschaft ist das nicht.» Jenseits solcher Äußerungen des Entsetzens über die Vitalität des *homo sovieticus* geben diese Kommentatoren zu bedenken, daß die extrem hohen Zustimmungsraten zu Putin von etwa 70 bis 80 Prozent lediglich auf dem sogenannten «Hoffnungsindex» beruhten und deshalb keine Garantie für eine Fortdauer böten.[105]

Während die Soziologen vor allem über die mangelnde Reife der Gesellschaft und über die letztlich prekären Grundlagen der plebiszitär erworbenen Legitimität des politischen Führers Klage führten, stellten die Analytiker des politischen Regimes die bange Frage, wie unter den Bedingungen eines bürokratischen und autoritären Regimes ohne gewaltenteilige Vorkehrungen überhaupt die politische Verantwortlichkeit seitens des Präsidenten eingelöst werden könne. Die Nachteile einer Überdehnung der «superpräsidentiellen» Handhabung der Verfassung und der daraus resultierenden Überforderung der persönlichen Verantwortung hatte Boris Jelzin im Sommer 1998 schmerzhaft erfahren müssen. Allerdings waren damals die Gegenkräfte im Parlament und in den Regionen noch wirksam und verhinderten einen völligen Kollaps des Regimes. Da an die Stelle institutioneller Gegengewichte unter Putin ein Regime der Kommissare und Stellvertreter des Präsidenten in den Regionen wie im Zentrum getreten ist, eignet sich das System um so weniger, Krisen auf demokratischem Weg zu bewältigen. Der «starke Staat» Putins zeigt sich insofern verwundbarer als Jelzins Regime der politischen Kuhhändel und der institutionellen Ausbalancierung der Macht.[106]

Allen kritischen Einschätzungen ist das Fazit gemeinsam, daß Putins Streben nach einem «starken Staat» Rußland auf einen Holzweg gebracht hat. Andererseits werden die Entschlußkraft des Präsidenten in der Wirtschafts- und in der Außenpolitik positiv in Rechnung gestellt. Der neue Steuerkodex und die Durchsetzung eines Gesetzes über den Kauf und Verkauf von Land waren Meilensteine auf dem Weg in eine funktionierende Marktwirtschaft. Der klare Schwenk in der Außenpolitik in die europäische wie die atlantische Richtung konnte sowohl als Signal nach außen wie als Auftrag an die eigene Adresse verstanden werden, das Land in Richtung Demokratie und Rechtsstaat voranzubringen.

Mittlerweile wurde Putin in Rußland selbst und auch seitens ausländischer Kommentatoren als «rationaler Modernisierer» und als «vorsichtiger Reformer» bezeichnet. Seit der neuen Westorientierung in der Außenpolitik wurde sogar der Begriff des «Europäisierers» zu Putins Ehren ins Spiel gebracht.[107] Ohne Zweifel hat sich Putin in vielen Bereichen – sei es in der Wirtschafts- und Sozialpolitik oder bei der Justizreform – nachhaltig für Neuerungen engagiert. Insofern erscheint das Etikett eines «rationalen Modernisierers» des Landes durchaus angebracht. Andererseits stehen die plebiszitären Ansätze und die Bestrebungen, einen strikt hierarchisch gegliederten, bürokratischen Staat zu errichten, der Einschätzung Putins als «Europäisierer» klar entgegen.

Seit Putins Amtsantritt wurde vor allem deutlich, daß erneut eine Epoche des grundlegenden Umbaus, also einer «Perestrojka», in Gang gekommen ist. Wie Gorbatschow und wie Jelzin machte sich Putin daran, das Profil des Staates in erster Linie nach dem Prinzip von Probe und Irrtum neu zu gestalten und einmal mehr ganz umzukrempeln. Dabei war erneut kein schlüssiger *master plan* zur Hand, sondern es dominieren weiterhin inkohärente Experimente in einzelnen Bereichen des riesigen Versuchslaboratoriums. Der Zugang zu den jeweiligen Abschnitten des Umbaus sowie die anhaltende Dynamik der Reformen lassen indessen hoffen, daß ein «rationaler Modernisierer» die Unvereinbarkeit der eingeschlagenen liberalen Wirtschafts- und Außenpolitik mit einem autoritär verfaßten politischen System erkennen und sich folglich in der Lage sehen wird, die aufgetretenen Widersprüche abzubauen.

Die Akzente, die der Präsident in seiner jüngsten Botschaft an das Parlament vom 18. April 2002 für eine weitere Transformation gesetzt hat, lassen erkennen, daß Putin neben seinen bonapartistischen Zügen und sowjetischen Prägungen vorwiegend als ein typischer «Ingenieur des Systemwechsels» einzuschätzen ist, der Reformen als Prozesse des *social and economic engineering* zu bewerkstelligen trachtet. Diesmal richtete sich das Hauptaugenmerk des Ingenieurs am Schaltpult der Systemtransformation auf den Kampf gegen alle bürokratischen Apparate, die sich dem wünschenswerten Aufblühen eines unternehmerischen Mittelstandes durch Beamtenwillkür und Bestechlichkeit in den Weg stellten. Putin bezeichnete es als das Wichtigste, «Bedingungen dafür zu schaffen, daß Rußlands Bürger endlich Geld verdienen können. Eigenes Geld verdienen und – zum eigenen Vorteil – in die Wirtschaft des eigenen Landes investieren» – darin sah der Präsident die vornehmste Aufgabe seiner Regierung. Zu dem Zweck kündigte er auch eine neue große Reform aller Verwaltungsstrukturen an.[108]

Kommentatoren vermissen in solchen Aussagen weiterreichende Visionen des Systemwandels. Doch unterschätzen sie dabei, in welch hohem Maße die Bollwerke der russischen Bürokratie jeglicher erfolgreichen Modernisierung entgegenstehen. Insofern erscheint die feste Absicht, diese Festung zu schleifen, geradezu als ein Jahrhundertprojekt. Um dies zu realisieren, bedarf es allerdings nicht nur technokratischer Einschnitte und eines Präsidentenukas. Vielmehr läßt sich das bürokratische Grundübel, das in Jahrhunderten russischer Geschichte herangewachsen ist, überhaupt nur mit Hilfe der Errichtung einer demokratischen Gegenfestung aus Zivilgesellschaft, Parlamentarismus und Föderalismus aus den Angeln heben. Ob der Ingenieur des Systemwechsels endlich auch diesen Hebel auf dem Schaltpult der Transformation entschlossen und zuversichtlich bedienen wird?

II. Auf der Suche nach nationaler Identität und weltpolitischer Geltung

Wie die Forschung zur Rollentheorie in der Außenpolitik ergeben hat, wandeln sich das kollektive Gedächtnis und die in der politischen Kultur eines Landes tradierten Wertvorstellungen nur sehr langsam.[1] Die Bestimmung des Standorts eines Landes in der Welt unterliegt in der Regel nicht einem sprunghaften Wandel. Wenn Rußlands Außenpolitik innerhalb von zwölf Jahren tatsächlich mehrere Paradigmenwechsel und selbst jähe Wendungen erkennen ließ, so zeigt sich daran die allgemeine Unsicherheit und Unbestimmtheit des Landes sowohl bei der Errichtung einer neuen Ordnung im Innern wie bei der Suche eines passenden Platzes in der Welt. Wenn Leszek Buszynski Rußland als einen «desorientierten Staat» eingeschätzt hat, so gilt dies für seine fortgesetzte Suche sowohl nach einer neuen staatlichen Ordnung als auch nach einer internationalen Standortbestimmung.[2]

Natürlich war in den Widersprüchen und Zick-Zack-Kursen der Außenpolitik nicht nur eine Widerspiegelung der allgemeinen Probleme der russischen Systemtransformation zu sehen. Das Echo des Auslands auf Rußlands Probleme sowie die gegenseitige Wahrnehmung der Akteure in der internationalen Politik waren ebenso sehr in Rechnung zu stellen. Dies traf vor allem auf die Beziehungen Moskaus zu den USA und zu den europäischen Organisationen zu, denen eine Schlüsselrolle bei der nationalen Identitätssuche und der internationalen Standortbestimmung Rußlands zukam. Die Entwicklung der russischen Beziehungen zu diesen Teilen der Welt sollte sich jedenfalls stärker auf das Selbstverständnis des Landes auswirken als etwa das Verhältnis Moskaus zum «Nahen Ausland»; dies ungeachtet der Tatsache, daß die Gemeinschaft Unabhängiger Staaten auf der Prioritätenliste der russischen Außenpolitik stets den ersten Platz einnahm. Der Schwerpunkt der folgenden Darstellung liegt deshalb auf dem Verhältnis Rußlands zu Europa und den USA. Denn das nationale Selbstverständnis der russischen politischen Eliten und die Bestimmung seiner außenpolitischen Rolle wandelten sich gerade in dem Maße, wie sich dieses Verhältnis entwickelte.

Als Testfelder für die schwankenden gegenseitigen Wahrnehmungen bieten sich die tiefen Konflikte und Krisen wie der erste Tschetschenienkrieg, die NATO-Osterweiterung und das westliche Krisenmanagement im Kosovo an. Wichtige Wendepunkte markierten seither auch der zweite Tschetschenienkrieg und Rußlands Engagement in der weltweiten Antiterrorkoalition nach den Anschlägen vom 11. September 2001. Die jeweiligen Positionen und Reaktionen Moskaus erlauben erste Antworten auf die Frage nach den Ursachen dafür, daß Rußland in der Welt als «desorientierter Staat» und seine Außenpolitik als «ungeformt» und inkohärent erscheint.[3]

1. Vom «Europäismus» und «Atlantismus» zum «Patriotischen Konsens» (1991–1995)

Um die Frage nach den Ideen und Vorbildern, die für die politische Führung unter Jelzin in der Außenpolitik zunächst wegweisend wurden, zu beantworten, braucht man nicht lange zu suchen. Die außenpolitische Richtung war durch das «Neue Denken» vorgegeben, das während Gorbatschows Perestrojka die Außenpolitik der Sowjetunion in der zweiten Hälfte der achtziger Jahre anleitete. Ein wichtiger Bestandteil dieser neuen Philosophie, mit der man den Marxismus-Leninismus unmerklich abstreifte, bestand darin, die UdSSR nach dem Westen und zumal nach Europa zu öffnen. Auch das Paradigma der «zivilisierten Verhältnisse» ging auf das Vokabular von Gorbatschows Perestrojka zurück. Damals betrieb man den Umbau des politischen Systems unter Rückgriff auf die «Errungenschaften der Weltzivilisation», wobei der Rekurs auf das globale Kulturerbe die Reformgegner ebenfalls darüber hinwegtäuschen sollte, daß tatsächlich eine Annäherung an den bisher verpönten liberalen westlichen Verfassungsstaat angestrebt wurde.[4] Derartige Zielsetzungen wurden bei der politischen Neuordnung der russischen Teilrepublik nicht mehr kaschiert. Wollte man hier doch die halbherzige Demokratisierung der Perestrojka auf Unionsebene durch eine weitaus radikalere Umgestaltung des russischen Regierungssystems einholen und überholen.

Das von Michail Gorbatschow und dem sowjetischen Außenminister Eduard Schewardnadse propagierte «Neue Denken» war in den verschiedenen Instituten der Sowjetischen Akademie der Wissenschaften konzipiert und nach und nach von den Vordenkern aus diesen Bereichen und den aufgeklärten Mentoren des neuen Generalsekretärs aus den Abteilungen des ZK der KPdSU in die reale Politik transferiert worden. Die tiefer reichenden Wurzeln des Neuen Denkens lagen bei den Reformzwängen der Sowjetunion sowie bei dem freien Fluß der Gedanken und Meinungen, der sich zwischen sowjetischen Intellektuellen, den sogenannten *institutschniki*, und der internationalen akademischen Gemeinschaft schon in den siebziger Jahren etabliert hatte.[5]

Die Bannerträger einer neuen russischen Außenpolitik, die sich bereits deutlich artikulierte, bevor der Untergang der UdSSR absehbar war, wurden durch Boris Jelzin und Andrej Kosyrew verkörpert. Um Rußlands Souveränität, die am 12. Juni 1990 feierlich proklamiert worden war, auch nach außen zu manifestieren, erschien es besonders dringlich, einen russischen Außenminister zu berufen. Im Oktober 1990 ernannte Jelzin den erst 41 Jahre alten Andrej Kosyrew zum neuen Außenminister der RSFSR.

Andrej Kosyrew wurde zum Flaggschiff der stark nach dem Westen orientierten russischen Außenpolitik während der sogenannten «romantischen» Periode, wie der Minister den Aufbruch Rußlands in die Weltpolitik selbst bezeichnete.[6] Obwohl Kosyrew noch bis Ende 1995 als Außenminister diente, war zu dem Zeitpunkt seines Ausscheidens aus dem Amt der «Honeymoon» Rußlands mit dem Westen bereits geraume Zeit vorbei. Wer war Kosyrew und inwieweit war er auf das neue Amt vorbereitet? Kosyrew hatte Geschichte studiert und die Ausbildung eines sowjetischen Diplomaten genossen. Seine Mitgliedschaft in der KPdSU gehörte zu den unabdingbaren Voraussetzungen der von ihm eingeschlagenen Laufbahn. Von 1974 bis 1990 arbeitete Kosyrew, der sowohl die englische wie die französische Sprache beherrscht, in der Abteilung für internationale Organisationen im sowjetischen Außenministerium. Hier erklomm er die Karriereleiter bis zum Direktor dieser Abteilung, von welchem Posten er von Jelzin zum Außenminister der RSFSR berufen wurde.[7] Als hochrangiger Mitarbeiter im sowjetischen Außenministerium war Kosyrew mit dem «Neuen Denken» der Außenpolitik Gorbatschows und

Schewardnadses eng vertraut und hatte selbst daran mitgewirkt, die neue Philosophie der Öffnung des Landes nach außen zu entwerfen. Kosyrew gehörte aber nicht nur zu den Vertretern des Neuen Denkens und Handelns in der sowjetischen Außenpolitik; er stand darüber hinaus der Bewegung Demokratisches Rußland nahe und befürwortete eine stärkere Eigenständigkeit Rußlands gegenüber der UdSSR.

Jelzin, der zunächst als Führer der demokratischen Bewegung und seit Juni 1990 als Vorsitzender des Obersten Sowjets der RSFSR das Interesse des Auslands auf sich zog, war seinerseits an Kontakten zur westlichen Welt äußerst interessiert. Er verhielt sich von Anfang an als aktiver Vorkämpfer einer starken gleichzeitigen Orientierung des Landes auf Westeuropa und Amerika. In den modischen Begriffen des «Europäismus» wie des «Atlantismus» kam die allgemein verbreitete doppelte Orientierung auf Europa wie auf die USA und auf die im weiteren Sinne damit verknüpften kulturellen Werte des Abendlandes zum Ausdruck. Bereits im Januar 1991 betonte Jelzin, daß Rußland «die Vereinigten Staaten und die westlichen Länder nicht nur als Partner, sondern als Verbündete» betrachte.[8] Auch Moskau erkenne jetzt «die demokratischen Menschenrechte und Freiheiten, Gesetzlichkeit und Moral» als oberste Richtlinien an.[9]

Wie bereits dargelegt, hatte Jelzin während seiner ersten Reise in die USA im September 1989 so wichtige Schlüsselerlebnisse wie den Besuch eines Supermarktes in Texas, die sein ohnehin stark ins Wanken geratenes kommunistisches Weltbild völlig einstürzen ließen. Es drängte ihn und seine Mitkämpfer, das außenpolitische Feld der sowjetischen Führung unter Gorbatschow streitig zu machen. Jelzins Assistenten berichteten später, daß die russische wie die sowjetische Mannschaft alles daran setzten, bei ihren Auftritten im Westen jeweils am meisten Gefallen zu finden.[10]

Jelzin war begierig darauf, in den westlichen Staaten das neue, demokratische Rußland vorzustellen. Nachdem er im Sommer 1991 zum Präsidenten gewählt worden war, zeigte sich das offizielle Washington auch an direkten Kontakten mit Rußland interessiert, obgleich man Michail Gorbatschow, dem Präsidenten der UdSSR, weiter die Treue hielt. Jelzin wurde noch vor seiner Amtseinführung von George Bush eingeladen. Diese zweite Reise in die USA stand unter einem unvergleichlich günstigeren Stern als die

Vortragsreise vom September 1989. Zusammen mit Andrej Kosyrew gelang Jelzin jetzt ein sehr erfolgreiches Debut auf dem amerikanischen diplomatischen Parkett. Er verstand es diesmal vor allem, von sich den Eindruck eines überzeugten Anwalts der Demokratie und der Marktwirtschaft zu vermitteln.[11]

In den Metropolen Westeuropas verschaffte sich Jelzin als gewählter Präsident Rußlands und als der «Augustheld», dem es gelungen war, den Putsch der konservativen Kräfte niederzuschlagen, ebenfalls einen glänzenden Einstand. Er zeigte sich bei den Kontakten mit den politischen Führern in westeuropäischen Staaten vor allem bestrebt, Rußlands Zugehörigkeit zu Europa zu bekunden. Kurz nach seiner Amtseinführung im Sommer 1991 hatte er angekündigt, «eine dreiundsiebzig Jahre alte Ungerechtigkeit zu korrigieren und Rußland nach Europa zurückzubringen», und dabei auf die Zugehörigkeit Rußlands zu den Ländern und Kulturen Westeuropas seit den Tagen Peters des Großen verwiesen.[12]

Auf besonderes Entgegenkommen traf der russische Präsident in der Bundesrepublik Deutschland, die er Ende November 1991 besuchte. In einer gemeinsamen Erklärung von Vierzehn Punkten wurden die Bekenntnisse beider Länder zu «Europa als einem gemeinsamen Raum», zur KSZE und zu vielfältiger wirtschaftlicher Zusammenarbeit festgelegt. Freundliches Entgegenkommen beider Seiten und beste Stimmung zeichneten das Treffen aus.[13] Bei einem feierlichen Abendessen zitierte Bundespräsident Richard von Weizsäcker aus einem Gedicht von Iwan Turgenew, der von seinen Zeitgenossen als der «deutscheste aller russischen Autoren» bezeichnet worden war:

> «Einander fremd, obwohl sie sich gleichen,
> sie wandern getrennt, so wie jeder es muß,
> doch werden recht bald sie ein Ziel erreichen,
> wo der Deutsche als Bruder umarmet den Russ.»

Ein kleines Detail anläßlich dieser Art deutsch-russischer Verbrüderung machte deutlich, daß die «Chemie» unter den beiden Hauptakteuren zu stimmen schien. Da Jelzin beim Begrüßungstoast sein Sektglas etwas stürmisch geleert hatte, half Kanzler Kohl schnell mit dem Inhalt seines eigenen Glases nach. Kleine Verstöße gegen die Etikette wogen wenig im Vergleich zu den fruchtbaren deutsch-russischen Beziehungen, die sich im Rahmen der vielfach beschriebenen «Männerfreundschaft» zwischen Kohl und Jelzin zu entwickeln begannen.

Unter dem wiederholt geäußerten Wunsch Rußlands nach einem raschen Eintritt in die «zivilisierte Staatengemeinschaft» verstand man in Moskau vor allem enge Kontakte zu den europäischen Organisationen wie dem Europarat und der Europäischen Gemeinschaft. Vor lauter Begeisterung für «Rußlands Rückkehr nach Europa» wurden die hohen Hürden auf dem Weg in diese Einrichtungen zunächst übersehen. So schwärmte Jelzin bereits im April 1991 von einer vollen Mitgliedschaft Rußlands in der Europäischen Gemeinschaft.[14] Im Zusammenhang mit dem angestrebten Beitritt Rußlands zum Europarat meinte Kosyrew, daß «die junge russische Demokratie nicht ohne Europa mit seiner gewaltigen demokratischen Erfahrung erblühen» könne. Der Außenminister forderte seine Landsleute auf, «von dem fortgeschrittenen Klub zu lernen, auf zivilisierte Weise zu leben».[15] Bei den ersten Gehversuchen russischer Spitzenpolitiker in der internationalen Arena legte man insbesondere Wert darauf, Gorbatschows Politik der Öffnung gegenüber Europa wie dem Westen generell an Entschiedenheit und Verve noch weit zu übertreffen. In diesem Sinne war der überschwengliche «Atlantismus» und «Europäismus» Jelzins und Kosyrews ein Mittel dazu, die Eigenständigkeit Rußlands gegenüber der UdSSR und der zu zögerlichen Reformpolitik Gorbatschows zu betonen.

Auf der Woge der Annäherung an die westliche Welt ging Jelzin Ende 1991 anläßlich des ersten Treffens des neu gegründeten Nordatlantischen Kooperationsrates, der als vorläufiges sicherheitspolitisches Auffangnetz für die ehemaligen Warschauer-Pakt-Staaten von der NATO gegründet worden war, so weit, auch für Rußland die Perspektive eines NATO-Beitritts zu eröffnen. Er sagte: «Heute stellen wir die Frage der NATO-Mitgliedschaft Rußlands, auch wenn wir sie als ein langfristiges Ziel betrachten.»[16] Obschon man sich in Moskau später an diese Aussage nicht mehr erinnern wollte, zeigt die von Jelzin tatsächlich abgegebene Erklärung jedoch, daß es der politischen Führung Rußlands am Ende der UdSSR an irgendwelchen Berührungsängsten gegenüber der westlichen Welt einschließlich ihrer mächtigen Militärallianz völlig fehlte. Daß man im Gegenteil eine so weitreichende Integration in den Westen während der ganzen «romantischen» Periode der russischen Außenpolitik überlegte, zeigte auch eine Aussage von Jelzins Staatssekretär Gennadij Burbulis, der noch im Mai 1992 die NATO-Mitgliedschaft Rußlands für möglich hielt.[17]

Ein weiteres charakteristisches Merkmal der neuen russischen Außenpolitik lag darin, daß diese, wie von ihren Vertretern emphatisch betont wurde, bar jeder Ideologie und jeglichen imperialen Denkens sein sollte. Bereits im März 1991 kritisierte Kosyrew das «Neue Denken» der Außenpolitik unter Gorbatschow, das er selbst mit aus der Taufe gehoben hatte, als eine «schädliche Ideologie». Er erklärte, daß es in der Tat notwendig gewesen sei, das «Neue Denken» zu entwickeln, um die sowjetische Ideologie zu überwinden. Die neue Ideologie sei zwar «bis zu einem gewissen Grad utopisch» gewesen, habe aber zugleich über «ein bestimmtes Maß an positiver Qualität» verfügt. Jetzt sei es allerdings höchste Zeit, «so schnell wie möglich zu einer Politik des gesunden Menschenverstandes zu kommen».[18] Kosyrew traf mit seiner Kritik insofern einen wunden Punkt, als Gorbatschows «Neues Denken» weniger ein konkretes Programm als verschlüsselte Botschaften in Gestalt ebenso wohlklingender wie wolkiger Formulierungen enthielt. Begriffe wie die «allgemeinmenschlichen Werte» oder die Metapher vom «Gemeinsamen europäischen Haus» waren vorwiegend als kodierte Signale gedacht, deren Zweck es war, die Sowjetunion aus ihrer internationalen Isolierung herauszuführen und sie der Welt als einen einladenden Partner für eine politische und ökonomische Kooperation zu präsentieren.[19]

Auch wenn Kosyrews Bespöttelung des «Neuen Denkens» das in Teilen künstliche Fundament dieser Philosophie freilegte, so ertönte der Ruf der neuen russischen Führung nach einer «ideologiefreien» Außenpolitik selbst nicht aus der Tiefe einer schon erworbenen neuen demokratischen politischen Kultur. Letztlich zeigte sich diese Haltung ebenso wie Gorbatschows «Neues Denken» vor allem davon beflügelt, das sowjetische Erbe abzustreifen und die Welt darüber eindrücklich zu unterrichten, um im Gegenzug Anerkennung und andere Dividenden zu ernten. Im übrigen wollte man gerade in den allerersten Anfängen des postsowjetischen Rußlands die anderen Nachfolgestaaten der UdSSR nicht mit hegemonialen Ansprüchen konfrontieren.[20] Gegenüber der «zivilisierten Gemeinschaft» im Westen wollte das neue Rußland bescheidene Zurückhaltung demonstrieren. In den gleichen Kontext gehört, daß die neue demokratische Identität Rußlands bereits nach außen vertreten wurde, bevor sie noch zu Hause klar konzipiert und zum Programm erhoben war. Dabei folgte man im wesentlichen der Vorstellung, daß die Außenpolitik «Rußland helfen (werde), Rußland zu werden und Rußlands Staat zu begründen». Mit diesen Worten hatte der Präsidentenberater Sergej Stankewitsch im März 1992 den Vorgang beim Namen genannt, der darin bestand, die Suche nach nationaler Identität auf das engste mit der Suche nach einem internationalen Standort zu verknüpfen.[21]

Die offiziellen Deklarationen und Initiativen in der Außenpolitik lagen während der «romantischen Periode» auf dieser Linie des Sondierens und Experimentierens mit einem stark idealisierten Image von dem neuen demokratischen Rußland. Damit verband sich die Erwartung, daß diese Haltung von außen honoriert werde. So wurde auf einer Konferenz im Außenministerium Ende Februar 1992 gefordert, die Außenpolitik auf «absolut ideologiefreien Grundlagen des Pragmatismus und der Berücksichtigung gemeinsamer Interessen» aufzubauen. Jelzin betonte zur gleichen Zeit, daß «ein starkes und demokratisches Rußland» gewiß «niemals mehr ein Imperium» sein werde. Kosyrew sprach davon, daß für Rußland der Status einer «normalen Großmacht» angemessen sei.[22] In seiner Rede vor dem Europarat, in der Kosyrew am 8. Mai 1992 die Aufnahme Rußlands in dieses Gremium beantragte, stellte er sein Land als «freundliche Großmacht» vor, die es wert sei, in den Kreis der Demokratien aufgenommen zu werden.[23] Schließlich dozierte er voller Idealismus, daß an der Schwelle zum 21. Jahrhundert die Bedeutung eines Landes nicht durch seine räumliche Ausdehnung, sondern in erster Linie durch den Wohlstand seiner Bürger bestimmt werde.[24] Mit all diesen Bekundungen wollte Moskau zeigen, daß Rußland für die Aufnahme in den Klub der hoch entwickelten Demokratien bereits qualifiziert war.

Parallel dazu erfolgte eine intensive Reisetätigkeit Jelzins und Kosyrews nach Westeuropa und in die USA. Dabei häuften sich Abkommen und Deklarationen der Freundschaft und Partnerschaft. Höhepunkte auf der Woge des «Atlantismus» bildeten Jelzins Reisen in die USA, die er Anfang und Mitte 1992 absolvierte.

Hier wurden im Juni nicht weniger als 55 gemeinsame Dokumente und eine Charta russisch-amerikanischer Partnerschaft und Freundschaft unterzeichnet. In Moskau war die Freude darüber groß, sah man hierin doch den Beweis der endgültig erreichten «neuen Qualität in den russisch-amerikanischen Beziehungen». Darüber hinaus fehlte es nicht an persönlichen Komplimenten und freundlichen Gesten gegenüber dem russischen Präsidenten. Schon bei der Begrüßung verglich Präsident Bush Jelzin mit Peter dem Großen, insofern auch dieser große Zar Rußlands Rolle in der Welt neu definiert habe. Jelzin genoß den Vergleich sichtlich. In einer temperamentvollen Rede vor dem amerikanischen Kongreß versicherte er, daß er ein Wiedererstehen des Kommunismus in Rußland nicht zulassen werde.[25] Die Rede wurde mit dreizehn *standing ovations* für den «Augusthelden» quittiert. Jelzin war sehr daran gelegen, die Abgeordneten dafür zu gewinnen, dem amerikanischen Beitrag zu dem im April 1992 geschnürten internationalen Hilfspaket für Reformen in Rußland in Höhe von etwa 24 Milliarden Dollar zuzustimmen. Halb werbend, halb drohend sagte er, daß ein Scheitern der eingeschlagenen Reformen mehrfache Kosten verursachen würde.[26]

Diese Art des Drängens hatte man im Westen noch von Michail Gorbatschows Auftritten in Erinnerung. Mit seinen Bemühungen, allenthalben Kredite für das neue Rußland einzuwerben, trat Jelzin in dessen Fußstapfen. Bereits im Frühjahr 1992 war Rußland dem Internationalen Währungsfonds und der Weltbank beigetreten. Rußlands Beziehungen zu den europäischen Organisationen zeigten ebenfalls eine rasante Dynamik. Schon im Januar 1992 hatte die Europäische Gemeinschaft die Aufnahme von Verhandlungen mit Moskau ins Auge gefaßt, um ein Abkommen auf den Weg zu bringen, das den Vertrag ersetzen sollte, der im Dezember 1989 noch mit der UdSSR abgeschlossen worden war. Man zeigte sich in Brüssel durchaus bemüht, den Beziehungen zu Rußland die Gestalt einer «sich vertiefenden Partnerschaft» zu geben.[27] Umgekehrt sah man in Moskau zur gleichen Zeit die Aufnahme Rußlands in den Europäischen Wirtschaftsraum als den ersten konkreten Schritt auf dem Weg zur vollen Mitgliedschaft in der EG an. Parallel zu der Intensivierung der «atlantischen» Strömung erreichte auch die «europäische» Ausrichtung der Außenpolitik eine bisher ungeahnte Hochkonjunktur. Nach einer Tour durch westeuropäische Metropolen im Frühjahr 1992 zeigte sich Kosyrew von Rußlands erfolgreicher Rückkehr nach Europa schon überzeugt. Er stellte «mit Genugtuung» fest, «daß Europa auf uns wartet, und wir sind bereit, es zu betreten.»[28]

Mit der intensiven Annäherung Rußlands an die USA und Europa war nicht nur die Erwartung verbunden, von dem hier konzentrierten Know-how in Demokratie und Marktwirtschaft zu lernen und zu profitieren. Darüber hinaus erhoffte man massive materielle Unterstützung bei der Realisierung grundlegender Wirtschaftsreformen. Diese Hoffnungen gediehen vor allem im russischen Außenministerium. Auch Jelzin meinte gutgläubig, daß enge persönliche Kontakte zu George Bush schon genügten, um den Zustrom von Kapital nach Rußland freizusetzen und den Warenfluß aus Rußland auf den Weltmarkt ungehindert passieren zu lassen. Dabei spielte die damals in Moskau weit verbreitete Ansicht eine Rolle, daß «der Westen zur Rettung der Demokratie in Rußland einfach verpflichtet» sei.[29]

Trügerische Hoffnungen auf den Westen

Die geradezu schülerhafte Anbiederung Rußlands an die USA und Westeuropa stieß im Land selbst zunehmend auf den Widerstand seitens der Nationalpatrioten und der kommunistischen Opposition. Im Zuge der sich in der ersten Jahreshälfte 1992 schon deutlich abzeichnenden «Doppelherrschaft» von Exekutive und Legislative wurde die «atlantische» und «europäische» Außenpolitik Jelzins und Kosyrews immer mehr zum Anlaß der Kritik aus den Reihen der Gegner von Demokratie und Marktwirtschaft. Jelzin selbst schien sich langsam von der Vorstellung zu befreien, daß er die so leidenschaftlich betriebene Orientierung auf den Westen unbedingt weiter verfolgen müsse. Unterdessen begannen die Ideen der «Nationalen Wiedergeburt» und des starken Staates bzw. einer mystifizierten «russischen Staatlichkeit», die in den Kreisen der Nationalpatrioten hochgehalten wurden, auf Jelzin eine starke Anziehungskraft auszuüben. Angesichts der politischen Kräftekonstellation konnten gewisse Anleihen an diese Ideenwelt zweifellos dazu dienen, die Machtbasis des Präsidenten zu verbreitern. Aus dieser Einsicht heraus vollzog Jelzin einen ideologischen Schwenk, der ihm um so leichter fallen mußte, als er sich die mit dem «Atlantismus» wie dem «Europäismus» verbundenen Werthorizonte ohnehin nicht voll erschlossen und diese erst recht nicht verinnerlicht hatte. Bereits auf dem Sechsten Volksdeputiertenkongreß im Frühjahr 1992 kam Jelzin den Parolen der nationalpatriotischen Opposition entgegen. Im zweiten Halbjahr verstärkte sich der Trend. Jelzin warf Kosyrew jetzt sogar vor, durch das Eintreten für eine einseitige Westorientierung die Rolle Rußlands in der Welt zu schmälern.[30]

Während Kosyrew in seiner außenpolitischen Orientierung nicht zu schwanken schien, zeigte sich Jelzin immer unsicherer über den einzuschlagenden Kurs. Dies hing auch damit zusammen, daß er sich die wichtigsten Parameter einer Systemtransformation hin zu «zivilisierten Verhältnissen» ohnehin nicht konsequent angeeignet hatte. Wie Jelzins Assistenten später berichteten, sah dieser sich immer wieder veranlaßt, seinen Außenminister zu konsultieren, um herauszufinden, worin denn «unsere Linie» in bestimmten außenpolitischen Fragen bestehe. Jelzin zeigte sich zunehmend unzufrieden damit, daß aus dem Außenministerium keine klaren Konzepte zur Bestimmung des russischen Standortes in der Welt zu erhalten waren. Schon diese Haltung sprach Bände über Jelzins eigenes Schwanken hinsichtlich der politischen Richtung. In einer Rede, die er vor dem Kollegium des Außenministeriums im Oktober 1992 hielt, wurden in gleicher Weise Unmut und Unsicherheit deutlich: «Manchmal erwecken wir – vielleicht unabsichtlich – den Eindruck von Leuten aus einem schwachen, hilflosen, armen Rußland. Doch dem ist nicht so! Wir legen uns ja einen Komplex zu. Wir müssen davon ausgehen, *welches Land wir sein werden.* ... [Hervorhebung durch die Autorin]. Wir treten in der Weltgemeinschaft unnötig zaghaft auf, nehmen häufig eine defensive Haltung ein oder meinen, unbedingt andere nachahmen zu müssen. ... Was muß uns Sorge bereiten? Daß man im Westen Rußland jetzt als einen Staat wahrnimmt, der stets ‹Ja› sagt, der gar nicht merkt, daß andere [Staaten] im Verhältnis zu ihm ihre Pflichten nicht erfüllen, und der schweigend Kränkungen und sogar Verletzungen hinnimmt.»[31]

Jelzins Verweis auf das ständige «Jasagen» Rußlands enthielt eine Anspielung darauf, daß Kosyrew von der politischen Opposition vorzugsweise der «Mister Yes» genannt wurde. Dies sollte wiederum den langjährigen sowjetischen Außenminister Gromyko als den berüchtigten «Mister Njet», etwa im Sicherheitsrat der UNO, in Erinnerung rufen. Darüber hinaus zeigte Jelzins Grollen, daß er den Anschein einer Führung mit Minderwertigkeitskomplexen gegenüber der Außenwelt keinesfalls aufkommen lassen wollte. Zugleich enthüllte sein Drängen auf Antwort auf die von ihm selbst aufgeworfene Frage, «welches Land» man sein wolle, daß er die Inhalte der nationalen Identität und den angestrebten internationalen Standort Rußlands selbst nicht zu benennen vermochte. Jelzins Assistenten berichteten, daß der Berufsdiplomat und Berater des Präsidenten, Dmitrij Rjurikow, alles tat, um die lückenhaften Kenntnisse des Staatsoberhaupts zu außenpolitischen Fragen aufzubessern. Doch habe weder dieser Nachhilfeunterricht noch der professionelle Protokolldienst das Fehlen außenpolitischer Konzeptionen auszugleichen vermocht. Jelzins Mitarbeiter warfen Kosyrew vor, daß er vorwiegend darauf hinarbeitete, persönliche Beziehungen zwischen dem russischen Präsidenten und den Spitzen anderer Staaten zu organisieren, statt sich mit der Ausarbeitung von Konzepten zu beschäftigen.[32] In dieser Kritik schimmerte allerdings selbst eine gewisse Nostalgie nach den Sowjetzeiten durch, als die Apparate des ZK-Sekretariats oder die Ministerien vorwiegend mit der Herstellung solcher «Konzepte» beschäftigt waren.

Auch wenn Kosyrew in seiner Arbeit nicht viel Ambitionen zeigte, den klassischen sowjetischen Papiertigern nachzueifern, so ließ er andererseits auch keinen Zweifel daran, daß die Außenpolitik Chefsache war und nicht der Außenminister, sondern in jedem Falle der Präsident die russische Außenpolitik repräsentierte. Wie Kosyrew wiederholt feststellte, war Jelzin ohne jeden Zweifel der «Diplomat Nummer eins» im Lande.[33] Und als dieser im Herbst 1992 starke Tendenzen an den Tag legte, das außenpolitische Paradigma zu wechseln, mußte Kosyrew sich dem anpassen. Deshalb räumte Kosyrew im Oktober 1992 selbst ein, daß die bedingungslose Umarmungspolitik gegenüber dem Westen einer vergangenen «romantischen Periode» angehöre.[34] In einem neuen Strategiepapier des Außenministeriums wurde im Dezember 1992 die Öffnung Rußlands nach Asien auf das Programm gesetzt. Jelzin und Kosyrew äußerten von nun an wiederholt, daß Rußlands Interessen im Westen wie im Osten lägen. Jelzin formulierte dies so: «Die russische Diplomatie muß dem Geist des alten russischen

Wappens folgen, auf dem ein zweiköpfiger Adler sowohl in Richtung Westen als auch in Richtung Osten blickt.»[35] Darüber hinaus bekräftigte die russische Führung, daß die Priorität in der russischen Außenpolitik dem «Nahen Ausland», also den anderen Nachfolgestaaten der UdSSR, gehöre. An die Stelle der ursprünglich vorherrschenden Westorientierung traten immer stärker neoimperiale und geopolitische Vorstellungen. Von der «normalen» oder gar der «freundlichen Großmacht» Rußland war nicht mehr die Rede. Großmachtrhetorik und der Anspruch Rußlands, als mächtigster Nachfolgestaat der UdSSR ein wichtiger Spieler in der Weltpolitik zu sein, wurden unüberhörbar.

Die Suche nach einer nationalen Identität

In dem Paradigmenwechsel der offiziellen Außenpolitik spiegelten sich auch die erhitzten gesellschaftlichen Debatten über Rußlands Identität und die gleichzeitige Suche nach einem außenpolitischen Standort. Diese Diskussionen, die schon während der Perestrojka Gorbatschows eingesetzt hatten, erhielten während der «Doppelherrschaft» weiteren Auftrieb und spitzten sich in ihren unvereinbaren Zielsetzungen seit 1992 deutlich zu. Die Debatten blieben nicht auf Intellektuellenkreise beschränkt. Auch die politischen Akteure konnten nicht abseits dieses Krieges um Werte stehen. Tatsächlich dienten die unterschiedlichen außenpolitischen Optionen als Munition der innenpolitischen Auseinandersetzungen und des Streits über die Richtung der Reformen. Hinzu kam, daß die Diskussionen auch kompensatorische Funktionen übernahmen, insofern hier ein Markt der Meinungen zur Suche nach einem Ersatz für verlorengegangene ideelle Richtwerte entstand. Darüber hinaus transportierten die Debatten das diffuse Unbehagen an der Politik von Präsident und Regierung. Schließlich boten sie ein Forum, um den Ruf nach der unverzichtbaren Rolle Rußlands als Groß- und Weltmacht zur Geltung zu bringen.[36]

Intellektuellendiskurse über die Besonderheiten der Geschichte, Zivilisation und Bestimmung Rußlands gehören zur traditionellen politischen Kultur des Landes. Mangels eines entwickelten politischen Wettbewerbs und angesichts der stetigen Unterdrückung oppositionellen Denkens hatten literarische Journale seit jeher ein Forum für die mehr oder minder offene Austragung weltanschaulicher Kontroversen geboten. Im postsowjetischen Rußland erinnerten die fortgesetzten Diskurse stark an die Kontroversen, die schon im 19. Jahrhundert zwischen den sogenannten «Westlern» und den «Slawophilen» über die Bestimmung Rußlands die Gemüter erhitzt hatten. Vor allem die politischen Konfrontationen und die Verfassungskonflikte im Rahmen der «Doppelherrschaft» von Legislative und Exekutive boten einen fruchtbaren Boden für neue Antworten auf die klassischen Fragen: «Wer sind wir?», «Woher kommen wir?», «Wohin gehen wir?» Der intellektuelle Habitus der diskursiven «Erfindung Rußlands» aus dem Nichts fand in der Zeit der «Wirren» im Übergang zu einem neuen russischen Staat die besten Bedingungen zu seiner erneuten Entfaltung.[37]

Die Diskussionen über die wünschenswerte Ausrichtung der Außenpolitik nahmen die Gestalt eines wahrhaftigen Schulstreits an. Dabei konnte man mindestens drei große Strömungen unterscheiden, die sich allerdings in Teilen überlappten. Mit den neuen Westlern, den *Sapadniki*, konkurrierten die «Eurasianer» und schließlich die Anhänger der «Russischen Idee». Alle operierten mit dem Begriff der «Rückkehr», wobei die «Westler» die Rückkehr in den «Schoß der Weltzivilisation» oder Europa meinten, die anderen die Rückkehr zu nationalen Traditionen. Während sich die Westler für die Einführung von Demokratie und Marktwirtschaft stark machten, plädierten die Neoslawophilen für eine Renaissance der «Russischen Idee» und damit für einen Sonderweg Rußlands, den sie aufgrund der kulturellen und christlich-orthodoxen Traditionen schon vorgezeichnet sahen.[38]

Die «Russische Idee» wurde in den Anfängen des postsowjetischen Rußlands je nach dem Standort der mit ihr liebäugelnden Autoren und Gruppen mit unterschiedlichen Inhalten gefüllt. Während die an einem starken Staat interessierten *Gossudarstwenniki* die «Russische Idee» mit imperialen Vorstellungen und dem Glauben an Rußlands besonderen Auftrag für die Weltzivilisation füllten, dachten die liberalen Patrioten darüber nach, wie die Vorstellungen von einem Vorrang der Orthodoxie, von der Ablehnung des Materialismus und die besondere Pflege russischer kultureller Traditionen für die «Wiedergeburt» Rußlands genutzt werden könnten. Die Berufung auf die «Russische Idee» machten sich selbst so manche «Westler» zu eigen. Sie sahen das Wesen der

«Russischen Idee» darin begründet, daß von ihr die Notwendigkeit signalisiert werde, Rußland zu modernisieren und das westeuropäische Wertesystem in Rußland zu etablieren. Demgegenüber nahmen die Imperialisten unter den Nationalpatrioten, die sich ebenfalls auf die «Russische Idee» beriefen, eine entschieden antiwestliche Haltung ein. Sie kritisierten die atlantische Orientierung der Außenpolitik als Kapitulation vor dem Westen. Die unterschiedlichen Auslegungen der «Russischen Idee» zeigten, daß in den Debatten über den wünschenswerten Weg Rußlands keine klaren Zielvorstellungen, sondern vor allem Mythenbildung und Geschichtsklitterung dominierten.[39]

Ähnliches galt auch für den «Eurasianismus», der sich neben all den genannten Strömungen zu profilieren versuchte. Die Vertreter dieser Denkschule waren bemüht, Vorstellungen von russischen Emigranten aus den zwanziger Jahren wieder zur Geltung zu bringen. Die «Eurasianer» jener Zeit hatten sich gegen den «Eurozentrismus» im russischen Denken gewandt und Eurasien als eine besondere geopolitisch und geokulturell bestimmte eigenständige Zivilisation herausgestellt. Ihre Parole war: «Wir [Rußland] sind nicht der Hinterhof Europas, sondern das Tor zu Asien.» Auch die postsowjetischen Eurasianer sahen in Rußland eine einzigartige europäisch-asiatische Mischkultur, die von einem symbiotischen Miteinander islamischer und christlich-orthodoxer Religion geprägt sei. Darüber hinaus vertraten sie die Auffassung, daß Rußland eine geopolitische eurasische Achsenmacht und ein geokulturelles Gegengewicht zur amerikanischen Kultur des Massenkonsums verkörpere. Die Eurasianer sahen die Welt als eine Arena des Kampfes zwischen zwei globalen Mächten, der kontinental-eurasischen Macht auf der einen Seite, der atlantischen oder angelsächsischen Zivilisation auf der anderen Seite.[40] Von dieser Position her verdiente die «atlantische» Außenpolitik der russischen Führung unter Jelzin schärfste Ablehnung. Allerdings hatte bereits Gorbatschow die Speerspitzen dieser Kritik zu spüren bekommen.

Die Debatten zeichneten sich insgesamt durch eine vordergründige und eklektische Argumentation aus. Die Vorkämpfer der «Russischen Idee» oder des «Eurasianismus» beschränkten sich zumeist darauf, einzelne Gedanken und Zitate berühmter Repräsentanten aus der russischen Literatur und Religionsphilosophie, ob von Fjodor Dostojewskij oder Nikolaj Berdjaew, willkürlich herauszugreifen. Der häufige Rekurs auf Dostojewskij zeigte, daß gerade dieser große russische Schriftsteller in seinem Œuvre auch ambivalente oder widersprüchliche Aussagen machte, die sich auf dem postsowjetischen Markt der Meinungen bald für diese, bald für jene Richtung nutzen ließen. Die Westler konnten sich darauf berufen, daß Dostojewskij in seiner Rede zu Puschkin die «Bestimmung Rußlands» als «unbestreitbar alleuropäisch und universal» bezeichnete, während er für die gemäßigten Anhänger der «Russischen Idee» in dem Aphorismus zum Tode von George Sand diese Aussage bereit hielt: «Wir, die Russen, haben zwei Vaterländer – Rußland, unsere Rus, und Europa – selbst in den Fällen, in denen wir uns selbst als Slawophile bezeichnen.» Schließlich konnten die Eurasianer den folgenden Ausspruch Dostojewskijs auf ihr eigenes ideologisches Konto verbuchen: «In Europa waren wir Asiaten, während wir in Asien auch Europäer sind.»[41]

In der großen Mehrheit setzten sich die Debattenführer dafür ein, die russische Zivilisation von der westlichen abzugrenzen und damit den Bestrebungen nach Demokratisierung und Marktwirtschaft entgegenzutreten. Die Rezeption der verschwommenen «Russischen Idee» erfüllte in erster Linie diesen Zweck. Anstelle klarer Wertekataloge diente die «Russische Idee» in den Debatten über Rußlands Identität als Ikone und unstrittiges Beweisstück der zivilisatorischen Eigenständigkeit Rußlands. In einem offenen Brief von Jewgenij Troitskij, der bereits 1991 ein Buch mit dem bezeichnenden Titel «Die Auferstehung der Russischen Idee» veröffentlicht hatte, wurde von diesem und von anderen konservativen Autoren gefordert, ein weltweites Seminar zu dem Thema einzurichten. In dem Brief wurde die «Russische Idee» als «unser nationales Ideal» bezeichnet, als «das, was für die USA der amerikanische Traum ist».[42] Andere gaben zu bedenken, daß «die abstrakte Idee der Demokratie» nicht imstande sei, die Menschen im Lande zu mobilisieren. Gegenüber dem mächtigen Ansturm der Verfechter eines zivilisatorisch bedingten Sonderweges oder auch eines Dritten Weges vom «realen Sozialismus» in die Moderne verteidigte nur eine kleine Minderheit einen klaren Kurs in Richtung Europa und Demokratie. Dies waren vor allem die Meinungsführer der liberalen Presse und Publizisten wie Jurij Bujda, Alexej Kiwa oder Otto Latsis sowie der Staatsrechtler Sergej Alexejew.[43]

Die außenpolitische Standortdebatte überlappte sich stark mit den Identitätsdiskursen. Die allgemeine Unsicherheit zeigte sich darin, daß nicht wenige liberale Demokraten zu den Zentristen und weiter zu den Eurasiern oder in eine nationalpatriotische Richtung abwanderten. Andrej Kortunow, ein ausgewiesener Wissenschaftler der internationalen Politik, beobachtete, daß sich die Liberalen in Pragmatiker bzw. Zentristen verwandelten, während die Pragmatiker zu Nationalisten wurden.[44] Im weiteren Sinne galten diese Positionswechsel auch für die sich herausbildende Landschaft politischer Parteien, die ebenfalls von regen Migrationen der Akteure zwischen den noch wenig gefestigten Gruppen beherrscht war.

Es konnte nicht ausbleiben, daß all diese Entwicklungen sich auch auf die Außenpolitik der russischen Führung auswirkten. Immerhin zählten zu den Beratern des Präsidenten sowohl Befürworter des «eurasischen» Weges als auch Vertreter der Ideologie des starken Staates, des Denkens in Kategorien der imperialen Großmacht und des nationalen Machtstaatswillens. Präsidentenberater Stankewitsch, der sich als Eurasianer, als «Zentrist» und geopolitischer Realist verstand, vernahm schon im März 1992 «das laute Klopfen der Eurasianer an das Tor des Außenministeriums».[45] Die in den Vordergrund gerückten Vorstellungen von der Großmachtstellung und der Einzigartigkeit Rußlands, von dem geschichtlichen Auftrag zur Bildung eines nationalen Machtstaats und eines starken Staates gingen an den politischen Adressaten der Debatten nicht spurlos vorbei. Der «gnadenlose Kampf um Werte», den Leszek Buszynski in den Anfängen der russischen Außenpolitik beobachtet hat, wurde im ersten Jahr der «Doppelherrschaft» noch in voller Schärfe ausgetragen.[46] Doch mehrten sich im Laufe des Jahres 1993 und darüber hinaus die Zeichen dafür, daß es unter den Eliten der unterschiedlichen politischen Lager zu einer gewissen Annäherung kam. Dabei sollte sich zeigen, daß die älteren Schichten der politischen Kultur, ob sie nun aus dem für die UdSSR typischen Denk- und Handlungsrahmen stammten oder gar noch aus der zaristischen Zeit, schnell und wirksam die Ansätze einer «atlantischen» und «europäischen» außenpolitischen Rollenkonzeption zurückzudrängen vermochten.

Der «Europäismus» im Sinne einer Politik der engen Anbindung an die europäischen Organisationen blieb neben anderen

Orientierungen eine Konstante der russischen Außenpolitik. Aufs ganze gesehen hatte sich aber innerhalb von wenigen Jahren die Erfahrung bewahrheitet, daß sich eine politische Kultur der von langer Hand gewachsenen und zutiefst verinnerlichten Überzeugungen nur sehr langsam wandelt. Großmachtvorstellungen waren im kollektiven Gedächtnis der politischen Eliten wie der Bevölkerung Rußlands fest verankert. Das traditionelle imperiale Denken, das aufgrund einer momentan übermächtigen Westorientierung der politischen Führung und von Teilen der Intelligenzija zunächst zurückgetreten war, faßte schon deswegen erneut mühelos Fuß, als es in den Zeiten der innen- und außenpolitischen Unbestimmtheit ein vertrautes Denkmuster und eine ideelle Kompensation für das Ende des Sowjetreiches bot. Der wegen dieses Verlusts grassierende «Phantomschmerz» ließ sich mit Hilfe der wieder erlaubten Großmachtrhetorik weitaus besser ertragen. Erneut machte sich die Überzeugung breit, daß Rußland seiner historischen Großmachtrolle entsprechen und als weltpolitischer Akteur auftreten müsse. Auch die Vorstellung, daß für Rußland kulturell und historisch ein Sonderweg vorgezeichnet sei, brach sich mehr und mehr Bahn. Nach und nach fügten sich diese Standpunkte zu einem «patriotischen Konsens» der politischen Eliten zusammen.[47]

Der Trend zu einer breiten Übereinstimmung bei der Festlegung der nationalen Interessen Rußlands speiste sich in den Jahren nach der turbulenten «Doppelherrschaft» aus dem gemeinsamen Verlangen von Kremlführung und Opposition, für Rußland mindestens eine regionale Führungsrolle und darüber hinaus einen angemessenen Platz auf der weltpolitischen Bühne zu behaupten. Der Ausgang der ersten freien Parlamentswahlen im Dezember 1993, bei denen Rußlands demokratische Kräfte lediglich einen Stimmenanteil von etwa 15 Prozent erhielten, während die Partei des nationalistischen Politikers Wladimir Schirinowskij einen überraschenden ersten Platz mit nahezu 23 Prozent des Wählervotums belegte, wirkte als weitere Weichenstellung bei der zumindest partiellen Abkehr von den gerade noch propagierten «europäischen» Werten. Gewisse Anleihen an Wladimir Schirinowskijs nationalistischen Kurs erschienen weitaus erfolgversprechender, um Unterstützung zu mobilisieren. Der Gedanke des starken Staates und die Vorstellung von einem historisch vorgegebenen nationalen Machtstaatswillen fanden ein schnelles Echo in der Regierungspolitik. Allerdings verdrängten sie das bisher dominierende liberale Paradigma nicht ganz.

Rückkehr zur Großmachtidee

Die russischen Begriffe *gossudarstwennost* und *derschawnost* betonen den nur schwer zu übersetzenden Anspruch auf einen starken Staat und auf den Status einer Großmacht. Die Idee der *derschawnost*, in der sich das Streben nach dem starken Staat mit dem Anspruch auf eine führende Position in der internationalen Politik verband, wurde nach den ersten Parlamentswahlen zu einem Leitmotiv der Kremlführung. Gleiches galt für das Ideal des starken Staates bzw. der sogenannten «Staatlichkeit» *(gossudarstwennost)*. Schon in seiner ersten Botschaft an das Parlament am 24. Februar 1994 betonte Präsident Jelzin die Notwendigkeit, die russische «Staatlichkeit» und den «Rußländischen Staat» zu festigen.[48] Damit übernahm er ganz entgegen dem Geist der gerade in Kraft getretenen demokratischen Verfassung das typische Vokabular der nationalpatriotischen Opposition. Diese verstand unter dem Begriff der «Staatlichkeit» das autoritäre Staatsideal als Vermächtnis der russischen Geschichte und nicht das neu konstituierte demokratische Gemeinwesen. Mit der Betonung der notwendigen «starken Staatlichkeit» bewegte sich der Präsident auf die Positionen der kommunistischen wie der nationalpatriotischen Opposition zu. Der offizielle Kult des Etatismus versinnbildlichte die Abkehr vom demokratischen Paradigma und stellte einen wichtigen ersten Schritt in Richtung des «patriotischen Konsenses» dar.[49]

In dem offiziellen außenpolitischen Kurs der Jelzinführung wurden auch opportunistische Anleihen an das Denken in den Kategorien der «Eurasianer» erkennbar. Dessen ungeachtet blieb das Streben nach engen Beziehungen zu den westlichen Staaten und zumal zu den europäischen Organisationen ein herausragendes Merkmal der Außenpolitik. Vor diesem Hintergrund lösten die 1993 und zumal 1994 im westlichen Bündnis hervortretenden Bestrebungen, die NATO nach Osten zu erweitern, in Moskau größte Betroffenheit und eine ablehnende Haltung aus. Alle namhaften Politiker waren sich schnell darin einig, daß in dem Vorhaben eine schmachvolle Zurücksetzung Rußlands zu sehen war. Nach dem Ende des Kalten Krieges empfand man dies als überflüssig und ungerechtfertigt. Bei aller Mythenbildung über den russischen Sonderweg und bei allen selbstgefälligen Diskursen über Rußlands zivilisatorische Einzigartigkeit kam die Perspektive einer Ausgrenzung Rußlands aus Europa für alle politischen Eliten einem Horrorszenario der außen- und sicherheitspolitischen Entwicklung gleich. Die westliche Politik der NATO-Osterweiterung wurde so zur wichtigsten Voraussetzung dafür, daß sich zwischen allen politischen Lagern ein umfassender «patriotischer Konsens» herausbildete.

Bei aller Aufgeschlossenheit für die zu Hause wohlfeilen Klänge solcher Losungen wie *derschawnost* und *gossudarstwennost* wollte die Kremlführung keineswegs den Anschluß an die europäischen Organisationen, wo man gerade erst vorstellig geworden war, verlieren. Daher gingen alle Bemühungen zunächst in die Richtung, den Absichten einer NATO-Osterweiterung entschieden entgegenzutreten und gleichzeitig die Kontakte in Richtung Europa rasch zu intensivieren. Allerdings kam es dabei von Anfang an zu erheblichen Schwierigkeiten und Verzögerungen. So zogen sich die Ende 1992 aufgenommenen Verhandlungen über ein Partnerschafts- und Kooperationsabkommen zwischen Moskau und Brüssel ohne Aussicht auf einen baldigen Abschluß hin.[50] Zum Ausgleich setzte Jelzin große Hoffnungen auf eine schnelle Aufnahme Rußlands in den Straßburger Europarat. Nur in dieser europäischen Institution konnte Rußland auf absehbare Zeit überhaupt eine volle Mitgliedschaft erreichen. Außerdem genoß der Europarat als älteste europäische Institution ein besonders hohes Ansehen unter den Moskauer Politikern. Als Rußland im März 1993 den Beitrittsantrag einreichte, setzte man darauf, rasch den Gaststatus zugunsten des Status eines regulären Mitglieds eintauschen zu können.

Beziehungen zur EU und zur NATO

Die nicht wenigen Hindernisse auf dem Weg zu diesem heiß ersehnten Ziel lieferte Moskau allerdings selbst frei Haus. Da das Beitrittsgesuch noch während der Wirren der Moskauer «Doppelherrschaft» erfolgte, kam es zu heftigen Kontroversen zwischen

Jelzin und dem von Chasbulatow dominierten Parlament über die Erfüllung der Beitrittsbedingungen. Diese bestanden im wesentlichen in freien Wahlen und in der Verabschiedung einer demokratischen Verfassung. Während Jelzin gerade darüber mit der Legislative einen Krieg führte, sahen die Abgeordneten die Bedingungen für eine Aufnahme Rußlands in den Europarat längst erfüllt, da aus ihrer Sicht die demokratische und rechtsstaatliche Qualität der vielfach geänderten Verfassung von 1978 unstrittig war. Außerdem hielten die Parlamentarier ihre eigene Wahl im März 1990 für durchaus demokratisch legitimiert.[51]

Aufgrund dieser unterschiedlichen Sicht der Dinge gingen führende Mitglieder des Obersten Sowjets so weit, die in Straßburg geltend gemachten Bedingungen für die Aufnahme Rußlands als eine Verschwörung gegen das russische Parlament auszulegen. Die Anstifter zu der Konspiration vermutete man prompt im russischen Außenministerium. Als Ruslan Chasbulatow im August 1993 in Straßburg zu Besuch war, äußerte er hier die hochtrabende Meinung, daß sich Rußland doch gar nicht um die Mitgliedschaft im Europarat zu bemühen habe, vielmehr sollte das Gremium umgekehrt Rußland um seinen Beitritt bitten. Angesichts der unverhohlenen Arroganz des russischen Parlamentssprechers verwunderte es nicht, daß der Europarat nach der blutigen Niederschlagung des Moskauer Putsches im Oktober 1993 die Schuldigen bei den parlamentarischen Widersachern Jelzins ausmachte, während dem Präsidenten Solidarität bekundet wurde.

Da selbst nach der Verabschiedung einer demokratischen Verfassung im Dezember 1993 der Straßburger Europarat noch Bedenken gegen eine sofortige Aufnahme Rußlands trug, geschah es, daß die kleinen früheren sowjetischen Unionsrepubliken Estland und Litauen bereits Mitte 1993, also deutlich früher als das «große Rußland», Eintritt in den Europarat fanden. Dies löste in Moskau große Verbitterung aus. Vollends empört war man, daß ungeachtet der Unterdrückung der starken russischsprachigen Minderheit in Lettland auch dieser Staat noch vor Rußland die Mitgliedschaft erhielt. Gefühle schmachvoller Erniedrigung mischten sich mit der wachsenden Sorge um die Ausgrenzung Rußlands aus Europa.[52]

Noch deutlicher wurden Rußlands Bemühungen enttäuscht, die KSZE zum Hauptpfeiler einer neuen europäischen Sicherheitspolitik zu machen. Das Kalkül bestand darin, daß eine Stärkung der KSZE und deren Umwandlung in die Schaltstelle zur Koordination aller europäischen Organisationen sowie der NATO und der GUS dazu führen würde, Rußland einen entscheidenden Einfluß auf internationaler Bühne zu sichern. Auf diese Weise wäre Moskau nicht auf die Rolle eines bloßen «Partners» des Westens, ob im Rahmen der EU oder der NATO-«Partnerschaft für den Frieden», beschränkt geblieben.[53] Als sich Moskau im Juni 1994 dazu durchrang, dieses NATO-Programm prinzipiell zu akzeptieren, ging man im russischen Außenministerium noch davon aus, daß die «Partnerschaft für den Frieden» an die Stelle der Osterweiterung des atlantischen Bündnisses getreten war oder diese zumindest auf unabsehbare Zeit aufschob. Kosyrew war deswegen konsequent gegen eine «schnelle» Erweiterung der NATO aufgetreten. Anfang November 1993 machte der Außenminister sogar geltend, daß sich Moskau jeglicher NATO-Erweiterung entgegenstellen werde, wenn Rußland ausgeschlossen bleibe.[54] Im russischen Außenministerium hieß es, daß eine Mitgliedschaft der Länder Mittel- und Osteuropas in der NATO ohne Rußland «kontraproduktiv» wäre.[55]

Im Außenministerium zeigte man sich unterdessen um einen baldigen Beitritt zum NATO-Programm «Partnerschaft für den Frieden» bemüht, um Rußland weiter nicht zu isolieren. Der Zweck dieses Beitritts blieb indessen lange Zeit unter den außenpolitischen Eliten umstritten. Die russischen Kritiker der «Partnerschaft für den Frieden» stießen sich vor allem daran, daß Rußland im Rahmen dieses Programms mit kleineren Staaten auf eine Stufe gestellt werden sollte. Tatsächlich beanspruchte Moskau zumindest einen herausgehobenen Status. Als auf dem Treffen des NATO-Rats in Istanbul Anfang Juni 1994 die Vorstellung von «besonderen» Beziehungen zwischen der NATO und Rußland Gestalt annahm, zeigte sich Moskau für eine Beteiligung an der «Partnerschaft für den Frieden» schon deutlich aufgeschlossener.[56] Der Gedanke, für den Beitritt zu dem NATO-Programm gewisse diplomatische Kompensationen zu erhalten, wurde auch darin sichtbar, daß Jelzins Pressesekretär Kostikow am 8. April 1994 im Gegenzug die Aufnahme Rußlands in die Gruppe der G7 postulierte.[57] Als die russische Führung im Frühjahr 1994 zumindest ihr vorläufiges Einverständnis mit dem NATO-Programm signalisierte, hoffte man, auch beim Abschluß des Partnerschaftsabkommens mit der

Europäischen Union einen Schritt voranzukommen. Dieser Poker schien aufzugehen. Tatsächlich mündeten noch im Juni 1994 die seit achtzehn Monaten geführten Verhandlungen in das endgültige «Abkommen über Partnerschaft und Zusammenarbeit» zwischen der EU und Rußland. Das auf der Insel Korfu bei der Tagung des Europäischen Rates am 24. Juni 1994 feierlich unterzeichnete Abkommen war das Ergebnis mühselig ausgefeilschter Kompromisse. Jelzin und die russische Regierung kommentierten den Vertragsabschluß äußerst positiv; die russische Führung sah in dem Abkommen «einen entscheidenden Schritt auf dem Weg, die Einheit unseres Kontinents wiederherzustellen».[58]

Mit dem Vertrag von Korfu wurden die Weichen für eine enge Zusammenarbeit Rußlands mit der EU gestellt. Rußland war kraft der Bestimmungen des Abkommens zur Einhaltung demokratischer Grundsätze und der Menschenrechte verpflichtet worden. Die Entfesselung des ersten Tschetschenienkrieges wies aber genau in die entgegengesetzte Richtung. Tatsächlich fand das in Moskau unterdessen wieder modisch gewordene Großmachtdenken und das Beschwören der starken «Staatlichkeit» in der militärischen Intervention in Tschetschenien im Spätherbst 1994 seinen extremen Ausdruck. Mit einem raschen und siegreichen Krieg sollte nach innen wie nach außen die wahre Größe Rußlands demonstriert werden. Man wollte «der Welt zeigen, daß Rußland noch über genug Stärke verfüge».[59] Als Jelzin auf dem Budapester OSZE-Gipfel Anfang Dezember 1994 mit seinem Widerstand gegen die NATO-Osterweiterung völlig isoliert war, drohte er mit dem Anbruch eines «Kalten Friedens». Der verbale Kraftakt fand auf der westlichen Seite kaum ein Echo. Umso mehr sah man in Moskau die Zeit zum Auftrumpfen gekommen. Die Intervention im Kaukasus, die sich entgegen allen Annahmen bis in das Jahr 1996 hineinzog, hatte neben dem Wunsch, nach außen den Großmachtanspruch und zu Hause die Faust des «starken Staates» unter Beweis zu stellen, eine ganze Reihe weiterer Ursachen. Insbesondere sollte gegenüber den autonomen Republiken Rußlands ein Exempel statuiert werden. Moskau konnte und wollte sich das gesamtstaatliche Gewaltmonopol nicht in einer bestimmten Provinz streitig machen lassen. Die martialische Aktion war daher auch als Warnung und Drohung gegenüber den allenthalben gärenden Autonomiebestrebungen in anderen Regionen gedacht.

Bekanntlich ging die Rechnung Moskaus, mit einem raschen siegreichen Handstreich im Kaukasus die nationale Frage im Lande zu lösen und darüber hinaus zu Hause und in der Welt mehr Autorität und Ansehen zu genießen, nicht auf, im Gegenteil. Die Staaten Ostmitteleuropas verstärkten nur ihr Drängen auf Mitgliedschaft in der NATO. Die europäischen Organisationen wiesen Rußland die Tür. So stellte das Europäische Parlament unverzüglich fest, daß die Offensive im Kaukasus gegen die Prinzipien der OSZE verstieß und deshalb nicht als «innere Angelegenheit Rußlands» zu werten sei. Die EU-Kommission fror den Prozeß der Ratifizierung des Abkommens von Korfu ein. Parallel zu den Gremien der EU beschloß die Parlamentarische Versammlung des Europarates, den Beitritt Rußlands bis zur Lösung des Konfliktes in Tschetschenien nicht zu behandeln.[60] Das Kaukasus-Abenteuer kam Rußland also teuer zu stehen. Gerade die in eine rasche Intensivierung der Beziehungen zu Europa gesetzten Erwartungen erhielten einen deutlichen Dämpfer. Besonders der Prestigeverlust Rußlands als «junge Demokratie» und Anwärter auf einen angemessenen Platz im Klub der «zivilisierten» Staaten war beträchtlich. Allerdings währte die Sanktionspolitik der europäischen Organisationen nicht allzu lange. Es machte sich bei ihnen die Vorstellung breit, daß es besser sei, Rußland zu integrieren als zu isolieren und damit nur den nationalistischen und kommunistischen Kräften Auftrieb zu geben. So wurde schon im Juli 1995 von der EU ein Interims-Abkommen zur Überbrückung des Ratifizierungsprozesses des Abkommens von Korfu angeboten. Der Europarat beschloß Anfang 1996, Rußland als Mitglied in die Organisation aufzunehmen.[61]

Unterdessen schwankte Rußland in seinem außenpolitischen Verhalten zwischen konfrontativer Rhetorik und kooperativen Gesten. In der Botschaft an das Parlament betonte Jelzin am 16. Februar 1995 den Großmachtanspruch Rußlands und stellte sich erneut einer Erweiterung der NATO nach Osten entgegen. Doch sei man noch auf der Suche nach Wegen einer gleichberechtigten Zusammenarbeit mit der NATO, fügte er einlenkend an. Wenn der Westen aber vorgebe, mit der Erweiterung der NATO die Länder Osteuropas vor irgendwelchen «schwarzen Absichten Moskaus» zu schützen, müsse eine solche Unterstellung entschieden zurückgewiesen werden. Jelzin versicherte, daß Rußland «den

Werten der Demokratie» treu geblieben sei. Grundsätzlich, so Jelzin weiter, müsse Rußland in seiner Außenpolitik Konsequenz und Härte mit Pragmatismus und Flexibilität verbinden. Als vorrangig bezeichnete er die Beziehungen zu der GUS wie zu den USA. Allerdings müsse die Partnerschaft mit den USA auf der Basis des «Interessenausgleichs» erfolgen. Jelzin überging die negativen Auswirkungen des Tschetschenienkrieges auf Rußlands Position in der Welt und stellte die außenpolitischen Entwicklungen eher als eine Siegesstraße für die Politik der Kremlführung dar. So brüstete er sich damit, daß das neue demokratische Rußland zu einem «mächtigen Faktor der Stabilität in der Welt» geworden sei. Schließlich hatte er den festen Eindruck, daß die G 7 schon dabei sei, die Gestalt einer G 8 anzunehmen.[62]

Selbstdarstellung als Großmacht

Die Siegesfeiern in Moskau im Mai 1995 anläßlich des 50. Jahrestages der Beendigung des Zweiten Weltkrieges nutzte die Regierung, um auf friedliche Art Rußlands Größe nach innen wie nach außen zu demonstrieren. Vorsorglich wurde für die Zeit der Feierlichkeiten Waffenruhe in Tschetschenien angeordnet. Zu dem festlichen Jubiläum fanden sich viele hohe Staatsgäste aus dem Ausland ein, darunter der amerikanische Präsident Clinton, der französische Staatschef Mitterrand, der britische Premier Major und der deutsche Bundeskanzler Kohl. Jelzin präsentierte sich ganz als der weltoffene, aufmerksame Gastgeber der Großmacht Rußland und des Nachfolgers der siegreichen UdSSR. Noch ein Jahr zuvor hatte er aus dem gleichen feierlichen Anlaß, allerdings ohne daß die Großen der Welt zugegen waren, im Westen mehr Achtung gegenüber Rußland angemahnt. Wörtlich hatte er am 9. Mai 1994 gefordert, daß man Rußland mit «Sie» ansprechen müsse.[63] Diesmal fand er durch die Präsenz der Spitzen der westlichen Welt das Ansehen Rußlands hinreichend gewürdigt.

Zu Ehren des 50. Jahrestages des Sieges über den Faschismus wurde mit der festlichen Einweihung von Symbolen zum ruhmreichen Gedenken an die Rote Armee nicht gespart. Jelzin enthüllte nahe dem Roten Platz ein in Bronze gegossenes Reiterstandbild zu Ehren des siegreichen Feldherrn Marschall Georgij Schukow. Am Ufer des Flusses Moskau wurde auf dem «Verneigungshügel» im Süden Moskaus ein großer «Siegespark» eingeweiht. Auf dem Areal der Gedenkstätte wurden eine dem Heiligen Georg gewidmete orthodoxe Kirche und ein 141 Meter hoher Obelisk in Gestalt eines Bajonetts aus Bronze errichtet. Der Sieges-Obelisk, der an die Jahre 1941 bis 1945 erinnern soll, ist gekrönt von einer Nike-Figur mit Kranz und posaunenden Engeln. Am Fuße des Obelisks ist der Heilige Georg, der Schutzpatron von Moskau, abgebildet, der eine Schlange zertritt. Auf dem Gelände des «Siegesparks» finden sich auch Panzer, Waffen und Wagen der Roten Armee aus dem Großen Vaterländischen Krieg ausgestellt. Das Gesamtkunstwerk des «Siegesparks» wurde von dem Bildhauer Surab Zereteli geschaffen. Der georgische Künstler, der sich der besonderen Förderung durch den Moskauer Bürgermeister Jurij Luschkow erfreut, hatte auch die überdimensionale Figur Peters des Großen auf dem Deck eines Segelschiffes auf der Moskwa im Zentrum der Stadt geschaffen. Dieses Denkmal ebenso wie die Gestaltung des «Siegesparks» forderten allenthalben die Kritik seitens des Moskauer Fachpublikums heraus. Es machte sich die Ansicht breit, daß der «Siegespark» einer Art «patriotischem Disneyland» ähnele. Ironisch wurde kommentiert, daß die Gedenkstätte gerade deswegen «den passenden Rahmen für die Feierlichkeiten zum fünfzigjährigen Siegestag» abgegeben habe, da diese ganz «im Geist der Romantik der Kriegszeit inszeniert» worden seien.

Für das neue nationale Selbstverständnis war es jedenfalls bezeichnend, daß die kulturelle Inszenierung der Siegesfeiern und die Schaffung neuer Denkmäler nicht nur das allgemein wiedererstarkte Großmachtdenken zum Ausdruck brachte, sondern auch die Verdienste der Sowjetunion besonders honorierte. Vor allem die aufwendige und prunkvolle Militärparade, an der auch 200 000 sowjetische Kriegsveteranen teilnahmen, stellte den bruchlosen Rückgriff auf sowjetische Muster dar. Das neue Rußland verband so «seine Legitimation heute mit dem damaligen Sieg, als wäre der Untergang der Sowjetunion nichts weiter als eine Namensänderung gewesen».[64] Das Neue in der kulturpatriotischen Inszenierung bestand vornehmlich darin, daß sowjetische und christlich-orthodoxe Stilelemente ganz bewußt miteinander in Verbindung gesetzt wurden. Dies war der bildhafte Ausdruck des neuen «patriotischen Konsenses», in dem der Stolz auf kulturelle Traditionen und nationales Heldentum zum neuen Großmachtbewußtsein der politischen Eliten verschmolz. Die Siegesfeiern vom Mai 1995 hatten jedenfalls einen idealen Anlaß dafür geboten, Rußlands Probleme in der Innen- wie in der Außenpolitik kurzfristig durch glänzende Inszenierungen nationaler Größe zu verdecken.

Der russische Präsident versuchte auch im persönlichen Umgang mit ausländischen Spitzenpolitikern, den Eindruck des Repräsentanten einer Großmacht zu hinterlassen. Wie Jelzins Assistenten später berichteten, hatte er ganz eigene Vorstellungen davon, wie das Staatsoberhaupt Rußland im Ausland vertreten sollte. Kleidung und Umgangston müßten die ausländischen Gesprächspartner davon überzeugen, daß vor ihnen «der Führer der Weltmacht Rußland stand», ein «willensstarker und erfahrener Politiker», und nicht ein Muschik aus Sibirien. Deshalb habe man «sehr sorgfältig die Anzüge und Krawatten» für die jeweiligen Reisen ausgesucht.[65] Die Mitarbeiter des Präsidenten beschrieben mit Genugtuung, daß es Jelzin schnell gelang, sich Gorbatschows Freunde im westlichen Ausland zu seinen eigenen zu machen. Dies galt in erster Linie für den deutschen Bundeskanzler Helmut Kohl. Während Gorbatschow im Ausland stets als der «zivilisierte intelligente Politiker» wahrgenommen worden sei, habe Jelzin in den Augen der westlichen Betrachter ganz «die rätselhafte russische Seele» verkörpert. Jelzin glich einem wahrhaftigen «russischen Bären», «impulsiv, gelegentlich sogar aggressiv».[66] Letztere Beobachtung traf tatsächlich erst auf das Ende der Präsidentschaft zu, als Jelzin sich von seinen westlichen «Freunden» bitter enttäuscht und mißverstanden fühlte.

Andere Beobachter fanden heraus, daß Jelzin nicht nur eine Großmacht auf dem internationalen Parkett repräsentieren wollte, sondern darüber hinaus den Eindruck von einer «antisowjetischen Persönlichkeit», von einer Art neuartigem demokratischen «Freiheitshelden», zu erwecken wünschte. Um all den Rollen gerecht zu werden, habe Jelzin gerne seine Begabung zum «Politartisten» und zum grotesken Humor ins Spiel gebracht.[67] In diesem Sinne wurde vor allem Jelzins sogenannte «Dirigentenposse» anläßlich der Verabschiedung der Streitkräfte aus Deutschland am 30. August 1994 gedeutet. Das Verhalten Jelzins gerade anläßlich dieses Ereignisses hatte in Moskau hohe Wellen der Kritik verursacht. Die von dem Präsidenten in Berlin vorgeführte

«Politartistik» ging vor allem Jelzins Assistenten und selbst seinem getreuen Leibwächter Korschakow entschieden zu weit. Jelzin hatte nach einer mit Verteidigungsminister Pawel Gratschow im Berliner Hotel durchzechten Nacht sichtlich nicht mehr die volle Kontrolle über seine Reden und Gesten behalten. Er machte sich anheischig, ein Militärorchester zu dirigieren, und stimmte persönlich das russische Volkslied «Kalinka» an. Während aus der Sicht der deutschen Öffentlichkeit dieser Lapsus prompt als amüsante «Politartistik» wahrgenommen wurde, erhob sich in Moskau der Zorn über das gerade dem ersten Repräsentanten der immer wieder beschworenen «Großmacht» so unangemessene Verhalten im Ausland. Über eine Reihe kritischer Pressestimmen hinaus kam es zu einem schriftlich verfaßten Protestschreiben der engsten Mitarbeiter, einschließlich Korschakows, an den Präsidenten. Der erst später publik gewordene sogenannte «Brief der Sieben» enthielt nicht nur Vorhaltungen wegen des unkorrekten Betragens, sondern umfaßte auch eine ganze Reihe von konkreten Vorschlägen, wie die verlorengegangene Autorität des Staatsoberhaupts wiedergewonnen werden könne. Jelzin empfand die Kritik wie die Belehrungen als schlichten «Verrat». Am ehesten zeigte er sich geneigt, seinem Leibwächter die Intransigenz zu verzeihen.[68]

Im Umgang mit ausländischen Spitzenpolitikern zog Jelzin nach eigener Darstellung ein Zusammensein «ohne Schlips und Kragen» in betont informeller Umgebung vor. Die sprichwörtliche «Strickjackendiplomatie» genoß er besonders im Beisammensein mit seinen bevorzugten «Freunden» Helmut Kohl und später mit Jacques Chirac. Jelzin fühlte sich schon aus Gründen der Angehörigkeit zur selben Generation als gleichrangig mit den beiden.[69] Er betonte in seinem «Mitternachtstagebuch», daß es von Anfang an Sympathie zwischen ihm und den beiden anderen gegeben habe, die für ihn weitaus mehr als «nur politische Partner» waren. Er räumte ein, daß im Rahmen der G 8 Helmut Kohl aufgrund seines Alters und seiner Erfahrung zum «informellen ersten Mann» avancierte. Nach dem Ende der Kanzlerschaft Kohls sei diese Stellung allerdings auf ihn selbst übergegangen.[70] Diese Einschätzung zeigt, daß Jelzin entgegen manch anderslautenden Kommentaren keineswegs an irgendwelchen Minderwertigkeitskomplexen im Kreise seiner westlichen «Freunde» zu leiden schien.

Jelzin vertraute gerade bei den informellen Gipfeltreffen darauf, daß sie in absehbarer Zeit das russische Prestige in der Welt deutlich steigern würden. Höchste Wertschätzung in den außenpolitischen Begegnungen schrieb Jelzin den Treffen mit Helmut Kohl zu. Er bekräftigte die schon legendäre «Männerfreundschaft», die ihn mit dem deutschen Kanzler verband. In seinem letzten Tagebuch hielt er dazu fest: «Über die informellen Treffen mit Helmut Kohl, mit Angeln, russischem Dampfbad und ähnlichem, könnte man lange erzählen. Ehrlich gesagt, wir vergaßen häufig jede Diplomatie und scherzten wie alte Freunde.»[71] Über die persönlichen Affinitäten hinaus verbanden Kohl und Jelzin auch gemeinsame politische Interessen. Dies zeigte sich in der Frage der von Moskau so sehr angestrebten weiteren Integration des Landes in Europa. Tatsächlich sollten sich die deutsche Regierung und vor allem Kanzler Kohl als unermüdliche und erfolgreiche Anwälte Rußlands auf dem mühseligen Weg des eurasischen Kolosses in die europäischen Institutionen betätigen.

2. Rußland als virtuelle Großmacht in einer «multipolaren» Welt (1995–2000)

Der «patriotische Konsens» über Rußlands eigenen Weg und der Anspruch des Landes auf die Rolle einer Großmacht und Weltmacht hatte über alle Krisen und Unbilden der Jahre 1998 und 1999 hinweg festen Bestand. Erstaunlicherweise sollte sich die Tendenz, nach innen wie nach außen Großmachtposen zu pflegen, aufgrund der außenpolitischen Niederlagen und der hausgemachten Wirtschaftsprobleme eher weiter verstärken als sich abschwächen. Offensichtlich erlangten die Großmachtrituale eine gewisse Selbständigkeit und täuschten kraft ständiger Übung Herolde wie Adressaten der Botschaft über den imaginären Inhalt der nationalen Größe hinweg. Die Leuchtkraft der virtuellen Großmacht entfaltete sich vorwiegend nach innen. Das Bemühen der politischen Führung, mit Hilfe wieder aufgefrischter Ruhmestaten aus zaristischer und sowjetischer Zeit die Suche nach nationaler Identität zurückzulenken und das demokratische Rußland nahtlos in die Tradition beider Epochen zu rücken, brachte sichtlich die gewünschten Effekte. Zweifellos fiel der offizielle Patriotismus vor allem unter den politischen Eliten auf fruchtbaren Boden.

Im folgenden sollen die diplomatischen Balanceakte und die Strategien innenpolitischer Legitimierung beleuchtet werden, die Boris Jelzin und der neue Außenminister Jewgenij Primakow einsetzten, um die reale Schwächung des Landes aufgrund der Finanzkrise von 1998 und angesichts der weltpolitischen Marginalisierung Rußlands im Kosovo-Konflikt auszugleichen und Rußlands Großmachtrolle nach wie vor hochzuhalten.

Einen günstigen Hintergrund für das weitere Erstarken von Patriotismus und Großmachtideen bot der Ausgang der zweiten Wahlen zur Staatsduma im Dezember 1995. Diesmal waren es die Kommunisten, die den höchsten Prozentsatz (22,3 Prozent) an Wählerstimmen ernteten. Ihnen folgte Schirinowskijs «Liberaldemokratische Partei», deren Wähleranteil sich aber halbiert hatte.[1] Der Umstand, daß sich das sogenannte «rot-braune» Potential mit seinen nationalistischen Positionen in der Staatsduma in erdrückender Stärke präsentierte, sollte nicht ohne Auswirkungen auf die Außenpolitik bleiben. Andrej Kosyrew war schon drei Jahre lang in diesen Kreisen wegen seiner als dem Westen gegenüber zu freundlich und nachgiebig eingeschätzten Außenpolitik schärfster Kritik ausgesetzt gewesen. Gerüchte über seine Entlassung kursierten schon geraume Zeit. Jelzin selbst stellte diese im Oktober 1995 in Aussicht.[2]

Nach den Parlamentswahlen war der Augenblick für das Revirement im Amt des Außenministers gekommen. Kosyrew hatte einen Abgeordnetensitz in der Staatsduma errungen und konnte sich wegen der Trennung von Mandat und Ministeramt elegant absetzen. Am 5. Januar 1996 berief Präsident Jelzin den damaligen Leiter des Auslandsgeheimdienstes, Jewgenij Primakow, zum neuen Außenminister. Erwartungsgemäß wurde die Ernennung des allseits hoch geachteten Primakow auch von dem Kommunistenführer Gennadij Sjuganow und selbst von Schirinowskij begrüßt.[3]

Jewgenij Primakow verkörperte eine andere Generation und eine andere politische Statur als der junge Andrej Kosyrew. In der Regel wurde er – im Unterschied zu dem «Westler» Kosyrew – als «Zentrist», als «Realist» und als «Geopolitiker» in die außenpolitische Landschaft Rußlands eingeordnet.[4] Der 1929 in Kiew geborene Primakow hatte bereits eine lange Karriere in Wissenschaft, Journalistik und Politik der UdSSR hinter sich, als er im Dezember 1991 von Jelzin an die Spitze des Dienstes für Auslandsaufklärung geholt worden war. Der gebildete, welterfahrene und polyglotte Orientalist und Wirtschaftswissenschaftler hatte sich bereits als Mentor Gorbatschows in der Außenpolitik der UdSSR verdient gemacht.

Der neue Außenminister machte keine langen Anstalten, um auf die klassische Frage «Wer sind wir?» und «Wo ist unser Platz in der Welt?» recht eindeutige Antworten zu geben. Er betonte, daß er eine aktivere Außenpolitik betreiben wolle, um die «nationalen und staatlichen Interessen Rußlands» in der Welt zur Geltung zu bringen. Auf seiner ersten Pressekonferenz sagte er, daß das «gestörte Gleichgewicht» in der Außenpolitik durch deren Diversifizierung beseitigt werden müsse. «Wir müssen arbeiten, aktiv in alle Richtungen agieren. Wir sind eine Großmacht und unsere Politik muß unserem Status entsprechen.»[5] Diesem Axiom gemäß bemühte sich Primakow, auf die Gestaltung der internationalen Politik im Sinne des klassischen Prinzips einer Politik des Gleichgewichts einzuwirken. Er orientierte sich dabei an dem Fürsten Alexandr Gortschakow, der von 1856 bis 1882 als Außenminister der zaristischen Regierung gewirkt und mit dem deutschen Fürsten Bismarck in der Kunst diplomatischer Gleichgewichtspolitik in Europa konkurriert hatte. Ein großes Gemälde von Fürst Gortschakow, dem *spiritus rector* der neuen russischen Außenpolitik, zierte nicht zufällig eine Wand in Primakows Büro im russischen Außenministerium.

Schnell wurde das neue Paradigma der russischen Außenpolitik, das bald die informelle Bezeichnung «Primakow-Doktrin» erhielt, bekannt. Es beinhaltete die Vorstellung, daß nur vordergründig und nur dem Anschein nach die Vereinigten Staaten von Amerika nach dem Ende des Kalten Krieges als einzige «Supermacht» übriggeblieben seien. Selbst der Begriff «Supermacht» sei nur Ausfluß des Ost-West-Konflikts gewesen. Auch wenn die USA in vieler Hinsicht heute der mächtigste Staat in der Welt seien, so könne er doch nicht wie früher die Führung über andere Mächte beanspruchen. Die USA stellten nicht das Zentrum der Welt dar, um das herum die maßgeblichen Prozesse und Ereignisse der internationalen Politik kreisten. Vielmehr dominiere in der Gegenwart die «Tendenz des Übergangs von der konfrontativen zweipoligen zu einer multipolaren Welt», die sich bereits während des Kalten Krieges aufgrund der asymmetrischen ökonomischen Entwicklung der verschiedenen Weltteile abgezeichnet habe. Primakow hielt denjenigen, die sich «um jeden Preis an den ‹zivilisierten Westen› annähern» wollten, entgegen, daß Rußland «zu gleichberechtigten partnerschaftlichen Beziehungen mit allen [Mächten], die Pole gemeinsamer Interessen suchen und finden», kommen müsse; schließlich müsse es «solche Pole zusammen mit anderen errichten». Im Ergebnis gelte es für Rußland, eine Politik vieler Vektoren zu betreiben und sich «nach allen Azimuten» auszurichten.[6]

Fortan bestimmte das Credo Primakows die Leitmotive der russischen Außenpolitik. So versicherte Jelzin schon in seiner Ansprache an das Parlament am 25. Februar 1996, das Land besitze «alle Möglichkeiten zur Durchführung einer realistischeren, multipolaren, pragmatischen Außenpolitik, einer Politik, die die nationalen Interessen des Landes effektiver vertritt.»[7] In den nächsten drei Jahren zeitigte die von Primakow im Geiste des Konzepts einer «multipolaren Welt» angestrebte «Vielgleisigkeit» und «Diversifizierung» der russischen Außenpolitik durchaus gewisse Wirkungen. Dazu gehörten der Abschluß einer «strategischen Partnerschaft» mit China ebenso wie die «Union» mit Weißrußland oder Allianzen mit anderen Nachfolgestaaten der UdSSR. Auch die weitere Annäherung Rußlands an die europäischen Organisationen machte Fortschritte. Die im Februar 1996 endlich erreichte Aufnahme Rußlands in den Europarat wertete Primakow als einen Fortschritt für diese Institution selbst, die nun zu einer «wirklich universellen Organisation» mit einer Reichweite bis Wladiwostok werde. Außerdem würdigte er den Beitritt Rußlands als einen Schritt zur tatsächlichen Vereinigung Europas.[8]

Als sich Jelzin Anfang 1996 dazu entschloß, für eine erneute

Amtszeit zu kandidieren, war ihm klar, daß er seinen Wahlkampf mit anderen Zielen bestreiten müßte als mit der Fortsetzung des Tschetschenienkrieges. Es hatte sich früh gezeigt, daß sich die mit dem Kaukasuskrieg verbundenen billigen Legitimierungsstrategien nicht bezahlt gemacht hatten. Angesichts der weitreichenden Kritik am Tschetschenienkrieg im Inland wie im Ausland mußte Jelzin daran gelegen sein, den Konflikt möglichst rasch zu beenden. Im Frühjahr 1996 kamen eine Reihe von Friedensplänen in Gang. In dem Ende Mai 1996 vorgestellten «Aktionsprogramm für die nächste Amtszeit» war Jelzin auch um eine weitere außenpolitische Profilbildung bemüht. Hier wurden engere Beziehungen zu den GUS-Staaten ins Auge gefaßt, denen Rußland, wie es wörtlich hieß, in einem «Liebesbund» eng verbunden sei.[9] Von westlicher Seite wurde aus eigener Initiative Unterstützung für den Wahlwerber Jelzin signalisiert. So bewilligten der Internationale Währungsfonds und die Europäische Union Kredite und Aktionspläne zur politischen und wirtschaftlichen Kooperation mit Rußland.

Jelzin ging, wie erwähnt, aus der zweiten Wahlrunde am 3. Juli 1996 mit einem Anteil von 53,8 Prozent der Wählerstimmen gegenüber Sjuganow, der 40,3 Prozent erhielt, als der strahlende Sieger hervor. Unmittelbar nach der Wahl richtete Jelzin an seine engsten Mitarbeiter und Berater die Aufforderung, innerhalb eines Jahres eine neue «gesamtnationale Idee» für Rußland ausfindig zu machen.[10] Offensichtlich war ihm nach wie vor daran gelegen herauszufinden, «welches Land wir sein wollen», so wie er die Frage schon vier Jahre zuvor im Außenministerium aufgeworfen hatte. Darüber hinaus ging es ihm wohl auch darum, eine zündende Formel zur Mobilisierung der Menschen zu finden, die den Aufbruch in eine neue Periode beflügeln und legitimieren könnte.

Nationsbildung von oben

Als Jelzins Suchauftrag für eine neue nationale Idee publik wurde, wandte man zu Recht ein, daß jegliche von oben verordnete neue «Ideologie» der Verfassung widerspreche, die doch ausdrücklich «die ideologische Vielfalt» im Lande verteidige. Nichtsdestotrotz sekundierte die Regierungszeitung Rossijskaja Gaseta dem Präsidenten mit einem Preisausschreiben für die beste «nationale Idee für Rußland». Der Wettbewerb wurde bezeichnenderweise mit den klassischen Fragen «Wer sind wir, wohin gehen wir?» eröffnet. Zur Teilnahme am Wettbewerb wurden alle aufgefordert, die an ein «wieder entstehendes Rußland glauben, an das Talent, die Arbeitsliebe und den Patriotismus der Rußländer». Damit ermunterte die Redaktion rundheraus dazu, die neue nationale Idee im Geist des «patriotischen Konsenses» zu suchen.[11]

Das Preisausschreiben der Rossijskaja Gaseta führte nicht nur auf den Seiten dieses Blattes zu einer neuen Diskussion über die alte Frage nach der Identität Rußlands. In vielen anderen Publikationsorganen rollte ebenfalls einmal mehr eine breite Welle der Diskurse über Rußlands Identität an. In weniger als einem Jahr nach dem Bekanntwerden von Jelzins Suchauftrag erschienen in den zentralen Organen der Presse über tausend Beiträge zu dem Thema.[12] Jelzins Assistenten blieben so mit ihrem leidigen Auftrag, innerhalb eines Jahres die neue Idee für Rußland zu finden bzw. zu erarbeiten, nicht auf sich allein gestellt. Unter den vielen publizierten Beiträgen fiel eine starke Polarisierung der Meinungen auf. Im wesentlichen standen sich die Westler, die sich für die Werte der Aufklärung und «Europas» einsetzten und die Anhänger des russischen Sonderweges gegenüber. Das Akademiemitglied Dmitrij Lichatschow, ein allseits hoch angesehener Kulturpapst, Liberaler und gemäßigter Patriot, zögerte nicht, die Suche einer neuen Idee als Allheilmittel für alle Probleme offen als «eine sehr gefährliche Dummheit» zu bezeichnen. Seiner Meinung nach könne die Zukunft Rußlands nur in einer aufgeklärten Haltung und «in der Offenheit gegenüber der ganzen Welt» liegen.[13] Andere sahen in der ganzen Aktion eine Rückkehr zu sowjetischen Modellen. Schon der Gedanke, innerhalb eines Jahres eine nationale Idee auszuarbeiten, erinnere an Nikita Chruschtschows Losung vom schnellen «Einholen und Überholen des Kapitalismus».[14] Eine Reihe liberaler Intellektueller trat mit dem Vorschlag hervor, doch die Verfassungswerte als das Vermächtnis für eine neue russische Idee ernst zu nehmen. Diese «Westler» und ersten Verfassungspatrioten waren aber eher einsame Rufer gegen den breiten Strom der «Nationalpatrioten» und «Staatspatrioten» aller Couleurs.

Unter den vielen Propheten einer neuen Idee für Rußland fanden zwei Autoren besondere Beachtung: Gurij Sudakow und Igor Tschubajs. Gurij Sudakow war der Preisträger im Wettbewerb der

Rossijskaja Gaseta zum Jahresende 1996. Der Geschichtsprofessor und Abgeordnete der gesetzgebenden Versammlung der Region Wologda wurde dafür prämiert, daß er «Sechs Prinzipien des Russentums» als Inbegriff der neuen Idee für Rußland dargestellt hatte. Der Preisträger hatte in seinem Prinzipienkatalog allerdings nur die herkömmlichen Stereotypen mit neuen Zielvorstellungen zusammengefügt: Neben die sattsam bekannten Klischees vom Kollektivismus, der Leidensstärke, Sittlichkeit und Geselligkeit hatte Sudakow das neuere Streben der Russen nach Demokratie und Zivilgesellschaft gesetzt. Der Autor selbst sah in den neuen Tugenden ein Heilmittel zur Milderung der Elementargewalt der Marktwirtschaft, wie er schrieb. Er wurde von der Jury hauptsächlich dafür ausgezeichnet, daß er für eine Symbiose zwischen dem «typischen Russentum» und den universellen Trends der Modernisierung eintrat.[15]

Einen ähnlichen Ansatz verfolgte der Philosoph Igor Tschubajs, ein älterer Bruder des «Jungreformers» Anatolij Tschubajs. Er ging in seinen Beiträgen von einer schwerwiegenden Existenzkrise Rußlands aus, die nur mit Hilfe eines «neuen Gottes, der Idee eines neuen Rußlands», überwunden werden könne. Tschubajs polemisierte sowohl gegen die «Westler» als auch gegen die Kommunisten. Letzteren dürfe man kein öffentliches Amt in Rußland anvertrauen. Aber auch die «aufdringliche Didaktik» des Westens könne man sich angesichts der eigenen langen und stolzen Geschichte sparen. Man brauche nur den Kulturschatz aus der russischen Geschichte zu heben und den Geschichtsunterricht an den Schulen entsprechend zu intensivieren. Auch den mit der orthodoxen Kirche verbundenen Werten sollte man wieder mehr Beachtung verschaffen. Tschubajs plädierte insbesondere dafür, einen russischen Lebensstil wieder zu Ehren zu bringen. Es sei eine Schande, daß sich russische Politiker bei Fernsehübertragungen mit Coca-Cola-Flaschen zeigten. Auf den Tischen sollte vielmehr der traditionelle russische Kwass stehen.[16]

Die öffentlichen Diskussionen, die mit wechselnder Intensität ausgetragen wurden, brachten im wesentlichen den fortgesetzten Dissens zwischen «europäischer» Orientierung und russischem Sonderweg zutage. Unterdessen blieben die politischen Eliten durchweg den Ideen des «patriotischen Konsenses» verhaftet. Der Gleichklang im nationalen Selbstverständnis drückte sich auch in wichtigen Gesetzen aus. Dies galt für das nach langem Hin und Her 1997 verabschiedete neue Religionsgesetz und für das sogenannte «Kulturgütergesetz», das 1998 in Kraft trat. Das neue Religionsgesetz bezweckte, die «traditionellen» Religionsgemeinschaften, zu denen offiziell die Orthodoxie, der Islam, der Buddhismus und das Judentum zählten, besser zu stellen als etwa die katholischen und protestantischen christlichen Glaubensgemeinschaften. Unverkennbar war die Bevorzugung der christlichen Orthodoxie.

Das neue Religionsgesetz löste Proteste im Ausland, vor allem seitens des Heiligen Stuhls in Rom, aus. Jelzin legte gegen das Gesetz Einspruch ein und erweckte damit den Anschein, er wolle die Kritik aus dem Ausland berücksichtigen. Tatsächlich erfuhr das Gesetz aufgrund der Intervention des Präsidenten nur kosmetische Änderungen. So blieb der patriotische Konsens unter den politischen Eliten, die sich durchweg im Einklang mit den Interessen der Russischen Orthodoxen Kirche befanden, ungetrübt.[17]

Ähnliches galt für den Umgang mit dem Gesetz «Über die Kulturgüter, die in der Folge des Zweiten Weltkrieges in die Sowjetunion gebracht wurden und sich auf dem Territorium der Rußländischen Föderation befinden». Die Einsprüche des Präsidenten gegen die Voten beider Parlamentskammern, die aus Deutschland verschleppte «Beutekunst» als Ersatz für die erlittenen materiellen Schäden im Kriege als Eigentum Rußlands zu deklarieren, kamen nur einem vordergründigen Protest gleich. Es wurde lediglich der Eindruck erweckt, daß der Präsident die in der Verfassung sanktionierten allgemeinen Völkerrechtsprinzipien und die internationalen Verträge respektierte. Außerdem wollte Jelzin sein Interesse an der Bewahrung guter Beziehungen zu Deutschland signalisieren. Das vom Parlament schließlich angerufene Verfassungsgericht bestätigte am 6. April 1998 die Gültigkeit des Gesetzes, und zwar ungeachtet der von dem Präsidenten zu Recht monierten Verfahrensverstöße.[18] Der patriotische Konsens aller Staatsgewalten blieb siegreich. Das Verfassungsgebot zur Einhaltung der Regeln des Völkerrechts war indes auf der Strecke geblieben.

Mit den beiden Gesetzen war es gelungen, die als legitim empfundenen nationalen Interessen einvernehmlich – wenn auch auf fragwürdiger rechtlicher Basis – zu legalisieren. Man verteidigte sich selbst und der Welt gegenüber den Anspruch darauf, Kompensationen für erlittene Kriegsunbill zu erhalten und die traditionelle(n) Religion(en) besonders zu schützen. Dabei war vor allem der psychologische Gewinn gegenüber dem fortgesetzten Statusverlust Rußlands in der Welt in Rechnung zu stellen. Bezeichnend für diese Sichtweise war ein Kommentar der beiden Sozialwissenschaftler Andranik Migranjan und Alexandr Zipko, die zu den geistigen Wegbereitern und eifrigen Sprachrohren des patriotischen Konsenses gehörten. Ihrer Meinung nach habe die Hauptfrage bei der Annahme des neuen Religionsgesetzes weder bei den Menschenrechten noch bei der russischen Verfassung gelegen, vielmehr sei es um das Recht des neuen Rußlands auf eine eigenständige Außen- und Innenpolitik gegangen, um das Recht Rußlands, ein Leben in Übereinstimmung mit seinen nationalen Interessen und historischen Traditionen aufzubauen.[19]

Kompensatorische Außenpolitik

Nach dem Ende der «romantischen Periode» in der Außenpolitik setzte sich immer stärker die Vorstellung durch, Rußland müsse für veränderte Konstellationen in der internationalen Politik, die seine nationalen Interessen verletzten, wie etwa die NATO-Osterweiterung, Kompensationen und Konzessionen erhalten. Das Denken in Kategorien von Einflußzonen, Geostrategie und Nullsummenlösungen kam hinzu. Diese Imperative des «patriotischen Konsenses» waren eine bloße Neuauflage klassischer außenpolitischer Denkmuster der Sowjetzeit. Die Richtlinie war, bei Verhandlungen mit dem Westen nicht irgendwelche «abstrakten Prinzipien» zu verfolgen, sondern immer auf vollwertigen Konzessionen der Gegenseite zu bestehen.[20]

Daher beanspruchte die Kremlführung, als die Osterweiterung der NATO nicht mehr aufzuhalten war, dafür angemessene Kompensationen. Darüber wurde auf dem Gipfeltreffen des amerikanischen Präsidenten Bill Clinton mit Boris Jelzin in Helsinki im März 1997 gefeilscht. Der hier schließlich erzielten Verständigung war ein monatelanges schwieriges Tauziehen zwischen Außenminister Primakow und Vertretern der USA wie der NATO vorausgegangen. Im Gegenzug zu der russischen Tolerierung der NATO-Erweiterung konnte Moskau eine Art Sonderstatus im Verhältnis zur NATO und darüber hinaus eine Reihe weiterer Gegenleistungen erhalten. Dazu gehörte die Aufnahme Rußlands als achtes Mitglied in die G7 und die Zusicherung der Unterstützung für den Beitritt Rußlands in die Welthandelsorganisation WTO, zum Pariser Club und mittelfristig zur OECD.[21]

Andererseits mußte sich die russische Führung darüber im klaren sein, daß derartige «Kompensationen» keineswegs ausreichten, um den Makel einer weiteren weltpolitischen Marginalisierung Rußlands und die so sehr gefürchtete Ausgrenzung Rußlands aus Europa auszugleichen. Daher überraschte es nicht, daß Jelzin noch auf der Pressekonferenz in Helsinki weitere Kompensationen forderte. So kündigte er das Interesse an einem EU-Beitritt Rußlands an: «Rußland will als vollwertiger europäischer Staat anerkannt werden. Wir sind bereit, in die Europäische Union einzutreten.»[22] Daß diese Aussage keineswegs nur beiläufig erfolgte, zeigte sich schon daran, daß der Gedanke fortan auch mehrfach von Premierminister Wiktor Tschernomyrdin geäußert wurde, unter anderem bei einem Treffen mit der EU-Kommission im Juli 1997. Tschernomyrdin betonte, daß es im Verhältnis zwischen Rußland und der Europäischen Union «keine andere Perspektive als die des Beitritts geben» könne, denn «die Logik will, daß sich die Europäische Union und Rußland» in allen Bereichen «näherkommen».[23] Gewiß waren solche Aussagen im engeren Kontext der NATO-Osterweiterung auch als ein tröstender Zuspruch an die eigene Adresse zu verstehen. Man konnte damit der Schreckensvision einer Vertreibung aus Europa eine Perspektive entgegensetzen, die einen späteren Weg zurück nach Europa wies.

Es gab jedoch noch andere Möglichkeiten für die Kremlführung, gegen einen weiteren Statusverlust Rußlands in der Welt und Europa anzugehen. In erster Linie bot sich ein Ausbau der Beziehungen zu den Staaten des «Nahen Auslands», vor allem zu den vormaligen slawischen «Brüdern» in Weißrußland und in der Ukraine, an. Eine zumindest vordergründige Annäherung zwischen Moskau und Minsk nahm spätestens seit dem Frühjahr 1996 deutliche Konturen an. Im Verhältnis zwischen Moskau und Kiew bedurfte es größerer Anstrengungen, um gutnachbarschaftliche Beziehungen herzustellen. Vor dem Hintergrund der unaufhaltsam heraufziehenden NATO-Osterweiterung verstärkte sich die Dynamik im Verhältnis der drei slawischen Nachfolgestaaten der UdSSR. Tatsächlich betrieb Moskau im Gegenzug zur NATO-Osterweiterung die eigene «Westausdehnung» nach Weißrußland und in die Ukraine.[24]

Am 2. April 1997 wurde in Moskau ein «Vertrag über die Union Weißrußlands und Rußlands» unterzeichnet. Dem neuen Vertrag war bereits ein Jahr zuvor das Abkommen «über die Bildung der Gemeinschaft Souveräner Republiken» zwischen den beiden Staaten vorausgegangen. Bereits in diesem Dokument war die Schaffung eines einheitlichen Wirtschaftsraums und die Einrichtung gemeinsamer Organe angestrebt worden. Der russische Patriarch Alexij II. hatte anläßlich der Zeremonie des Vertragsabschlusses die «traurige Periode der kurzen und schmerzlichen Trennung» der zwei Brudervölker für schon überwunden erklärt.[25] Als auf den Tag genau ein Jahr später wieder ein Vertrag zwischen dem Präsidenten Weißrußlands, Aljaxandr Lukaschenka, und Boris Jelzin, diesmal über die «Union» der beiden Staaten, in Moskau unterzeichnet wurde, war der unmittelbare Zusammenhang mit der NATO-Osterweiterung unübersehbar. Moskau wollte am Vorabend der NATO-Osterweiterung der Welt die Anziehungskraft Rußlands für potentielle Bündnispartner vor Augen führen. Das Ereignis wurde feierlich inszeniert. Die erneute Präsenz des Oberhaupts der Russischen Orthodoxen Kirche und der Austausch von Bruderküssen zwischen Jelzin und Lukaschenka unterstrichen dies. Das Vertragsdokument selbst entbehrte indessen jeder Substanz.[26]

Im Vorfeld der NATO-Osterweiterung war auch in die Beziehungen zwischen Moskau und Kiew eine gewisse Dynamik gekommen. Die NATO selbst zeigte sich bestrebt, die auch in der Ukraine bestehenden Bedenken gegen die Osterweiterung zu zerstreuen. So bot sie auch der Ukraine einen Vertrag über «besondere Beziehungen» in Gestalt einer eigenen Charta an. Moskau zeigte sich seinerseits bemüht, auf die Ukraine zuzugehen und endlich den Vertrag in trockene Tücher zu bringen, über den schon geraume Zeit mit Kiew verhandelt worden war. Von den Konflikten um die Verteilung des gemeinsamen Erbes der Sowjetzeit war bisher nur die Frage der Atomwaffen im Rahmen des Trilateralen Vertrages zwischen Rußland, der Ukraine und den USA Anfang 1994 geklärt worden. Zu lösen blieben der Status der Schwarzmeerflotte, die Rechte der russischen Bevölkerung in der Ostukraine, Grenzfragen (Krim) und Probleme der Wirtschaftskooperation, darunter die Schulden der Ukraine für russische Energielieferungen. Die weltpolitische Konjunktur war für den

Abschluß des «Großen Vertrages» zwischen Moskau und Kiew Ende Mai 1997 zweifellos günstiger denn je.[27]

Jelzins Pressesprecher Sergej Jastrschembskij stellte allerdings nicht zu Unrecht fest, daß die Verhandlungen mit Kiew und der damit verbundene Staatsbesuch Jelzins in der Ukraine die «schwierigste außenpolitische Aktion» des Jahres darstellten.[28] Immerhin ging es über die konkrete Regelung der strittigen Materien hinaus auch darum, den sogenannten «Krieg der Identitäten» zwischen den slawischen Bruderstaaten beizulegen. Die in diesem «Krieg» eingesetzten strategischen Waffen kamen im wesentlichen aus dem Reich der Mythenbildungen und gewagter Geschichtskonstruktionen. Die schon seit Ende der achtziger Jahre aufgeflammten Konflikte speisten sich aus dem jeweiligen Streben nach Behauptung einer eigenen nationalen Identität.[29]

Auf ukrainischer Seite kam das große Verlangen hinzu, sich endlich von dem «älteren» russischen Bruder abzukoppeln. Ukrainische Historiker, Publizisten und Politiker drehten dabei die herkömmlichen Interpretationen um und behaupteten, nicht Rußland, sondern die Ukraine sei der «ältere Bruder», da die Kiewer Rus und das spätere Kleinrußland das ursprüngliche Zentrum der ostslawischen Zivilisation gebildet hatten, während Großrußland davon nur abgeleitet sei. Historische Argumente wurden von beiden Seiten ins Feld geführt. Während man in Moskau betonte, daß die Vorläufer der Schwarzmeerflotte schon unter Peter dem Großen die Türken zurückgedrängt hätten, sah man in Kiew die Zaporoger Kosaken als die eigentlichen Ahnherren der Schwarzmeerflotte, da von ihnen das Schwarze Meer noch früher befahren worden sei. Für die Ukraine stellte die Verfügungsgewalt über die Schwarzmeerflotte ein wichtiges Unterpfand der nationalen Identität und staatlichen Souveränität dar. Demgegenüber sah Moskau die geostrategischen Interessen in der Region nur in dem eigenen Kommando über die vormals sowjetische Schwarzmeerflotte gewahrt.[30]

Im russischen Parlament vertraten Abgeordnete mit leidenschaftlichen patriotischen Gefühlsausbrüchen den Standpunkt, daß die Hafenstadt Sewastopol, wo die Flotte stationiert war, seit jeher eine russische Stadt gewesen sei. Dieses in der Sache durchaus zutreffende Argument wurde auch im Föderationsrat ins Treffen geführt, als man hier noch Anfang 1999 versuchte, die Ratifizierung des Großen Vertrages mit der Ukraine zu blockieren. Der Widerstand der zweiten Parlamentskammer wurde zuletzt mit der Warnung gebrochen, daß eine russische Verweigerung die Ukraine nur – so wörtlich – in die «Arme des Westens» treiben würde.[31] Daß dieses Argument erneut ins Feld geführt wurde, zeigt, wie nachhaltig sich der Faktor der NATO-Osterweiterung auf einen Wandel im Verhältnis zwischen Moskau und Kiew ausgewirkt hat.

Die im Großen Vertrag erreichten Regelungen brachten für beide Seiten teils reale, teils symbolische Gewinne. Da Moskau als Pächter von immerhin 80 Prozent der Hafeninfrastruktur von Sewastopol auftrat, waren die Eigentumsrechte am Hafen und die Hoheitsgewalt der Ukraine über die Stadt Sewastopol unstrittig. Die Flotte wurde so aufgeteilt, daß bei Rußland der Löwenanteil blieb, während auf die Ukraine nur etwa 18 Prozent der Flotte entfielen. Allerdings bezahlte Rußland für seine Anteile Beträge, die gegen die ukrainischen Schulden bei Rußland aufgerechnet werden konnten. Angesichts der so erwirkten Minderung der Schuldenlast fiel es der Ukraine nicht schwer, Rußland auch bei den Forderungen zugunsten der russischen Minderheit in der Ukraine entgegenzukommen.[32]

Für die russische Seite war die Bewahrung der Hoheitsgewalt über die Flotte der entscheidende Gewinn, da darin das unverzichtbare Attribut einer Großmacht gesehen wurde. Am russischen Unabhängigkeitstag, dem 12. Juni 1997, erklärte Jelzin, es sei ein «Symbol des Stolzes, der Ehre und der Macht des russischen Staates», daß man gerade an diesem Tag die Andreas-Flagge auf den Schiffen der Schwarzmeerflotte gehißt habe.[33] Noch in seinem «Mitternachtstagebuch» schwelgt Jelzin in Triumphgefühlen über die Einigung mit der Ukraine. Denn Rußland erhielt damit «die Möglichkeit der Kontrolle über das Schwarze Meer und das Mittelmeer», und dies sei «für Rußlands Prestige von großer Bedeutung» gewesen.[34] So sprach sich Rußlands Präsident in dem «Krieg der Identitäten» mit dem slawischen Bruderstaat die Siegesprämie zu.

Bald nach dem solchermaßen gestärkten Nationalgefühl bot sich ein weiterer Anlaß, um dem «patriotischen Konsens» der politischen Eliten erneute Labsal zu bereiten. Im September 1997 standen die Feiern zum 850jährigen Bestehen der Stadt Moskau an. Dieses Ereignis bot einen idealen Anlaß, um die ruhmreiche russische Geschichte in Erinnerung zu rufen und zum Gegenstand der Inszenierung nationaler Größe zu machen. Die russische Führung wie die politische Klasse in der Metropole feierten den Geburtstag der Stadt an der Moskwa drei Tage lang. Übereinstimmend wurde die hohe Qualität der verschiedenen kulturellen Veranstaltungen gelobt, auf denen Weltstars wie Luciano Pavarotti und David Copperfield auftraten.[35] Zu Ehren des Stadtjubiläums waren etliche Gebäude der vorrevolutionären Zeit renoviert worden. Andere Kulturdenkmäler, die man auf Stalins Geheiß in den dreißiger Jahren niedergerissen hatte, wurden wiedererrichtet. Dazu gehörte die Kasaner Kathedrale auf dem Roten Platz, das Auferstehungstor in unmittelbarer Nähe des Historischen Museums und die Christi-Erlöser-Kathedrale im Zentrum von Moskau. Die Wiedereröffnung der Kathedrale mit ihren fünf glänzenden Goldkuppeln bildete den Höhepunkt der pompösen Feiern. Der eigens zur Wiederherstellung gegründete «Aufsichtsrat» des Bauunternehmens, an dessen Spitze Bürgermeister Jurij Luschkow und Patriarch Alexij II. standen, hatte die Losung ausgegeben, daß die Kirche wie schon anläßlich ihrer Errichtung im 19. Jahrhundert als Denkmal des Kriegsruhmes dienen sollte. Folglich wurde die Kirche nunmehr nicht nur als «Nationalheiligtum», sondern sogar als «Staatsheiligtum» eingestuft. Fortan rangierte der Besuch der Kirche auch auf dem offiziellen Besuchsprogramm für Staatsgäste.[36]

In der liberalen Öffentlichkeit stieß der Aufwand für die Kathedrale auf Kritik. Man erblickte in dem Bauvorhaben schon früh eine Neuauflage der sowjetischen Gigantomanie. Manche sahen in dem Wiederaufbau den verwerflichen Versuch, «die antieuropäischen, autokratischen, national-konservativen Prinzipien von Zar Nikolaus I.» wiederzubeleben. Es wurde daran erinnert, daß der künstlerische Wert des Bauwerks schon im 19. Jahrhundert stark umstritten war.[37] Die ursprünglich von Zar Alexander I. als Gedächtniskirche für den Sieg im «Vaterländischen Krieg» gegen

Napoleon geplante und von Nikolaj I. weiter geförderte Kathedrale wurde im sogenannten «neurussischen» Stil des slawophilen Architekten Ton errichtet. Sie symbolisierte von Anfang an die Abkehr vom Westen. Um so mehr fürchteten die heutigen *Sapadniki*, daß mit der Kathedrale erneut ein Bollwerk gegen den Westen entstand.

Die Jelzinführung wie die politische Klasse generell befürwortete die Wiedererrichtung der Kathedrale. Der «patriotische Konsens» der politischen Eliten, die damit verbundenen Großmachtideen und das wieder aufgefrischte Gedenken an nationalen Kriegsruhm wurden in dem Gebäude versinnbildlicht. Isabelle de Keghel beobachtete, daß die neue Kirche die Vorstellungen von der gesuchten nationalen Idee weitaus stärker befruchtete als der Zeitungswettbewerb. Die Autorin fand heraus, daß während der Feiern zum 850jährigen Bestehen der Stadt Moskau eine Art «russisch-sowjetische Mischidentität der Sieghaftigkeit» sichtbar wurde. So defilierten tatsächlich im Rahmen des historischen Umzugs anläßlich des Stadtjubiläums «in trauter Einheit russische Fürsten und sowjetische Generalsekretäre, was ein (freilich in sich völlig widersprüchliches) Bekenntnis zur *ganzen* ‹vaterländischen Geschichte› signalisierte».[38]

Einen gewissen außenpolitischen Erfolg auf europäischer Ebene errang Jelzin am Rande des Gipfeltreffens aller Mitglieder des Straßburger Europarats im Oktober 1997. Bei der Gelegenheit vereinbarten Frankreichs Staatsoberhaupt Jacques Chirac, der deutsche Bundeskanzler Helmut Kohl und der russische Präsident, sich im Rahmen einer informellen Troika ein jährliches Stelldichein zu Dritt zu geben.[39] Die Idee dazu ging auf eine Initiative Jelzins zurück. Er verband damit die Vorstellung von einer neuen Achse Paris-Bonn-Moskau, die als eine Art *think tank* für konkrete Projekte auf dem Weg zur Bildung eines «Großeuropa» dienen sollte. Daß Jelzin damit aber auch ein gewisses Gegengewicht zum Einfluß der USA auf Europa herstellen wollte, wurde in einer unzweideutigen Anspielung klar. Am Vorabend des Gipfels sagte er: «Wir [Europäer] brauchen nicht irgendeinen Onkel von Übersee.»[40] Jelzins Lieblingsidee von regelmäßigen Dreiertreffen «ohne Schlips und Kragen» trug nicht weit. Nur ein einziges Mal kam die Troika in der Nähe von Moskau Ende März 1998 zusammen. Jelzin blieb lediglich die Genugtuung, daß man in der angelsächsischen Welt auf das Dreiertreffen «mit einiger Aufregung reagiert» habe und daß in der britischen Presse sogar von einem «kaum verhohlenen antiamerikanischen Bündnis in Europa» die Rede war.[41]

Ende 1997 beurteilte Jewgenij Primakow die außenpolitische Entwicklung und die Selbstbehauptung Rußlands in der internationalen Politik durchaus positiv. Der Außenminister sah ein Erstarken des allgemeinen Erfolgstrends Rußlands in der Welt. In einem Interview mit der Iswestija sagte er: «Ungeachtet der Tatsache, daß wir versuchten, unsere Interessen in vielen Bereichen zu behaupten und zu verteidigen, und zwar nicht nur um Flagge zu zeigen, sondern um unsere Rolle als einer der Hauptakteure in der internationalen Arena zu betonen, sind wir nirgendwo in eine Konfrontation geraten. Dies ist unser hauptsächlicher Erfolg. Die Leute beginnen, sich daran zu gewöhnen, daß wir unsere eigene Identität haben. Das ist sehr wichtig.»[42] Jelzin zog am 30. Dezember 1997 eine ähnlich positive Bilanz. Er stellte als Erfolg heraus, daß Rußland Mitglied im Pariser und im Londoner Club der Gläubiger und vollberechtigtes Mitglied der G8 geworden sei. Mit den USA und anderen entwickelten Staaten der Welt habe Rußland eine gleichberechtigte Partnerschaft aufgebaut. Schließlich sei eine gefährliche Zuspitzung in der Irak-Krise durch das tatkräftige Vorgehen Rußlands vermieden worden. So nehme das internationale Gewicht Rußlands zu.[43]

Noch Anfang 1998 konnten die Spitzen der Kremlführung diese optimistische Selbsteinschätzung der russischen Außenpolitik weiter hochhalten. In seiner Botschaft an das Parlament sprach Jelzin am 17. Februar 1998 von der «positiven Dynamik» im Verhältnis Rußlands zu den USA. Außerdem setzte er große Hoffnungen auf die Tragfähigkeit der Grundakte Rußlands mit der NATO und die Effizienz des ständigen NATO-Rußland-Rats.[44] Über alle selbstgefälligen Erklärungen zur Außenpolitik hinaus bemühten sich Jelzin wie Primakow Anfang 1998 um eine rege diplomatische Reisetätigkeit in verschiedene Länder Europas.

Im April fand ein informelles Treffen zwischen Jelzin und dem japanischen Regierungschef Haschimoto bei Tokio statt. Auch wenn es hier zu keinen entscheidenden Übereinkünften kam, gab man sich betont freundschaftlich. So wie Jelzin gerne von seinen westlichen Freunden «Gelmut» und «Bill» zu schwärmen pflegte, sprach er jetzt von seinem «Freund Ryu».[45] Im übrigen gab er sich zuversichtlich über die positiven Entwicklungen zwischen den beiden «Großmächten» Rußland und Japan. Indem er großzügig auch Japan das Attribut der «Großmacht» zuwies, schien er um so glaubwürdiger auch den Großmachtanspruch Rußlands zu vertreten.

Noch während das neue außenpolitische Tandem Jelzin und Primakow im gemeinsamen «patriotischen Konsens» über Rußlands Großmachtrolle selbstbewußt und hoffnungsvoll die Stellung Rußlands als wichtiger weltpolitischer Akteur betonte, zog in Rußland Unheil herauf. Die schwere Finanz- und Wirtschaftskrise, die im August voll ausbrechen sollte, warf bereits ab Mai 1998 ihre Schatten voraus. Hinzu kam im Gefolge des willkürlichen Revirements des Regierungsvorsitzes von Tschernomyrdin auf Jelzins «Kinderüberraschung» Kirijenko eine Schwächung der politischen Autorität im Zentrum. Das politische Debakel spitzte sich noch zu, als Jelzin nach der Entlassung Kirijenkos versuchte, Tschernomyrdin erneut als Regierungschef einzusetzen. Das vollständige Debakel konnte nur dadurch abgewendet werden, daß sich der allseits hoch geachtete Außenminister Primakow bereit erklärte, selbst die Führung der Regierung zu übernehmen. Primakow wurde mit großer Mehrheit vom Parlament bestätigt. Den Posten des Außenministers erhielt der bisherige Stellvertreter Primakows im Außenministerium, der Karrierediplomat Igor Iwanow.[46]

Ohnmacht in der Kosovo-Krise

Das mit der Augustkrise verbundene politische Erdbeben in Rußland führte zu einem deutlichen Machtverlust des Präsidenten. Auch auf internationalem Parkett büßte Jelzin an Statur ein. Er wurde dessen bald gewahr. In seinem «Mitternachtstagebuch» beschrieb er diesen Wandel mit den folgenden Worten: «Dann aber blies plötzlich ein kalter Wind. Buchstäblich von einem Jahr zum andern änderte sich die Haltung des Westens. Was waren die Ursachen? Im August 1998 kam es bei uns zur Finanzkrise [...] Darauf folgte das «Herbstfieber» mit der Ernennung eines neuen Regierungschefs. So mußte das zweite Dreiertreffen auf unbestimmte Zeit vertagt werden. Und dann brach die Kosovo-Krise aus.»[47] Wie ersichtlich, bedauerte Jelzin den Verlust des persönlichen Kontakts und damit auch den angestrebten «gleichberechtigten» Status Rußlands im Konzert der «Großen Europäischen Drei».

Zweifellos schmerzte es ihn auch, daß Rußland aufgrund des Finanzdebakels deutlich an weltpolitischer Bedeutung eingebüßt hatte und daß selbst seine europäischen «Freunde» nunmehr die kalte Schulter zeigten.

Tatsächlich degradierte die Augustkrise Moskau auf die Rolle eines demütigen Bittstellers in der westlichen Welt. Auf einem außerordentlichen Treffen der G 7 in London wurde Mitte September 1998 zwar die weitere Unterstützung Rußlands beschlossen. Allerdings wurde die Fortsetzung des Wirtschaftsreformkurses zur Bedingung gemacht. Im Oktober 1998 bat Premierminister Primakow die EU und die Regierungschefs der Mitgliedstaaten um schnelle konkrete Hilfen. Aufgrund einer besonders schlechten Ernte und angesichts des nahenden Winters ersuchte Primakow die EU im November sogar darum, sofortige Nahrungsmittellieferungen auf den Weg zu bringen.[48]

Ungeachtet all der Canossagänge hielt man in Moskau weiterhin Großmachtparolen hoch. Gerade Primakow tat sich als wahrer Artist auf dem Trapez der Großmachtrhetorik über dem gähnenden Abgrund der russischen Krise hervor. Noch Ende August, als die Krise schon kulminierte, meinte er: «Gerade jetzt, da wir mit so großen Schwierigkeiten in der Wirtschaft zu kämpfen haben, sollten wir eine aktive Außenpolitik führen, um unsere Position als Großmacht zu stärken.»[49] Und selbst angesichts der Mitte Oktober schon diskutierten möglichen NATO-Luftangriffe auf Jugoslawien gab sich Primakow noch äußerst selbstbewußt hinsichtlich der Wirkungskraft eines russischen Vetos. Er las an dem aktuellen Charakter der «Beziehungen Rußlands zur Welt» ab, daß Rußland die gegenwärtige Krise überwinden werde. Denn «die Welt rechnet mit Rußland, das war in der Irak-Krise so, und das zeigen auch die Ereignisse im Kosovo». Primakow räsonierte, daß die Ankündigung Moskaus, im Falle eines Luftangriffs auf Jugoslawien seine Beziehungen zur NATO stark zu verändern, das Kalkül der NATO beeinflußt und diese von Luftangriffen abgehalten habe.[50] All diese Äußerungen zeigen, wie stark man sich zumindest in der außenpolitischen Rhetorik davon überzeugt gab, daß Moskau in der Weltpolitik weiterhin ein wichtiger Mitspieler war. Primakow erhielt Schützenhilfe von dem neuen Außenminister Iwanow. Dieser bekundete unentwegt seine Überzeugung davon, daß man nach wie vor auf die Stimme Rußlands in der Welt höre. Gleich anderen außenpolitischen Wortführern betonte er, daß die Bildung und Bewahrung des Gleichgewichts der Kräfte in der internationalen Politik vorwiegend durch diplomatische Instrumente und Hebel erreicht werden könne.

Unter diesen Auspizien gewannen Moskaus Beziehungen zu China und Indien einen hohen Stellenwert. Gemäß seinen Visionen von einer «multipolaren Welt» setzte sich Primakow entschieden für einen engeren Schulterschluß mit Indien und China ein. Schon im Dezember 1998 reiste er in die Hauptstädte der beiden Staaten, um hier jeweils für die Bildung eines «strategischen Dreiecks Moskau – Peking – Neu Delhi» zu werben.[51] Bald sollte sich jedoch herausstellen, daß entgegen den weitreichenden Ambitionen der virtuellen Großmacht weder eine Diplomatie der Dreiecksbildung mit China und Indien noch lautstarke rhetorische Proteste ausreichten, um im Westen die Stimme Rußlands hörbar zu machen und die von Moskau scharf verurteilte Intervention der NATO auf dem Balkan zu verhindern.

Vom Beginn der Anfang 1999 erneut eskalierenden Balkankrise an kamen aus Moskau lautstarke Proteste gegen eine mögliche bewaffnete Intervention der NATO als Instrument des Krisenmanagements im Kosovo. Die Proteste verhallten im Westen ungehört. Jelzin drohte bei einem Treffen der EU-Troika mit der russischen Regierung am 18. Februar 1999, daß Rußland niemandem erlauben werde, das Kosovo zu berühren.[52] Weiter teilte er der Runde mit, er habe tags zuvor seinen Protest gegen ein Eingreifen der NATO dem amerikanischen Präsidenten Clinton telefonisch wie brieflich bekundet. Nur Stunden später stellte sich heraus, daß die behaupteten Kontakte mit Washington den bloßen Wunschträumen Jelzins entsprungen sein mußten, da man in den USA keinerlei Nachrichten aus dem Kreml empfangen hatte. Offensichtlich hatte sich Jelzin ein fiktives Veto selbst suggeriert, um sich über die eigene politische Ohnmacht hinwegzutäuschen.[53]

Als am 23. März 1999 die NATO ihre Luftschläge auf Jugoslawien begann, brachte Jewgenij Primakow die ablehnende russische Haltung mit einer drastischen Geste zum Ausdruck. Der russische Premierminister, der sich gerade auf dem Weg zu seinem ersten offiziellen Staatsbesuch in die USA befand, befahl nämlich dem Piloten, die Staatsmaschine mitten über dem Atlantik zu wenden und nach Moskau zurückzufliegen.[54] Primakows spektakuläre «Umkehr» stand am Anfang einer Reihe geharnischter offizieller Proteste gegen die NATO-Intervention auf dem Balkan. Jelzin erklärte in Moskau, daß Rußland «außer sich sei». Er forderte ein Zusammentreten des Sicherheitsrates, um der NATO-Aktion Einhalt zu gebieten.[55]

Die Ablehnung der NATO-Intervention in Jugoslawien war in allen politischen Lagern Rußlands einhellig. Immer wieder wurde von Militärs und selbst von liberalen Publizisten die Möglichkeit des Ausbruchs eines dritten Weltkrieges als eine ernsthafte Gefahr gesehen. Man bezeichnete das Vorgehen der NATO als «Aggression» und verurteilte es auf das schärfste. Die Kremlführung brach die Beziehungen Rußlands zur NATO unverzüglich ab und fror die Arbeit der gemeinsamen Kooperationsgremien ein. Der Vertreter Rußlands bei der NATO in Brüssel wurde nach Hause beordert. Nach einer Woche anhaltender rhetorischer Kanonensalven nahm sich die russische Führung zurück. Jelzin bezog in seiner Botschaft an die beiden Parlamentskammern einen gemäßigten diplomatischen Standpunkt, indem er betonte, daß sich Rußland keinesfalls in einen militärischen Konflikt hineinziehen lassen werde. Und er fügte hinzu: «Der tragische Irrtum durch die amerikanische Führung im Kosovo-Konflikt darf sich nicht zu einer fortgesetzten Krise der amerikanisch-russischen Partnerschaft entwickeln.»[56] Der Kremlführung lag sichtlich daran, Rußland nicht weiter in die Selbstisolierung zu treiben, sondern zurück ins diplomatische Spiel zu bringen. Hinzu kam, daß Moskau von März bis Mai 1999, auch zur Zufriedenheit der Kremlführung, mit dem IWF über neue Kredite verhandelte. Der Zusammenhang zwischen der Verständigung Moskaus mit dem IWF und den Versuchen des Westens, Rußland auf eine gemeinsame Linie im Kosovo-Konflikt zu bringen, war offensichtlich.[57]

Der Ton in Moskau wurde leiser, die Einsicht in die Ohnmacht der eigenen Proteste wuchs. Auffallend war der plötzliche Schwenk des Außenministers Iwanow vom militanten Falken zur diplomatischen Taube. Er erklärte, daß «nur Verrückte die jugoslawische Armee mit Waffen unterstützen wollen».[58] Bereits Anfang April wurden russische Friedensvorschläge initiiert und Vermittlungsaktionen geplant. Nach dem Fehlschlag Primakows, sich in Belgrad als Mittler zwischen den Fronten zu behaupten, bestellte Jelzin am 14. April den im Westen bekannten früheren Premierminister Wiktor Tschernomyrdin zum offiziellen Vertreter Rußlands «für die Regelung des Konflikts in Jugoslawien».[59] In Absprache mit den USA und in Kooperation mit dem finnischen Vorsitzenden der EU-Ratspräsidentschaft, Martti Ahtisaari, trug Tschernomyrdins Pendeldiplomatie maßgeblich zum Erfolg der Mission bei. Bekanntlich akzeptierte Serbien am 4. Juni den von diesen Emissären vorgelegten Friedensplan.[60]

Parallel zu der Pendeldiplomatie erfolgte ein reger Gedankenaustausch zwischen Moskau und den politischen Spitzen in Washington und in den westeuropäischen Metropolen. Die größten Überredungskünste konnte dabei der französische Präsident Chirac verbuchen, der am 13. Mai 1999 sogar zu einem Blitzbesuch nach Moskau kam. Bei der Gelegenheit erhob Jelzin die folgenden Vorwürfe: «Ihr setzt gnadenlos eure Bombenangriffe fort und weist Rußland die Rolle des NATO-Sonderkuriers zu, um Belgrad eure Ultimaten aufzuzwingen. Ist euch denn nicht klar, daß ihr nicht nur Jugoslawien bombardiert?» Chirac versuchte seinerseits, Jelzin von der Sinnlosigkeit jeder Unterstützung Miloševićs, der «ein Mann der Vergangenheit» sei, zu überzeugen. Chirac stellte Jelzin vor die Alternative: Rußland habe die Wahl, entweder eine «unbedeutende Rolle bei Entscheidungen über europäische Fragen» zu spielen, oder es könne unter Jelzins «Führung in die moderne Welt eintreten». Indem Chirac auf die Gefährdung der Rußland so teuren Großmachtrolle anspielte, traf er gewiß einen besonders sensiblen Nerv der russischen Führung.[61]

Außerdem verstand es der französische Präsident ebenso listenreich, die grundsätzliche Übereinstimmung der nationalen Interessen Frankreichs und Rußlands ins Treffen zu führen. Denn Chirac versicherte Jelzin, daß Paris wie Moskau der Vorstellung von einer «multipolaren» Welt anhänge und auf keinen Fall eine amerikanische Hegemonie favorisiere. Mit solchen Sirenentönen schien der französische Präsident seinen russischen Amtskollegen noch am ehesten umstimmen zu können.[62] Chiracs Werben sollte ebenso wie die aus Deutschland angelaufene Initiative, Rußland unbedingt ins gemeinsame «Boot zu nehmen», den aus europäischer Sicht gewünschten Erfolg erzielen und Rußland wieder in das gemeinsame Krisenmanagement einbinden.

Allerdings lavierte die Kremlführung noch eine ganze Weile sowohl gegenüber Belgrad als auch gegenüber den NATO-Staaten. Als wenig ergiebig erwies sich das vorwiegend taktisch motivierte Manöver, Jugoslawien den Eintritt in die sogenannte Slawische Union zwischen Rußland und Weißrußland anzubieten. Die von Dumasprecher Gennadij Selesnjow am 8. April in Belgrad präsentierte Einladung wurde von Jelzin desavouiert. Später räumte Jelzin indessen ein, daß er dem Schritt zunächst zugestimmt hatte. Zwar sei es eine «unrealistische Idee» gewesen, aber man habe vornehmlich bezweckt, das Gespräch mit Belgrad «nicht abreißen zu lassen», schrieb Jelzin in sein «Mitternachtstagebuch».[63] Tatsächlich verabschiedete die Duma am 16. April eine Resolution, mit der sie die Aufnahme Serbiens in die Slawische Union bekräftigte. Der rechtlich nicht bindende demonstrative Akt fand immerhin eine Mehrheit von 293 Stimmen, während lediglich 54 Abgeordnete dagegen votierten.[64]

Die Parolen und Gesten zur Unterstützung der christlich-orthodoxen und «slawischen Brüder» stießen unterdessen in Rußlands islamisch geprägten nationalen Republiken auf Kritik. Vor allem die Führer Tatarstans, Baschkortostans und Inguschetiens kritisierten eine mögliche Erweiterung der Union zwischen Rußland und Belarus um Serbien auf das schärfste. Man warf Moskau vor, mit einer einseitigen und noch dazu «kulturell» begründeten Parteinahme für Serbien die eigene multiethnische und multikonfessionelle Realität aus dem Auge zu verlieren.[65] Das kritische Echo, das Moskau auf seine offiziellen Positionen zur Kosovo-Frage aus den Provinzen entgegentönte, konnte die Kremlführung schon deswegen keinesfalls ignorieren, weil sich das politische Gewicht der Regionen und damit auch ihr Einfluß auf die Außenpolitik seit der Finanzkrise vom August 1998 deutlich verstärkt hatten.

Das Oberhaupt der Russischen Orthodoxen Kirche, Patriarch Alexij II., zog es vor, bei einer eigenen Friedensmission zu seinen geistlichen Brüdern nach Belgrad, die er am 20. April antrat, religiöse Toleranz zu bekunden und in politischer Hinsicht sogar als Kritiker des Milošević-Regimes aufzutreten. Dabei schlug wohl weniger die Rücksichtnahme auf Rußlands Muslime zu Buche als ein neues politisches Mandat seitens der Kremlführung, die ihren Kurs in der Jugoslawienpolitik mittlerweile revidiert hatte. Denn Jelzin und die Regierung waren weitgehend auf die als «Fischer-

Plan» bekannt gewordene europäische Friedensinitiative eingeschwenkt und zeigten eine kooperativere Haltung gegenüber den europäischen Mächten. So ließ es sich Patriarch Alexij in Belgrad nicht nehmen, für alle Opfer zu beten, ob Serben oder Albaner. Außerdem forderte er die Regierung auf, «die Einhaltung der Menschenrechte im Kosovo sicherzustellen».[66]

Das Auftreten des Patriarchen zeugte auch davon, daß die hohe Geistlichkeit selbst für mitunter schnell wechselnde patriotische Dienste der Kremlführung verfügbar war. Daß man seitens der politischen Führung plötzlich auf das Ausspielen der «orthodoxen» wie «slawischen» Karte gegenüber Belgrad verzichtete, zeigt zum andern den weitgehend taktischen Charakter der Position, die keineswegs eine tiefe Verwurzelung in historischen Traditionen oder religiösen Affinitäten hatte. In seinem «Mitternachtstagebuch» weist Jelzin es weit von sich, daß die russische Ablehnung der NATO-Intervention aus einer traditionellen «Verbundenheit mit den Serben» oder aus der Vorliebe für einen «slawischen Bruderbund» resultierte.

Jelzin stellt hier als den eigentlichen Stein des Anstoßes für die Kremlführung heraus, daß «es um die exemplarische Haltung der Amerikaner zum Kosovo-Problem ging, und das hieß um das Schicksal Europas, ja der ganzen Welt».[67] Diese verklausulierte Einschätzung konnte nur so verstanden werden, daß es für Rußland in seiner Selbstwahrnehmung als wichtiger Mitspieler in der Weltpolitik und als Anhänger der Konzeption von einer «multipolaren Welt» unannehmbar war, wenn sich die USA zusammen mit der NATO als Weltpolizisten aufspielten und dies auch noch mit äußerst fragwürdigen Erfolgsaussichten im Hinblick auf die von der NATO offensichtlich kalkulierte sofortige Verhandlungsbereitschaft Belgrads.

Während der Balkankrise wurde sichtbar, daß der außenpolitische Entscheidungsprozeß in Moskau uneinheitlich und widersprüchlich war.[68] Dies gründete nicht zuletzt in der verworrenen innenpolitischen Machtkonstellation im Frühjahr 1999. Zu der Zeit wütete der Machtkampf zwischen dem Präsidenten und der Staatsduma, die unmittelbar auf eine Amtsenthebung Jelzins hinarbeitete. Auf dem Höhepunkt dieses Tauziehens entließ Jelzin den verdienten und populären Premierminister Primakow. Mit Tschernomyrdins Berufung zum Sonderbeauftragten hatte Jelzin diesen schon zuvor als «Parallel-Premier» zu Primakow installiert und ihn darüber hinaus auch noch in Konkurrenz zum Außenminister Iwanow gebracht. Tschernomyrdins internationale Vermittlungsdienste wurden in Rußland selbst kaum honoriert. Vor allem zeigten sich hochrangige Militärs mit dem Ergebnis unzufrieden. Das Parlament übte in geschlossener Sitzung Kritik an den vorgeblichen Leistungen des Emissärs. Dabei verharrte Außenminister Iwanow, der während Tschernomyrdins Mission auf dem politischen Abstellgleis war, in beredtem Schweigen. Schließlich zählte nur Jelzin zu Tschernomyrdins Gratulanten. Doch auch er zog es schließlich vor, für die letzten internationalen Absprachen in der Regelung der Kosovo-Frage wieder Außenminister Iwanow ins Rennen zu schicken.[69]

Nur kurz darauf wurde Iwanow erneut zum Opfer des wirren Entscheidungsprozesses und der spontanen Anwandlungen des russischen Präsidenten. Dies geschah im Zusammenhang mit dem sogenannten «Coup von Priština». Der Coup bestand darin, daß etwa 200 Mann der russischen KFOR-Truppe am 11. Juni 1999 vorzeitig den Flughafen der Stadt Priština besetzten. Durch trickreiche Überlistung der NATO und nur für kurze Zeit war es Rußland gelungen, auf dem Balkan als weltpolitischer Spieler buchstäblich Flagge zu zeigen. Zunächst herrschte Unklarheit darüber, auf wessen Anordnung hin das Husarenstück erfolgt war. Iwanow, der von dem Handstreich nicht in Kenntnis gesetzt worden war, bezeichnete den Vorgang öffentlich als einen «Fehler» und als ein «Mißverständnis».[70] Tatsächlich war das Unternehmen eine Initiative des russischen Generalstabs und in Absprache mit dem Präsidenten erfolgt. Dem alten Haudegen Jelzin war der Coup von Priština so richtig auf den Leib geschrieben. Später äußerte er, daß er lange gezögert habe, die Aktion zu genehmigen. Doch habe er schließlich gesehen, daß «Rußland zu einer deutlichen Geste der Eigenständigkeit verpflichtet» war. «Es ging nicht um diplomatische Siege oder Niederlagen, sondern darum zu zeigen: Rußland hat sich moralisch nicht besiegen und sich nicht in den Krieg hineinziehen lassen. Das sollte der Militärmacht der NATO vor Europa und der ganzen Welt demonstriert werden.»[71]

Man mag bezweifeln, ob der Handstreich einen solchen moralischen Sieg nachzuweisen vermochte. Viel deutlicher wurde, daß Rußland in erster Linie den von Jelzin heruntergespielten «diplomatischen Sieg» als den alles überstrahlenden Triumph einer virtuellen Großmacht nach Hause trug. Es fügte sich, daß am Tag nach dem Streich von Priština in Rußland der Unabhängigkeitstag gefeiert wurde. Wie üblich fand anläßlich dieses nationalen Feiertages im Kreml ein großer Empfang statt. Die Fernsehaufnahmen machten deutlich, welch große Genugtuung die Moskauer Spitzenpolitiker über ihren Sieg «über den Westen» empfanden. Eitle Freude erfüllte sie alle, die Generäle, Tschernomyrdin und selbst Iwanow. Erst recht strahlte Präsident Jelzin, der mit dem Gläschen die Runde machte und immer wieder auf Rußlands Erfolg anstieß.[72]

Allerdings hielt der Coup von Priština nur einen recht vordergründigen und kurzfristigen Trost für die bisherigen Demütigungen Rußlands bereit. Tatsächlich hatte das Ereignis wie in einem Brennglas den Widerspruch zwischen der realen Schwäche und dem gleichzeitigen Großmachtanspruch Rußlands offenbart. Auch wenn Kommentatoren die Meinung vertraten, dieser Coup habe in den Unterhandlungen über die weitere Regelung des Kosovo-Status die westliche Seite zu «Schlüsselkonzessionen» gegenüber Rußland veranlaßt, blieb das Intermezzo von Priština letztlich von ganz untergeordneter Bedeutung.[73]

In Moskau wurde von außenpolitischen Akteuren und Meinungsmachern die Frage, ob Rußland auf dem Balkan «gewonnen» oder «verloren» habe, kontrovers diskutiert. Während die Anhänger der Verliererthese geltend machten, daß man Rußland bloß Zonen und nicht einen eigenen Sektor im Kosovo übertragen habe, führten die Vertreter der Gewinnerthese als maßgebliches Erfolgskriterium ins Treffen, daß es Rußland gelungen sei, «überhaupt dabei zu sein». Der Vorsitzende des Duma-Ausschusses für internationale Angelegenheiten, Wladimir Lukin, brachte das nahezu neurotisch wirkende Streben nach Präsenz in der Weltpolitik wie folgt zum Ausdruck: «Nachdem wir am Friedensprozeß beteiligt sind, gewinnen wir an Prestige und an Achtung, überall in der Welt.»[74]

Ungeachtet noch so bescheidener Erfolge der mehr virtuellen als realen Großmacht hat die tatsächliche Marginalisierung Moskaus im Balkankonflikt Rußlands politische Klasse und die Gesellschaft insgesamt zutiefst erschüttert. Zu der Schmach fügte sich das Gefühl der Bedrohung. Umfragen ergaben nicht nur eine breite

Ablehnung der NATO-Aktion. Darüber hinaus war die Angst verbreitet, Rußland selbst könne das nächste Ziel eines Angriffs sein. Hinzu kam der Verlust der moralischen Autorität des Westens gerade unter den Liberalen und Demokraten. Diese warfen dem Westen Verrat vor, da er seine Rolle als «universaler Gesetzgeber» preisgegeben und seine eigenen Normen der «Zivilisiertheit» durch eine Politik der doppelten Moral ersetzt habe.[75]

Die weiterreichenden Folgen dieser Auffassung waren fatal. Denn die russische Gesellschaft betrachtete sich jetzt «als moralisch freigesprochen und zur Gewalt ermuntert», wie etwa Sonja Margalina urteilte.[76] Der Leiter des Instituts für die USA und Kanada der Russischen Akademie der Wissenschaften, Sergej Rogow, meinte, daß die NATO der russischen öffentlichen Meinung eine falsche Botschaft übermittelt habe. Wenn die NATO glaube, mit Bomben Gesetz und Ordnung wiederherstellen zu können, warum sollten die Russen dann nicht das gleiche tun? Rogows Fazit liest sich so: «Der jetzige Krieg in Tschetschenien wurde weitgehend möglich aufgrund des Krieges in Jugoslawien, und der Westen hat kein moralisches Recht, uns eine Lektion zu erteilen.»[77] Das schwer beschädigte Selbstwertgefühl der Russen war zweifellos ein fruchtbarer Boden für die eigene Bereitschaft zu Krieg und Gewalt. Die psychologischen Zusammenhänge zwischen dem Krieg im Kosovo und dem neuen Waffengang im Kaukasus wurden von Publizisten und Wissenschaftlern früh erkannt.

Als sich das Syndrom der «gekränkten Großmacht» immer weiter verbreitete und Selbstmitleid aufkam, schlossen manche Beobachter daraus, daß die so lange gesuchte «neue Idee für Rußland» in dieser allgemeinen «patriotischen Entrüstung» endlich Gestalt angenommen habe. Es entstand darüber hinaus der Eindruck, daß die Empörung bisweilen in ein Gefühl der Erlösung und in die traditionelle russische «Lust am Leiden» umschlug.[78] Zweifelsohne füllte sich der patriotische Konsens mit neuen Inhalten auf; sie umfaßten die weitgehend negativen Gefühle der Demütigung, der Rache und Aggression. Zu Beginn des zweiten Tschetschenienkrieges sollten all diese Befindlichkeiten offen zu Tage treten.

Doch zuvor gaben die Puschkinfeiern den Menschen in Rußland Gelegenheit, ihre nationale Identität mit positiven und erhabenen Gefühlen zu erleben. Die zweihundertste Wiederkehr des Geburtstages von Alexandr Puschkin am 6. Juni 1999 wurde im ganzen Land und insbesondere in der Hauptstadt Moskau mit großem Aufwand begangen. Die Feiern standen unter dem Motto: «Puschkin ist unser Alles» (*Puschkin – eto nasche wsjo*). Schon seit Jahresbeginn wurde das kulturelle Leben Rußlands von unzähligen Veranstaltungen zum Gedenken an den großen Nationaldichter beherrscht. Alle Medien beteiligten sich ebenso daran wie Kinos und Theater. Die Nesawisimaja Gaseta widmete am 3. Juni 1999 dem nationalen Idol eine eigene Nummer, in der eine Reihe neuer Rezensionen zu Puschkins Werk veröffentlicht wurden, gerade so, als ob der Dichter in der Gegenwart lebte.[79]

Auffallend war, daß dem Jubiläum von der politischen Führung des Landes der Rang eines Staatsfeiertages eingeräumt wurde. An den von der Stadt Moskau organisierten offiziellen Feiern nahm die ganze politische Prominenz teil; neben dem Präsidenten waren dies Premierminister Stepaschin, die Sprecher beider Parlamentskammern, der Bürgermeister von Moskau und selbst Repräsentanten aus der GUS und dem weiteren Ausland. Kein Zweifel, daß den Feiern Puschkins offiziell eine hohe kulturpatriotische Bedeutung zukam. Es ging darum, sich den Dichter als großes und unschätzbares Kulturerbe und als Ausweis der nationalen Größe Rußlands zu eigen zu machen.

Mit solchen Ansprüchen war freilich nicht die Tatsache in Einklang zu bringen, daß die allgemeine Freude an der Lektüre der Werke Puschkins deutlich zu wünschen übrig ließ. Der Kult um Puschkin stand also in einem ähnlich prekären Verhältnis zu seinem geistigen Bezugspunkt wie die große Zahl neuer «gläubiger» orthodoxer Christen zu dem ihnen weitgehend unbekannten Inhalt ihres Glaubens. Umfragen haben im Juni 1999 zu Tage gebracht, daß die Frage nach Rußlands eigenständigem Entwicklungsweg von nahezu 70 Prozent bejaht wurde, obwohl es kaum konkrete Vorstellungen von Rußlands vorgeblicher kultureller Eigenständigkeit gab.[80] Dessenungeachtet fanden die kulturpatriotischen Angebote nationaler Identifikation, die als Ersatz für fehlende eigene Visionen und Programme der politischen Eliten dienten, durchaus die von den staatlichen Regisseuren gewünschte Resonanz.

Vereinzelt wurde gegen die kulturpatriotische Simulation von Politik auch Kritik laut. So warf Maxim Sokolow am 5. Juni in der Iswestija den politischen Eliten vor, ein historisches Jubiläum nach dem anderen «utilitaristisch» und «zynisch» zu nutzen, nur um sich politisch zu legitimieren. Der Autor erinnerte an die großen Feiern zum 50. Jahrestag des Sieges über Hitlerdeutschland und an die tagelangen Feiern zum 850jährigen Bestehen der Stadt Moskau. Die übertriebenen Puschkinfeiern seien letztlich nur darauf zurückzuführen, daß «eine Elite ohne Wurzeln» sich jedes Jubiläum aneigne, um sich «als legitime Erbin des Ruhms, der Würde und der Größe Rußlands» auszugeben.[81]

Auch in der liberalen Zeitung Segodnja übte man am selben Tag heftige Kritik an der aggressiven «imperialistischen» Haltung der russischen Politiker, die sich nur auf Puschkin beriefen, um die eigene antieuropäische Haltung zu rechtfertigen. Dabei legten die Journalisten den tieferen Zusammenhang dieses Vorgehens mit der Kosovo-Krise bloß. Leonid Radsichowskij meinte in der Segodnja, daß die Ehrenbekundungen für den Vater der ganzen russischen Kultur letztlich nur die intellektuelle Armut der russischen Politiker unter Beweis stellten, die seit zehn Jahren keine mächtige und neue Idee mehr hervorgebracht hätten. Er warf ihnen vor, in Puschkin vor allem den «Falken des Imperiums» zu verehren und einfach nachzuäffen. Hatte der Dichter doch schon in seinem «Den Verleumdern Rußlands» gewidmeten Poem die französische Kritik an der russischen Unterdrückung des polnischen Aufstandes von 1830 zurückgewiesen. Puschkin hatte jenen «Verleumdern Rußlands» kriegslüstern die Frage so gestellt: «Kann Rußland sich mit euch nicht messen? Sind wir der Siege schon entwöhnt?» Radsichowskij griff diese Frage auf und gab im Hinblick auf die Gegenwart folgendes zu bedenken: «Tatsächlich haben wir Russen uns der Siege entwöhnt, doch es ist bei Gott nicht die vornehmste Sache, die wir Puschkin oder uns selbst antun können, indem wir einen Minderwertigkeitskomplex auf so lapidare Art und Weise zu heilen versuchen.»

In solchen Kommentaren wurden die psychologischen Zusammenhänge zwischen den übertriebenen und einseitigen Huldigungen an die Adresse Puschkins und der gerade in der Kosovo-Krise erfahrenen nationalen Niederlage analysiert und kritisiert. Außerdem wurde auf diese Weise die Ziellosigkeit der gegenwärtigen politischen Führung gegeißelt und bespöttelt. Der bekannte Schriftsteller Wladimir Woinowitsch meinte, daß Rußlands Herrscher schon immer Puschkin benutzt hätten, um ihre Handlungen zu rechtfertigen. Im Jahr 1937 habe man mit den überbordenden Puschkinfeiern von der Angst vor Lagern und Verhaftungen ablenken wollen. «Heute, wo niemand mehr weiß, wem er Glauben schenken soll, kann man sich Puschkin in gleicher Weise zunutze machen.»[82]

Nicht minder scharf glossierte der Schriftsteller Wiktor Jerofejew den «Jubiläumsidiotismus» und die «karikaturistischen Züge» der Feiern zu Ehren Puschkins. Dazu zählte er etwa den Wettbewerb unter den Häftlingen im Gefängnis von Odessa um das beste Gedicht über Puschkin und die Umfragen, die ermitteln sollten, ob Puschkin einen erfolgreichen Kandidaten zur Präsidentschaft abgeben würde. Tatsächlich wollten 50 Prozent der Befragten Puschkin als zukünftigen Präsidenten. Hinter Puschkin landete der Kommunist Sjuganow mit 20 Prozent auf dem zweiten Platz.[83]

Daß ein Nationaldichter überhaupt als virtueller Präsident des heutigen Rußland gehandelt werden konnte, sollte nicht weiter wundernehmen. Die augenscheinliche Absurdität war nur Resultat des offiziell geschürten Trends, politische Autorität vorzugsweise aus rückwärtsgewandten bloßen Inszenierungen nationaler Glorie zu gewinnen. Schon das von einem Literaturkritiker des 19. Jahrhunderts entlehnte Motto «Puschkin ist unser Alles» zeigt drastisch, wie hier ersatzweise nationale Identität postuliert wurde. Auf den Pfeilern der Kultur sollte moralische Autorität und politische Legitimität für ein Regime eingeholt werden, das keine eigenen positiven Werthorizonte und keine klaren Parameter des Systemwandels anzubieten verstand.

Rußland im «gemeinsamen europäischen Boot»

Neben den kulturpatriotischen Selbsterhöhungen und dem unverzichtbaren Refrain auf Rußlands angestammte Großmachtrolle blieb die ursprünglich so stark betonte «Europäisierung» weiterhin ein wichtiges Thema der nationalen Identitätssuche

Rußlands. Die konkrete Europapolitik der Kremlführung zeigte ungeachtet der Enttäuschungen im Balkankonflikt eine konstante Orientierung auf den Ausbau der Beziehungen zu Westeuropa und zu den europäischen Organisationen. Auch die öffentlichen Debatten zu Europa ebbten seit Anfang der neunziger Jahre nicht ab. Im wesentlichen folgte die Intensität der Diskussionen den Ausschlägen auf dem Politbarometer in den realen Beziehungen zwischen Rußland und den europäischen Organisationen. Diese stiegen deutlich an, als vor allem in Bonn und in Paris der Wille überhand nahm, Rußland wieder in «das europäische Boot» zu holen, um den anhaltenden Widerstand Moskaus gegen die NATO-Intervention auf dem Balkan zu brechen. Schon Anfang Juni 1999 streckte als erste die Europäische Union ihre Arme wieder kräftig in Richtung Moskau aus, indem der Europäische Rat die «Gemeinsame Strategie der Europäischen Union für Rußland» verabschiedete. Das Dokument eröffnete neue Wege der Kooperation, die über den bestehenden Partnerschaftsvertrag der EU mit Rußland weit hinausgingen.[84]

Noch auffälliger war der neue Schulterschluß zwischen Rußland und dem Westen auf dem gemeinsamen Gipfeltreffen der G7 am 20. Juni 1999 in Köln. Hier übertrafen sich die westlichen Repräsentanten dabei, Rußland zu hofieren und die Moskauer Spitzenpolitiker glauben zu machen, man wolle das Land verstärkt in den Klub der mächtigsten Industriestaaten der Welt integrieren. Der deutsche Bundeskanzler Schröder sagte, «wirtschaftlich und politisch geht es nicht um G7, sondern um G8».[85] Auf dem Gipfeltreffen wurde Rußland mit Dank und Lob für seine kooperative Haltung bei der Regelung der Kosovo-Krise geradezu überschüttet. Chirac sprach von Rußland als einem «wichtigen und gleichrangigen politischen Partner in der G8». Der französische Präsident unterstellte Rußland sogar, jetzt die gleichen Ziele und Absichten wie der Westen im Kosovo zu vertreten.[86] Und selbst die USA bescheinigten Rußland, daß es nach der erfolgreichen Klärung der russischen Beteiligung innerhalb der Zonen im Kosovo ein «bedeutender Teilnehmer» der Friedenstruppe sei.[87] Schröder erklärte: «Frieden in Europa ist nicht ohne Rußland zu schaffen.»[88] Jelzin selbst zeigte sich mit der Wiederaufwertung Rußlands fürs erste zufrieden. Der neue russische Premierminister Sergej Stepaschin sah den maßgeblichen Fortschritt des Kölner Gipfels darin, daß die Formel «sieben plus eins» der Vergangenheit angehörte und die Industrieländer Rußland als «ein Land des 21. Jahrhunderts» betrachteten.[89]

Tatsächlich hat das Kölner Treffen dazu beigetragen, den Bruch im Verhältnis Rußlands zum Westen wenigstens teilweise zu kitten. Allerdings blieben Jelzins persönliche Gefühle gegenüber seinen «Freunden» im Westen für den Rest seiner Amtszeit deutlich getrübt. Im Juli überließ er es dem neuen Regierungschef Stepaschin, Rußland noch ein Stück weiter aus dem Schmollwinkel herauszuholen. Stepaschin reiste in die USA, um sich hier um die «Wiederherstellung eines ernsthaften Dialogs» und die Stärkung des «geschwächten Vertrauens» zu bemühen.[90] Während Stepaschins Mission in den USA wie in Rußland ein positives Echo erntete, gab sich Jelzin weiterhin vergrämt und von seinen westlichen «Freunden» düpiert.

Jelzin brachte seinen anhaltenden Groll auf die «Westler» erstmals im fernen Osten zum Ausdruck, um gerade in dieser Weltgegend Rußlands Eintreten für eine Politik des Gleichgewichts und eine geopolitische Balance augenfällig zu machen. Dazu bot sich das Treffen der sogenannten «Schanghai-Gruppe» an, die Ende August 1999 in der kirgisischen Hauptstadt Bischkek zusammentrat. Zu dem losen Bündnis zählten damals neben China und Rußland Kyrgystan, Kasachstan und Tadschikistan. Auf dem Forum der «Fünf von Schanghai» plädierten die Teilnehmer erwartungsgemäß unisono für eine «multipolare» Welt und brandmarkten jeglichen Versuch, eine «einpolige Weltordnung» zu errichten.[91] Jelzin präsentierte sich in Bischkek in kämpferischer Stimmung. Wörtlich sagte er, daß er auf der Stelle bereit sei, «den Kampf aufzunehmen, insbesondere gegen alle Westler». Vielsagend fügte er hinzu, daß nicht nur Primakow in der Lage sei, über dem Atlantik umzukehren.[92] Er nahm damit für sich selbst in Anspruch, über den Mut und den Willen zu ähnlichen Bravourstücken und demonstrativen Gesten zu verfügen, nur um dem Westen Paroli zu bieten. Daß die Bischkeker Worte vom «Kampf gegen die Westler» keineswegs ein bloßer Lapsus waren, zeigt sich daran, daß er diese Aussagen im Herbst 1999 wiederholte.

Jelzins Ausfälle sind vor dem Hintergrund des mittlerweile voll entbrannten zweiten Tschetschenienkrieges zu sehen. Der sieche Patriarch im Kreml begegnete der Kritik westlicher Spitzenpolitiker an dem unverhältnismäßig hohen Einsatz von Gewalt im Kaukasus mit zunehmender Animosität. Auf dem OSZE-Gipfel, der im November in Istanbul eine gemeinsame Europäische Sicherheitscharta verabschieden sollte, machten die westlichen Vertreter aus ihrer Ablehnung des russischen Vorgehens im Kaukasus keinen Hehl. Umgekehrt zeigte sich Jelzin auf der letzten Gipfelkonferenz, an der er in seiner Amtszeit teilnahm, ungewöhnlich schroff und selbst aggressiv gegenüber seinen europäischen wie amerikanischen «Freunden».[93] Er wies in einer scharfen Rede alle Versuche von westlicher Seite zurück, das «Tschetschenien-Problem» auf dem Gipfel «zu politisieren» und sich in Rußlands «innere Angelegenheit» einzumischen.[94] Um seinem Unmut über die westliche Kritik drastischen Ausdruck zu verleihen, brüskierte der russische Präsident insbesondere Gerhard Schröder und Jacques Chirac, indem er das vereinbarte Treffen mit den beiden abbrach und den Gipfel vorzeitig verließ.[95] Bill Clinton versuchte in Istanbul noch alles, um den Eklat herunterzuspielen und den russischen Präsidenten zu besänftigen. Zu dem Zweck rief er allen Anwesenden Jelzins heroische Taten, etwa bei der Niederschlagung des Putsches vom August 1991, in Erinnerung. Clintons vermittelnde Ansätze erwiesen sich indessen als wenig erfolgreich.

Jelzin empfand sein eigenes kompromißloses Auftreten sichtlich als Erleichterung, wenn nicht gar als Triumph. «Das war ein Sieg, ein wichtiger internationaler Sieg für Rußland», schrieb er in seinem «Mitternachtstagebuch»[96]. Offenkundig verstand Jelzin seine intransigenten Worte und Gesten als das richtige Mittel, um den aus seiner Sicht legitimen russischen Standpunkt zur Geltung zu bringen. Nach dem Versagen der russischen Proteste gegen die NATO-Intervention auf dem Balkan wollte man sich nun umgekehrt jegliche Einmischung im Kaukasus verbitten. Im übrigen gab die Kremlführung vor, mit dem Vorgehen des russischen Militärs im Kaukasus Ziele zu verfolgen, die über die unmittelbare Niederlage der tschetschenischen Rebellen weit hinaus reichten. Jelzin definierte sie als die Rettung der «Welt vor dem internationalen Terrorismus» und als die Rettung Rußlands «vor dem drohenden Zerfall».[97]

Nachdem sich der russische Präsident mit seinem unversöhnlichen Auftreten in Istanbul vor allem gegenüber den Europäern Genugtuung verschafft hatte, startete er kurze Zeit darauf eine verbale Großoffensive gegen die USA. Als Forum wählte er diesmal die Stadt Peking, wo er der chinesischen Führung einen Freundschaftsbesuch abstattete. Hier wies er am 9. Dezember in harscher Form jegliche Kritik seitens der USA an der russischen Tschetschenienpolitik zurück. Clinton habe wohl «für eine halbe Minute vergessen, mit wem er es zu tun hat»; Rußland verfüge über ein volles Arsenal von Nuklearwaffen. Clinton solle nicht übersehen, in welcher Welt er lebe. Er könne nicht allein der Welt diktieren, «wie sie zu leben, zu arbeiten, sich zu erholen, usw. habe. Nein, ich wiederhole, nein! Eine multipolare Welt – das ist die Grundlage aller Dinge. Und hierüber bin ich mit Jiang Zemin, dem Vorsitzenden der Volksrepublik China, einer Meinung. Wir werden der Welt diktieren und nicht er [Clinton] allein!»[98]

Jelzins Aussagen waren ebenso wie die Auftritte in Bischkek und in Istanbul reine Improvisationen; sie waren – wie auch Jelzins Assistenten bestätigten – in den vorbereiteten Erklärungen und Redemanuskripten nicht vorgesehen.[99] Offensichtlich konnte es sich Rußlands Herrscher, das *enfant terrible* der Weltpolitik, kurz vor seinem schon geplanten, aber offiziell noch nicht bekannten vorzeitigen Rücktritt vom Präsidentenamt nicht versagen, auf seine ganz persönliche Art, bärbeißig, grob und mit burlesker Theatralik, seinen westlichen «Freunden» seine tiefe Enttäuschung ins Stammbuch zu schreiben. Er zeigte damit vor allem seine persönliche Verbitterung über all die Erniedrigungen, die von der Wunschgroßmacht Rußland in den letzten beiden Jahren eingesteckt werden mußten.

Allerdings zog Jelzin aus seinem Schmerz über Rußlands internationale Zurücksetzung keineswegs den Schluß, daß sich das Land in der Welt isolieren oder sich vorwiegend nach dem fernen Osten orientieren sollte. Jelzin blieb über seinen Rückzug aus der öffentlichen Politik hinaus der Linie treu, daß Rußland den bereits eingeschlagenen Weg nach Europa weiterzugehen habe. Daß «die Ausrichtung auf Europa» für Jelzins Außenpolitik oberste Priorität hatte, bezeugten auch seine Mitarbeiter in ihrer gemeinsamen Publikation über die «Epoche Jelzins».[100] In seinem «Mitternachtstagebuch» bestätigt Jelzin diesen Kurs: «Rußland wird schrittweise ein Teil des vereinigten Europas werden. Dafür spricht alles – Politik, Wirtschaft, das Alltagsleben der Menschen. Wir sind schon jetzt ein Bestandteil des europäischen Marktes, des europäischen Hauses. Wir hängen von der Stimmungslage in Europa ab, sind seine Bewohner, und das in viel größerem Ausmaß, als es vor zehn Jahren der Fall war.»[101] Neben dem Ziel der Integration nennt Jelzin als sein außenpolitisches Vermächtnis auch die wünschenswerte Rolle Rußlands als Großmacht und weltpolitischer Spieler. Dieses Credo gab er seinem Nachfolger im Präsidentenamt mit auf den Weg. Und er gab sich überzeugt davon, daß dieser «den wichtigsten Orientierungspunkt Rußlands, die Einzigartigkeit seiner Rolle in der Welt und seine vollständige Integration in die Weltgemeinschaft, stets im Blick behalten» werde.[102]

3. Erneuter Aufbruch nach Europa unter Putin?

Jelzin hinterließ seinem Nachfolger ein ambivalentes außenpolitisches Vermächtnis. Ganz im Geist der «Primakow-Doktrin» war Jelzin zuletzt dafür eingetreten, das Land sowohl in die globalen Integrationsprozesse einzubringen, als auch seine «Einzigartigkeit» in der Welt zu bewahren. Dies bedeutete nichts anderes als den Auftrag, die quasi angestammte Großmachtrolle des Landes im Rahmen einer «multipolaren Welt» weiterhin zu behaupten und effektvoll zur Geltung zu bringen. Die ebenfalls angestrebte Integration Rußlands in die internationalen Organisationen stand dazu in einem deutlichen Widerspruch. Zumindest schien dieses Ziel mit den begrenzten außenpolitischen Ressourcen des labilen Transformationslandes wenig vereinbar. Welchen Ausweg aus dem Dilemma würde Putin finden? Würde er sich aus den Fallstricken der «Primakow-Doktrin» befreien und ablassen von der imaginären Vision einer «multipolaren Welt»? Sollte es ihm gelingen, die klassischen Fragen «Wer sind wir?» und «Wohin gehen wir?» ein für allemal klar zu beantworten?

In diesem Kapitel wird zu zeigen sein, wie Putins Weltbild nach und nach Gestalt annahm und sich artikulierte. Tatsächlich sollten die Positionen des neuen Präsidenten und anderer außenpolitischer Akteure geraume Zeit unklar und widersprüchlich bleiben. Dabei ist zu bedenken, daß im Unterschied zu den früheren Außenministern Kosyrew und Primakow der von Putin an der Spitze des Außenministeriums übernommene Karrierediplomat Igor Iwanow keineswegs über ein eigenständiges außenpolitisches

Profil verfügte und Putin selbst aufgrund seiner Herkunft nicht dafür gerüstet war, schnelle Antworten auf die großen Fragen der Politik zu liefern. Da Putin urplötzlich vom «bescheidenen Beamten» zum Spitzenpolitiker avanciert war, konnte er nur sehr begrenzt aus Erfahrungen schöpfen.[1] Tatsächlich veränderten sich seine Positionsbestimmungen im Zeitraum von Ende 1999 bis Ende 2001 zum größeren Teil grundlegend. Deshalb galt auch für die Bestimmung des außenpolitischen Kurses eine ganze Weile das geflügelte Wort vom «Rätsel Putin».

Spätestens nach seiner Wahl zum Präsidenten Rußlands mußte Putin die schwierige Aufgabe des *learning on the job* anpacken und politisch Farbe bekennen. Dabei sollten sich die in sowjetischer Technokratenmanier in Auftrag gegebenen und im Laufe des Jahres 2000 verabschiedeten diversen «Konzeptionen» zur Außen- und Sicherheitspolitik nicht gerade als hilfreich erweisen.[2] Denn angesichts des erneut offenen und stark spekulativen Prozesses der Bestimmung des Reformkurses wie der Außenpolitik wurden diese Dokumente von ihren Autoren gleichzeitig auf mehrere Optionen hin ausgelegt. Sie verdunkelten deshalb die Entwicklungsperspektiven des Landes weit mehr, als daß sie diese erhellten. Allerdings sollten sich die mit Putins Präsidentschaft erneut entbrannten öffentlichen Diskussionen über Rußlands Identität und Standort in der Welt am ehesten dazu eignen, Antworten auf Rußlands «ewige Fragen» zu liefern und sinnvolle Entwicklungslinien aufzuzeigen. Dabei war zu beobachten, daß Putin sich nach und nach die von «Westlern» vorgebrachten Positionen zu eigen machte und diese mit seinem jähen Schwenk in Richtung Westen nach den Terroranschlägen vom 11. September 2001 noch überholte.

Von Anfang an wurde deutlich, daß Putin im Unterschied zu dem emotionalen Jelzin, der seine Gemütslagen offen zur Schau trug, darauf bedacht war, sich eines weitaus sachlicheren Stils im Umgang mit ausländischen Politikern zu befleißigen. Noch während Jelzin als Präsident und «Diplomat Nr. 1» amtierte und sich in der Pose des dräuenden Zaren gegen alle «Westler» gefiel, legte der seit Mitte August 1999 als neuer Premierminister installierte Wladimir Putin im Kontakt mit internationalen Akteuren ganz andere Verhaltensformen an den Tag. Dies war insbesondere gegenüber Vertretern der Europäischen Union wie gegenüber der Führung der USA zu beobachten. Als Putin auf einem OSZE-

Gipfel Anfang November 1999 erstmals mit Bill Clinton zusammentraf, verbreitete der russische Regierungschef eine Aura der Autorität und Seriosität um sich. Wie Beobachter berichteten, gelang es Putin dank eines rationalen Duktus der Argumentation und dank seiner klaren und «logischen Sprache» die Kritik an dem russischen Vorgehen in Tschetschenien etwas einzudämmen, wenn auch nicht zu zerstreuen.[3]

Nach Jelzins drastischen Ausfällen gegen die USA am 10. Dezember in Peking war Putin dem eigenen Präsidenten prompt in den Rücken gefallen. Denn er erklärte damals sofort, daß Rußland zu der amerikanischen Führung «sehr gute Beziehungen» unterhalte.[4] Offensichtlich wollte Putin mit dieser deutlichen Korrektur von Jelzins Ausbruch sich nicht von vorneherein in Washington unbeliebt machen und darüber hinaus sich selbst als beherrschten und rational agierenden Politiker auf internationaler Bühne ins Blickfeld rücken. Die Botschaft schien anzukommen. Nach Jelzins überraschendem vorzeitigen Rücktritt zum Jahresende 1999 erstellten Clintons außen- und sicherheitspolitische Berater ein vorläufiges Persönlichkeitsprofil von Putin. Darin wurde dieser als «klug, kühl, ernsthaft und geschäftsmäßig» beschrieben.[5]

Über die ersten kommunikativen Signale in Richtung USA hinaus bekundete Putin auch im weiteren rundheraus, daß die Beziehungen zu den USA für Rußland den höchsten Stellenwert einnähmen. So bestätigte er etwa bei einem Treffen mit der amerikanischen Außenministerin Madeleine Albright Anfang Februar 2000 in Moskau, daß Amerika für Rußland der «wichtigste Partner» in der Weltpolitik sei.[6] Nur kurz darauf parierte Putin am 5. März 2000 in einem Interview mit David Frost von der BBC die Frage, ob für ihn ein Beitritt Rußlands zur NATO in Frage komme, so: «Warum nicht? Ich schließe diese Möglichkeit nicht aus, solange Rußlands Interessen Berücksichtigung finden und es ein gleichberechtigter Partner ist.» Er fügte hinzu, daß «Isolationismus kein Weg» für Rußland sei. Im gleichen Gesprächskontext sagte er: «Rußland ist Teil der europäischen Kultur, und ich kann mir unser Land isoliert von Europa nicht vorstellen.»[7] Der Gedanke, daß eine vertiefte Integration Rußlands in die NATO mit dem angestammten Platz des Landes in Europa verbunden war, sollte nach Putins außenpolitischer Großinitiative im September 2001 ganz selbstverständlich wiederkehren und zu einer Standardformel werden. Auch wenn seine Äußerungen gegenüber den BBC-Reportern Anfang März 2000 noch recht spekulativ geklungen und im Ausland wie im Inland ein gewisses Entsetzen ausgelöst hatten, brachten doch die späteren Entwicklungen an den Tag, daß sie keineswegs reine Gedankenspielerei oder auch nur ein momentaner Versuchsballon gewesen waren.

Allerdings wurden die von Putin Anfang März 2000 angestellten Überlegungen zu einem möglichen NATO-Beitritt Rußlands nach einem ersten schrillen Echo in der Öffentlichkeit nicht mehr diskutiert. Um Putins Weltbild zu enträtseln, war man bis auf weiteres auf die in der «Jubiläumsbotschaft» vom Jahresende 1999 gemachten Bekenntnisse zu patriotischen Werten und zu einer Art Sonderweg im Geiste einer verschwommenen neuen «Russischen Idee» angewiesen. Putin distanzierte sich aber bereits ein halbes Jahr später von dem Gedanken, man könne von oben eine «neue Idee für Rußland» initiieren. Andererseits ließ er keinen Zweifel daran, daß für ihn der Patriotismus zu den höchsten nationalen Werten gehörte.[8]

Außenpolitische Neuorientierungen

Nach Putins Wahl Ende März 2000 kündigte Außenminister Igor Iwanow einen neuen Kurs in der russischen Außenpolitik an. Er solle «den Entwicklungen im Ausland» angepaßt werden, hieß es lakonisch. In der Iswestija vom 11. April spezifizierte Iwanow, daß die «hauptsächliche Innovation» in der anvisierten neuen Doktrin zur Außenpolitik im «Realismus» liegen werde. Iwanow hielt hier auch fest, daß man ungeachtet der begrenzten Ressourcen der russischen Außenpolitik zuversichtlich davon ausgehe, weiterhin einen «angemessenen Platz in der Welt» zu behaupten. Man konnte gespannt sein, wie der neue «Realismus» mit der offensichtlich weiterhin vertretenen Großmachtrolle Rußlands in Einklang gebracht werden sollte.[9]

Wjatscheslaw Nikonow, ein bekannter Publizist zu außenpolitischen Fragen, definierte Putins Kurs Ende April 2000 als «Gaullismus auf russische Art». Dabei ging er davon aus, daß die Politik von Charles de Gaulle auf «ökonomischem Liberalismus, politischer Härte und außenpolitischer Unabhängigkeit» beruhte. Damit lieferte Nikonow – abgesehen von der eher zweifelhaften Verwandtschaft des «Russogaullismus» mit dem französischen Vorbild – erste Hypothesen zur Analyse der Positionen Putins, die sich zum Zeitpunkt dieser Prognose nur unscharf abzeichneten. Die Annahmen Nikonows sollten sich bald als durchaus brauchbar für eine erste Einschätzung der russischen Außenpolitik unter Putin erweisen.[10]

Unterdessen läutete die überraschende Ratifizierung des Start-II-Abkommens über strategische Abrüstung am 14. April 2000 eine neue außenpolitische Ära ein.[11] Die so lange verschleppte Annahme des Vertrages entsprach sowohl den Wünschen des russischen Militärs als auch der neuen Kremlführung, die beide starkes Interesse daran zeigten, den Abrüstungsprozeß wieder in Gang zu bringen. Die Ratifizierung des Vertrages durch die Duma wurde von einer Erklärung über den Ausstieg Rußlands aus dem Abkommen begleitet, für den Fall, daß die USA einseitig ein Raketenabwehrsystem aufbauen sollten. Damit war nicht nur für eine Rückversicherung gesorgt. Aus der Sicht der Kremlführung hatte sich Moskau jetzt auch einen «moralischen Vorsprung» gegenüber dem Senat in Washington verschafft, der sich noch zu keiner Ratifizierung hatte aufraffen können.

Allerdings hatte die politische Führung nur mit List und Tücke den hartnäckigen Widerstand der Kommunisten und Nationalisten gegen die Ratifizierung des Start-II-Vertrages sieben Jahre nach dessen Unterzeichnung brechen können. So nutzte die Regierung eine vorübergehende Schlappe der oppositionellen Abgeordneten, um die Ratifizierung rasch durch die Kammer zu bringen. Den Hintergrund bildeten die gerade verhängten Sanktionen des Europarates gegen die russischen Delegierten in der Parlamentarischen Versammlung des Rates in Straßburg.[12] Diese zogen aus Protest gegen die Entziehung des Stimmrechts wegen des russischen Vorgehens in Tschetschenien aus dem Gremium aus. Der Eklat war perfekt und fürs erste kein Kompromiß in Sicht. Die Kremlführung zeigte sich über den spektakulären «Exodus aus Europa», der maßgeblich auf das Konto der ultrapatriotischen Abgeordneten Wladimir Schirinowskij und Dmitrij Rogosin ging, wenig erfreut.[13] Sie nutzte indes die in der Duma entstandene allgemeine Verwirrung, um die Zustimmung zur Ratifikation des Vertrages zu erzwingen. Der ganze Vorgang kam einer wahrlich «byzantinischen Intrige» gleich, wie ein Beobachter schrieb.[14]

Doch das Ergebnis trug nicht unerheblich dazu bei, dem neuen Präsidenten generell mehr außenpolitische Bewegungsfreiheit einzuräumen.

Die neuen Spielräume konnte Putin nach seiner Inauguration gut gebrauchen, um in der Außenpolitik erstmals Flagge zu zeigen. Der amerikanische Präsident Bill Clinton begrüßte die Ratifizierung des Vertrages und signalisierte Interesse an einem baldigen Gipfeltreffen mit dem neuen russischen Präsidenten.[15] Da Clinton nicht mehr lange im Amt blieb, suchte sich Putin London als erste westliche Anlaufstation aus. Er brach nur wenige Tage nach dem Durchbruch im Parlament zu seinem ersten Besuch in der Londoner Downing Street Nr. 10 auf. Die Reise war sorgfältig vorbereitet worden. Bereits einen Monat zuvor hatten Wladimir Putin und seine Frau Ludmila den britischen Regierungschef Tony Blair und dessen Frau Cherry zu einem privaten Besuch in St. Petersburg empfangen. Hier besuchten die beiden Paare eine Aufführung in der angesehenen Mariinskij-Oper. Das von den Medien weidlich ausgeschlachtete Ereignis sollte Putin im Vorfeld der Wahlen weitere Punkte bringen. Blairs Reaktionen fielen im übrigen noch positiver aus, als in Moskau erwartet worden war. Der westliche Regierungschef lobte Putins Rußland als «einen starken Staat, in dem Gesetz und Ordnung herrschen». Zusätzlich attestierte Blair, daß Rußland «auch ein demokratisches und liberales Land» sei. Allerdings wurde weder bei dieser Gelegenheit noch bei Putins Besuch in London der Dissens der beiden über das russische Vorgehen in Tschetschenien verhehlt.[16]

Der Besuch in London, der auch eine Einladung zum Tee bei Queen Elizabeth II. einschloß, markierte das Debut des neuen Moskauer Diplomaten Nr. 1 im Westen. In der Presse gingen die Meinungen darüber auseinander, wem dieser erste Auftritt des russischen Präsidenten mehr zur Ehre gereichte, Blair oder Putin. Das Treffen erinnerte an den Antrittsbesuch Michail Gorbatschows bei der Regierungschefin Margaret Thatcher im Jahr 1984. Diese hatte damals erklärt, daß Gorbatschow jemand sei, «mit dem man Geschäfte machen könne». Offensichtlich sollte diesmal eine ähnliche Botschaft nach außen gelangen. Auf einer gemeinsamen Pressekonferenz unterstützte Blair den von Putin geäußerten Wunsch, ein neues Verhältnis zur EU und zu den USA aufzubauen. Blair übernahm Putins Wunsch wie folgt auf das eigene

Konto: «Ich möchte, daß Rußland wirtschaftlich eingebunden wird und Rußland und der Westen zusammenarbeiten, um die Stabilität und den Frieden zu fördern.»[17] Putins Besuch in London erwies sich als ein hoffnungsvoller Neubeginn bei Rußlands Bemühungen, wieder Anschluß an westliche Metropolen zu finden.

Die neuen Standortbestimmungen Rußlands in der Welt gehen sowohl aus den konkreten außenpolitischen Initiativen als auch aus den zwischen Herbst 1999 und Sommer 2000 verabschiedeten offiziellen Dokumenten zur Außen- und Sicherheitspolitik hervor. Für das Entstehen jeder außenpolitischen Kultur ist es ausschlaggebend, daß die Leitlinien schlüssig und kongruent verfaßt sind und daß sie mit der Rhetorik wie den Handlungen der Akteure übereinstimmen. Außerdem erfordert die außenpolitische Kultur eines gefestigten Staates, daß sich die von den Akteuren verfolgten Rollenkonzepte auf einen weitreichenden Konsens der politischen Eliten und Bürger stützen können. All diese Bedingungen waren in Rußland noch immer nicht erfüllt. Auf den ersten Blick frappiert bei der Lektüre der genannten Dokumente, daß sie tatsächlich die von Nikonow formulierten Elemente eines «Russogaullismus» enthielten: das Gebot des ökonomischen Liberalismus, das Diktum der politischen Härte und freie Optionen in der Außenpolitik.

Bereits in dem von Moskau der EU im Oktober 1999 überreichten Dokument treten diese Aspekte deutlich hervor. Putin hatte die «Mittelfristige Strategie für die Entwicklung der Beziehungen zwischen der Rußländischen Föderation und der Europäischen Union im Zeitraum von 2000 bis 2010» in seiner damaligen Eigenschaft als Chef der russischen Regierung in Helsinki als Antwort auf die «Gemeinsame Strategie» der EU vom Sommer 1999 persönlich präsentiert. Das neue Dokument enthielt allerdings ebenso wie alle nachfolgenden «Konzeptionen» auffällige Widersprüche. Einerseits wurde darin mit Rußlands Großmachtrolle aufgetrumpft und einem Neoisolationismus das Wort geredet, zum andern wurde eine deutliche Bereitschaft zu einer noch engeren Integration und Kooperation mit der EU betont.[18]

Es stach besonders hervor, daß Jelzins mehrfach geäußerte Avancen in Richtung einer Mitgliedschaft oder einer Assoziation Rußlands mit der EU nun offen desavouiert wurden. Kategorisch heißt es: «In der behandelten Periode wird die Partnerschaft zwischen Rußland und der Europäischen Union auf Vertragsbeziehungen basieren, d. h. ein offiziell erklärtes Ziel eines Beitritts oder einer ‹Assoziation› Rußlands mit der EU wird es nicht geben. Als eine Weltmacht, die sich auf zwei Kontinente erstreckt, sollte sich Rußland die Freiheit bewahren, seine Innen- und Außenpolitik ebenso zu bestimmen und zu implementieren wie seinen Status und seine Vorteile eines euroasiatischen Staates und des größten GUS-Landes sowie die Unabhängigkeit seiner Position und seiner Aktivitäten in internationalen Organisationen.»[19]

Dieser pathetischen und selbstgefälligen Definition der eigenen Rolle als internationaler Akteur waren halboffizielle Positionsbestimmungen vorausgegangen. Diese ließen nicht daran zweifeln, daß es einmal mehr darum ging, den Großmachtstatus Rußlands auf internationaler Ebene hervorzukehren. So hatte der Stellvertretende Leiter der russischen Vertretung bei der EU, Iwan Iwanow, schon Monate vor der Verabschiedung des Dokuments betont, daß Rußland bei einer Vereinigung mit der EU «seiner einzigartigen eurasischen Spezifik» verlustig ginge. Iwanow zufolge gingen aber «Großmächte nicht in internationalen Organisationen auf», sondern seien vielmehr bestrebt, solche «um sich selbst herum» zu schaffen.[20] Diese Aussage atmete ebenso wie der gesamte Tenor der «Mittelfristigen Strategie» den Geist der Primakowschen Doktrin von einer «multipolaren» Welt und der angestammten Großmachtrolle Rußlands. Man konnte diese Position zugleich als Ausdruck des fortgeschrittenen Stadiums einer Großmachtneurose deuten.

In der Ende Juni 2000 von Außenminister Igor Iwanow wie von Sergej Iwanow, dem damaligen Sekretär des Nationalen Sicherheitsrates, der Öffentlichkeit präsentierten «Konzeption der Rußländischen Außenpolitik» fanden sich die besagten Elemente eines «Russogaullismus» erneut wieder. Sie standen allerdings gänzlich unverbunden nebeneinander. Von einem schlüssigen Gesamtkonzept konnte nicht die Rede sein. Denn in dem Dokument spiegelte sich das fatale Spannungsverhältnis vom «starken Staat» und einer liberalen Ökonomie, von selbstgefälliger Isolation und gleichzeitiger Öffnung des Landes nach außen, von «Multipolarität» der Welt und Geopolitik einerseits, Einbindung in die Weltwirtschaft und Geoökonomik andererseits wider. Im Widerspruch zueinander standen auch das Bekenntnis zu liberalen demokratischen Prinzipien und die Hochhaltung von Patriotismus und Großmachtidee. Auffallend an der Konzeption war schließlich die wiederholte Betonung des «pragmatischen» Charakters der russischen Außenpolitik. Dieses Merkmal, in dem sich wohl der von Igor Iwanow angekündigte «Realismus» ausdrücken sollte, war mit allen beinahe sakrosankten Prinzipien der «Konzeption» völlig unvereinbar.[21]

Hinzu kam, daß sich die «Konzeption» durch eine geradezu inflationäre Prioritätensetzung auszeichnete. So wurden praktisch alle Regionen und Staaten der Welt – außer Schwarzafrika und Südamerika – als vorrangige Objekte der nationalen Interessen Rußlands bezeichnet. Allerdings rangierte die europäische Ausrichtung der russischen Außenpolitik an zweiter Stelle nach der GUS als oberster Priorität. Das Verhältnis zu Europa wurde im Kontrast zu den von «grundsätzlichem Dissens» belasteten Beziehungen zu den USA als frei von Spannungen und als besonders vorrangig beschrieben.[22]

Da all die eklatanten Widersprüche der «Konzeption» sofort ins Auge springen, konnte es nicht wundernehmen, daß die neue Doktrin von außenpolitischen Analytikern und Meinungsmachern in Rußland selbst äußerst kritisch kommentiert wurde. Generell wurden die in der «Konzeption» enthaltenen Allgemeinplätze glossiert. Vertreter der einzelnen Denkschulen stießen sich daran, daß «ihre» Position durch alternative Ansätze wieder aufgehoben wurde. Als Kompaß für eine neue Außenpolitik konnte die «Konzeption» weder den «Eurasianern» noch den Anhängern der «Russischen Idee» noch erst recht den «Westlern» dienen.

Mit der Kritik an dem Dokument wurde eine neue Runde der öffentlichen Diskussionen über Rußlands klassische Fragen «Wer sind wir?» und «Wohin gehen wir?» ausgelöst. Konkrete Einwände wurden vor allem seitens der «Westler» gegen die fortgesetzte Aktualität der Primakow-Doktrin von einer «multipolaren» Welt und gegen die damit verbundene klassische Gleichgewichtspolitik formuliert.[23] Nicht zu Unrecht machten sie geltend, daß das überholte Denken in den Kategorien des 19. Jahrhunderts die Integration Rußlands in die Weltwirtschaft behindere und in keiner Weise in das Zeitalter der Globalisierung passe. Der Denkansatz richte sich zu allem Überfluß in erster Linie gegen die USA, zu denen Rußland schon aus ökonomischen Gründen beste Beziehungen anstreben müsse.[24]

Nicht wenige Kritiker mokierten sich darüber hinaus über die hypertrophen Bekenntnisse zum Großmachtparadigma, die über die «Konzeption» zur Außenpolitik hinaus auch alle weiteren Dokumente zur Europa- wie zur Sicherheitspolitik durchdrangen. In der Wochenzeitschrift Itogi schrieb Alexandr Golz, daß die neue außenpolitische Konzeption anschaulich vor Augen führe, «welch trübe Mixtur aus überkommener Nostalgie nach vergangener imperialer Größe und aus einem neuen Minderwertigkeitskomplex in den Köpfen derjenigen herumspukt, die Rußlands außenpolitischen Kurs bestimmen».[25] Während ein Teil der außenpolitischen Eliten die neurotische «Manie der Größe» und den Komplex der «gekränkten Großmacht» kritisierte, fanden sich gleichwohl auch weiterhin Anhänger solcher Denkweisen. Alexej Puschkow hielt diese geistige Haltung aus Gründen der Nationsbildung sogar für unverzichtbar. Er sagte schon im Januar 2000: «Wir werden zusammengehalten vom Gefühl, eine Großmacht zu sein, wenn man uns dieses Gefühls beraubt, verlieren wir die uns vereinigende Idee.»[26] Etwas nüchterner hatte dies Alexej Arbatow bereits früher beurteilt. Er sah in dem überzogenen Denken in Kategorien der Großmacht in erster Linie nützliche «psychische Krücken für das Volk und die Eliten des Landes».[27]

Von einer profunden kritischen Analyse der Doktrin zeugten insbesondere die Kommentare von Sergej Karaganow, dem Vorsitzenden des Außen- und Verteidigungspolitischen Rates. Dieses Gremium war schon Jahre zuvor als beratendes Organ der Regierung geschaffen worden und hatte sich als unabhängiger *think tank* zu profilieren vermocht. Karaganow sah in der fortgesetzten Propagierung der Großmachtidee vorwiegend ein Instrument der innenpolitischen Legitimierung der Kremlführung.[28] Dieser Erklärungsansatz hatte Ähnlichkeiten mit der von Kyrill Benediktow vertretenen These, daß die eigentlichen Ursprünge aller Widersprüche in den außenpolitischen Konzeptionen wie in den entsprechenden Ausführungen Putins lagen. Benediktow stellte in Rechnung, daß die neuen außenpolitischen Prinzipien der konsequent aufgebauten Scheinwelt einer virtuellen Großmacht entnommen und dann einfach in konkrete außenpolitische Leitlinien verwandelt wurden. Da die politische Führung die Realität in den letzten Jahren «durchgehend durch virtuelle Konstruktionen» aus der Phantasiewelt der Public Relations-Agenturen ersetzt habe, leite sich «der unlogische und inkonsequente Charakter der außenpolitischen Ausführungen Putins» aus diesem Widerspruch zwischen Scheinwelt und Realität her.[29]

Benediktows Erklärungsansatz hatte zweifellos vieles für sich. Denn die ständigen propagandistischen Großmachtrituale und -parolen, die im Geiste des «patriotischen Konsenses» gepflegt worden waren, mußten letztlich Autoren wie Adressaten dieser Botschaften in ihren Bann ziehen. Zumindest war es nicht leicht, diesen bequemen, selbstgefälligen «psychischen Krücken» zu entsagen. Der «patriotische Konsens» über die Großmachtrolle Rußlands war nur noch schwer aus der politischen Kultur des Landes zu eliminieren. Dabei war es letztlich unerheblich, ob die Verherrlichung der Großmachtrolle und der Einzigartigkeit Rußlands als bewußt eingesetztes Instrument der politischen Legitimierung diente oder als unverzichtbarer Fetisch nationaler Identität einfach weitergeschleppt wurde. Auf welche Ursachen auch immer die eklatanten Widersprüche in den neuen Konzeptionen zurückzuführen waren, allein ihr gehäuftes Vorkommen dokumentierte bereits, daß Rußland auf der Suche nach sich selbst und nach seinem Standort in der Welt zu Beginn des 21. Jahrhunderts weiterhin in hohem Maße experimentierte und schwankte.

Der Reisekalender Putins

Betrachtet man die konkreten außenpolitischen Initiativen und das Itinerar von Putins Auftritten in der Weltpolitik, so zeichnete sich zunächst ein Muster ab, das ganz den Primakowschen Vorgaben von einer vielgleisigen und diversifizierten Außenpolitik in einer vermeintlich «multipolaren Welt» entsprach. Seit seiner Einführung in das Präsidentenamt unternahm Putin nicht nur zahlreiche Reisen in europäische Metropolen. Er machte auch vorzugsweise den Staaten seine Aufwartung, die Verbündete der Sowjetunion gewesen waren. Auf dem Reiseplan standen China und Indien, aber auch Kuba und selbst der «Schurkenstaat» Nordkorea. Kontakte wurden mit Libyen, dem Irak und Iran geknüpft. Mit der chinesischen Führung kam es zu wiederholten Treffen. Besonders auffällig war, daß die Gipfel mit der chinesischen Führung oder mit der Gruppe der «Fünf von Schanghai» oder selbst die Reise nach Nordkorea zeitlich genau vor Putins

Teilnahme an Treffen der G 8 oder unmittelbar vor Begegnungen mit der neuen amerikanischen Führung anberaumt waren.

All diese internationalen Auftritte Putins erwiesen sich als sorgfältig vorbereitet und in ihrer Außenwirkung darauf bedacht, die Gegebenheiten einer «multipolaren Welt» manifest zu machen. Dies galt für die jeweiligen gemeinsamen Erklärungen bis hin zu den imposanten Gruppenbildern, die Präsident Putin umringt von wechselnden, aber gleichgesinnten Spielern in einer «multipolaren» Welt zeigten. Die Botschaft dieser Inszenierungen ging eindeutig dahin, daß Moskau als ein autonomer Akteur in der Weltpolitik und als ein mächtiger potentieller Gegenspieler zu Washington einzuschätzen war. Bei seinem Auftritt auf dem G8-Gipfel in Japan im Juli 2000 fand der Neuling Putin viel Anklang unter seinen westlichen Kollegen.[30] Dabei punktete er auch mit der aus Nordkorea mitgebrachten sensationellen Nachricht, daß das Land unter bestimmten Bedingungen sein Raketenprogramm aufgeben werde. Dem russischen Präsidenten ging es darum, den USA vor Augen zu führen, daß die Pläne zum Bau einer Raketenabwehr als Schutz vor Schurkenstaaten überflüssig seien. Als sich später die von Putin kolportierte Botschaft als ein «Scherz» des nordkoreanischen Führers Kim Jongil herausstellte, verloren Putins Trophäe und der mit ihr bezweckte Nachweis der eigenständigen Rolle Rußlands als internationaler Akteur deutlich an Wert.

Im Verhältnis zu den USA wurde das «Multipolare-Welt-Spiel» besonders effektvoll in Szene gesetzt. Noch vor dem ersten Treffen mit Bill Clinton, der zu seinem Abschiedsbesuch Anfang Juni 2000 in Moskau weilte, empfing Putin den irakischen Außenminister Tariq Aziz.[31] Vor den ersten unmittelbaren Kontakten mit dem neuen amerikanischen Präsidenten George W. Bush wurden Treffen mit der Schanghai-Gruppe und der Führung Chinas arrangiert. So demonstrierte Putin praktisch nur wenige Stunden vor seiner ersten Begegnung mit Bush am 16. Juni 2001 in Brdo bei Ljubljana, daß er über eine ganze Gruppe loyaler Partner im zentralasiatischen Hinterhof Rußlands und in China verfügte.[32] Und kurz vor den erneuten Kontakten Putins mit dem amerikanischen Präsidenten im Rahmen des G8-Gipfels in Genua Ende Juli 2001 wurde in Moskau mit China ein historischer Freundschaftsvertrag über eine auf 20 Jahre angelegte «strategische Partnerschaft» geschlossen. Bei der Gelegenheit bekräftigten Jiang Zemin und Putin erneut ihre Kritik an den amerikanischen Plänen für die Errichtung eines Raketenabwehrschirmes.[33]

Auf all diesen Treffen täuschten die eindrucksvoll aufgebauten Kulissen einer potentiellen Allianz zwischen China und Rußland darüber hinweg, daß selbst der neue Vertrag «ewiger Freundschaft» noch keineswegs ein tragfähiges Bündnis im eurasischen Raum begründete. Von Bedeutung war in erster Linie, daß im Kräftedreieck USA – China – Rußland das von den letzteren beiden Mächten arrangierte diplomatische Spiel taktische Gewinne für sie bereithielt. Die erschöpften sich für Rußland nicht nur darin, den USA die bloße Perspektive auf alleinige Weltherrschaft zu verdunkeln. Hinzu kam die Verbreitung der Großmachtaura nach innen und folglich die Erwartung eines weiteren Zuwachses an Legitimität der politischen Führung.

Im Verhältnis zu Europa fügte sich die Putinsche Außenpolitik von Anbeginn an in die schon von Gorbatschow und Jelzin ausgetretenen Gleise. Allerdings hatten sich angesichts des zweiten Tschetschenienkrieges im Herbst 1999 deutliche Schatten auf die Beziehungen zwischen Moskau und den europäischen Organisationen gelegt. Während die Parlamentarische Versammlung des Europarates klare Sanktionen mittels des erwähnten Stimmrechtsentzugs für die russischen Delegierten ergriff, beließen es das Ministerkomitee des Europarates und die EU bei eher symbolischen Gesten der Drohung.[34] Nur vorübergehend wurden TACIS-Mittel eingefroren und Kredite blockiert. Diese Haltung zeigt, daß die führenden Kräfte in den europäischen Organisationen weiterhin der schon früher bekundeten Auffassung folgten, daß es besser sei, Rußland einzubinden anstatt zu isolieren.

Nach Putins Inauguration im Präsidentenamt überwogen wieder freundliche Gesten und Worte im Kontakt zwischen Brüssel und Moskau. Dazu boten die im Rahmen des Partnerschafts- und Kooperationsabkommens regelmäßig stattfindenden Treffen zwischen der EU-Troika und der russischen Führung reichlich Gelegenheit. Putin startete schon auf dem ersten Treffen mit der EU-Troika im Mai 2000 eine Offensive des Charmes. Er ging dabei weiter als seine Vorgänger, indem er keinerlei Zweifel an dem eindeutig europäischen Charakter Rußlands ließ: «Rußland war immer, es ist heute und es wird in Zukunft ein europäisches Land sein, nicht nur wegen seiner geographischen Lage, sondern auch im Hinblick auf seine Kultur und den Grad der ökonomischen Integration. Die grundlegenden Prinzipien, denen zufolge sich Europa vereinigt, sind für Rußland die gleichen.»[35] Mit diesen Worten akzeptierte Putin – zumindest in deklarativer Form – die allgemeinen Richtwerte für die europäische Integration. In liberalen Moskauer Kreisen wurde die Aussage mit Genugtuung registriert. Putin wurde das Verdienst zugeschrieben, als erstes russisches Staatsoberhaupt die Selbstidentifikation Rußlands in «zivilisationskultureller» Hinsicht endgültig entschieden zu haben.[36]

Kommissionspräsident Romano Prodi war seinerseits von den ersten offiziellen Kontakten mit Putin so angetan, daß er vom Anbruch einer «neuen Ära» in den gegenseitigen Beziehungen schwärmte. Prodi würdigte das riesige Potential einer wirtschaftlichen Zusammenarbeit der EU mit Rußland und äußerte in diesem Zusammenhang, daß die beiden so glänzend zueinander paßten «wie Whiskey und Soda». Russische Kommentatoren ironisierten das wohlwollend gemeinte Bonmot mit der Bemerkung, daß die Rolle des Sodawassers wohl eindeutig Rußland zugewiesen war, da das Land hochwertige Waren aus der EU importierte, im Gegenzug aber vorwiegend Rohstoffe wie Erdgas, Erdöl und Metalle exportierte.[37]

Putin ließ es auch in der Folgezeit nicht an positiven Aussagen und werbewirksamen Losungen für eine Integration Rußlands in Europa fehlen. Bei seinen Reisen in mehrere westeuropäische Staaten im Frühsommer 2000 machte er sich stark für das «Große» und «Unteilbare Europa». In Rußland selbst bekräftigte er wiederholt, daß enge Beziehungen zu Europa zu den «wichtigsten Orientierungen» der russischen Außenpolitik zählten.[38] Putin führte dabei nur zurückhaltend ins Treffen, daß vor allem die geoökonomische Ratio Rußland dazu zwinge, die Wirtschaftsbeziehungen mit den EU-Staaten weiter auszubauen. Immerhin kamen im Jahr 2000 die ausländischen Direktinvestitionen zu 64 Prozent von Unternehmen in der EU. Auf die Beziehungen Rußlands mit den EU-Staaten entfielen im gleichen Zeitraum etwa 40 Prozent des russischen Außenhandels. Die EU-Kommission zeigte ihrerseits ein deutliches Interesse an Energielieferungen aus Rußland.[39]

Vor diesem Hintergrund drängten außenpolitische Experten die Kremlführung dazu, die Beziehungen zur EU weitaus entschiedener als bisher voranzutreiben. Man machte geltend, daß bloße Lippenbekenntnisse zum europäischen Wertekonsens nicht genügen. Vielmehr müsse die Bereitschaft dazu in vielen politischen Bereichen auch glaubhaft umgesetzt werden. Liberale Politiker wie etwa Wladimir Ryschkow drückten freilich offen ihre Zweifel daran aus, daß die Tendenzen zur Errichtung eines autoritären Systems in Rußland, zu denen die Stärkung der «Machtvertikale» des Präsidenten und die Gängelung von Parlament und Parteien gehörten, überhaupt noch «einem zivilisierten europäischen Szenario» entsprach.[40]

Das Interesse an engen Beziehungen zu Europa blieb ein starker Vektor der russischen Außenpolitik in allen politischen Lagern. Die Kurse für Europa notierten immer dann besonders hoch, wenn das Verhältnis Rußlands zu den USA gerade einen Tiefstand erreicht hatte. Tatsächlich war dies noch bis zum ersten persönlichen Treffen zwischen Putin und dem amerikanischen Präsidenten George W. Bush im Juni 2001 der Fall. Wie stark das konjunkturelle Pendel im Frühjahr 2001 zugunsten von Europa ausschlug, machte ein von der Informationsagentur RIA Nowosti Ende März in Moskau organisiertes Gespräch am Runden Tisch deutlich. Dort äußerten die bekannten «politischen Technologen» Gleb Pawlowskij und Sergej Markow, daß angesichts der ungünstigen Beziehungen zu den USA nunmehr endgültig Rußlands Stunde für Europa geschlagen habe. Am Runden Tisch sah man es als einfache Sache an, Rußland für die «Reorientierung auf Europa fit zu machen». Markow zufolge brauche Rußland «nur» die europäischen Werte und Kriterien des Maastrichter Vertrags zu übernehmen. Des weiteren müsse das politische System für die europäischen Standards «konvertibel» gemacht werden.[41]

Gleb Pawlowskij, der zu dem Zeitpunkt im Ruf eines einflußreichen Kremlberaters stand, nutzte diesen Anlaß, um den USA vorzuwerfen, der von ihnen betriebene «Globalismus» sei eine «archaische» Reaktion auf das Entschwinden der Sowjetunion. Denn die USA seien dabei, die Rolle der einstigen UdSSR in der Welt einzunehmen. Pawlowskijs gewagte These spitzte sich schließlich zu der Aussage zu, daß die USA heute als der eigentliche Nachfolger der UdSSR anzusehen seien. Am Ende all dieser Phantastereien und Spekulationen war man sich darin einig, daß Rußlands Platz nur in der einen und gemeinsamen Alten Welt zu suchen sei. Um dieser

Idee zum nachhaltigen Erfolg zu helfen, gab der Politikwissenschaftler Josif Diskin den taktischen Rat, im Umgang mit Europa doch ein für allemal jeglichen Bezug auf die Sowjetunion fallen zu lassen. Andernfalls würde man Europa «mit dem großen Schatten eines kleinen Bären» nur völlig unnütz verschrecken.[42]

Diese Art des Ideenaustausches unter namhaften Figuren der russischen Öffentlichkeit illustriert ebenso wie die widersprüchliche offizielle «Konzeption» vom Juli 2000 den in hohem Maße spekulativen Charakter der auf mehrere Optionen gleichzeitig ausgelegten russischen Außenpolitik. Bis Mitte September 2001 zeigten die rhetorischen Muster und die konkreten außenpolitischen Tätigkeiten der Kremlführung, daß Moskau keineswegs um einen konsequenten «Russogaullismus» in der Außenpolitik bemüht war. Die Kremlführung zog ein schnell wechselndes Ping-Pong-Spiel mit kurzfristigen Effekten einer klaren außenpolitischen Zielsetzung vor. Die hektische Suche nach Verbündeten und die diplomatischen Winkelspiele brachten auch zutage, in welch hohem Maße vorgebliche Inhalte nationaler Identität sowie Richtwerte und Vorbilder des Systemwandels zur Manövriermasse wurden. Die Flexibilität im Umgang damit zeigte aber auch, daß es der neuen Kremlführung an tiefen Überzeugungen fehlte. So gab sich Putin gegenüber westlichen Spitzenpolitikern als Demokrat und «überzeugter Anhänger der abendländischen christlichen Kultur», während er in Asien den «eurasischen» Charakter Rußlands hervorkehrte und eher autoritäre oder semi-autoritäre Modelle für Rußlands Entwicklung befürwortete.[43]

Wie immer taktisch oder grundsätzlich Putins Bekenntnisse einzuschätzen waren, allein der Umstand schnell wechselnder Selbstdarstellungen und Standortbestimmungen war auffällig genug. Unwillkürlich drängte sich auch für die Außenpolitik das Bild vom «Playmobil-Präsidenten» auf, das bereits auf die ideologische Biegsamkeit Putins während seiner Zeit als Interimspräsident gemünzt worden war. In die gleiche Richtung paßte die kritische Beobachtung in der Zeitung Nowyje Iswestija vom 5. September 2000, daß Putin ein «kurzsichtiger», von Großmachtstereotypen geblendeter Politiker sei, dessen außenpolitische Hyperaktivität nur eine Option «für die unmittelbare Zukunft» zulasse und der Entwicklung einer dauerhaften Linie entgegenstehe.[44]

Rußlands Westpolitik nach dem 11. September 2001

Am 11. September 2001 wurden allerdings die Weichen der russischen Außenpolitik neu gestellt. Angesichts der Terroranschläge in den USA erklärte Moskau seine volle Bereitschaft, sich aktiv in die weltweite Allianz zur Bekämpfung terroristischer Aktivitäten einzubringen. Die Kremlführung machte den USA bereits am 24. September konkrete Angebote zur Unterstützung in dem schwierigen Kampf. Putin nutzte das aufgrund der veränderten weltpolitischen Konstellation weit geöffnete «window of opportunity» dazu, um das erstarkte Interesse Rußlands zu bekunden, die Westintegration voranzutreiben und vor allem der Kooperation mit der EU wie mit der NATO eine neue Qualität zu verleihen.

Putin äußerte diesen Wunsch zusammen mit der Forderung nach einer internationalen Sicherheitsarchitektur, die eine vollwertige Beteiligung Rußlands an allen Entscheidungsprozessen einschließe, in einer – in deutscher Sprache – gehaltenen Rede im deutschen Bundestag am 25. September 2001. In Gesprächen mit westlichen Journalisten verdeutlichte Putin bei der gleichen Gelegenheit die neue positive Haltung Moskaus zur NATO und bejahte grundsätzlich den Gedanken einer russischen Mitgliedschaft in der Allianz.[45] Dies zeigte, daß die Stimmen, die in Moskau schon vor dieser offiziellen Wende für einen solchen Schulterschluß plädiert hatten, in der Kremlführung nicht überhört worden waren.[46] Im übrigen betonte Putin in seiner Berliner Rede erneut die europäische Identität Rußlands und das Interesse an einem «einheitlichen Großeuropa» sowie am Aufbau eines gemeinsamen «europäischen Hauses». Der russische Präsident ließ keinen Zweifel daran, daß angesichts der gewandelten Koordinaten in der Weltpolitik das ältere Paradigma des «Atlantismus» und des gleichzeitigen «Europäismus» in Rußland wieder deutlichen Auftrieb erhalten hatte.

Ein positives Echo auf die neuen russischen Avancen blieb nicht aus. Sowohl in Brüssel als auch in anderen europäischen Metropolen wie Berlin, London und Paris wurde die Haltung Rußlands honoriert. Nicht zu Unrecht erkannte man, daß Moskau ein in jeder Hinsicht äußerst wertvoller Verbündeter bei der Bekämpfung des islamistischen Terrorismus in Afghanistan war. Schließlich boten sich die früheren sowjetischen Unionsrepubliken in Zentralasien, die Rußlands neues sicherheitspolitisches Glacis bildeten, als ein unverzichtbares Aufmarschfeld für westliche Truppen an. Auch im Verhältnis zur NATO weichten die nahezu erstarrten Kontakte wieder auf. Verschiedene Treffen auf höchster Ebene beschäftigten sich im Spätherbst 2001 mit neuen Formen der Kooperation zwischen Moskau und der Allianz.[47] Dabei gingen die Vorschläge des NATO-Generalsekretärs Robertson wie die Ideen des britischen Premierministers Blair für eine engere Anbindung Rußlands an die Allianz am weitesten.

Auch in den Beziehungen Rußlands zu den USA kam es zu einer deutlichen Wende. Zwischen Moskau und Washington wurde der «Kalte Krieg» ein weiteres Mal endgültig für beendet erklärt. Putin warf die von Primakow ererbte Theorie von der «multipolaren Welt» über Bord. Außerdem schloß Moskau den russischen Horchposten auf Kuba. Bei Putins Staatsbesuch in den USA Mitte November 2001 war wieder – wie schon in den Anfängen der Kontakte zwischen Washington und der postsowjetischen Führung in Moskau – die Rede von «Freundschaft» und «Partnerschaft» zwischen den beiden Mächten. Am Ende der Ära Jelzin waren diese Begriffe in Mißkredit geraten. Jedoch gelang es Putin trotz der deutlichen atmosphärischen Verbesserung im Umgang zwischen Moskau und Washington bei dem Aufenthalt in den USA nicht, zu einer Übereinkunft in der strittigen Frage des ABM-Vertrages zu kommen.[48]

Die neue Amerikapolitik brachte Putin unter den «Westlern» in der russischen Öffentlichkeit einen deutlichen Prestigegewinn. Putin habe, wie der Leiter des Rates für Außen- und Verteidigungspolitik, Sergej Karaganow, die neue Außenpolitik Moskaus lobend bewertete, Rußland endlich aus dem «Niemandsland» herausgeführt, in dem es sich «als halber Opponent und als halber Partner des Westens» aufgrund des noch immer nicht ganz beendeten «Kalten Krieges» befunden habe.[49] Die Anhänger eines erneuten und konsequenten «Europäismus» und «Atlantismus» machten mobil, um Putin «Führungskraft» zu bezeugen und ihn in der eingeschlagenen Linie gegen die «alten Denker» im Lande zu unterstützen. Allerdings sahen sie jetzt auch die Stunde gekommen, Putin energisch aufzufordern, der neuen Außenpolitik einen Reformkurs im Innern folgen zu lassen, ohne den eine Westorientierung gar nicht zum Tragen kommen könne. Mit dem neuen diskursiven Angriff auf das «imperiale» Denken im Lande profilierten sich insbesondere Dmitrij Trenin, der außenpolitische Experte der Moskauer Carnegie-Stiftung, Wiktor Schejnis aus der «Jabloko»-Partei, der schon mehrfach zitierte Sergej Karaganow sowie die scharfsinnige Politikwissenschaftlerin Lilija Schewzowa.

Dmitrij Trenin meldete sich nur wenige Tage nach Putins neuer Positionsbestimmung im September 2001 zu Wort.[50] Er vertrat die Auffassung, daß Putin tatsächlich bereits vor dem 11. September erkannt habe, daß es mit den vielen gleichzeitigen Optionen der russischen Außenpolitik nicht mehr so weitergehen könne. Der 11. September habe dann aus dem Taktiker Putin einen Strategen gemacht. Denn Putin habe sich an dem Tag endgültig für die Integration Rußlands in Europa als der zentralen Priorität seiner Strategie entschieden. Nach Trenins Überzeugung könne «die optimale allgemeine Strategie» für Rußland auch nur «im Eintritt in das moderne Europa» bestehen. Allerdings habe Rußland dabei noch Beträchtliches zu leisten. Denn «unser Land ist ohne Zweifel europäisch, doch in seinem gegenwärtigen Zustand in vieler Hinsicht noch archaisch-europäisch». «Europäisierung» sei für Rußland gleichbedeutend mit «Modernisierung». Der Weg Rußlands nach Europa sei nur der Form nach eine außenpolitische Aufgabe. Seinem Wesen nach handele es sich aber zu 95 Prozent um ein inneres Problem. Die Lösung dieses Problems erfordere vor allem die Schaffung eines Rechtsstaates und die Entfaltung einer Zivilgesellschaft.

Trenins Belehrungen gingen noch weiter. Da die Visitenkarte des modernen Europas die Menschenrechte seien, könne Rußland nicht mit einem politisch ungelösten Problem «Tschetschenien» nach Europa gehen. Außerdem müßten die russische politische Elite und die Öffentlichkeit überhaupt noch begreifen, daß es im heutigen Europa gar keine Großmächte mehr gebe und auch gar nicht geben könne. Das europäische Verhaltensmodell beruhe auf multilateralen und nicht, wie dies für Rußlands Sicht immer noch charakteristisch sei, auf bilateralen Beziehungen zwischen den Staaten. Trenins Argumentation stellte konsequent darauf ab, seinen Landsleuten einzubleuen, daß die überkommenen Parolen und das Gehabe einer Großmacht auf dem Weg nach Europa deplaziert und überflüssig seien. Schließlich sei für Rußland ohnehin jede Art von Rückzug auf den Status einer Großmacht versperrt. Denn die sogenannte «eurasische» Option oder irgendeine Art von «Drittem Weg» gehörten in das Reich der reinen «Hirngespinste».[51]

Der Beitrag von Wiktor Schejnis in der Nesawisimaja Gaseta vom 18. Dezember 2001 schlug in die gleiche Kerbe wie Trenins Epistel.[52] Im Tenor lief Schejnis Botschaft darauf hinaus, daß man in Rußland endlich die falsche Vorstellung von einer Bedrohung durch den Westen ablegen, sich endgültig von dem Gedanken der Wiedererlangung des Großmachtstatus trennen und schließlich die «reaktionäre eurasische Utopie» verwerfen müsse. Hingegen solle Rußland endlich seine «wahre europäische Identität» realisieren, indem es Demokratie und Rechtsstaat einführe und lerne, im Wettbewerb einer freien globalen Wirtschaft zu bestehen. Rußlands bisheriger «imperialer Pfad» sei nicht gangbar. Die nationalen Interessen Rußlands bestünden darin, das gesellschaftliche Leben am Muster der europäischen Länder zu orientieren und mit ihm in Einklang zu bringen. Deshalb müßten die nationalen Interessen zuallererst zu Hause verteidigt werden. Schejnis machte sich zuletzt die einleuchtende Argumentation des amerikanischen Politikwissenschaftlers Michael McFaul zu eigen, demzufolge «ein bloß vorgeblich demokratisches Rußland auch nur ein vorgeblicher Verbündeter der Vereinigten Staaten» sein könne.[53]

Bereits Anfang 2002 erhielten die vorübergehend so harmonisch wirkenden, ja geradezu von einem überschwenglich kooperativen Geist beflügelten russisch-amerikanischen Beziehungen wieder deutliche Dämpfer. Washington kündigte einseitig den ABM-Vertrag. Von amerikanischer Seite kritisierte man erneut das russische Vorgehen in Tschetschenien und die offenkundig repressive Medienpolitik der Kremlführung. Putin reagierte enttäuscht auf die Kündigung des ABM-Vertrages und erklärte diesen Schritt für einen «Fehler», wollte aber deswegen ausdrücklich «keinerlei Hysterie» in Rußland aufkommen lassen. Allerdings sahen sich die «Antiwestler» in der Gesellschaft wie vor allem im Militär nun dazu herausgefordert, nicht nur die USA zu kritisieren, sondern auch die falsche proamerikanische Außenpolitik Putins. Außerdem forderten sie wie schon früher bei ähnlichen Gelegenheiten, daß die USA endlich für die vielen Avancen Moskaus «Kompensationen» zu leisten hätten.[54]

Die Attacken von der Front der Antiwestler riefen wiederum die Verteidiger des neuen Kurses in der russischen Außenpolitik auf den Plan. So hielt Lilija Schewzowa in einem vielbeachteten Artikel in der Zeitung Moskowskije Nowosti Mitte Januar 2002[55] den Kritikern Putins entgegen, sie dürften sich nicht über irgendeinen «Verrat» der neuen Verbündeten im Kampf gegen den Terrorismus beklagen, wenn diese wegen des Vorgehens in Tschetschenien und wegen der Schließung des unabhängigen Fernsehkanals TW6 berechtigte Kritik übten. Sie bescheinigte Putin große Führungsqualität, da er ungeachtet der gespaltenen außenpolitischen Meinung unter den Eliten wie in der Gesellschaft klar Farbe zugunsten des Westens bekannt habe. Das deutliche Lob für den Präsidenten schwächte Schewzowa allerdings insofern ab, als sie Putin kategorisch dazu aufforderte, doch endlich auch im Innern für Reformen zu sorgen. Sie warnte, daß die Annäherung an den Westen ohne Übernahme der Werte der westlichen Zivilisation nicht gelingen könne. Denn «je energischer wir uns daran machen, eine Potemkinsche Demokratie zu errichten, um so mehr werden wir uns voneinander [vom Westen] entfernen.» Solange man in Rußland nicht die politischen Spielregeln ändere, sondern das Regime der Selbstherrschaft weiter bewahre, könne sich Rußland nicht in die westliche Gemeinschaft integrieren.

Schewzowa holte dann zu einem generellen Seitenhieb gegen die Anhänger der Vorstellung von einer angestammten Großmachtrolle Rußlands aus. Sie schrieb, daß die Integration in den Westen solange nicht erreichbar sei, wie man in Rußland den Anspruch auf die sogenannte «Einzigartigkeit» des Landes bewahre und auf einen damit begründeten besonderen Status in der Weltpolitik poche. Wolle man sich dieser Einsicht verschließen, dann müsse Rußland eben weiter in seiner «Einzigartigkeit» verharren und zugleich jenseits der Schwelle zur westlichen Zivilisation verbleiben.

Schewzowa wie andere «Westler» forderten im übrigen den Präsidenten auf, sich schleunigst von seinem politischen Personal in den Ministerien und in den weiteren für die Außen- und Verteidigungspolitik zuständigen Ämtern zu trennen, da mit diesen noch in der Logik des «Kalten Krieges» befangenen Beamten keine neue Außenpolitik zu bewerkstelligen sei.[56] In der öffentlichen Meinung und unter Experten hatte sich unterdessen bereits die Überzeugung verbreitet, daß Putin die neue Außenpolitik praktisch im Alleingang konzipiert und realisiert habe. Viele sehen vor allem in Außenminister Igor Iwanow und in Verteidigungsminister Sergej Iwanow die Bremsklötze bei der Durchsetzung des neuen außenpolitischen Kurses. Da die beiden als die verantwortlichen Autoren der unsäglichen «Konzeption zur Außenpolitik» vom Sommer 2000 anzusehen sind und auch immer wieder zu erkennen gegeben haben, daß sie von der neuen Linie des Präsidenten abweichen, erscheint die Kritik an den beiden Blockierern berechtigt.

Während die Position eines offiziellen außenpolitischen Beraters des Präsidenten von dem eher farblosen Sergej Prichodko bekleidet wird, agieren die eigentlichen außenpolitischen Ideengeber Putins vorwiegend im Schatten. Immer wieder fallen die Namen von Michail Margelow und Sergej Karaganow. Während ersterer dem Ausschuß für außenpolitische Angelegenheiten im Föderationsrat vorsitzt, leitet letzterer, wie erwähnt, den lediglich beratenden Außen- und Verteidigungspolitischen Rat. Daß den beiden eine gewisse konsultative Rolle zukommt, wird schon durch den auffälligen Umstand erhärtet, daß Putin nicht selten Argumentationsgänge und Begriffe verwendet, die in den Aussagen der beiden schon einige Zeit vorher exakt «vorformuliert» worden waren.

Ganz allgemein wurde deutlich, daß der Präsident Grundaussagen der «Westler» übernahm und daß er in der Konsequenz seines neuen Ansatzes den jahrelang dominierenden «patriotischen Konsens» unter den politischen Eliten aufgekündigt hat. Dabei trat in Putins Aussagen immer stärker als Schlüsselargument die These hervor, daß ohne eine konsequente liberale Wirtschaftspolitik und ohne die äußerste Mobilisierung der ökonomischen Ressourcen des Landes jegliches Gerede von einer Großmachtrolle obsolet sei.

Rußlands Anwälte im Westen

Bei der möglichen Entfaltung einer neuen weltoffenen und liberalen russischen Außenpolitik kommen natürlich auch externe Faktoren ins Spiel. Dazu zählt ein günstiges internationales Klima vor allem im Verhältnis der USA gegenüber Rußland, aber auch seitens der europäischen Kräfte. Moskau muß sich nicht nur mit der amerikanischen Kündigung des ABM-Vertrages und einer anstehenden Erweiterung der NATO auf das Baltikum abfinden. Hinzu kommt das manifeste Interesse der Amerikaner an den Ölreserven der Kaspischen Region, die Moskau traditionell als den «Hinterhof» Rußlands betrachtet. Zu den vordringlichsten Interessen Rußlands gehört die Aufnahme in die Welthandelsorganisation WTO. Um dieses Ziel und damit die Integration des Landes in die Weltwirtschaft zu erreichen, bedarf Moskau der weitreichenden Unterstützung der westlichen Welt, zumal der USA und der EU.

Unterdessen zeigt sich, daß Rußland vorzugsweise in der britischen Regierung, aber auch seitens des NATO-Generalsekretärs, Lord Robertson, Interesse und Unterstützung hinsichtlich engerer Kooperationsformen mit der Militärallianz findet. Auch von der deutschen Regierung erwartet Moskau eine wohlwollende Haltung und Hilfestellung bei Rußlands schwierigem Weg in Richtung NATO und WTO. Seit Putins Antrittsbesuch in der Bundesrepublik Deutschland im Juni 2000 wurde unübersehbar, daß sich Bundeskanzler Gerhard Schröder und Wladimir Putin freundschaftlich zugeneigt sind und daß sich die deutschen politischen Spitzen durchaus als Fürsprecher für russische Anliegen verstehen. Nach den Septemberereignissen und aufgrund der Wertschätzung, die Putin für seine Rede im deutschen Bundestag gezollt wurde, ließ sich der Kanzler sogar zu der Bemerkung hinreißen, daß man angesichts des weltweiten Terrorismus auch das Tschetschenienproblem etwas «differenzierter» zu betrachten habe.[57]

Selbst in den ganz persönlichen Kontakten gewann Putin Terrain. Obwohl sich Schröder zunächst zu sträuben schien, in die Fußstapfen seines Vorgängers Helmut Kohl zu treten, den eine enge «Männerfreundschaft» und gemeinsame Saunabesuche mit Boris Jelzin verbanden, so wurden unterdessen auf andere Art persönliche Kontakte zwischen den Familien Putin und Schröder hergestellt. Dazu gehörte, daß letztere zum russischen orthodoxen Weihnachtsfest Anfang 2001 nach Moskau eingeladen wurden. Bei der Gelegenheit suchte man nicht nur gemeinsam festlich geschmückte Gotteshäuser auf, sondern vergnügte sich auch bei Schlittenfahrten in romantischer Winterlandschaft.[58] Seither gab es eine Reihe weiterer Anlässe, bei denen sich Putin vertraulich an seinen deutschen Duzfreund Gerhard wandte, um wichtige politische Vorgänge in Europa und der Welt gemeinsam zu beraten.

Unter allen westlichen Anwälten Rußlands nimmt der britische Premier Tony Blair jedoch den obersten Rang ein. Dies bestätigte sich bei Putins «Familienbesuch» Ende Dezember 2001 in Checkers, dem Landsitz des britischen Premierministers. In der russischen Presse schloß man aus der überaus herzlichen Begegnung, daß dem britischen Regierungschef «die Rolle des ersten Lobbyisten Rußlands im Westen» zukomme.[59] Putin gelang es bis zum Frühjahr 2002, auch Kanada als Fürsprecher für eine engere Integration Rußlands in die NATO zu gewinnen.[60] Im April 2002 trat die politische Führung Italiens mit Vehemenz als öffentlicher Anwalt Rußlands auf dem Weg in westliche Organisationen hervor. Silvio Berlusconi forderte entschieden, Rußland sowohl in die NATO als auch in die EU aufzunehmen.[61]

Ende Mai 2002 häuften sich die ersten Siegprämien für Putins rastlosen Lauf Richtung Westen: Der Besuch des amerikanischen Präsidenten George W. Bush in Moskau und St. Petersburg bot reichlich Anlässe, um die persönlichen Kontakte zwischen den «Ersten Diplomaten» in Washington und Moskau zu vertiefen. Die Unterzeichnung eines Abkommens zur Reduktion der strategischen Waffen auf etwa ein Drittel des aktuellen Bestandes zeugte von den ernsthaften gemeinsamen Bemühungen zur Verringerung der jeweiligen Waffenarsenale.[62] Kurz nach dem Moskauer Zweiergipfel traf sich Putin mit den NATO-Granden in der Nähe von Rom, um die neue Kooperation zwischen Rußland und der Allianz zu besiegeln. Auf dem Weg Rußlands in den Westen ist dies zweifellos ein besonders weitreichender Schritt, auch wenn die neue «NATO der Zwanzig» die Zusammenarbeit zwischen Rußland und dem Bündnis auf den Kampf gegen den Terrorismus und weitere fest umrissene Bereiche begrenzt. Der deutsche Außenminister Fischer sprach zu Recht von einem wahrhaftigen Türöffner für Rußlands Eintritt in die «euro-atlantischen Strukturen».[63] Nur wenige Stunden nach dem Gipfel von Rom trafen sich die EU-Troika und die russische Führung in Moskau. Bei der Gelegenheit wurde Rußland der schon lange angestrebte Status eines «Marktwirtschaftslandes» attestiert.[64] Daß man sich in Moskau nicht mit diesen großen Erfolgen auf dem langen Weg in den Westen begnügt, zeigt die Gründung einer neuen Stiftung für «Ost-West-Brücken». Der neue *think tank*, in dem sich die Spitzen der Russischen Akademie der Wissenschaften aus dem Institut für Europa und dem Institut für die USA und Kanada zusammenfinden, soll die Möglichkeiten der Integration Rußlands in die euro-atlantischen Strukturen systematisch ausloten und weitere konkrete Schritte vorbereiten.[65]

Putins Westpolitik im Härtetest

Während die jüngsten Verträge von Moskau und Rom der Westintegration Rußlands neue Schubkraft verleihen, war Putins konsequenter Westkurs in den ersten Monaten des Jahres 2002 aufgrund einiger Ereignisse von eher nachgeordneter weltpolitischer Bedeutung harten Proben ausgesetzt. Es handelte sich um Irritationen im Verhältnis zu den USA wegen amerikanischer Militärhilfe für Georgien und wegen des wachsenden Einflusses der USA auf die neuen Staaten in Zentralasien. Dies mißfiel vornehmlich den russischen Generälen. Die Russische Orthodoxe Kirche zeigte sich darüber empört, daß sich der Vatikan «erdreistet» hatte, vier bisherige apostolische Vertretungen der katholischen Kirche in Rußland zu Episkopaten zu erheben.[66] Und schließlich schäumten nahezu alle Bürger Rußlands vor Wut, als man ihren Athleten in Salt Lake City die aus ihrer Sicht verdient erworbenen Medaillen aberkannt oder durch doppelte Vergabe entwertet hatte. Diese Vorgänge ließen erneut mit Vehemenz das Syndrom der «gekränkten Großmacht» aufbrechen und versetzten die an Rußlands Macht und «Einzigartigkeit» gewöhnten Eliten und Bürger in seelischen Aufruhr. Es entstand der Eindruck, die ganze Welt, zuvorderst der Westen und allen voran die USA, hätte sich gegen Rußland verschworen.

Die Aufregung über die Gruppe amerikanischer Militärexperten, die von dem georgischen Präsidenten Schewardnadse ins Land geholt worden war, um als Sicherheitsberater gegen mutmaßliche Terroristen in der Pankisischlucht zu dienen, wurde von Putin schnell wieder eingedämmt. Auf einem informellen Treffen der GUS-Führer in Almaty erklärte Putin Anfang März 2002, daß die Präsenz der Gruppe «keine Tragödie» sei, und dies «könne auch gar nicht der Fall sein». «Wenn in Zentralasien nichts zu beanstanden ist, warum dann aber in Georgien?»[67] Damit bestätigte Putin nochmals sein schon im September 2001 gegebenes Einverständnis mit der Präsenz von amerikanischem Militär in Zentralasien. Zugleich erteilte er Georgien eine Absolution. Das einzige Gravamen, das Putin gelten ließ, war die Tatsache, daß die georgische Führung Rußland von dem Vorgang nicht unterrichtet hatte. Putin stellte sich jedoch klar gegen die in der Duma schon diskutierte Absicht, die Unabhängigkeit von Georgiens autonomer Provinz Abchasien anzuerkennen, um Georgien wegen seiner Hinterhältigkeit gegenüber Rußland nachhaltig zu bestrafen. Nachdem er ein klares Machtwort in der Angelegenheit gesprochen hatte, beruhigten sich die Gemüter bald wieder.

In weitaus größeren Aufruhr versetzte der sogenannte «Goldraub» von Salt Lake City das Land. Dies erklärte sich vornehmlich dadurch, daß diesmal Präsident Putin zunächst höchstpersönlich verärgert und gekränkt auf die aus seiner Sicht unfaire und ungerechte Behandlung der russischen Athleten reagiert und damit die allgemeine Welle der Empörung ausgelöst hatte. Zwar nahm sich Putin nach Rücksprachen mit der neuen Führung des Internationalen Olympischen Komitees auch in diesem Fall schließlich zurück und versuchte, nach allen Seiten wieder die Wogen zu glätten.[68] Die Affäre hatte jedoch die allgemeine Überempfindlichkeit in Rußland für vermeintliche internationale Demütigungen, und seien es auch nur die einer Sportgroßmacht zugefügten Niederlagen, höchst anschaulich an den Tag gebracht. Während nur wenige kritische Stimmen etwa das Verhalten der russischen Sportfunktionäre in Frage zu stellen wagten und sich wegen der übermäßigen Politisierung des ganzen Konflikts «in die UdSSR» zurückversetzt sahen, beobachteten andere, daß der neu entflammte Haß auf die USA alle Bürger Rußlands zusammengeschweißt hatte und insofern die so lange gesuchte «neue nationale Idee für Rußland» ganz von selbst aufgetaucht sei.[69] Überlegungen dieser Art waren, wie erwähnt, bereits im Zusammenhang mit der anfänglich so breiten Unterstützung für die zweite bewaffnete Intervention im Kaukasus aufgetreten. Damals hatte man die allgemeine Empörung, die sich vor dem Hintergrund des Kosovo-Syndroms über die westliche Kritik an dem neuen Krieg breit gemacht hatte, ebenfalls als die endlich gefundene neue «nationale Idee» bezeichnet.

Bei diesen Anlässen zeigte sich die Mentalität von Menschen in einer belagerten Festung, wie Igor Bunin feststellte.[70] Hinzu kommt, daß imperiale Großmachtvorstellungen und ein Feindbild vom Westen, zumal von den USA, das in der Sowjetzeit über Jahrzehnte den Menschen eingetrichtert worden war, als negative

Stereotype konserviert wurde und offenkundig sehr schnell wieder aus dem kollektiven Gedächtnis abgerufen werden konnte.

Umfragen des Allrussischen Zentrums zur Erforschung der Öffentlichen Meinung haben im Frühjahr 2002 bestätigt, daß in der Gesellschaft «westliche» Werte und Entwicklungswege mehrheitlich auf Ablehnung stoßen. Der Leiter des Instituts, Jurij Lewada, teilte in einem Zeitungsinterview vom 12. März 2002 mit, daß in einer Umfrage vom Oktober 2001 71 Prozent der Befragten der Meinung waren, daß Rußland einer besonderen «eurasischen» oder einer «orthodox-slawischen» Zivilisation angehöre und daß der westliche Entwicklungsweg für das Land nicht geeignet sei. Er ergänzte, daß zwar zwei Drittel der Befragten gegenüber den Vereinigten Staaten wie gegenüber vielen europäischen Ländern positiv eingestellt seien, daß aber gleichwohl die Mehrheit glaube, «der Westen wünsche Rußland keine gedeihliche Entwicklung». Die Zahl derer, «die sich vom Rest der Welt abgrenzen und zu Feindbildern neigen, sich selbst als einzigartig betrachten und wenig Respekt für das Individuum aufbringen», wachse an. Lewada erklärte die besondere Zählebigkeit solcher Vorstellungen damit, daß die Wurzeln dieses Denkens tief in die «historische Psychologie» der Russen zurück reichten. Der bekannte Soziologe und «Westler» Lewada sah zuletzt in den weiterhin virulenten Großmachtvorstellungen eine potentielle Gefahr für Rußlands Entwicklung. Denn solche psychologischen Dispositionen könnten einem neuen Isolationismus Auftrieb geben und die latente Festungsmentalität weiter verstärken.[71]

Angesichts dieser Gefühlslagen und Befindlichkeiten entbehrt Putins neue Westpolitik einer breiten gesellschaftlichen Basis. Die mangelnde Gefolgschaft und mögliche Skepsis gegenüber der neuen außenpolitischen Ausrichtung der Politik Putins wiegen jedoch wenig angesichts der generell sehr hohen Zustimmung von 75–80 Prozent, der sich Putin in der Bevölkerung stetig erfreuen kann. In der Zeit vor dem 11. September erhielt Putin gerade im Bereich der Außenpolitik die höchste Zustimmung in Umfragen. Darüber gab der sogenannte «Leistungsindex» Auskunft, der über Erwartungen in die Fähigkeiten des Präsidenten zur Problemlösung in einzelnen Politikfeldern informiert. Bei den politischen Eliten erhielt die Außenpolitik des russischen Präsidenten im Frühjahr 2001 sogar eine ganz besonders hohe Zustimmung. Zu dem Zeitpunkt wurde Putin aber klar der «Primakow»- bzw. der «Anti-Kosyrew-Schule» zugerechnet. Im Prioritätenkatalog der Länder rangierten damals aus der Sicht der politischen Eliten die asiatischen Mächte China und Indien an der Spitze. Das Verhältnis zu ihnen wurde von 67 Prozent der Befragten besonders positiv bewertet. Europa landete mit 65,2 Prozent an zweiter Stelle, während die USA lediglich mit 48 Prozent honoriert wurden.[72] Für die mittlerweile völlig geänderten Parameter der russischen Außenpolitik ist gerade unter den politischen Eliten und vor allem bei den Sicherheitsdiensten und im Militär keine solche Zustimmung in Rechnung zu stellen. Ersten Berichten zufolge findet Putin allenfalls bei einem Drittel der Offiziere Unterstützung für seine Politik der Annäherung an die NATO wie an die USA.

Karaganow forderte schon vor zwei Jahren, daß sich in der Außenpolitik in erster Linie das Denken der Entscheidungsträger ändern müsse und daß man endlich darauf verzichten solle, ständig neue «Konzepte» für die Außenpolitik zu erarbeiten. Indessen hat eine Vielzahl von Untersuchungen zum außenpolitischen Rollenverständnis von Herrschaftseliten in zahlreichen Staaten der Welt zu Tage gefördert, daß ein derartiges Umdenken in der Regel sehr langwierige Prozesse erfordert.[73] Wie die überhitzten Reaktionen auf das Debakel der russischen Olympiakämpfer gezeigt haben, kann die Wahrnehmung ungerechter Kränkungen dazu führen, daß ältere Überzeugungen und Einstellungen wie etwa Festungsmentalitäten und Feindbilder unter Eliten wie Bürgern rasch wieder erwachen. Neue Weltbilder und politische Rollenkonzepte in der Außenpolitik bedürfen deshalb stetiger und langjähriger Einübung, um sich als tragfähig und resistent zu erweisen.

Jenseits solch vordergründiger Probleme wie der «Goldraub» von Salt Lake City oder die Errichtung von katholischen Episkopaten auf orthodoxem Terrain sind in Rußland jedoch die enormen Belastungen der Menschen aufgrund der anhaltenden politischen und ökonomischen Transformationsprozesse als erschwerender Faktor bei der Suche und Akzeptanz einer neuen nationalen Identität und internationalen Standortbestimmung des Landes in Rechnung zu stellen. Solange das Ende der allgemeinen Unsicherheit nicht absehbar ist, erfüllen ausgleichende psychologische Mechanismen wichtige Funktionen der Stabilisierung. Insofern können die herkömmlichen selbstgefälligen Denkmuster von einer regionalen Vormachtstellung und von der weltpolitischen Rolle des Landes tatsächlich vorzügliche Dienste als «psychische Krücken» leisten, ob für die politischen Eliten oder für die einfachen Bürger.

Wenn der im Sommer 2002 übermittelte Eindruck zutrifft, daß Putin Antworten auf Rußlands ewige Fragen «Wer sind wir?» und «Wohin gehen wir?» gefunden hat und diese in der Westintegration und der «Europäisierung» des Landes zu suchen sind, so bleibt gleichwohl viel zu tun, um diesen Zielsetzungen zu Hause und im internationalen Umfeld näher zu kommen. Im Innern stehen entscheidende Impulse und Initiativen zu einer konsequenten weiteren Demokratisierung wie zur vordringlichen politischen Lösung der tschetschenischen Frage aus. Je entschlossener und konstruktiver der Zugang gerade zur Lösung dieser Probleme erfolgt, desto rascher und glatter lassen sich auch die Aufgaben der internationalen Integration Rußlands bewältigen.

Zweifellos wird es nicht leicht sein, insbesondere die mentalen Barrieren gegen Rußlands erneuten Aufbruch nach Europa zu überwinden. Und dies gilt nicht nur für die Heimatfront, sondern auch für das westliche Ausland, wo sich ebenfalls schnell abrufbare negative Stereotypen aus den Zeiten des Kalten Krieges konserviert haben. Insofern fällt allen an einer «Europäisierung» Rußlands interessierten internationalen Akteuren die Aufgabe zu, sich an dem Unternehmen engagiert und vorurteilslos zu beteiligen. Immerhin hat Javier Solana, der Hohe Repräsentant der EU für die Gemeinsame Außen- und Sicherheitspolitik, schon im Frühjahr 2000 die ebenso hoffnungsvoll wie bedeutungsschwer klingende Aussage getroffen, daß zu Beginn des 21. Jahrhunderts «die Partnerschaft mit Rußland die wichtigste Herausforderung» für die Europäer bilde.[74]

Nachwort zur zweiten Auflage

Die in diesem Band vorgelegten Analysen haben sich im letzten Jahr weitgehend bestätigt. Die bürokratischen, autoritären und plebiszitären Züge des Regimes treten unterdessen immer stärker hervor. Die Frage «Wer herrscht in Rußland?» bleibt weiterhin aktuell. Ist es Präsident Putin allein, sind es die im Kreml konzentrierten Heerscharen von Bürokraten, oder sind es die vielen «Polizisten», auch «Silowiki» oder «Tschekisten» genannt,[1] die sich der Präsident aus Militär und Sicherheitsorganen in den Staatsdienst geholt hat? Ungeachtet der bedrohlichen Entwicklungen werden gegen Ende der ersten Amtszeit Putins politische Stabilität und wirtschaftlicher Aufschwung als die herausragenden Errungenschaften der neuen Ära gehandelt. Auf den ersten Blick trifft dies zu. Im Schnitt lag die Zuwachsrate der russischen Wirtschaft seit fünf Jahren bei über 6 Prozent, im Jahr 2003 sogar bei 7,3 Prozent. Das rasante Wirtschaftswachstum und gute Zensuren von Investitionsagenturen verdecken jedoch, daß sich der ökonomische Erfolg weitgehend aus den sprudelnden Erdöl- und Erdgasquellen speist. Dank der gestiegenen Weltmarktpreise für Rohstoffe floriert der Export. Der vorgebliche Aufschwung der Wirtschaft fußt daher nur auf dem unsicheren Fundament einer günstigen Weltkonjunktur.

Die Grundlagen der vermeintlichen politischen Stabilität erscheinen nicht minder prekär. Denn diese ist das Ergebnis der verschärften Kontrolle der Kremlführung über staatliche und gesellschaftliche Einrichtungen. Politische Friedhofsruhe herrscht über dem Land. Sämtliche Fernsehkanäle dienen dem Kreml als Sprachrohr; das Einparteiensystem sowjetischer Spielart kehrte zurück, und die Duma verkümmerte zu einem Taschenparlament. Die Gewaltenteilung wird mit Füßen getreten. Staatsanwaltschaft und Justiz folgen gehorsam den Anordnungen der Exekutive. Dies zeigte sich etwa Ende Oktober 2003, als einer der tüchtigsten Wirtschaftsbosse des Landes mit brutaler Gewalt hinter Gitter gebracht wurde. Die abtrünnige Provinz Tschetschenien bleibt ein Unruheherd, und dies entgegen anders lautenden Parolen aus Moskau. Terroristische Anschläge auf Ziele in der Hauptstadt mehren sich. All dies spricht gegen die These von der Stabilisierung Rußlands. Von einer demokratischen Konsolidierung kann schon gar nicht die Rede sein. Die gängige Formel von der «gelenkten Demokratie» wird der tatsächlich autoritären Präsidialherrschaft nicht gerecht.

Mittlerweile verbreitet sich die Meinung, Rußland sei heute eine «Sowjetunion mit Marktwirtschaft».[2] Einige Beobachter sehen eine starke Ausrichtung am chinesischen Modell.[3] Nur noch wenige setzen darauf, daß es nach den Präsidentenwahlen zu einem neuen Aufschwung liberaler Reformpolitik kommt. Um solche Spekulationen zu überprüfen, sind zu allererst die Methoden und Mechanismen der Machtabsicherung ins Auge zu fassen, die sich im System Putin etabliert haben. Des weiteren ist zu ermitteln, wie es der russische Präsident mit der Demokratie hält und wie mittlerweile die Antwort auf die Frage ausfällt, ob Putin ein «Andropow von heute», ein technokratischer Ingenieur des Systemwechsels oder vielleicht doch ein – immer noch verkappter – liberaler Reformer ist.

Die politische Legitimität der Herrschaft im System Putin beruht auf plebiszitären sowie auf administrativen Mechanismen. Während sich erstere vorwiegend aus der Steuerung des Parteienwettbewerbs und der sorgfältigen Vermarktung eines attraktiven Images des Präsidenten speisen, gehören zu den maßgeblichen Methoden der institutionellen Machtabsicherung die Rekrutierung politischen Personals aus dem Militär und den Sicherheitsorganen und eine einseitige Auslegung der Verfassung als autoritäres Präsidialsystem.

Putin ging bei der Auslegung und praktischen Handhabung der Verfassung über die von seinem Amtsvorgänger Jelzin eingeschlagene Linie weit hinaus. Während sich unter Jelzin die gewaltenteiligen Elemente der Verfassungsordnung sowie die politischen Freiheiten der Bürger und die in der Verfassung eigens anerkannte «politische Vielfalt und das Mehrparteiensystem» durchaus entfalten konnten, wurden sie unter Putin drastisch behindert. Nicht zufällig offenbarte die unmittelbar nach Verabschiedung der Verfassung aufgekommene Vorstellung von einem «Superpräsidentialismus» erst unter Putin ihre bedrohliche Kraft.

Wie Otto Luchterhandt zu Recht feststellte, wurde der «Superpräsidentialismus» erst unter Putin «aus der Potentialität zur Realität».[4] Dies zeigte sich am Schleifen der Machtpositionen der regionalen Oberhäupter ebenso wie an der Straffung der sogenannten «Präsidentenvertikale», also der hierarchisch und bürokratisch verfaßten Machtpyramide mit dem Präsidenten an der Spitze. Vor allem machte die konsequente Unterdrückung der Vielfalt der Medien sowie der Informations- und Meinungsfreiheit der Bürger ersichtlich, daß unkontrollierte Bezirke des öffentlichen Lebens nicht erwünscht waren.

Unter Putin wurde nicht nur die institutionelle Stärkung der Zentralmacht forciert, sondern auch die Kontrolle über das Parteiensystem ausgedehnt. Die intensiven Bemühungen der Wahlleiter im Kreml mündeten bei den Dumawahlen vom Dezember 2003 in den fulminanten Erfolg der administrativen Partei «Einiges Rußland». Den Regisseuren der Kremlführung gelang ein gewaltiger Coup. Die neue «Partei der Macht» schwoll nach der Stimmauszählung und nach gelenkten Wanderbewegungen der direkt gewählten «unabhängigen» Kandidaten in die neue Riesenfraktion zu einer satten verfassunggebenden Mehrheit von 306 Stimmen an. Die kommunistischen Abgeordneten haben nur noch 52 der insgesamt 450 Sitze inne. Sie allein repräsentieren die Opposition. Während die beiden demokratischen Parteien «Jabloko» und «Union der Rechten Kräfte» den Einzug in die Duma ganz verpaßten, kamen mit den Vertretern von Schirinowskijs pseudoliberaler Partei (11,8 Prozent) und mit der von der Kremlführung lancierten Satellitenpartei «Rodina» (Heimat, 9,1 Prozent) stramm nationalistische Kräfte ins Parlament. Da die beiden Parteien gefügige Mitstreiter der großen Staatspartei sind, ist der politische Pluralismus praktisch auf ein Einparteiensystem zusammengeschrumpft.[5] Als Novum gesellt sich das Einkammerparlament hinzu, denn jedes aufschiebende Veto der zweiten Kammer, des Föderationsrates, kann von der Duma mühelos überstimmt werden.

Die vollkommene Gleichschaltung des Parlaments und die Verödung der Parteienlandschaft sind das Ergebnis einer Übersteuerung des Parteienwettbewerbs und eines höchst unfairen Wahlkampfes. Daß die jüngsten Wahlen allenfalls frei, aber keineswegs fair waren, ist von den Beobachtern der OSZE bestätigt worden.[6] Ohne jeden Zweifel wurde das «Einige Rußland» dank des Einsatzes der «administrativen Ressourcen» vor allem in den staatlichen Fernsehkanälen gegenüber den anderen Parteien massiv bevorzugt. In erster Linie profitierte das «Einige Rußland» jedoch von der direkten Unterstützung durch Präsident Putin. Dabei spielte der plebiszitäre Charakter des Systems eine wichtige Rolle. Während das «Einige Rußland» seine Wahlplattform ganz auf die Unterstützung des Präsidenten ausrichtete, betrieb Putin umgekehrt klare Wahlwerbung zugunsten dieser Partei. Er demonstrierte dies deutlich, als er Ende September dem Parteikongreß seine Aufwartung machte und der Partei unmißverständlich seine persönliche Unterstützung zusicherte. Er sprach von einer wünschenswerten Mehrheit in der neuen Duma, «ganz gleich, wie man diese nenne». Er wolle sich ja gar nicht in Parteipolitik hineinziehen lassen.[7] Obwohl er damit die Identifikation mit der Partei herunterspielte, hatte der Präsident mit der einseitigen Sympathiebekundung klar gegen die neuen wahlrechtlichen Bestimmungen verstoßen. Prompt legten die Kommunisten gegen Putins wahlwerbenden Auftritt Beschwerde ein. Die Zentrale Wahlkommission hatte Mühe, die einseitige Parteinahme des Präsidenten zu exkulpieren. Sie entblödete sich nicht, den Verstoß damit wegzureden, daß der Präsident nicht an einem Arbeitstag – der Auftritt fand an einem Samstag statt – vor der Partei erschienen sei; er habe sich auch nur an die Partei und nicht direkt an das Wahlvolk gewandt.[8] Die Ausreden der Wahlkommission waren gewiß mehr als eine Glosse wert. Sie zeigten ebenso wie Putins Werben für eine unbestimmte Mehrheit in der Duma, wie weit entfernt alle Beteiligten von dem Know-how einer Parteiendemokratie waren.

Putins Äußerungen zur Rolle der politischen Parteien im russischen Regierungssystem zeichnen sich durch auffällige Widersprüche aus. Sie schwanken zwischen einer Art Parteienprüderie und der wiederholt bekundeten Einsicht in den Nutzen politischer Parteien als einer festen «Struktur des politischen Lebens». Das von Putin selbst betriebene Parteiengesetz sollte bei der Entwicklung der Parteien behilflich sein und womöglich dazu führen, die Regierung «nach dem Parteienprinzip» zu bilden, wie Putin bereits Ende 2000 bekundet hatte. In seiner Jahresbotschaft an das Parlament betonte der Präsident im Mai 2003, daß nunmehr die Voraussetzungen für eine stärkere Rolle der politischen Parteien im öffentlichen Leben gegeben seien. Er hielt es für möglich, «unter Berücksichtigung des Ausgangs der anstehenden Wahlen zur Staatsduma» eine Regierung zu bilden, «die sich auf die parlamentarische Mehrheit stützt».[9] Nur wenige Wochen später rückte Putin davon wieder ab. Auf einer Pressekonferenz distanzierte er sich kategorisch von dem Gedanken an die Bildung einer Parteienregierung auf parlamentarischer Basis. Die Frage eines Journalisten, ob es denn jetzt in Rußland «wie im Westen» eine Regierung als Parteienkoalition geben werde, tat Putin brüsk beiseite und erklärte pathetisch, daß eine andere als die «präsidentielle Republik» für Rußland «nicht zulässig» und sogar «gefährlich» sei. Eine parlamentarische Republik passe nicht zu Rußland. Dabei verwies er auf «die komplizierte Zusammensetzung» der Föderation sowie auf die «Multinationalität» und «Multikonfessionalität» der Bürger des Landes.[10]

Daß Putin auch nur die Idee einer aus Parteien gebildeten Regierung kategorisch ablehnte und sich zur Begründung plötzlich auf den multinationalen Charakter des Landes besann, wirkte wenig überzeugend. Eine Erklärung für den raschen Positionswechsel mochte darin liegen, daß zwischenzeitlich Vorstöße gerade zugunsten einer parlamentarisch gebildeten Regierung und damit zugunsten eines semi-präsidentiellen Systems nach französischem Muster aus politischen Richtungen gekommen waren, die dem Präsidenten wohl grundsätzlich suspekt waren. Zum einen hatte sich der Unternehmerverband, die Heimstätte der russischen «Oligarchen», mit solchen Modernisierungsvorschlägen direkt an den Präsidenten und an die Öffentlichkeit gewandt.[11] Zum andern hatten Politologen in einem «Manifest» behauptet, es gebe eine Verschwörung der «Oligarchen» zugunsten einer Transformation Rußlands in eine parlamentarische Republik. Als Anführer eines solchen Coups wurde der Ölmagnat Michail Chodorkowskij genannt. Die Autoren des «Manifests» gaben ihrer Überzeugung Ausdruck, daß angesichts der geringen positiven Erfahrungen des Landes mit dem Parlamentarismus ein solcher Anschlag abgewehrt werden müsse.[12]

Es ist kaum denkbar, daß Putin den angeblichen Umsturzversuch als ernsthafte Gefahr betrachtete. Andererseits mochte ihm nicht behagt haben, daß der eigene Vorstoß zur Stärkung der parlamentarischen Komponente des Systems jetzt von einer Seite propagiert wurde, gegen die sich die Kremlführung gerade in einer Art Krieg befand. Immerhin spitzte sich zu diesem Zeitpunkt der Konflikt des Präsidenten mit Chodorkowskij bereits merklich zu. Und tatsächlich hatte sich der Ölmagnat – ungeachtet der hanebüchenen Anschuldigungen des «Manifests» – für den Übergang zu einer Parteienregierung und zu einem semipräsidentiellen System nach französischem Muster stark gemacht. Außerdem hatte er es zum Ärger der Wahlstrategen im Kreml gewagt, die demokratischen Parteien «Jabloko» und «Union der Rechten Kräfte» finanziell zu unterstützen.[13] Vor diesem Hintergrund mußte es Putin schwerfallen, quasi im edlen Wettbewerb mit dem oligarchischen Widersacher das angeblich präsidentielle System in die Richtung eines semi-präsidentiellen Systems zu steuern.

Putins prompter Rückzug bestätigte aber auch, daß er generell die präsidentielle Variante des Systems den Unwägbarkeiten und Konsequenzen eines offenen politischen Wettbewerbs vorzog. Nach den Dumawahlen gab sich Putin erneut Gedankenspielen über ein ideales Mehrparteiensystem hin. Dies geschah im Rahmen des telefonischen Dialogs, den der Präsident am 18. Dezember 2003 mit den Bürgern führte. Das direkte Gespräch des Staatsoberhaupts «mit dem ganzen Volk» gehört zu den eingefahrenen Riten des plebiszitären Systems Putin. Er schwärmte davon, daß «sich eine einzigartige Situation ergeben hat, in der wir ein wirklich funktionsfähiges Mehrparteiensystem errichten können, und zwar mit einem mächtigen rechten Zentrum, mit einem linken Zentrum in Gestalt etwa der sozialdemokratischen Idee sowie Anhängern und Verbündeten auf beiden Flügeln». Er hielt diese Vision, die mit der tatsächlichen Konstellation in der neuen Duma – bis auf das «mächtige rechte Zentrum» des «Einigen Rußland» – wenig bis gar nichts zu tun hat, für «eine realistische und lösbare Aufgabe für die unmittelbare Zukunft».[14]

Daß Putin die neue Staatspartei «Einiges Rußland» für eine noch nicht perfekte Kreation der Kremlführung hält, wird auch daran sichtbar, daß er es vorzog, sich – entgegen den Empfehlungen der neuen Wahlgesetze – nicht von ihr für die Präsidentenwahlen vorschlagen zu lassen, sondern als unabhängiger Kandidat mit Hilfe von 2 Millionen Unterschriften in die Wahlen zu ziehen. Auch dies zeigt, daß Putin plebiszitären Verfahren den Vorrang vor Gepflogenheiten der Parteiendemokratie gibt. Angesichts der Zweidrittelmehrheit des «Einigen Rußland» in der Duma wäre es jetzt ein leichtes, die Regierung aus dessen Vertretern zu bilden. Dem steht indessen der krasse Mangel an qualifiziertem politischen Personal im «Einigen Rußland», das eher einem bürokratischen Heerlager als einer politischen Partei gleicht, entgegen.[15] Auch deswegen stoßen reale Experimente mit einer «Parteienregierung» an ihre Grenzen.

Mit den wiederholten Bekenntnissen zur «präsidentiellen Republik», die er anläßlich des zehnten Jahrestages der Verfassung im Dezember 2003 erneut unterstrich, blieb Putin seinem ursprünglichen Verständnis von der bestehenden Verfassungsordnung treu. Allerdings hat diese Vorstellung mit einem demokratischen Präsidialsystem, das sich durch funktionsfähige *checks and balances* auszeichnet, nichts gemein. Durch den konsequenten Abbau aller institutionellen Gegengewichte hat sich das System Putin von dem semi-präsidentiellen Design der russischen Verfassung weit entfernt. Ein Hoffnungsschimmer im Hinblick auf die mögliche Wiedergewinnung dieses Vermächtnisses wurde sichtbar, als der Präsident des Verfassungsgerichts anläßlich des Verfassungsjubiläums im Dezember 2003 die starke Anlehnung der russischen Verfassungsordnung an das französische Modell in Erinnerung rief.[16]

Während die parteipolitischen Experimente der Kremlführung bisher wenig zur Abstützung der institutionellen Macht im System Putin beitrugen, zeigte die Personalpolitik des Staatsoberhaupts mehr Dynamik. Putin holte nach und nach vorzugsweise Berufs- und Studienkollegen aus St. Petersburg, auf deren absolute persönliche Loyalität er setzen konnte, auf wichtige Posten in die Präsidialadministration und in die Regierung oder berief sie als «Präsidentenvertreter» in die Provinzen. Da viele dem Militär und den Sicherheitsorganen entstammen, tauchte im Sommer 2003 schon das Wort von einer «Militokratija», einer Militärherrschaft, auf. Immerhin können sich die «Silowiki» auf 4,5 Millionen Hintermänner stützen, die sich aus dem Militär, den Stäben des Innenministeriums, den verschiedenen Sicherheitsstrukturen und aus den Organen des Rechtsvollzugs zusammensetzen.[17]

Während durch den Zustrom von Putins Gefolgsleuten die Hausmacht des Präsidenten gestärkt wurde, verschärften sich gleichzeitig die Gruppenkämpfe innerhalb der Bürokratie. Die drei «politischen Familien», die man zu Beginn der Präsidentschaft Putins im Ministerkabinett und in der Präsidialadministration sichtete, rekrutierten sich aus dem Jelzin-Klan bzw. der «Kremlfamilie», aus neuen liberalen Technokraten und aus den gerade beschriebenen «Leuten mit den Schulterstücken», die man heute in der Regel als «Silowiki» bezeichnet. Entsprechend den unterschiedlichen Kompetenzen dieser Gruppen schälten sich im Sommer 2003 praktisch drei funktionelle Regierungen heraus: eine «Sicherheitsregierung», die sich aus Militär und Sicherheitsdiensten rekrutierte, eine «Wirtschaftsregierung», in der liberale Ökonomen dominierten, schließlich eine «politische Regierung», die in der Präsidialadministration und teilweise beim Premierminister angesiedelt war.[18] Spannungen und Rivalitäten zwischen den unterschiedlich rekrutierten Mannschaften blieben nicht aus. Es wurde deutlich, daß sich die Seilschaft der «Silowiki» am Ende der ersten Amtszeit Putins stärker dem Olymp der Macht genähert hatte als die anderen Einflußgruppen.

Über den Auf- und Abstieg der Gruppen gab im Herbst 2003 die Jukos-Affäre Aufschluß, die am 25. Oktober in der Verhaftung des Ölmagnaten Michail Chodorkowskij gipfelte. Ihm wurde Betrug und Steuerhinterziehung vorgeworfen. Tatsächlich bündeln sich in dem Konflikt zwischen dem «Oligarchen» und der Kremlführung eine ganze Reihe von Faktoren. Letztlich ging es um die Frage, wieviel politische und ökonomische Unabhängigkeit das System Putin Rußlands erfolgreichen Unternehmern zubilligen will. Jegor Gajdar zufolge wollte der Kreml in erster Linie klarstellen, «wer der Herr [im Lande] ist», die «Oligarchen» oder die Staatsspitze.[19] Eine andere unter den vielen Thesen zur Erklärung der Affäre besagte, daß die Angriffe auf das Ölunternehmen Jukos eine Art «Kollateralschaden» im Streit der Kremlgruppen waren.[20]

Tatsächlich reichte Alexander Woloschin, Leiter der Präsidialadministration und Oberhaupt des Jelzin-Clans, aus Protest gegen die brutale Verhaftung des Ölmagnaten seinen Rücktritt ein. Dies bedeutete einen großen Aderlaß für die «Familie» im

Zentrum der Macht. Hinzu kam, daß sich Woloschin den Ruf eines intelligenten Powerbrokers erworben hatte, so daß er auch in der Rolle des Steuermanns der Kremlgruppen eine große Lücke hinterließ.[21] Zwar hat Putin allen Kommentaren zufolge zumeist versucht, sich über den Gruppen zu plazieren und nicht Partei zu ergreifen. Im Fall Jukos stellte sich der Präsident jedoch zwei Tage nach der Verhaftung Chodorkowskijs eindeutig hinter das Vorgehen der Staatsanwaltschaft.[22] Damit bezog er klar Position für die «Silowiki», die bei der Verfolgung des «Oligarchen» und in den Machtkämpfen der Kremlgruppen einen wichtigen Etappensieg einfuhren. Das ohnehin prekäre Gleichgewicht der informellen politischen Seilschaften kippte insgesamt zugunsten der «Leute mit den Schulterstücken». Der Sieg war auch ein Sieg im Richtungsstreit der Kremlgruppen um mehr oder weniger staatliche Kontrolle über Politik und Wirtschaft. Bis auf weiteres lagen die Anhänger einer Neuauflage des «Sowjetsystems mit Marktwirtschaft» vorne.

Über die bedenklichen Methoden der Machtabsicherung hinaus scheint Putin über ein schier unerschöpfliches Potential an plebiszitären Machtquellen zu verfügen. Umfragen bestätigen, daß er sich auf eine konstante Zustimmung in der Bevölkerung stützen kann, die sich in schwindelerregenden Höhen von 70 bis 90 Prozent bewegt. Worauf gründet das offensichtlich unerschütterliche Vertrauen der Menschen in den Präsidenten, und wie dauerhaft mag es sein? Soziologen erklären das Phänomen damit, daß die Menschen nach wie vor ihre Hoffnungen auf eine Besserung der Verhältnisse in Rußland nicht preisgeben wollen. Eine handfeste Erklärung für die Popularität Putins ist in dem Umstand zu suchen, daß im Unterschied zur Ära Jelzin Löhne und Gehälter pünktlich ausgezahlt werden. Im auffälligen Kontrast zu der allgemein hohen Zustimmung zu Putin steht jedoch die Tatsache, daß den Befragten jeder Glaube an die besondere Fähigkeit des Präsidenten fehlt, konkrete politische Aufgaben erfolgreich zu lösen. Jüngsten Umfragen zufolge können die Menschen keine greifbaren Leistungen benennen, mit Ausnahme der Außenpolitik. 46 Prozent meinen immerhin, Putin könne in der Zukunft die Probleme des Landes lösen. Die übrigen 54 Prozent stehen zu Putin, weil sie keine Alternative zu dem jetzigen Präsidenten sehen.[23]

Putin hält sich selbst minutiös über sein Rating auf dem laufenden. PR-Agenturen modellieren den Wunschbildern der Bürger entsprechend ein wohlgefälliges Image des Präsidenten, in dem sich alle politischen Gruppen und Bürger wiederfinden und angesprochen fühlen. Politikberater streichen gerade die notwendige «Unbestimmtheit» der Aussagen des Präsidenten heraus, die ihm die Zustimmung aller bringen und darüber hinaus eine dauerhafte Unterstützung der Bevölkerung gewährleisten könne. Der Trick mit dem «Playmobil-Präsidenten» wirkt, jedenfalls bis auf weiteres. In vieler Hinsicht dient Putins konstruierte Popularität als eine Art Politik-Ersatz, der von der Kremlführung bewußt propagiert wird. Auch dies gehört zum Geheimnis von Putins großer Beliebtheit.[24] Doch das Spiel mit Trugbildern trägt auf die Dauer nicht. Folgen den Schimären keine realen Leistungen, dann zerplatzen sie wie Seifenblasen. Insofern sind auch die plebiszitären Grundlagen der Macht im System Putin eher unsicher.

Läßt man Putins offizielle Erklärungen und Reden Revue passieren, so stößt man auf wiederholte Bekenntnisse zu Demokratie, Zivilgesellschaft und Rechtsstaat. Es fällt auf, daß er sich von den zunächst betonten «russischen Werten» abwandte und stattdessen bekräftigte, Rußland folge den gleichen Normen und Idealen, die auch für die europäische Integration richtungweisend seien. Die ursprünglich hochgehaltenen Parolen von der «Diktatur des Gesetzes» und vom «starken Staat» traten gegenüber dem Ideal des «effizienten Staates» zurück. Nach den Anschlägen vom 11. September 2001 verstärkte sich die Öffnung Rußlands gegenüber dem Westen. Putin stellte sich als Europäer und Atlantiker dar und verbannte – zumindest für eine Weile – den Begriff der «multipolaren Welt» aus dem offiziellen politischen Wortschatz. Andererseits zollte er immer wieder sowjetischen Werten Tribut.

Im Unterschied zu dem eigentümlichen ideologischen Mix aus Sowjetpatriotismus und Weltoffenheit vertrat Putin in der Wirtschaftspolitik eine konsequent liberale Position. Die Fortsetzung dieses Kurses nach Putins Wiederwahl ist beschlossene Sache. So hat der neue Leiter der Präsidialadministration schon Ende Januar 2004 weitere liberale Wirtschaftsreformen angekündigt. Dazu zählen die Modernisierung der Produktion,

Steigerung des Wettbewerbs, Schaffung neuer Arbeitsplätze und der Kampf gegen die Armut. Die Budgetpolitik, die Finanzmärkte und der Bankensektor sollen reformiert, kleinere und mittlere Unternehmen gefördert werden.[25] Putin selbst hat wiederholt die Verdoppelung des Bruttosozialproduktes als vorrangiges Ziel genannt.

Das Zauberwort von der Stabilität durch Wirtschaftsleistung hat oberste Priorität. Nur wenn Stabilität gewährleistet ist, könne auch Meinungsfreiheit und demokratischer politischer Wettbewerb herrschen, so die Putinsche Logik. Sie äußert sich in der strengen Kontrolle der Kremlführung über den Pluralismus politischer Meinungen und Bewegungen. Gelegentlich offenbart sich dieses Denkmuster auch in spontanen Repliken des Präsidenten auf direkte Fragen nach den Chancen von Demokratie und Meinungsfreiheit. Die stereotype Antwortet lautet, daß «ohne wirksame Entwicklung der Wirtschaft» nichts derartiges möglich sei.[26] Im Gegensatz dazu steht die wiederkehrende Aussage des Staatsoberhaupts, es gebe längst alle demokratischen Freiheiten in Rußland. Derart widersprüchliche Erklärungen und wechselnde Bekenntnisse, bald mehr zur Demokratie, bald mehr zum starken Staat, zum Patriotismus und zur Großmachtrolle Rußlands, entstammen wohl den Rezeptbüchern der «politischen Technologen», die Putin nachdrücklich raten, sich zwecks Bewahrung des hohen Ratings nicht auf eine bestimmte Position festzulegen.

Ein weiterer Schlüssel zur Aufdeckung der krassen Widersprüche in den Äußerungen des Präsidenten könnte in den Prägungen Putins als KGB-Oberst liegen. Denn in den auffälligen verbalen Bemäntelungen und Verdrehungen der Realität scheinen sich vorrangig die typische Mentalität und Verhaltensweise eines Geheimdienstlers abzuzeichnen. Auch in anderer Hinsicht scheint der Tschekist Putin den Langzeitwirkungen seiner Ausbildung zu erliegen. Diese war gewiß nicht darauf ausgerichtet, Verständnis für Demokratie als ein System mit festen Verfahren, aber offenem Ausgang des politischen Wettbewerbs zu vermitteln. Die KGB-Schulung diente im Gegenteil der berechenbaren Absicherung der Macht durch Kontrolle über alle administrativen und gesellschaftlichen Vorgänge. Was wunder, daß Putin Kontrolle und Ordnung demokratischen Unwägbarkeiten vorzieht. Man mag bezweifeln, ob sich der frühere KGB-Oberst von diesen mentalen Hypotheken je freizumachen und der Demokratie die gleichen Entwicklungsmöglichkeiten wie der Marktwirtschaft einzuräumen vermag. Gelingt dies nicht, ist auch die liberale Wirtschaftspolitik auf Sand gebaut.

Präsident Putin ist nur dem Anschein nach allmächtig. Die Fundamente seiner Macht sind wenig dauerhaft und begründen sicherlich kein demokratisches Gemeinwesen. Der politische Wettbewerb wurde durch übermäßige Kontrolle und Lenkung von oben zerstört. Da es an ernstzunehmenden Konkurrenten mangelt, werden die Präsidentenwahlen im März 2004 schon vorab als Plebiszit für Putin gehandelt. Damit treten die Grundzüge des plebiszitären Regimes deutlich hervor. Andererseits kann von einem plebiszitären Führertum nicht die Rede sein. Dazu fehlt es Putin an einem konsistenten Programm für Reformen in Politik und Wirtschaft, geschweige denn an glaubwürdigen Visionen. Am ehesten verkörpert Putin einen technokratischen Ingenieur des Systemwechsels. Eine Reihe «politischer Technologen» drängt deshalb darauf, daß der Präsident künftig sein Amtsverständnis als «angestellter Manager» und sein «pragmatisches» Denken ablegt. Vielmehr müsse er die Mission eines wahren «nationalen Führers» erfüllen, der sich mit dem Volk vereinigt und endlich den Traum des «Großen Rußland» realisiert.[27] Demgegenüber haben es die Kritiker des Präsidenten aus dem liberalen Lager praktisch aufgegeben, auf positive Taten im Geist eines neuen *leadership* zu setzen. Sie stellen vielmehr fest, daß es Putin zu guter Letzt erfolgreich gelungen ist, sich als Führer der bürokratischen Horde zu behaupten.[28]

Die letzte Chance für den Präsidenten, seine möglicherweise verborgenen liberalen Seiten zur Geltung zu bringen, würde darin bestehen, nach den Präsidentenwahlen eine fortschrittliche Reformregierung aus einem Guß zu bilden. Nur so könnte die politische und ökonomische Entwicklung neuen Auftrieb erhalten und reale Stabilität begründet werden.

Feldafing, im Februar 2004 *Margareta Mommsen*

Anmerkungen

Abkürzungen:

BIOST	Bundesinstitut für ostwissenschaftliche und internationale Studien
NTW	Nesawisimoje Telewidenije
ORT	Obschtschestwennoje Rossijskoje Telewidenije
RFE/RL	Radio Free Europe / Radio Liberty
SWP	Stiftung Wissenschaft und Politik
SZRF	Sobranije Sakonodatelstwa Rossijskoj Federazii

Einführung

1 L. Buszynski: Russian Foreign Policy After the Cold War, Westport/London 1996, S. IXff.
2 M. Mommsen: Wohin treibt Rußland? Eine Großmacht zwischen Anarchie und Demokratie, München 1996, S. 148.
3 S. Filatow: Sowerschenno nesekretno, Moskau 2000, S. 440.
4 [Autorenkollektiv (9 Personen)]: Epocha Jelzina. Otscherki polititscheskoj istorii, Moskau 2001, S. 170.
5 S. Stankiewitsch: A Transformed Russia in a New World, in: International Affairs (Moskau), 1992, H. 4–5, S. 98.
6 J. Gajdar: Entscheidung in Rußland. Die Privatisierung der Macht und der Kampf um eine zivile Gesellschaft, München/Wien 1995, S. 105 ff.
7 N. Simonia: Economic Interests and Political Power in Post-Soviet Russia, in: A. Brown (Hrsg.): Contemporary Russian Politics. A Reader, Oxford 2001, S. 272 ff.
8 W. Merkel: Defekte Demokratien, in: Demokratie in Ost und West. Für Klaus von Beyme. Herausgegeben von W. Merkel und A. Busch, Frankfurt/Main 1999, S. 361 ff.
9 L. Schewzowa/I. Kljamkin, in: Nesawisimaja Gaseta vom 7./8. Juli 1999.
10 W. Portnikow: Lizo wlasti ili wlast liz w Rossii? In: Nesawisimaja Gaseta vom 22.2.1994.
11 E. Vollrath: Handlungshermeneutik als Alternative zu systemtheoretischen Interpretationen politischer Institutionen, in: G. Göhler (Hrsg.): Grundfragen der Theorie der politischen Institutionen, Opladen 1987, S. 204.

12 L. Diamond: Three Paradoxes of Democracy, in: Journal of Democracy 1990, (I), S. 59.
13 Epocha Jelzina, a.a.O.
14 J. Primakow: Wosem mesjazew pljus ..., Moskau 2001.
15 B. Jelzin: Mitternachtstagebuch. Meine Jahre im Kreml, Berlin/München 2000.

I. Das politische System Rußlands – Demokratie, Oligarchie und Autokratie

1 Epocha Jelzina, S. 386.

1. Die Errichtung einer Demokratie ohne Demokraten (1991–1996)

2 B. Jelzin, Aufzeichnungen eines Unbequemen, München 1990; ders.: Auf des Messers Schneide. Tagebuch des Präsidenten, Berlin 1994; ders.: Mitternachtstagebuch, a.a.O.; siehe weiter die Biographien von J. Morrison: Boris Jelzin, Retter der Freiheit, Berlin 1991; L. Aron: Yeltsin. A Revolutionary Life, New York 2000.
3 J. Morrison, a.a.O., S. 134.
4 L. Aron, a.a.O., S. 326.
5 L. Suchanow: Tri goda s Jelzinym, Riga 1992, S. 143 ff. Übersetzung hier und im folgenden von M. Mommsen, wenn nicht anders angegeben.
6 Zitiert nach Morrison, a.a.O., S. 151.
7 L. Aron, a.a.O., S. 342 ff.
8 J. Morrison, a.a.O., S. 154.
9 B. Jelzin, Auf des Messers Schneide, a.a.O., S. 45.
10 J. Morrison, a.a.O., S. 211.
11 M. Mommsen, Wohin treibt Rußland? A.a.O., S. 120; vgl. auch S. White: Russia: Presidential Leadership under Yeltsin, in: R. Taras (Hrsg.): Postcommunist Presidents, Cambridge 1997, S. 50f.
12 S. White, a.a.O., S. 51.
13 J. Morrison, a.a.O., S. 359.
14 W. Kostikow: Roman s presidentom, Moskau 1997, S. 347.
15 A. Brown: Transformational Leaders Compared: Mikhail Gorbachev and Boris Yeltsin, in: A. Brown/L. Shevtsova (Hrsg.): Gorbachev Yeltsin Putin. Political Leadership in Russia's Transition, Washington, D.C. 2001, S. 31.
16 G. Melamedow: Von der ‹lichten Zukunft› zur verordneten ‹nationalen Idee›, in: Wostok 6/1996, S. 20ff.
17 L. Diamond: Three Paradoxes of Democracy, a.a.O., S. 59.
18 J. Morrison, a.a.O., S. 157.
19 L. Aron: Yeltsin: Russia's Rogue Populist, in: Washington Post vom 3.6.1990.

20 J. Morrison, a.a.O., S. 215.
21 Epocha Jelzina, a.a.O., S. 117.
22 B. Jelzin: Auf des Messers Schneide, a.a.O., S. 38.
23 Epocha Jelzina, a.a.O., S. 168ff.
24 S. Filatow: Sowerschenno nesekretno, a.a.O., S. 440.
25 M. Mommsen: Wohin treibt Rußland? A.a.O., S. 161.
26 A. Blankenagel: Verfassunggebung im GUS-Land – Erwachen aus sozialistischem Schlaf oder Aufwecken der sozialistischen Schläfer, in: Verfassung und Recht in Übersee (27) 1, S. 10.
27 E. Bos: Verfassunggebungsprozeß und Regierungssystem in Rußland, in: W. Merkel: Systemwechsel, Band 2, Opladen 1996.
28 zitiert nach Ch. Schmidt-Häuer: Rußland in Aufruhr. Innenansichten aus einem rechtlosen Reich, München 1993, S. 41.
29 E. Bos, a.a.O., S. 186.
30 A. Brown: Transformational Leaders Compared, a.a.O., S. 34.
31 M. Mommsen, Wohin treibt Rußland? A.a.O., S. 166.
32 Epocha Jelzina, a.a.O., S. 174.
33 Rossijskije Westi vom 10.4.1993.
34 Epocha Jelzina, a.a.O., S. 174.
35 M. Mommsen: Wohin treibt Rußland? A.a.O., S. 173f.
36 Autorenkollektiv: Federalnaja Elita. Kto jest kto w politike i ekonomike, Moskau 1999, S. 711.
37 B. Jelzin: Auf des Messers Schneide, a.a.O., S. 226ff.
38 Ostinvest Nr.6 / 1998 vom 6.2.1998.
39 Epocha Jelzina, a.a.O., S. 204.
40 L. Shevtsova: Yeltsin's Russia. Myths and Reality, Washington D.C. 1999, S. 17f.
41 Epocha Jelzina, a.a.O., S. 205ff.
42 B. Tumanow: Sabawy elity, in: Nowoje Wremja 1 / 1998, S. 6f.
43 L. Shevtsova: Yeltsin's Russia, a.a.O., S. 32.
44 W. Jelizarow: Elitistskaja teorija demokratii i sowremennij rossijskij polititscheskij prozess, in: Polis 1 / 1999, S. 77; vgl. weiter V. Gelman / I. Tarusina: Studies of Political Elites in Russia: Issues and Alternatives, in: Communist and Post-Communist Studies 33 (2000), S. 322.
45 J.H. Bae: Die russischen «Demokraten». Dynamik des Institutionenwandels und Konstituierung politischer Akteure, Diss. Ms., München 2000, S. 160.
46 Epocha Jelzina, a.a.O., S. 211f.
47 Ebda, S. 206.
48 T.J. Colton: Boris Yeltsin, Russia's All-Thumbs Democrat, in: T.J. Colton / R.C. Tucker: Patterns in Post-Soviet Leadership, Boulder/ San Francisco/Oxford 1995, S. 66ff.
49 Epocha Jelzina, a.a.O., S. 205f.
50 F. Rüb: Die Herausbildung politischer Institutionen in Demokratisierungsprozessen, in: W. Merkel (Hrsg.): Systemwechsel, Band 1: Theorien, Ansätze und Konzeptionen, Opladen 1996, S. 131.

51 O. Popzow: Chronika wremjon «Zarja Borisa», Rossija, Kreml, 1991–1995, Moskau 1995, S. 59, 71.
52 Epocha Jelzina, a.a.O., S. 206.
53 Epocha Jelzina, a.a.O., S. 208f.
54 S. Filatow: Sowerschenno nesekretno, a.a.O., siehe insbesondere Kapitel 7, S. 214ff.
55 Epocha Jelzina, a.a.O., S. 210.
56 W. Kostikow: Roman s presidentom, a.a.O., S. 34ff.
57 J. Derleth: The Evolution of the Russian Polity, in: Communist and Post-Communist Studies 29 (1996), S. 43–58.
58 Epocha Jelzina, a.a.O., S. 446.
59 L. Shevtsova: Yeltsin's Russia, a.a.O., S. 47.
60 W. Kostikow: Roman s presidentom, a.a.O., S. 158.
61 I. Bulawinow: Wsja wlast Soweta, in: Kommersant Wlast Nr. 36 vom 22.9.1998, S. 19.
62 T.J. Colton: Yeltsin, Russia's All-Thumbs Democrat, a.a.O., S. 66.
63 Federalnaja Elita, a.a.O., S. 362.
64 A. Korschakow: Boris Jelzin: Ot rassweta do sakata, Moskau 1997, S. 170.
65 B. Jelzin: Auf des Messers Schneide, a.a.O., S. 300ff.
66 M. Mommsen: Das politische System Rußlands, in: W. Ismayr (Hrsg.): Die politischen Systeme Osteuropas, Opladen 2002, S. 356ff.
67 S. v. Steinsdorff: Die Verfassungsgenese der Zweiten Russischen und der Fünften Französischen Republik im Vergleich, in: Zeitschrift für Parlamentsfragen, 26. Jg. 1955, S. 486–504.
68 L. Shevtsova: Yeltsin's Russia, a.a.O., S. 64f.
69 Zitiert nach T.J. Colton: Yeltsin: Russia's All-Thumbs Democrat, a.a.O., S. 62.
70 W. Kostikow: Roman s presidentom, a.a.O., S. 296.
71 Ebda, S. 42f.
72 W. Merkel: Defekte Demokratien, a.a.O., S. 375f.
73 O. Kryschtanowskaja: Finansowaja oligarchija w Rossii, in: Iswestija vom 10. Januar 1996.
74 A. Korschakow: Boris Jelzin: Ot rassweta do sakata, a.a.O., passim.
75 W. Kostikow: Roman s presidentom, a.a.O., S. 183.
76 A. Korschakow: Boris Jelzin: Ot rassweta do sakata, a.a.O., S. 253f.
77 Epocha Jelzina, a.a.O., S. 213ff.
78 O. Popzow: Chronika wremjon Zarja Borisa, a.a.O., S. 453f.
79 Federalnaja Elita, a.a.O., S. 299.
80 B. Jelzin: Mitternachtstagebuch, a.a.O., S.33ff.
81 S. Filatow: Sowerschenno nesekretno, a.a.O., S. 242ff.
82 W. Kostikow: Roman s presidentom, a.a.O., S. 186.
83 Ebda, S. 128ff.
84 M. Thumann: Das will Putin. Ruhe und Ordnung, Reform von oben, Russlands Größe, in: Die Zeit, Nr. 2, 5. Januar 2000.
85 B. Jelzin, Mitternachtstagebuch, a.a.O., S. 261.

86 Epocha Jelzina, a.a.O., S. 528.
87 O. Popzow: Trewoschnyje sny zarskoj swity, Moskau 2000, S. 139.
88 Ebda, S. 151.
89 Epocha Jelzina, a.a.O., S. 553ff.
90 B. Jelzin, Mitternachtstagebuch, a.a.O., S. 26ff.
91 Ebda, S. 34.
92 Ch. Freeland: Sale of the Century. The Inside Story of the Second Russian Revolution, London 2000, S. 225.
93 J. Primakow, Wosem mesjazew pljus, a.a.O., S. 206.

2. Jelzins zweite Amtszeit zwischen Oligarchie und Anarchie (1996–2000)

1 S. Markow: Manipulatiwnaja Demokratija, in: Nesawisimaja Gaseta vom 2. März 2000; neben der «manipulierten» Demokratie ist häufig die Rede von der «gelenkten» (uprawljajemaja demokratija); der Ausdruck «imitierte Demokratie» ist ebenso geläufig; siehe dazu etwa L. Schewzowa: Meschdu stabilisazijej i prorywom: promeschutotschnyje itogi prawlenija Wladimira Putina, Briefing Moskowskogo Zentra Karnegi, Bd. 4, Ausgabe 1, Januar 2002.
2 M. W. Malutin/O. W. Grigorjew: Wlast i sobstwennost w Rossii osenju 1991: Kto pobedil i schto dalsche? Moskau 1991; zitiert nach J. H. Bae, a.a.O., S. 210; zu den «Parteien der Macht» siehe auch D. Badowskij: Transformazija polititscheskoj elity w Rossii. Ot «organisazii» professionalnych rewoljuzionerow k «partii wlasti», in: Polis 6 / 1994, S. 42–58.
3 G. Luchterhandt: Politische Parteien in Rußland. Dokumente und Kommentare, Bremen 2000, S. 23.
4 M. Mommsen: Das politische System Rußlands, in: W. Ismayr, a.a.O., S. 396ff.
5 Epocha Jelzina, a.a.O., S. 536.
6 M. Mommsen: Wohin treibt Rußland? a.a.O., S. 258.
7 M. Mommsen: Das politische System Rußlands, in: W. Ismayr, a.a.O., S. 369ff.
8 M. Mommsen: Wohin treibt Rußland?, a.a.O., S. 222.
9 N. Simonia: Economic Interests and Political Power, a.a.O., S. 271.
10 M. Mommsen: Wohin treibt Rußland? a.a.O., S. 227.
11 Ebda.
12 A. Brown: Evaluating Russia's Democratization, in: A. Brown (Hrsg.): Contemporary Russian Politics, a.a.O., S. 548.
13 Jelzin spricht in seinem «Mitternachtstagebuch» selbst ironisch davon, daß die «Regierungspartei» UHR gerade knapp 10 Prozent erreicht hatte, a.a.O., S. 19.
14 L. Shevtsova: Yeltsin's Russia, a.a.O., S. 194.
15 E. Schneider: Zur Wahl des russischen Präsidenten. Kompetenzen, Wahlgesetz, Kandidaten, Wahlkampf, Ergebnis, in: Osteuropa 11 / 1996, S. 1092ff.

16 P. Klebnikow: Der Pate des Kreml. Boris Beresowski und die Macht der Oligarchen, München 2001, S. 294.
17 L. Shevtsova: Yeltsin's Russia, a.a.O., S. 191.
18 W. Kostikow: Roman s presidentom, a.a.O., S. 42.
19 M. Mommsen, Das politische System Rußlands, in: W. Ismayr, a.a.O., S. 364.
20 L. Shevtsova: Yeltsin's Russia, a.a.O., S. 194.
21 H.-H. Schröder: Mächte im Hintergrund: Die Rolle von «Familie» und «Oligarchen» im politischen Kräftespiel, in: H.-H. Höhmann / H.-H. Schröder (Hrsg.): Rußland unter neuer Führung. Politik, Wirtschaft und Gesellschaft am Beginn des 21. Jahrhunderts, Münster 2001, S. 70.
22 H.-H. Schröder: Jelzin und die «Oligarchen». Über die Rolle von Kapitalgruppen in der russischen Politik, Bericht des BIOst 40 / 1998, S. 5; siehe auch Epocha Jelzina, a.a.O., S. 721.
23 Ch. Freeland: Sale of the Century, a.a.O., S. 336.
24 Da diese Vereinbarung am Rande des Weltwirtschaftsforums vom Februar 1996 in Davos zustande gekommen war, bürgerte sich die Bezeichnung «Pakt von Davos» ein.
25 H.-H. Schröder: Jelzin und die «Oligarchen», a.a.O.; siehe weiter N. Lapina: Die Formierung der neuen rußländischen Elite. Probleme der Übergangsperiode, Berichte des BIOst, 7 / 1996.
26 O. Kryschtanowskaja: Finansowaja oligarchija, a.a.O.
27 W. P. Jelisarow: Elitistskaja teorija demokratii, a.a.O.
28 Ch. Freeland: Sale of the Century, a.a.O., S. 229.
29 Ebda.
30 M. Mommsen: Die vollziehende Gewalt in El'cins «Wahlmonarchie», in: A. Nußberger/M. Mommsen (Hrsg.): Krise in Rußland. Politische und sozialrechtliche Lösungsansätze, Berlin 1999, S. 46ff.
31 Rossijskije Westi vom 18.8.1996.
32 L. Shevtsova: Yeltsin's Russia, a.a.O., S. 196.
33 M. Mommsen: Die vollziehende Gewalt, a.a.O., S. 47.
34 Epocha Jelzina, a.a.O., S. 778f.
35 A. Przeworski: Democracy and the Market, Cambridge 1991, S. 12, 26.
36 Epocha Jelzina, a.a.O., S. 779f.
37 Epocha Jelzina, a.a.O., S. 780.
38 J. Primakow: Wosem mesjazew pljus, a.a.O., S. 23, 88, 202ff.
39 B. Jelzin: Mitternachtstagebuch, a.a.O., S. 35f.
40 Epocha Jelzina, a.a.O., S. 780.
41 J. Primakow: Wosem mesjazew pljus, a.a.O., S. 175ff.
42 H.-H. Schröder: Mächte im Hintergrund, a.a.O., S. 73; siehe auch L. Shevtsova: Yeltsin's Russia, a.a.O., S. 194.
43 E. Heresch: Alexander Lebed. Krieg oder Friede, München 1997, S. 316ff.
44 M. Mommsen: Die vollziehende Gewalt, a.a.O., S. 46.
45 B. Jelzin: Mitternachtstagebuch, a.a.O., S. 93; siehe auch P. Klebnikow: Der Pate des Kreml, a.a.O., S. 326.

46 Federalnaja Elita, a.a.O., S. 95.
47 M. Mommsen: Die vollziehende Gewalt, a.a.O., S. 47f.
48 Nesawisimaja Gaseta vom 16.10.1996; Segodnja vom 12.10.1996.
49 L. Shevtsova: Yeltsin's Russia, a.a.O., S. 210.
50 B. Jelzin: Mitternachtstagebuch, a.a.O., S. 77.
51 H.-H. Schröder: Mächte im Hintergrund, a.a.O., S. 73.
52 B. Jelzin: Mitternachtstagebuch, a.a.O., S. 94.
53 M. Mommsen: Die vollziehende Gewalt, a.a.O., S. 49.
54 L. Shevtsova: Yeltsin's Russia, a.a.O., S. 238.
55 J. Primakow: Wosem mesjazew pljus, a.a.O., S. 9.
56 B. Jelzin: Mitternachtstagebuch, a.a.O., S. 104ff.
57 L. Shevtsova: Yeltsin's Russia, a.a.O., S. 239.
58 B. Jelzin: Mitternachtstagebuch, a.a.O., S. 102.
59 Segodnja vom 24.3.1998.
60 Nesawisimaja Gaseta vom 24.3.1998.
61 B. Jelzin: Mitternachtstagebuch, a.a.O., S. 104.
62 Nesawisimaja Gaseta vom 25.3.1998.
63 Rossijskaja Gaseta vom 11.4.1998.
64 Ch. Freeland: Sale of the Century, a.a.O., S. 289f.
65 Trud vom 15.4.1998.
66 Der Spiegel Nr. 18 vom 27.4.1998, S. 147.
67 N. Simonia: Economic Interests and Political Power, a.a.O., S. 282f.
68 M. Mommsen: Die vollziehende Gewalt, a.a.O., S. 52.
69 J. Primakow: Wosem mesjazew pljus, a.a.O., S. 7ff.
70 Ebda, S. 14.
71 M. Mommsen: Die vollziehende Gewalt, a.a.O., S. 53ff.
72 J. Primakow: Wosem mesjazew pljus, a.a.O., S. 16.
73 N. Simonia: Economic Interests and Political Power, a.a.O., S. 284.
74 H.-H. Schröder: Mächte im Hintergrund, a.a.O., S. 74f.
75 Itogi vom 2.6.1998.
76 Epocha Jelzina, a.a.O., S. 423f.
77 J. Primakow: Wosem mesjazew pljus, a.a.O., S. 178ff.
78 B. Jelzin: Mitternachtstagebuch, a.a.O., S. 259.
79 Der Spiegel Nr. 51, 14.12.1998.
80 J. Primakow: Wosem mesjazew pljus, a.a.O., S. 204.
81 Ebda, S. 204f.
82 B. Jelzin: Mitternachtstagebuch, a.a.O., S. 264.
83 Ebda, S. 266.
84 Wremja Moskowskich Nowostej vom 17.5.1999.
85 B. Jelzin: Mitternachtstagebuch, a.a.O., S. 267; J. Primakow: Wosem mesjazew pljus, a.a.O., S. 212ff.
86 Primakow, ebd., S. 220ff.
87 Epocha Jelzina, a.a.O., S. 783.
88 M. Mommsen: Das politische System Rußlands, in: W. Ismayr, a.a.O., S. 368.
89 B. Jelzin: Mitternachtstagebuch, S. 274.

90 Iswestija vom 6.8.1999.
91 D. Pinsker in Itogi vom 17. August 1999, S. 12ff.
92 B. Jelzin: Mitternachtstagebuch, a.a.O., S. 319.
93 Ebda, S. 320; siehe auch das Interview von Tschubajs mit Moskowskije Nowosti vom 23.7.2002.
94 B. Jelzin: Mitternachtstagebuch, a.a.O., S. 322.
95 A. Rahr: Wladimir Putin. Der «Deutsche» im Kreml, München 2000, S. 215.
96 Rossijskaja Gaseta vom 17.8.1999.
97 Wremja Moskowskich Nowostej vom 10.8.1999; Itogi vom 17.8.1999; FAZ vom 10.8.1999; SZ vom 10.8.1999.
98 Nesawisimaja Gaseta vom 18.8.1999; Segodnja vom 18.8.1999.
99 Kommersant 21.8.1999; Wremja Moskowskich Nowostej vom 23.8.1999.
100 O. Popzow: Trewoschnyje sny zarskoj swity, a.a.O., S. 607; J. Primakow: Wosem mesjazew pljus, a.a.O., S. 222.
101 Epocha Jelzina, a.a.O., S. 786, 790.
102 W. Schejnis: Wie Rußland gewählt hat, in: Osteuropa , 50. Jg. (1999), S. 763.
103 B. Jelzin: Mitternachtstagebuch, a.a.O., S. 343f.
104 M. Mommsen: Das politische System Rußlands, in: W. Ismayr, a.a.O., S. 374.
105 W. Schejnis: Posle bitwy. Itogi parlamentskich wyborow i nowaja Gosudarstwennaja Duma, in: Nesawisimaja Gaseta vom 26.12.1999, S. 8.
106 SZRF Nr. 1, Post. 111; Kommersant vom 5.1.2000.
107 J. Primakow: Wosem mesjazew pljus, a.a.O., S. 222.
108 B. Jelzin: Mitternachtstagebuch, S. 322.
109 J. Primakow: Wosem mesjazew pljus, a.a.O., S. 222.
110 B. Jelzin: Mitternachtstagebuch, a.a.O., S. 321.

3. Die «gelenkte Demokratie» unter Putin (2000–2002)

1 R. Medwedew: Sagadka Putina, Moskau 2000.
2 G. Diligenskij: Putin und die russische Demokratie, in: Osteuropa 6/2001, S. 651ff.
3 Itogi vom 17.8.1999.
4 Nesawisimaja Gaseta vom 18.8.1999.
5 Ot perwogo liza, Moskau 2000, S. 60ff.
6 Federalnaja Elita, a.a.O., S. 554.
7 A. Rahr: Wladimir Putin. Der «Deutsche» im Kreml, a.a.O., S. 171ff.
8 J. Primakow: Wosem mesjazew pljus, a.a.O., S. 185.
9 O. Popzow: Trewoschnij sny zarskoj swity, a.a.O., S. 607.
10 Frankfurter Allgemeine Zeitung vom 21.12.2001.
11 Segodnja vom 12.2.2000.

12 Archiv der Gegenwart vom 23.9.1999, S. 43794. Die Aussage, daß er die Terroristen «auch auf der Latrine plattmachen» wolle, tat Putin am 24.9.1999 in Astana, Kasachstan; zitiert nach Segodnja vom 28.2.2000;
13 Frankfurter Allgemeine Zeitung vom 21.12.1999.
14 Epocha Jelzina, a.a.O., S.786.
15 Frankfurter Allgemeine Zeitung vom 22.1.2000; Die Zeit vom 2.12.1999.
16 Nesawisimaja Gaseta vom 5.2.2000.
17 Nesawisimaja Gaseta vom 30.12.1999.
18 A. Ignatov: Die ideologischen Koordinaten von Wladimir Putin, in: Aktuelle Analysen des BIOst, Nr.43/2000.
19 Der Spiegel Nr.2/2000 vom 10.1.2000.
20 Komsomolskaja Prawda vom 25.2.2000.
21 Frankfurter Allgemeine Zeitung vom 9.12.2000; vgl. Ot perwogo liza, a.a.O., S. 39.
22 Nach L. Schewzowa: Frankfurter Allgemeine Zeitung vom 20.4. 2000.
23 So Thomas Avenarius in der Süddeutschen Zeitung vom 28. 1.2000.
24 Der Spiegel vom 20.3.2000; Die Zeit vom 23.3.2000; Frankfurter Allgemeine Zeitung vom 28.3.2000; www.Romir.ru vom 15.3.2000.
25 Y. Brudny: Continuity or Change in Russian Electoral Patterns? The December 1999 – March 2000 Election Cycle, in: A. Brown (Hrsg.): Contemporary Russian Politics, a.a.O., S. 170ff.
26 M. Mommsen: Das politische System Rußlands, in: W. Ismayr, a.a.O., S. 363ff.
27 J. Lewada in Nesawisimaja Gaseta vom 11.5.2000; siehe auch Otto Latsis in Nowyje Iswestija vom 28.3.2000.
28 S. Alexejew in Obschtschaja Gaseta vom 30.3.–5.4.2000.
29 Dmitrij Furman in Obschtschaja Gaseta vom 13.4.2000.
30 Neue Zürcher Zeitung vom 8.5.2000.
31 Archiv der Gegenwart vom 7. Mai 2000, S. 44226f.
32 Segodnja vom 18.5.2000.
33 Kommersant Wlast vom 16.5.2000.
34 Zitiert nach J. Primakow: Wosem mesjazew pljus, a.a.O., S. 205.
35 D. Pinsker in Itogi vom 13.6.2000.
36 Moscow Times vom 15.6.2000.
37 Johnson's Russia List vom 17.6.2000.
38 D. Pinsker in Itogi vom 13.6.2000.
39 Segodnja vom 18.5.2000; die Formel vom «kollektiven Präsidenten» stammte von Igor Malaschenko, Interview mit der Zeitschrift Der Spiegel Nr. 25, 19.6.2000.
40 Johnson's Russia List vom 18.6.2000.
41 Nesawisimaja Gaseta vom 26.5.200; Rossijskaja Gaseta vom 28.6.2000.
42 Den Anfang der Reformen bildete der Erlaß des Präsidenten vom 13. Mai 2000 über die Einführung von sieben Föderalen Bezirken und die Einsetzung von sieben Bevollmächtigten Vertretern des Präsiden-

ten; SZRF 20, Pos. 2112, 2000; siehe dazu auch E. Schneider: Putins Rezentralisierungsinitiativen, in: BIOst Aktuelle Analyse 29/2000, Köln; siehe weiter I. Bunin/B. Makarenko/K. Roslawlew in Nesawisimaja Gaseta vom 20.6.2000.

43 A. Heinemann-Grüder: Der heterogene Staat. Föderalismus und regionale Vielfalt in Rußland, Berlin 2000; vgl. auch derselbe: Putins Reform der föderalen Strukturen. Vom Nachtwächterstaat zum Etatismus, in: Osteuropa 9/2000, S. 979–990.

44 M. Wiest: Der russische Föderationsrat. Funktionsweise und politische Stellung der zweiten Parlamentskammer der Rußländischen Föderation, Diss. Ms., München 2001, S. 97ff.

45 Ebda, Kapitel 5, S. 224ff.

46 Nach I. Bunin, RFE/RL Russian Federation Report vom 5.1.2000.

47 E. Schneider: Das politische «System» Putins, SWP-Studie, Berlin September 2001, S. 14ff.

48 Nesawisimaja Gaseta vom 6.6.2000; siehe auch A. Kutscherena in Die Zeit vom 31.5.2000.

49 A. Heinemann-Grüder: Putins Reform der föderalen Strukturen, a.a.O., S. 980ff.

50 A. Kutscherena in Nesawisimaja Gaseta vom 6.6.2000; siehe auch Boris Fjodorow in Frankfurter Allgemeine Zeitung vom 10.7.2000.

51 W. Ryschkow in Moskowskije Nowosti Nr. 60 vom 5.–11.7.2000.

52 Interview Lebeds mit Radio «Echo Moskwy» vom 31.5.2000.

53 Itogi vom 28.11.2000; vgl. auch Moskowskije Nowosti Nr.28 vom 19.7.2000; A. Sacharow/A. Kapischin: The State Council in the Russian Power System, in: Russia on Russia, Issue 5, Administrative and State Reforms in Russia, Juni 2001, S.11ff.

54 Aus Informationsgesprächen mit russischen Politikwissenschaftlern auf der Tagung des Ost-West-Wissenschaftszentrums in Kassel vom 29.11.–1.12.2001.

55 W. Lysenko: The Federation Council Fails to Become a House of Lords, in: Russia on Russia, a.a.O., S. 21.

56 W. Ryschkow: Presidential Representatives in the Federal Districts, in: Russia on Russia, a.a.O., S. 24ff.; vgl. auch W. Nikonow in Nesawisimaja Gaseta vom 27.1.2001; siehe auch Rossijskaja Gaseta vom 16.5.2000.

57 S. Markow in Nesawisimaja Gaseta vom 2.3.2000.

58 Rossijskaja Gaseta vom 11.7.2000; ; siehe auch das Interview Putins mit der Iswestija vom 14.7.2000.

59 L. Belin: Political Bias and Self-Censorship in the Russian Media, in: A. Brown (Hrsg.): Contemporary Russian Politics, a.a.O., S.334ff.

60 R. Götz: Präsident W. Putins Wirtschafts- und Gesellschaftsmodell: Konzeption, Einflüsse, Realisierungschancen, SWP-Studie, S 13, Juli 2001, Berlin.

61 J. Lewada: The Year of ‹Symbolic Order›, in: Russia on Russia, a.a.O., S. 8f.; derselbe in Nesawisimaja Gaseta vom 15.11.2000.

62 Kommersant vom 7.7.2000.
63 J. Lewada: The Year of ‹Symbolic Order›, in: Russia on Russia, a.a.O., S. 2ff.
64 K. Holm in Frankfurter Allgemeine Zeitung vom 2.1.2001.
65 J. Scherrer: Zurück zu Gott und Vaterland, in: Die Zeit Nr.31 vom 26.7.2001.
66 M. Wehner in Frankfurter Allgemeine Zeitung vom 9.12.2000.
67 G. Jawlinskij in der Frankfurter Allgemeinen Zeitung vom 9.12.2000.
68 Iswestija vom 5.12.2000.
69 G. Diligenskij: Putin und die russische Demokratie, in: Osteuropa 6/2001, a.a.O., S. 655.
70 D. Schuscharin in Wremja Moskowskich Nowostej vom 16.12.2000.
71 A. Solschenizyn in Nowyje Iswestija vom 14.12.2000.
72 J. Lewada, in: Russia on Russia, a.a.O., S. 9.
73 Archiv der Gegenwart vom 24.12.2000, S. 44705.
74 J. Lewada in Wremja Moskowskich Nowostej vom 13.7.2001
75 J. Scherrer: Zurück zu Gott und Vaterland, a.a.O.
76 Trud vom 20. Juli 2001.
77 Iswestija vom 29.3.2001; Segodnja vom 29.3.2001.
78 Itogi vom 3.4.2001.
79 Kommersant Wlast vom 13.11.2001.
80 Nesawisimaja Gaseta vom 31.8.2001.
81 Wremja Moskowskich Nowostej vom 14.9.2001.
82 Kommersant Wlast vom 13.11.2001.
83 S. Eduardow in Utro, Internet-Zeitung vom 14.12.2001.
84 N. Simonia: Economic Interests and Political Power, a.a.O., S. 272.
85 Siehe Putins erste Botschaft an das Parlament in Rossijskaja Gaseta vom 8.7.2000; siehe auch Nesawisimaja Gaseta vom 12.7.2000.
86 Moskowskije Nowosti Nr.28 vom 19.–25.7.2000.
87 RFE/RL Newsletter vol. 4, Nr.116, Part I, 15, Juni 2000.
88 Nesawisimaja Gaseta vom 31.5.2000; Juni 2000; siehe auch Welt am Sonntag, 23.7.2000.
89 Rossijskaja Gaseta vom 11.7.2000.
90 L. Belin: Political Bias and Self-Censorship, a.a.O., S.334ff.
91 Kommersant vom 21.9.2000; Iswestija vom 1.6.2001.
92 Moskowskije Nowosti Nr.32 vom 16.–22.8.2000; Wlast 6/2001, S.21.
93 Rossisjkaja Gaseta vom 14.7.2001.
94 E. Schneider: Das innenpolitische «System» Putins, a.a.O., S. 28.
95 B. Makarenko, Referat auf der Tagung des Ost-West-Wissenschaftszentrums am 30.11.2001; siehe auch Wremja Moskowskich Nowostej vom 12.9.2001.
96 Wremja Nowostej vom 3.12.2001; Kommersant vom 3.12.2001; Nesawisimaja Gaseta vom 4.12.2001
97 Nowyje Iswestija vom 4.12.2001.
98 Wremja Nowostej vom 11.2.2002.

99 W. Ryschkow im Interview mit der Frankfurter Allgemeinen Zeitung vom 27.2. 2001.

100 W. Miljutenko: Die graue Eminenz des Kreml, in: Wostok 4/2000.

101 Itogi vom 27.3.2001.

102 Wremja Nowostej vom 22.11.2001; Frankfurter Allgemeine Zeitung vom 22.11.2001.

103 Zitiert nach Frankfurter Allgemeine Zeitung vom 22.11.2001.

104 Kommersant 25.12.2001; Nesawisimaja Gaseta vom 28.12.2001.

105 M. Neubert in der Süddeutschen Zeitung vom 5.1.2002.

106 L. Schewzowa: Meschdu stabilisazijej i prorywom: Promeschutotschnyje itogi prawlenija Wladimira Putina, a.a.O.

107 F. Bomsdorf: Rußland und der Westen nach dem 11. September: Beginn einer wirklichen Partnerschaft? Aus russischen Fachzeitschriften und Wochenzeitungen des zweiten Halbjahres 2001, SWP-Zeitschriftenschau März 2002. Auf der erwähnten deutsch-russischen Konferenz in Kassel vom 29.11.–1.12.2001 wurden solche Auffassungen einhellig vertreten.

108 Tägliches Informationsbulletin des Ministeriums für Auswärtige Angelegenheiten der Rußländischen Föderation, 18.4.2002, www.mid.ru; für die russische Version der Rede siehe http://www.Kremlin:ru/events/510.html.

II. Auf der Suche nach nationaler Identität und weltpolitischer Geltung

1 K. Holsti: National Role Conception in the Study of Foreign Policy, in: International Studies Quarterly 3/1970, S. 233–309; derselbe: Toward a Theory of Foreign Policy: Making the Case for Role Analysis, in: St. G. Walker (Hrsg.): Role Theory and Foreign Policy Analysis, Durham 1987, S. 5–43.

2 L. Buszynski: Russian Foreign Policy After the Cold War, Westport/London 1996, S. IX.

3 R. Legvold: Russia's Unformed Foreign Policy, in: Foreign Affairs September/Oktober 2001, S. 62–77.

1. Vom «Europäismus» und «Atlantismus» zum «Patriotischen Konsens» (1991–1995)

4 Siehe generell zu der Thematik: V. Harle/J. Ilvonen: Gorbachev and Europe, London 1990; A. Pravda (Hrsg.): The End of the Outer Empire, London 1992; J. Checkel: Ideas and International Political Change. Soviet/Russian Behaviour and the End of the Cold War, Binghamton 1997.

5 N. Malcolm: New Thinking and After: Debate in Moscow about Europe, in: derselbe (Hrsg.): Russia and Europe. An End to Confrontation?, London/New York 1994.

6 Moskowskije Nowosti Nr. 43 vom 25.10.–1.11.1992.
7 Federalnaja Elita, a.a.O., S. 352f.
8 Rossijskaja Gaseta vom 31.1.1992.
9 Ebda.
10 Epocha Jelzina, a.a.O., S. 467ff.
11 W. Kostikow: Roman s presidentom, a.a.O., S. 50f.
12 Zitiert nach N. Malcolm: New Thinking and After, a.a.O., S. 163.
13 Der Besuch des russischen Präsidenten Jelzin in Deutschland im November 1991, in: Europa-Archiv, Folge 1/1992, S. D 19 – D 28; Archiv der Gegenwart vom 23.11.1991, S. 36259ff.
14 Frankfurter Allgemeine Zeitung vom 18.4.1991.
15 A. Kosyrew: Russia: A Chance for Survival, in: Foreign Affairs, 2/1992, S. 1–16; siehe auch N. Malcolm: New Thinking and After, a.a.O., S. 164.
16 Diplomatitscheskij Westnik 1 vom 15.1.1992; Frankfurter Allgemeine Zeitung vom 21.12.1991.
17 Rossijskaja Gaseta vom 5.3.1992.
18 A. Kosyrew: Russian Diplomacy Reborn, in: International Affairs (Moskau), 3/1991, S. 130f.
19 M. Pawlowa-Silwanskaja: Die Rückkehr Rußlands nach Europa: Barrieren, Möglichkeiten, Hoffnungen, in: O. Bogomolow/H. Vogel (Hrsg.): Rußland und Deutschland – Nachbarn in Europa, Baden-Baden 1992, S. 176f.
20 A. Kosyrew in Iswestija vom 2.1.1992.
21 S. Stankewitsch in Nesawisimaja Gaseta vom 28.3.1992.
22 A. Kosyrew: Russia: A Chance for Survival, a.a.O., S. 10.
23 Archiv der Gegenwart vom 8.5.1992, S. 36736.
24 Zitiert nach R. Sakwa: Russian Politics and Society, London 1996, S. 290ff.
25 Frankfurter Allgemeine Zeitung vom 19.6.1992.
26 Neue Zürcher Zeitung vom 18.6.1992.
27 J. Borko: Rußland und die Europäische Union: Perspektiven und Partnerschaft, in: BIOst 36/1996, S. 8.
28 Interview Kosyrews mit Radio Rossija vom 12. März 1992, zitiert nach Foreign Broadcast Information Service, SOV-92-049 (12.3.1992).
29 W. Kostikow: Roman s presidentom, a.a.O., S. 51.
30 Rossijskije Westi vom 29.10.1992.
31 Epocha Jelzina, a.a.O., S. 475.
32 Ebda, S. 471.
33 Ebda, S. 479.
34 Moskowskije Nowosti Nr. 43 vom 25.10.–1.11.1992.
35 Diese Aussage gehörte bald zum Standardvokabular Jelzins und Kosyrews.
36 M. Light: Foreign Policy Thinking, in: N. Malcolm/A. Pravda/R. Allison/M. Light: Internal Factors in Russian Foreign Policy, Oxford 1996, S.33–100. Siehe auch B. Sieber: «Russische Idee» und Iden-

tität. «Philosophisches Erbe» und Selbstthematisierung der Russen in der öffentlichen Diskussion 1985–1995, Bochum 1998, S. 371ff.

37 B. Groys: Die Erfindung Rußlands, München/Wien 1995.

38 O. Alexandrowa: Entwicklungen der außenpolitischen Konzeptionen Rußlands, in: BIOst 13/1993.

39 B. Sieber: «Russische Idee» und Identität, a.a.O., insbesondere ab S. 330ff. Siehe auch Ch. Uhlig: Nationale Identitätskonstruktion für ein postsowjetisches Rußland, in: Osteuropa 12/1997, S. 1191–1206.

40 A. Ignatow: Der «Eurasismus» und die Suche nach einer neuen russischen Kulturidentität. Die Neubelebung des «Evrazijstvo»-Mythos, in: BIOst 15/1992.

41 Zitiert nach I.B. Neumann: Russia and the Idea of Europe, London 1996, S. 64f.

42 J. Trojzkij: Wosroschdenije russkoj idei, Moskau 1991.

43 B. Sieber: «Russische Idee» und Identität, a.a.O., S.227.

44 M. Mommsen: Nationale Identitätssuche und internationale Standortbestimmung des neuen Rußland, in: K.P. Fritsche/F. Hörnlein (Hrsg.): Frieden und Demokratie, Festschrift zum 60. Geburtstag von Erhard Forndran, Baden-Baden 1997, S.168f.

45 Nesawisimaja Gaseta vom 28. März 1992.

46 L. Buszynski: Russian Foreign Policy After the Cold War, a.a.O., S. XI.

47 G. Simon: Auf der Suche nach der «Idee für Rußland», in: Osteuropa 12/1997, S. 1171ff.

48 Archiv der Gegenwart vom 24. Februar 1994

49 G. Luchterhandt: Der Aufbau der nationalen Staatlichkeit Rußlands, in: Forschungsstelle Osteuropa (Hrsg.): Fragmente einer postsowjetischen Kultur, Bremen 1996, S. 10–31. Siehe auch S. Kowaljow: Der Flug des weißen Raben. Von Sibirien nach Tschetschenien: Eine Lebensreise, Berlin 1997, S. 179, 226, 233.

50 J. Borko: Rußland und die Europäische Union: Perspektiven und Partnerschaft, in: BIOst 36/1996.

51 A. Zagorski: Russia and European Institutions, in: V. Baranovsky (Hrsg.): Russia and Europe. The Emerging Security Agenda, Oxford 1997, S. 536ff.

52 A. Zagorski, a.a.O., S. 537.

53 H. Timmermann: Rußlands Außenpolitik: Die europäische Dimension, in: BIOst 17/1995, S. 11f.

54 Frankfurter Allgemeine Zeitung vom 5.11.1993.

55 Epocha Jelzina, a.a.O., S. 476; siehe auch J. Primakow: Gody w bolschoj politike, Moskau 1999, S. 299ff.

56 A. Zagorski: Russia and European Institutions, a.a.O., S. 534f.

57 T. Wagensohn: Rußland nach dem Ende der Sowjetunion, Regensburg 2001, S. 69.

58 Zitiert nach H. Timmermann: Rußlands Außenpolitik: Die europäische Dimension, a.a.O., S. 17.

59 Moscow News vom 23.–29. Dezember 1994; hier wird darüber reflek-

tiert, daß Jelzin vor dem Hintergrund des Budapester OSZE-Gipfels Anfang Dezember 1994, auf dem Rußland in der Frage der NATO-Osterweiterung mit seiner negativen Haltung völlig isoliert war, am Beispiel der Intervention in Tschetschenien beabsichtigt habe, «der Welt zu zeigen, daß Rußland noch über genug Stärke verfüge».

60 Archiv der Gegenwart vom 9.2.1995, S. 39219.
61 Archiv der Gegenwart vom 31.1.1996, S. 40760.
62 Archiv der Gegenwart vom 16.2.1995, S. 39793–39741.
63 Archiv der Gegenwart vom 9.5.1994, S. 38950.
64 H. Trepper: Kulturelles Leben 1994–1996. Eine Chronik, in: Forschungsstelle Osteuropa (Hrsg.): Das neue Rußland in Politik und Kultur, S. 244. Siehe auch M. Dmitrieva: Der neue visuelle Raum in Moskau: Entstehung eines postsowjetischen Stils, in: Ebda, S. 170.
65 Epocha Jelzina, a.a.O., S. 472.
66 Ebda, S. 468.
67 A. Bogatyrow: Pjat sindromow Jelzina i pjat obrasow Putina, in: Pro et contra, Band 6, Nr. 1–2, Winter/Frühjahr 2001, S, 122–136.
68 Epocha Jelzina, a.a.O., S. 517ff.
69 B. Jelzin: Mitternachtstagebuch, a.a.O., S. 109.
70 Ebda, S. 142.
71 Ebda, S. 114.

2. Rußland als virtuelle Großmacht in einer «multipolaren» Welt (1995–2000)

1 M. Mommsen: Das politische System Rußlands, in: W. Ismayr, a.a.O., S. 375f.
2 Archiv der Gegenwart vom 8.11.1995, S. 40523.
3 Archiv der Gegenwart vom 5.1.1996, S. 40681.
4 Federalnaja Elita, a.a.O., S. 547f.
5 Archiv der Gegenwart vom 5.1.1996, S. 40681.
6 J. Primakow: Gody w bolschoj politike, a.a.O., S. 209ff.
7 Archiv der Gegenwart vom 28. Februar 1996, S. 40839.
8 Ebda.
9 Archiv der Gegenwart vom 13. Juni 1996, S. 41140.
10 Ch. Schmidt-Häuer: Hotline für Staatsideen, in: Die Zeit vom 9.8.1996; Rossijskaja Gaseta vom 1.8.1996.
11 Rossijskaja Gaseta vom 30.7.1996.
12 Rossijskaja Gaseta vom 12.2.1998.
13 Nowaja Gaseta vom 9.12.1996.
14 Nesawisimaja Gaseta vom 30.7.1996.
15 G. Melamedow: Von der «lichten Zukunft» zur verordneten «nationalen Idee», in: Wostok 6/1996, S. 20–23; A. Ignatow: Nabelschau auf allerhöchste Anweisung. Der Wettbewerb um die «neue russische nationale Idee» tritt in die zweite Phase ein, Aktuelle Analyse des BIOst Nr. 18/1997 vom 28.4.1997; Rossijskaja Gaseta vom 11.2.1997.

16 I. Tschubajs: Rossijskij idejnij krisis w dwuch aktach. Ot imperskoj politiki – k filosofii obustrojstwa, in: Nesawisimaja Gaseta – Szenarii vom 9.10.1997; siehe auch derselbe: Identitätskrise und Neue Russische Idee, in: G. Gorzka/P. W. Schulze (Hrsg.): Auf der Suche nach einer neuen Identität. Rußland an der Schwelle zum 21. Jahrhundert, Bremen1998, S. 112–120.
17 K. Behrens: Die Russische Orthodoxe Kirche: Segen für die «Neuen Zaren»? Religion und Politik im postsowjetischen Rußland (1991–2000), Paderborn u. a. 2002, S. 281 ff.; siehe auch: G. Stricker: Das neue Religionsgesetz in Rußland. Vorgeschichte, Inhalt, Probleme, Befürchtungen, in: Osteuropa 7/1998.
18 A. Andrejewa: Rußland auf dem Weg vom autoritären Sowjetsystem zum modernen Rechtsstaat? Der Gesetzgebungsprozeß in der Rußländischen Föderation, Diss. Ms., München 2000, S. 157ff.
19 Nesawisimaja Gaseta vom 20.8.1997.
20 O. Alexandrowa: Aktuelle Analyse des BIOst vom 17.4.1997.
21 Archiv der Gegenwart vom 21.3.1997, S. 41899f.
22 Zitiert nach M. Thumann, in: Die Zeit vom 28.3.1997, S. 1.
23 «Europe» Nr. 7020 vom 19.7.1997, S. 6f.; vgl. auch Neue Zürcher Zeitung vom 19.7.1997.
24 Archiv der Gegenwart vom 13.1.1997, S. 41707.
25 Archiv der Gegenwart vom 2.4.1996, S. 40939.
26 H. Timmermann: Rußland–Belarus: Die Zweier-Union im Zeichen von Konzeptions- und Interessendivergenzen. Aktuelle Analyse des BIOst Nr. 35/1999.
27 S. Spahn: Die Außenpolitik Rußlands gegenüber der Ukraine und Weißrußland von 1991–1998, Herne 2000, S. 185 ff.
28 Archiv der Gegenwart vom 31. Mai 1997, S. 42074.
29 O. Alexandrowa: Die Entwicklung außenpolitischer Konzeptionen in Rußland und der Ukraine, in: BIOst (Hrsg.): Aufbruch im Osten Europas, München/Wien 1993, S. 255–268.
30 T. Kuzio: Die Ukraine in Europa. Außen- und Sicherheitspolitik einer neuen Nation, in: Europa-Archiv, Folge 7/1993, S. 202–214.
31 Stenographisches Protokoll der Dumasitzung, Bulletin Nr.227 (369) vom 25.12.1998.
32 S. Spahn: Die Außenpolitik Rußlands gegenüber der Ukraine, a.a.O., S. 185 ff.
33 Archiv der Gegenwart vom 28.6.1997, S. 42141.
34 B. Jelzin: Mitternachtstagebuch, a.a.O., S. 160.
35 Moskowskij Komsomolez vom 9.9.1997;
36 I. de Keghel: Die Moskauer Erlöserkathedrale als Konstrukt nationaler Identität. Ein Beitrag zur Geschichte des «patriotischen Konsenses», in: Osteuropa 2/1999, S. 145–159.
37 Kommersant-Daily vom 30.8.1997, 9.9.1997; Moscow News vom 23.4.1997.
38 I. de Keghel: Die Moskauer Erlöserkathedrale, a.a.O., S. 159.

39 Segodnja vom 11.10.1997.
40 Segodnja vom 10.10.1997.
41 B. Jelzin: Mitternachtstagebuch, a.a.O., S. 112.
42 Iswestija vom 23.12.1997.
43 Archiv der Gegenwart vom 16.1.1998, S. 42567.
44 Archiv der Gegenwart vom 17.2.1998, S. 42627.
45 Archiv der Ggenwart vom 19.4.1998, S. 42753.
46 Federalnaja Elita, a.a.O., S. 290; siehe auch I. Iwanow: Die neue russische Diplomatie. Rückblick und Visionen, München 2002.
47 B. Jelzin: Mitternachtstagebuch, a.a.O., S. 114.
48 Kommersant vom 15.9.1998.
49 Frankfurter Allgemeine Zeitung vom 28.8.1998.
50 Nesawisimaja Gaseta vom 13.10.1998.
51 Archiv der Gegenwart vom 24.12.1998, S. 43258.
52 Kommersant vom 19.2.1999.
53 Frankfurter Allgemeine Zeitung vom 19.2.1999; Neue Zürcher Zeitung vom 20./21.2.1999.
54 J. Primakow: Wosem mesjazew pljus, a.a.O., S. 144ff.
55 Archiv der Gegenwart vom 30.3.1999, S. 43431; Rossijskaja Gaseta vom 26.3.1999.
56 Rossijskaja Gaseta vom 26.3.1999
57 A. Pradetto: Rußland und der Westen in der Kosovo-Krise, in: R. C. Meier-Walser/T. Wagensohn (Hrsg.): Rußland und der Westen, Argumente und Materialien zum Zeitgeschehen 12, Hanns Seidel Stiftung, München 1999, S.149–160.
58 Kommersant vom 7.4.1999.
59 Frankfurter Allgemeine Zeitung vom 15.4.1999.
60 Nesawisimaja Gaseta vom 4.6.1999.
61 B. Jelzin: Mitternachtstagebuch, a.a.O., S. 252.
62 Ebda.
63 Ebda, S. 254.
64 Frankfurter Allgemeine Zeitung vom 17.4.1999.
65 A. Pradetto: Rußland und der Westen in der Kosovo-Krise, a.a.O., S. 151.
66 Süddeutsche Zeitung vom 21.4.1999.
67 B. Jelzin: Mitternachtstagebuch, a.a.O., S. 244f.
68 K. Segbers: Rußland einbinden. Vom Sinn und Zweck einer Simulation, in: Blätter für deutsche und internationale Politik 7/1999, S. 829–836; siehe auch S. Talbott: The Russia Hand, New York 2002, S. 332ff.
69 Segodnja vom 8.6.1999; Frankfurter Allgemeine Zeitung vom 2.7.1999.
70 K. Segbers: Rußland einbinden, a.a.O., S. 832; Segodnja vom 14.6.1999
71 B. Jelzin: Mitternachtstagebuch, a.a.O., S. 256.
72 Wiedergabe im deutschen Fernsehsender NTV am 12.6.1999.
73 Nesawisimaja Gaseta vom 22.6.1999.
74 B. Chiari: Stolz, Ohnmacht, Sachlichkeit. Die Rolle der Rußländischen

Föderation bei der Friedensregulierung im Kosovo aus russischer Sicht, in: Osteuropa-Archiv, Osteuropa 11/12 1999, S. A465–A468.
75 S. Margolina in Frankfurter Allgemeine Zeitung vom 19.11.1999.
76 Ebda.
77 Moskowskije Nowosti vom 24.–30.11.1999.
78 K. Segbers: Rußland einbinden, a.a.O., S. 835; M. Thumann in Die Zeit vom 15.4.1999.
79 Nesawisimaja Gaseta vom 3.6.1999.
80 Nowyje Iswestija vom 19.6.1999.
81 Iswestija vom 5.6.1999.
82 Segodnja vom 5.6.1999.
83 Die Zeit vom 29.7.1999.
84 ER vom 3./4.6.1999, Luxemburg.
85 Archiv der Gegenwart vom 20.6.1999.
86 Frankfurter Allgemeine Zeitung vom 21.6.1999.
87 Süddeutsche Zeitung vom 21.6.1999.
88 Frankfurter Allgemeine Zeitung vom 21.6.1999.
89 Archiv der Gegenwart vom 20.6.1999, S. 43599.
90 Archiv der Gegenwart vom 27.7.1999, S. 43674f.
91 Archiv der Gegenwart vom 25.8.1999, S. 43731.
92 Segodnja vom 25.8.1999.
93 Epocha Jelzina, a.a.O., S. 487.
94 Archiv der Gegenwart vom 26.11.1999, S. 43938ff.
95 Kommersant vom 19.11.1999.
96 B. Jelzin: Mitternachtstagebuch, a.a.O., S. 337.
97 Ebda, S. 336.
98 Archiv der Gegenwart vom 10.12.1999, S. 43951f.
99 Epocha Jelzina, a.a.O., S. 487f.
100 Ebda, S. 486.
101 B. Jelzin: Mitternachtstagebuch, a.a.O., S. 338.
102 Ebda, S. 339.

3. Erneuter Aufbruch nach Europa unter Putin?

1 G. Diligenskij: Putin und die russische Demokratie, in: Osteuropa 6/2001, S. 651ff.
2 H. Adomeit: Konzeptionelle Leitlinien in der Außenpolitik Rußlands, in: Osteuropa 4–5/2001, S. 353–365.
3 Nesawisimaja Gaseta vom 3.11.1999; Nowyje Iswestija vom 3.11.1999.
4 Frankfurter Allgemeine Zeitung vom 10.12.1999.
5 Ebda, 3.1.2000.
6 Ebda, 3.2.2000.
7 Iswestija vom 7.3.2000; Kommersant vom 7.3.2000.
8 Putins Interview mit der Iswestija vom 14.7.2000.
9 Iswestija vom 11.4.2000.
10 Frankfurter Allgemeine Zeitung vom 20.4.2000.

11 Archiv der Gegenwart vom 14.4.2000, S. 44186ff; Die Zeit vom 19.4.2000; Frankfurter Allgemeine Zeitung vom 14.4.2000.
12 Archiv der Gegenwart vom 6.4.2000, S. 44167.
13 Iswestija vom 5. und vom 7.4.2000.
14 K. Benediktow: Die russische Außenpolitik – Ziele, Methoden, Trends, in: Wostok 2/2001, S. 23.
15 Archiv der Gegenwart vom 14.4.2000, S. 44188.
16 Archiv der Gegenwart vom 14.4.2000; S. 44190; Blairs lobende Worte über das «demokratische Rußland» sind wiedergegeben in der Nesawisimaja Gaseta vom 14.3.2000.
17 Archiv der Gegenwart vom 14.4.2000, S. 44190; siehe auch K. Benediktow: Die russische Außenpolitik, a.a.O., S. 23.
18 Strategija raswitija otnoschenij Rossijskoj Federazii s Ewropejskim Sojusom na srednesrotschnuju perspektiwu (2000–2010 gg), in: Diplomatitscheskij westnik 11/1999, S. 20–28.
19 Zitiert nach H. Timmermann: Rußlands Politik gegenüber der EU (II), Konzeptionen und Handlungsmuster der «Mittelfristigen Strategie», in: Osteuropa 8/2000, S. 886.
20 Ebda.
21 H. Adomeit: Konzeptionelle Leitlinien in der Außenpolitik Rußlands, a.a.O., S. 365.
22 A. Golz: Doktrina Iwanowych, in Itogi vom 18. Juli 2000, S. 12–13.
23 F. Bomsdorf: Welches Rußland? Aus russischen Fachzeitschriften des ersten Halbjahres 2000, SWP Zeitschriftenschau, September 2000; derselbe: Rußland und der Westen: miteinander, gegeneinander, nebeneinander? Aus russischen Fachzeitschriften des zweiten Halbjahres 2000, SWP Zeitschriftenschau, März 2001; derselbe: Putins erste Phase – Konsolidierung Rußlands? Aus russischen Fachzeitschriften und Wochenzeitungen des ersten Halbjahres 2001, SWP Zeitschriftenschau, August 2001.
24 Solche Positionen werden vornehmlich von S. Karaganow, D. Trenin und A. Arbatow vertreten; siehe F. Bomsdorf: Rußland und der Westen, a.a.O., S. 1 ff.
25 Itogi vom 18.7.2000.
26 Zitiert nach A. Rahr: Wladimir Putin, der «Deutsche» im Kreml, a.a.O., S. 255.
27 A. Arbatow: Nazionalnaja ideja i nazionalnaja besopasnost, in: Mirowaja ekonomika i meschdunarodnyje otnoschenija I (Mai 1998) 5, S. 21; II. (Juni 1998) 8, S. 41–48.
28 Moskowskije Nowosti vom 29.2.–6.3.2000.
29 K. Benediktow: Die russische Außenpolitik, a.a.O., S. 22.
30 Wremja Nowostej vom 24.7.2000; Segodnja vom 24.7.2000; siehe auch J. Glaubitz: Rußland in Ostasien – Streben nach Einfluß und Mitsprache, in Osteuropa 4–5/2001, S. 588–599.
31 K. Benediktow: Die russische Außenpolitik, a.a.O., S. 24.
32 Frankfurter Allgemeine Zeitung vom 16.6.2001.

33 Archiv der Gegenwart vom 17. Juli 2001, S. 45098f.
34 Archiv der Gegenwart vom 6.4.2000, S. 44167; siehe auch Archiv der Gegenwart vom 11.12.1999, S. 439549.
35 Iswestija vom 30.5.2000.
36 Nesawisimaja Gaseta vom 1.6.2000.
37 Iswestija vom 30.5.2000; Moscow News Nr.31 vom 31.5.-6.6.2000.
38 Monitor-Dienst der Deutschen Welle, Nr.65 vom 3.4.2001; Nesawisimaja Gaseta vom 4.4.2001.
39 Süddeutsche Zeitung vom 31.10./1.11.2000.
40 Nowoje Wremja vom 16.4.2000; derselbe in Moscow News Nr. 26 vom 5.–11.7.2000; siehe A. Yanov in Moscow News Nr. 28 vom 19.7.–25.7.2000; weiter N. Wardul in Kommersant Wlast vom 4.7.2000.
41 Segodnja vom 23.3.2001.
42 Ebda.
43 A. Piontkowski: Rußland auf der Suche nach seiner Identität, in: R. C. Meier-Walser/B.Rill (Hrsg.): Rußland. Kontinuität, Konflikt und Wandel, Sonderausgabe Politische Studien der Hanns Seidel Stiftung, München 2002, 14f.; vgl. auch www.strana.ru vom 13.11.2000.
44 Nowyje Iswestija vom 5.9.2000.
45 http://www.bundestag.de/blickpunkt/2001/putin, Stand: September 2001. Siehe auch Frankfurter Allgemeine Zeitung vom 26., 27. und 28.9.2001; Die Zeit vom 11.10.2001. Siehe weiter Ch. Meier/H. Timmermann: Nach dem 11. September: Ein neues deutsch-russisches Verhältnis? SWP-Aktuell 22, November 2001.
46 S. Karaganow in Moscow News vom 29.8.–4.9.2001.
47 Frankfurter Allgemeine Zeitung vom 24.11.2001; Moscow News Nr.47 vom 21.–27.11.2001.
48 Frankfurter Allgemeine Zeitung vom 13. und 14.11.2001. Siehe auch H. Adomeit/O. Alexandrova: Nach dem Putin-Bush-Gipfel, SWP-Aktuell 28, Dezember 2001.
49 Moscow News Nr. 46 vom 14.–20.11.2001.
50 D. Trenin: Antiterroristitscheskaja operazija SSchA i wybor Rossii, Moskowskij Zentr Karnegi, press-release vom 19.9.2001.
51 Ebda.
52 Nesawisimaja Gaseta vom 18.12.2001.
53 Ebda.
54 Moscow News vom 9.–22.1.2002; Iswestija vom 16.1.2002.
55 L. Schewzowa: Tschem kontschitsja roman s zapadom? In: Moskowskije Nowosti Nr. 3, 22.–28.1.2002.
56 Karaganow/Schewzowa, a.a.O., siehe auch D. Pinsker und A.Golz in: Jeschenedelnij Schurnal vom 23.1.2002.
57 Frankfurter Allgemeine Zeitung vom 26.9.2001.
58 Frankfurter Allgemeine Zeitung vom 8.1.2001.
59 Kommersant vom 24.12.2001.
60 Trud vom 20.2.2002.
61 Süddeutsche Zeitung vom 1.4.2002; zu Berlusconis Besuch in Moskau

siehe auch Frankfurter Allgemeine Zeitung vom 4.4.2002 und Die Welt vom 3.4.2002.

62 Wremja Moskowskich Nowostej vom 25. Mai 2002; Kommersant vom 25.5.2002.

63 Neue Zürcher Zeitung vom 29.05.2002.

64 Neue Zürcher Zeitung vom 30.05.2002.

65 Rossijskaja Gaseta vom 23. Mai 2002.

66 Trud vom 14.2.2002; Rossijskaja Gaseta vom 13.2.2002; Frankfurter Allgemeine Zeitung vom 1.3.2002.

67 Zitiert nach Rossijskaja Gaseta vom 2.3.2002; siehe auch Kommersant 1. und 2.3.2002.

68 Itogi vom 26.2.2002; Frankfurter Allgemeine Zeitung vom 23.2.2002.

69 Nesawisimaja Gaseta vom 4.3.2002; Trud vom 19.2.2002; Kommersant vom 26.2.2002;

70 Igor Bunin in Nesawisimaja Gaseta vom 4.3.2002.

71 J. Lewada, Interview mit der Zeitung Trud vom 12.3.2002.

72 Zum Meinungsbild unter den außenpolitischen Eliten siehe Iswestija vom 25. Mai 2001.

73 K. Holsti: National Role Conceptions in the Study of Foreign Policy, a.a.O.

74 J. Solana, zitiert nach H. Timmermann: Rußlands Politik gegenüber der EU (II), a.a.O., S. 901.

Nachwort zur zweiten Auflage

1 «Silowiki» heißt «die Starken», «die Mächtigen», zur Bezeichnung der Vertreter von Militär und Organen der Sicherheit; «Tschekisten» steht für Geheimdienstler, nach dem Wort «Tscheka», Abkürzung für die Außerordentliche Kommission für den Kampf gegen Konterrevolution und Sabotage unter Lenin.

2 O. Latsis: Monopolism wlasti, in: Snanie-Sila, H. 6/2003, S. 12f.

3 O. Kryschtanowskaja: Polititscheskije reformy Putina i elita, in: Obschtschestwo i Ekonimika, Nr. 4–5/2003, S. 3–50; Nesawisimaja Gaseta vom 19. 8. 2003; Argumenty i Fakty vom 10. 12. 2003.

4 O. Luchterhandt: Präsidentialismus in den GUS-Staaaten, in: Ders. (Hrsg.): Neue Regierungssysteme in Osteuropa und der GUS, 2. Aufl., Berlin 2002, S. 317.

5 Rußlandanalyse Nr. 9 der Forschungsstelle Osteuropa an der Universität Bremen und der Deutschen Gesellschaft für Osteuropakunde, 12. 12. 2003. Offizielle Internetseite der Staatsduma, 29. 1. 2004, http://www.duma.gov.ru.

6 Moskau, 8. 12. 2003, www.osce.org.

7 Russkij Kurjer vom 22. 9. 2003; BBC Monitoring, Quelle: RTR Rußland TV, Moskau, 20. 9. 2003.

8 Kommersant vom 29.9.2003; Informationsgespräch mit Prof. M. Fedotow, Moskau, 26.9.2003.
9 Poslanie Federalnomu Sobraniju Rossijskoj Federazii, 16.5.2003, www.Kremlin.ru
10 Stenogr. Ottschet o press-konferenzii w Kremle, 20.6.2003, www.president.kremlin.ru.
11 Kommersant vom 15.5.2003; Wremja Nowostej vom 16.5.2003.
12 Politika: W Rossii gotowitsja oligarchitscheskij pereworot, Moskau, 26.5.2003; http://www.utro.ru/articles/2003/05/26/201631.shtml.
13 W. Miljutenko: Zur Jagd auf die Oligarchen wird geblasen, in: Wostok 4/2003, S. 8ff.
14 BBC Monitoring, Quelle: RTR Rußland TV, Moskau, 18.12.2003.
15 Russian Election Watch Vol. 3, Nr. 4, Januar 2004.
16 Moskowskije Nowosti Nr. 46, 8.–15.12.2003, S. 5.
17 O. Kryschtanowskaja, Polititscheskije reformy Putina, a.a.O.
18 W. Nikonow: Putinism, in: Bunin/Nikonow u.a.: Sowremennaja Rossijskaja Politika, Moskau 2003, S. 42.
19 J. Gajdar, Vortrag bei Carnegie Endowment for International Peace, 27.1.2004, www.ceip.org.
20 H.-H. Schröder: Die Jukos-Affäre, Rußlandanalyse Nr. 6 der Forschungsstelle Osteuropa, a.a.O., 21.11.2003, S. 2ff.
21 Ebda.
22 Iswestija vom 28.10.2003.
23 J. Lewada, Interview mit Moskowskije Nowosti Nr. 1, 16.–22.1.2004, S. 8.
24 P. Lavelle: Analysis: Why Putin Tops the Polls, Moskau, UPI, 2.2.2004, zitiert nach: Johnson's Russia List 8045, 3.2.2004.
25 Iswestija vom 22.1.2004
26 Kommersant Wlast Nr. 2 vom 19.1.2004; BBC Monitoring, Quelle: RTR Rußland TV, Moskau, 18.12.2003; Columbia Spectator vom 26.9.2003.
27 Sowjet po Nationalnoj Strategii,
http://pda.lenta.ru/russia/2004/01/15/sns;
Pressekonferenz von S. Chomjakow, Iosif Diskin und S. Markow, Interfax, 15.1.2004, http://www.fednews.ru.
28 L. Schewzowa: The Logic of Extinction, Contemporary Russia: Managed Democracy or Absolute Power? Wedomosti, 26.1.2004, WPS Monitoring Agency, http://www.wps.ru.

Literaturhinweise

Aron, Leon: Yeltsin. A Revolutionary Life, New York 2000.

Baranovsky, Vladimir: Russia and Europe. The Emerging Security Agenda, Oxford 1997.

Baturin, Jurij, u.a. (Autorenkollektiv): Epocha Jelzina. Otscherki polititscheskoj istorii, Moskau 2001.

Bendel, Petra/Croissant, Aurel/Rüb, Friedbert W. (Hrsg.): Zwischen Demokratie und Diktatur. Zur Konzeption und Empirie demokratischer Grauzonen, Opladen 2002.

Bos, Ellen/Mommsen, Margareta/Von Steinsdorff, Silvia (Hrsg.): Das russische Parlament. Schule der Demokratie? Opladen 2003.

Brown, Archie (Hrsg.): Contemporary Russian Politics. A Reader, Oxford 2001.

Brown, Archie/Shevtsova, Lilia (Hrsg.): Gorbachev, Yeltsin, and Putin. Political Leadership in Russia's Transition, Washington D.C. 2001.

Bundeszentrale für politische Bildung: Informationen zur politischen Bildung 281, Schwerpunktheft: Rußland, 4. Quartal 2003, München.

Buszynski, Leszek: Russian Foreign Policy After the Cold War, Westport/London 1996.

Diligenskij, German: Putin und die russische Demokratie, in: Osteuropa 51. Jg., 6/2001, S. 647–656.

Filatow, Sergej: Sowerschenno nesekretno, Moskau 2000.

Forschungsstelle Osteuropa (Hrsg.): Das neue Rußland in Politik und Kultur, Bremen 1998.

Freeland, Chrystia: Sale of the Century. The Inside Story of the Second Russian Revolution, London 2000.

Gajdar, Jegor: Entscheidung in Rußland. Die Privatisierung der Macht und der Kampf um eine zivile Gesellschaft, München/Wien 1995.

Gorbatschow, Michail: Erinnerungen, Berlin 1995.

Gorzka, Gabriele/Schulze, Peter W. (Hrsg.): Auf der Suche nach einer neuen Identität, Rußland an der Schwelle zum 21. Jahrhundert, Bremen 1998.

Groys, Boris: Die Erfindung Rußlands, München/Wien 1995.

Harter, Stefanie/Grävingholt, Jörn/Pleines, Heiko/Schröder, Hans-Henning: Geschäfte mit der Macht. Wirtschaftseliten als politische Akteure im Rußland der Transformationsjahre 1992–2004, Bremen 2003.

Heinemann-Grüder, Andreas: Der heterogene Staat. Föderalismus und regionale Vielfalt in Rußland, Berlin 2000.

Heresch, Elisabeth: Alexander Lebed, Krieg oder Friede, München 1997.

Hillenbrand, Olaf/Kempe, Iris (Hrsg.): Der schwerfällige Riese. Wie Rußland den Wandel gestalten soll, Gütersloh 2003.

Hoffman, David E.: The Oligarchs. Wealth and Power in the New Russia, Oxford 2002.
Höhmann, Hans-Hermann/Schröder, Hans-Henning (Hrsg.): Rußland unter neuer Führung. Politik, Wirtschaft und Gesellschaft am Beginn des 21. Jahrhunderts, Münster 2001.
Hough, Jerry F.: The Logic of Economic Reform in Russia, Washington 2001.
Huskey, Eugene: Presidential Power in Russia, New York/London 1999.
Iwanow, Igor: Die neue russische Diplomatie, Rückblick und Visionen, München 2002.
Jakowlew, Alexander: Die Abgründe meines Jahrhunderts. Eine Autobiographie, Leipzig 2003.
Jelzin, Boris: Auf des Messers Schneide, Tagebuch des Präsidenten, Berlin 1994.
–: Mitternachtstagebuch. Meine Jahre im Kreml, Berlin/München 2000.
Klebnikow, Paul: Der Pate des Kreml. Boris Beresowski und die Macht der Oligarchen, München 2001.
Korschakow, Alexandr: Boris Jelzin: Ot rassweta do sakata, Moskau 1997.
Kostikow, Wjatscheslaw: Roman s presidentom. Sapiski press-sekretarja, Moskau 1997.
Landeszentrale für politische Bildung Baden-Württemberg (Hrsg.): Rußland unter Putin, in: Der Bürger im Staat, 51. Jg., Heft 2/3–2001.
Ledeneva, Alena V.: Russia's Economy of Favours, Blat, Networking and Informal Exchange, Cambridge 1998.
Luchterhandt, Galina: Politische Parteien in Rußland, Dokumente und Kommentare, Bremen 2000.
Malcolm, Neil: Russia and Europe: An End to Confrontation? London/New York 1994.
–, u. a. (Hrsg.): Internal Factors in Russian Foreign Policy, Oxford 1996.
McFaul, Michael: Russia's Unfinished Revolution: Political Change from Gorbachev to Putin, Ithaca, NY/London 2001.
Medwedew, Roj: Sagadka Putina, Moskau 2000.
Merkel, Wolfgang: Systemtransformation. Eine Einführung in die Theorie und Empirie der Transformationsforschung, Opladen 1999.
Mommsen, Margareta: Wohin treibt Rußland? Eine Großmacht zwischen Anarchie und Demokratie, München 1996.
–: Das politische System Rußlands, in: Ismayr, Wolfgang (Hrsg.): Die politischen Systeme Osteuropas, Opladen 2002.
Morrison, John: Boris Jelzin, Retter der Freiheit, Berlin/Frankfurt 1991.
Neumann, Iver B.: Russia and the Idea of Europe. A Study in Identity and International Relations, London/New York 1996.
Politkowskaja, Anna: Tschetschenien. Die Wahrheit über den Krieg, Köln 2003.
Popzow: Chronika wremjon «Zarja Borisa». Rossija, Kreml, 1991–1995, Moskau 1995.
–: Trewoschnyje sny zarskoj swity. Rossija, Kreml, Moskau 2000.

Primakow, Jewgenij: Gody w bolschoj politike, Moskau 1999.
–: Wosem mesjazew pljus, Moskau 2001.
Pristawkin, Anatolij: Ich flehe um Hinrichtung. Die Begnadigungskommission des russischen Präsidenten, München 2003.
Putin, Wladimir: Ot perwogo liza. Rasgowory s Wladimirom Putinym, Moskau 2000.
Rahr, Alexander: Wladimir Putin. Der «Deutsche» im Kreml, München 2000.
Reddaway, Peter/Glinski, Dmitri: The Tragedy of Russia's Reforms: Market Bolshevism Against Democracy, Washington D.C. 2001.
Reitschuster, Boris: Wladimir Putin. Wohin steuert er Rußland? Berlin 2004.
Rußland in Europa. Der Kontinent steht kopf. In: Osteuropa/Neprikosnowennij Sapas, Schwerpunktheft 9–10/2003, DVA Stuttgart.
Remington, Thomas: Politics in Russia, New York u. a. 1999.
Ryschkow, Wladimir: Tschetwertaja Respublika. Otscherk polititscheskoj istorii sowremennoj Rossii, Moskau 2000.
Sakwa, Richard: Russian Politics and Society, London 1996.
Schneider, Eberhard: Das politische System der Russischen Föderation. Eine Einführung, Opladen/Wiesbaden 1999.
Shevtsova, Lilia: Yeltsin's Russia. Myths and Reality, Washington D.C. 1999.
–: Putin's Russia, Washington 2003.
Sieber, Bettina: «Russische Idee» und Identität. «Philosophisches Erbe» und Selbstthematisierung der Russen in der öffentlichen Diskussion 1985–1995, Bochum 1998.
Smith, Gordon B. (Hrsg.): State Building in Russia. The Yeltsin Legacy and the Challenge of the Future, New York 1999.
Spahn, Susanne: Die Außenpolitik Rußlands gegenüber der Ukraine und Weißrußland von 1991–1998, Herne 2000.
Talbott, Strobe: The Russia Hand, New York 2002.
Wagensohn, Tanja: Rußland nach dem Ende der Sowjetunion, Regensburg 2001.
Webber, Mark (Hrsg.): Russia and Europe: Conflict or Cooperation? Houndmills u. a. 2000.
Weigle, Marcia A.: Russia's Liberal Project, State-Society Relations in the Transition from Communism, University Park, PA 2000.
White, Stephen/Pravda, Alex/Gitelman, Zvi (Hrsg.): Developments in Russian Politics, Durham, NC 2001.

Zeittafel

1990

4./18. März	Wahlen zum Volksdeputiertenkongreß der RSFSR.

1991

12. Juni	Jelzin wird von der wahlberechtigten Bevölkerung der RSFSR zum Präsidenten gewählt.
8. Dez.	Abkommen von Beloweschskaja Puschtscha über die Auflösung der UdSSR.
21. Dez.	Gründung der Gemeinschaft Unabhängiger Staaten (GUS).
25. Dez.	Umbenennung der RSFSR in Rußländische Föderation.
31. Dez.	Die UdSSR wird offiziell für aufgelöst erklärt.

1992

3. Juni	Gründung eines Nationalen Sicherheitsrates; Jurij Skokow wird Sekretär.
12. Dez.	Entlassung Jegor Gajdars als amtierender Ministerpräsident.
14. Dez.	Der Oberste Sowjet wählt Wiktor Tschernomyrdin zum Ministerpräsidenten.

1993

1. Jan.	Sergej Filatow wird Leiter der Präsidialadministration.
7. Mai	Jurij Skokow wird als Sekretär des Nationalen Sicherheitsrates entlassen.
18. Sept.	J. Gajdar ersetzt Oleg Lobow als Erster Stellvertretender Ministerpräsident und Wirtschaftsminister; Lobow wird Sekretär des Sicherheitsrates.
4. Okt.	Das «Weiße Haus», der Sitz des Parlaments, wird beschossen und gestürmt; damit wird der Aufstand des Parlaments gegen Jelzin beendet.
12. Dez.	Annahme einer neuen Verfassung durch Referendum; Wahlen zur neuen Staatsduma und zum Föderationsrat; Niederlage der Reformkräfte.

1994

11. Dez.	Einmarsch russischer Streitkräfte in Tschetschenien.

1995

18. Juni	Erfolgreiche Verhandlungen Tschernomyrdins mit tschetschenischen Geiselnehmern in Budjonowsk.

17. Dez.	Wahlen zur Staatsduma; nur 4 Parteien überwinden die Fünf-Prozent-Hürde: KPRF (22,3%), Jabloko (6,9%), UHR (10,13%) und LDPR (11,2%).

1996

9. Jan.	Außenminister Andrej Kosyrew wird durch Jewgenij Primakow ersetzt.
15. Jan.	Nikolaj Jegorow löst S. Filatow in der Leitung der Präsidialadministration ab.
1. Febr.	Auf dem «World Economic Forum» von Davos beschließen russische Wirtschaftsmagnaten, Jelzin bei den Präsidentschaftswahlen zu unterstützen.
16. Juni	In der ersten Runde der Präsidentschaftswahlen führt Jelzin (35,28%) vor Sjuganow (32,02%); an dritter Stelle plaziert sich Alexandr Lebed (14,52%).
18. Juni	Jelzin verbündet sich mit Lebed; er ernennt ihn zum Sekretär des Nationalen Sicherheitsrates; gleichzeitig entläßt er Verteidigungsminister P. Gratschow.
20. Juni	Jelzin entläßt den Leiter seines persönlichen Sicherheitsdienstes, Alexandr Korschakow, weiter Michail Barsukow und Oleg Soskowez; damit ist das «Triumvirat» entmachtet.
3. Juli	Jelzin gewinnt die Präsidentschaftswahlen in der zweiten Wahlrunde; er setzt sich mit 53,82% gegen Gennadij Sjuganow (40,31%) durch.
15. Juli	A. Tschubajs löst N. Jegorow in der Leitung der Präsidialadministration ab.
14. Aug.	Der «Oligarch» W. Potanin wird Erster Stellvertretender Ministerpräsident.
3. Sept.	A. Lebed, A. Maschadow und T. Guldiman unterzeichnen ein Abkommen über die Beendigung des Krieges in Tschetschenien.
17. Okt.	Jelzin entläßt A. Lebed als Sekretär des Sicherheitsrates.
19. Okt.	Jelzin ernennt Iwan Rybkin zum neuen Sekretär des Sicherheitsrates.
29. Okt.	Der «Oligarch» Boris Beresowskij wird zu Rybkins Stellvertreter ernannt.
5. Nov.	Jelzin unterzieht sich einer Bypass-Operation.

1997

11. März	Tschubajs wird in der Leitung der Präsidialadministration durch Walentin Jumaschew abgelöst; Tschubajs wird Erster Stellvertretender Premierminister.
17. März	Boris Nemzow wird ebenfalls zum Ersten Stellvertretenden Ministerpräsidenten ernannt; Regierung der «Jungen Wölfe»; Wladimir Potanin wird entlassen.
12. Mai	Friedensvertrag zwischen Tschetschenien und Rußland.

27. Mai	Jelzin, NATO-Generalsekretär J. Solana und die Staatsoberhäupter der 16 NATO-Staaten unterzeichnen in Paris die NATO-Grundlagen-Akte über die Zusammenarbeit Rußlands mit der NATO.
30. Juni	Jelzin ernennt seine Tochter Tatjana zur Imageberaterin.
5. Nov.	Jelzin entläßt B. Beresowskij aus dem Sicherheitsrat.
19. Dez.	Eine neue «Sicherheitsdoktrin» wird von Jelzin unterzeichnet.

1998

23. März	Jelzin entläßt den langjährigen Ministerpräsidenten W. Tschernomyrdin.
24. April	Sergej Kirijenko wird beim dritten Versuch von der Staatsduma als neuer Premierminister bestätigt.
17. Aug.	Ausbruch der Finanzkrise; Jelzin entläßt kurz darauf S. Kirijenko und setzt Tschernomyrdin als «amtierenden» Premierminister ein.
11. Sept.	Tschernomyrdin wird zweimal durch die Duma abgelehnt; Jelzin schlägt J. Primakow als Premierminister vor; er wird mit großer Mehrheit bestätigt.
11. Sept.	Der Karrierediplomat Igor Iwanow wird neuer Außenminister.
14. Sept.	Nikolaj Bordjuscha wird Sekretär des Nationalen Sicherheitsrats.
7. Dez.	Jelzin entläßt W. Jumaschew aus der Leitung der Präsidialadministration und befördert den neuen Sekretär des Sicherheitsrats auch in dieses Amt.

1999

19. März	Jelzin entläßt Bordjuscha aus der Leitung der Präsidialadministration; er überträgt das Amt an Alexandr Woloschin.
23. März	Jelzin ernennt Wladimir Putin zum neuen Sekretär des Sicherheitsrates.
12. Mai	Jelzin entläßt Premierminister J. Primakow.
15. Mai	Der Versuch eines Impeachments gegen Jelzin scheitert in der Duma.
19. Mai	Innenminister S. Stepaschin wird von der Duma als Nachfolger Primakows im Amt des Ministerpräsidenten bestätigt.
9. Aug.	Jelzin entläßt Sergej Stepaschin; er ernennt Wladimir Putin zum «amtierenden» Premierminister; er favorisiert Putin als Kandidaten für das Präsidentenamt.
16. Aug.	Putin wird von der Duma als Ministerpräsident bestätigt.
5. Sept.	Bombenattentat auf eine Wohnanlage der russischen Streitkräfte in Bujnaksk, Dagestan; Besetzung von Dörfern durch tschetschenische Kämpfer.

8. Sept. | Bombenattentat auf ein Wohnhaus in Moskau, viele Tote und Verletzte; in den nächsten Tagen kommt es zu Anschlägen in Moskau und Wolgo-Donsk.
17. Sept. | Russische Luftstreitkräfte greifen die Republik Tschetschenien an.
15. Nov. | Sergej Iwanow, Stellvertretender Leiter des Inlandsgeheimdienstes (FSB), wird Sekretär des Sicherheitsrates.
18./19. Nov. | OSZE-Gipfel in Istanbul; Jelzin wehrt westliche Kritik an der russischen Intervention in Tschetschenien vehement ab.
19. Dez. | Bei den Wahlen zur Staatsduma erreicht die KPRF 24% des Wählervotums, «Einheit/Der Bär» 23%, «Vaterland-Ganz-Rußland» 12%, die konservative «Union der Rechten Kräfte» 8% und der «Block Schirinowskijs» 6%.
31. Dez. | Jelzin erklärt seinen Rücktritt und benennt Premierminister Putin bis zu Neuwahlen zum «amtierenden» Präsidenten; Putin garantiert Jelzin per Erlaß Freiheit von Strafverfolgung.

2000

26. März | Wladimir Putin gewinnt im ersten Wahlgang die vorgezogenen Wahlen zur Präsidentschaft (52,94%); auf den zweiten Platz kommt Sjuganow (29,21%).
14. April | Die Duma ratifiziert den START-II-Vertrag mit 288 gegen 131 Stimmen.
17. April | Putin besucht Premierminister T. Blair in London; Empfang bei der Königin.
7. Mai | Feierliche Amtseinführung des neuen Präsidenten.
13. Mai | Putin verfügt per Dekret die Einrichtung von 7 Großregionen; für jede Region wird ein Bevollmächtigter Stellvertreter des Präsidenten eingesetzt.
17. Mai | Die Duma bestätigt den von Putin vorgeschlagenen Kandidaten für das Amt des Ministerpräsidenten, Michail Kasjanow, mit 322 Ja-Stimmen.
27. Mai | Putin bestätigt Alexandr Woloschin als Leiter der Präsidialverwaltung und Sergej Iwanow als Sekretär des Sicherheitsrates.
28. Mai | Putin unterzeichnet den Atomteststoppvertrag, der von den beiden Kammern des Parlaments unterdessen ratifiziert worden war.
14.-16. Juni | Staatsbesuch Putins in Deutschland.
23. Juni | Der Sicherheitsrat verabschiedet neue Doktrin über Informationssicherheit.
7. Juli | Die Duma verabschiedet in dritter Lesung mit 334 gegen 27 Stimmen das Gesetzespaket zur Verwaltungsreform (Regionalordnung).

10. Juli	Außenminister Igor Iwanow stellt das neue Konzept zur Außenpolitik vor.
18./19. Juli	Staatsbesuch Putins in China; mehrere Abkommen werden unterzeichnet.
19./20. Juli	Staatsbesuch Putins in Nordkorea.
19. Juli	Der «Oligarch» Boris Beresowskij legt sein Mandat in der Duma nieder.
21.-23. Juli	Putin nimmt am G-8-Treffen in Okinawa teil.
12. Aug.	Das russische Atom-U-Boot «Kursk» sinkt in der Barentssee.
3.-5. Sept.	Staatsbesuch Putins in Japan; kein Fortschritt in der Kurilen-Frage.
4. Dez.	Putin kündigt an, daß Rußland die sowjetische Nationalhymne (mit neuem Text) wiedereinführt.

2001

6./7. Jan.	Privatbesuch von Bundeskanzler Schröder bei Putin.
25. März	Russisch-japanisches Gipfeltreffen in Irkutsk.
28. März	Umbildung der Regierung; Sergej Iwanow wird Verteidigungsminister, zum Innenminister wird Boris Gryslow ernannt.
9./10. April	Treffen Putins mit Bundeskanzler Schröder in St. Petersburg.
14./15. Mai	Gipfeltreffen der «Schanghai Fünf» (China, Rußland, Kasachstan, Kyrgystan, Tadschikistan) in Schanghai; Aufnahme Usbekistans.
16. Juni	Erstes Zusammentreffen von Putin und George W. Bush in Lubljana.
16. Juli	Unterzeichnung eines russisch-chinesischen Freundschaftsvertrages.
11. Sept.	Nach dem terroristischen Anschlag auf das World Trade Center in New York und das Pentagon in Washington spricht Putin Bush sein Mitgefühl aus.
25. Sept.	Staatsbesuch Putins in Deutschland; Rede im Bundestag.
8. Okt.	Der Rumpf des gesunkenen U-Boots «Kursk» wird gehoben.
17. Okt.	Putin kündigt an, den russischen Militärstützpunkt Cam Ranh in Vietnam und das radioelektronische Zentrum Lourdes auf Kuba zu schließen.
13.-15. Nov.	Staatsbesuch Putins in den USA; Putin und Bush kündigen jeweils einschneidende Reduzierungen der strategischen Nuklearsysteme an.
13. Dez.	Präsident Bush teilt mit, daß die USA den ABM-Vertrag kündigen; Putin hält den erwarteten Schritt für einen Fehler, akzeptiert ihn aber «ohne Hysterie».
22./23. Dez.	Offizieller Besuch Putins in Großbritannien; Treffen mit Tony Blair.

2002

16./17. Jan.	Staatsbesuch Putins in Polen; Abschluß von fünf Wirtschaftsabkommen.
1. März	Putin stellt sich der Kritik russischer Militärs an der Präsenz amerikanischer Militärexperten in Georgien entgegen.
24.-26. Mai	Staatsbesuch des amerikanischen Präsidenten George W. Bush in Moskau und St. Petersburg; Unterzeichnung eines Abkommens zur Reduzierung der strategischen Nuklearwaffen.
28. Mai	Putin und die Repräsentanten der NATO schließen bei Rom ein Abkommen über eine neue Kooperation ab; die «NATO der Zwanzig» dient vor allem dem Kampf gegen den weltweiten Terrorismus.
29. Mai	Auf dem Moskauer Gipfel räumt die EU-Troika Rußland den Status eines «Marktwirtschaftslandes» ein.
23. Okt.	Tschetschenische Terroristen erstürmen das Musiktheater auf der Dubrovka und halten 600 bis 900 Besucher der Vorstellung «Nordost» als Geiseln. Sie fordern die Einstellung der russischen Militäraktionen in Tschetschenien. Am 27. Oktober werden die Geiseln durch eine Aktion des FSB befreit. Der Einsatz eines starken narkotischen Gases bewirkt den Tod von über 100 Geiseln.

2003

12./13. Feb.	Putin verständigt sich mit dem deutschen Bundeskanzler Schröder und dem französischen Präsidenten Chirac auf eine gemeinsame Ablehnung der Washingtoner Kriegspläne im Irak.
20. März	Putin nennt den Kriegsbeginn am Persischen Golf einen «schweren politischen Fehler».
11. April	Bei einem Treffen von Putin, Schröder und Chirac in St. Petersburg wird erneut die ablehnende Haltung gegenüber dem Irak-Krieg der USA demonstriert, eine Achse Berlin, Moskau, Paris jedoch abgelehnt.
2. Juni	Das dreihundertjährige Bestehen von St. Petersburg wird in Anwesenheit von Spitzenpolitikern aus über 40 Staaten feierlich begangen. Bei der Gelegenheit bekräftigen Putin und Bush ihre «persönliche Freundschaft» und die Partnerschaft zwischen den USA und Rußland.
22. Juni	Rußlands letzter unabhängiger Fernsehkanal TWS wird geschlossen.
27./28. Sept.	Gipfeltreffen von George Bush und Wladimir Putin in Washington und Camp David. Trotz demonstrativer Freundlichkeit und Betonung der strategischen Partnerschaft zeigen sich Differenzen, vor allem in bezug auf Irak und Iran.

5. Okt. In Tschetschenien gewinnt Achmed Kadyrow mit 81,1% der Stimmen die Präsidentenwahlen.

25. Okt. Michail Chodorkowskij, der Leiter des Ölkonzerns Jukos, wird unter dem Vorwand des Steuerbetrugs verhaftet. Zwei Tage später erklärt Putin, die Untersuchungen würden den gesetzlichen Gang gehen, die Ergebnisse der Privatisierung der 90er Jahre jedoch nicht revidiert.

30. Okt. Aus Protest gegen das brutale Vorgehen gegen Chodorkowskij tritt Putins Stabschef Alexander Woloschin zurück.

7. Dez. Bei den Dumawahlen gewinnt die Partei «Einiges Rußland» über 37% der Stimmen; es folgen die KPRF mit 12,7%, Schirinowskijs LDPR mit 11,6% und «Rodina» mit 9,07%. Die demokratischen Parteien «Jabloko» und SPS bleiben unter der Fünf-Prozent-Hürde und verpassen damit den Einzug in die Duma.

2004

6. Feb. Die Zentrale Wahlkommission teilt mit, daß sieben Kandidaten für die Präsidentenwahlen am 14. März registriert wurden. Neben Wladimir Putin sind dies der von den Kommunisten nominierte Nikolaj Charitonow, der Kandidat der LDPR, Oleg Malyschkin, weiter die liberale Politikerin Irina Chakamada, Sergej Glasjew («Rodina»), Iwan Rybkin und Sergej Mironow.

24. Feb. Entlassung der Regierung Kasjanow.

1. März Putin nominiert Michail Fradkow, vormals Handelsminister und Leiter der Steuerpolizei, zuletzt Botschafter Rußlands bei der EU, zum neuen Premierminister.

14. März Präsidentenwahlen.

Personenregister

Abramowitsch, Roman 71, 83
Ahtisaari, Martti 184
Albright, Madeleine 199
Alexejew, Sergej 100f., 151, 234
Alexander I., Zar 177
Alexandrow, Alexandr 116f.
Alexij II., Patriarch 174, 177, 185f.
Andropow, Jurij 94, 227
Arbatow, Alexej 206, 256
Aron, Leon 25
Awen, Pjotr 67
Axjonenko, Nikolaj 87
Aziz, Tariq 208
Barsukow, Michail 51, 54f., 64, 71, 264
Benediktow, Kyrill 206f.
Berdjaew, Nikolaj 150
Beresowskij, Boris 53f., 67f., 71, 73, 75f., 79, 83, 125–127, 264f., 267
Berlusconi, Silvio 220, 257
Bismarck, Otto von 166
Blair, Cherry 202
Blair, Tony 202, 214, 219, 256, 266f.
Bordjuscha, Nikolaj 82–84, 86, 103, 265
Borodin, Pawel 47, 53
Brakow, Jurij 19
Breschnew, Leonid 18f., 22, 94, 116
Brown, Archie 62
Bujda, Jurij 151
Bunin, Igor 222
Burbulis, Gennadij 30, 34f., 142
Bush, George 139, 144f.
Bush, George W. 208, 211, 220, 267f.
Buszynski, Leszek 7, 136, 152
Chakamada, Irina 269
Charitonow, Nikolaj 269
Chasbulatow, Ruslan 36, 38, 156
Chirac, Claude 71
Chirac, Jacques 163, 178, 184, 193, 195, 268
Chodorkowskij, Michail 67, 230f., 233f., 269
Chruschtschow, Nikita 116, 169
Clinton, Bill 63, 160, 172, 182, 195f., 199, 202, 208
Copperfield, David 177
Diligenskij, German 118
Diskin, Josif 212
Djatschenko, Tatjana 54, 63, 71, 75, 83, 265
Dostojewskij, Fjodor 150f.
Elizabeth II., Queen 202, 266
Filatow, Sergej 8, 26, 36f., 48, 50, 54, 263f.
Fischer, Joschka 220
Fjodorow, Boris 62
Fradkow, Michail 269
Freeland, Chrystia 66
Friedman, Michail 67
Frost, David 199
Furman, Dmitrij 101
Gagarin, Jurij 117
Gajdar, Jegor 30f., 37, 58, 60, 78f., 233, 263
Gaulle, Charles de 200
Glasjew, Sergej 269
Glinka, Michail 115
Gogol, Nikolaj 28, 111
Gorbatschow, Michail 7f., 18f., 21–23, 26, 32, 37, 66, 93, 98f., 118, 134, 137f., 139–142, 144, 148, 150, 162, 202, 209
Gore, Albert 77
Gortschakow, Alexandr 166
Golz, Alexandr 206
Gratschow, Pawel 163, 264
Gref, German 114
Gromyko, Andrej 146
Gryslow, Boris 122, 267

Gudkow, Lew 132f.
Guldiman, Tim 264
Gusinskij, Wladimir 49, 67, 125–127
Haschimoto, Ryu 179
Iljuschenko, Alexej 49
Iljuschin, Wiktor 21, 51
Iwan der Schreckliche, Zar 110
Iwanow, Igor 180f., 183, 187f., 197, 200, 204f., 218, 265, 267
Iwanow, Iwan 204
Iwanow, Sergej 105, 122, 218, 266f.
Iwanow, Wiktor 124
Jakowlew, Alexandr 118
Jaroslaw der Weise 22
Jastrschembskij, Sergej 130, 175
Jawlinskij, Grigorij 58, 91, 100
Jegorow, Nikolaj 264
Jelzin, Boris 7–14, 16–26, 29–39, 42–51, 53–59, 61f., 64–66, 68–79, 81–96, 100–103, 106, 112f., 115, 118–127, 133f., 134, 137–147, 150, 154–160, 162–169, 171–176, 178–180, 182–188, 193–199, 203, 209, 214, 219, 250, 252, 263–266
Jelzina, Naina 55
Jerofejew, Wiktor 192
Johannes Paul II., Papst 93
Jongil, Kim 208
Jumaschew, Walentin 51, 71, 76, 83, 264f.
Kadyrow, Achmed 269
Karaganow, Sergej 206, 214f., 218, 224, 256
Karelin, Alexandr 91
Kasjanow, Michail 102f., 123, 125, 266, 269
Keghel, Isabelle de 178
Kirijenko, Sergej 77–79, 81, 87, 180, 265
Kiwa, Alexej 151
Kljamkin, Igor 88
Kohl, Helmut 140f., 160, 162–164, 178f., 219
Korschakow, Alexandr 12, 18, 38f., 46–50, 52, 54f., 64, 71f., 163, 264
Kortunow, Andrej 152
Kostikow, Wjatscheslaw 23, 37, 44, 46f., 157
Kosyrew, Andrej 12, 30, 138–147, 157, 165f., 197, 224, 250, 264
Kryschtanowskaja, Olga 45, 67
Kulikow, Anatolij 72
Latsis, Otto 129, 151
Lebed, Alexandr 64, 69, 72f., 99, 111f., 264
Lenin, Wladimir 104, 120f.
Lesin, Michail 127
Lewada, Jurij 100, 119, 132, 223
Lichatschow, Dmitrij 169
Lobow, Oleg 37f., 263
Luchterhandt, Otto 228
Lukaschenka, Aljaxandr 174
Lukin, Wladimir 188
Luschkow, Jurij 49, 53, 88f., 91, 129, 161, 177
Luther, Martin 93
Major, John 160
Malaschenko, Igor 246
Malewitsch, Kasimir 100
Malyschkin, Oleg 269
Mamut, Alexandr 83
Margelow, Michail 218
Margolina, Sonja 189
Markow, Sergej 113, 211
Maschadow, Aslan 264
McFaul, Michael 216
Medwedew, Roj 93
Merkel, Wolfgang 45
Michalkow, Sergej 116
Migranjan, Andranik 172
Milošević, Slobodan 184f.
Mironow, Sergej 269
Mitterrand, François 160
Napoleon I. Bonaparte 99, 178
Nemzow, Boris 74–76, 89, 127, 264
Nikolaus I., Zar 177f.
Nikonow, Wjatscheslaw 200f., 203
Patruschew, Nikolaj 124
Pavarotti, Luciano 177
Pawlowskij, Gleb 122, 130, 211

Peter der Große, Zar 22, 123, 140, 144, 161, 175
Petrow, Jurij 35f., 38
Pinsker, Dmitrij 104
Popzow, Oleg 35
Potanin, Wladimir 67–69, 73, 75, 264
Prichodko, Sergej 218
Primakow, Jewgenij 12–14, 55, 71, 79–86, 88, 91f., 165–167, 172, 179–183, 186f., 194, 197, 204f., 207, 214, 224, 264f.
Prodi, Romano 210
Przeworski, Adam 70
Puschkin, Alexandr 151, 190–192
Puschkow, Alexej 206
Putina, Ludmila 202
Putin, Wladimir 7–13, 16, 86, 88–107, 110–135, 197–203, 206–225, 226–237, 246f., 265–269
Radsichowskij, Leonid 191
Rasputin, Grigorij 104
Repin, Ilja 104
Rjurikow, Dmitrij 147
Robertson, George 214, 219
Roginskij, Arsenij 131
Rogosin, Dmitrij 201
Rogow, Sergej 189
Ruschajlo, Wladimir 122
Ruzkoj, Alexandr 25–27, 49
Rybkin, Iwan 59, 73, 264, 269
Ryschkow, Wladimir 15, 89, 91, 111, 129f., 211
Sacharow, Andrej 19, 24
Salje, Marina 98
Sand, George 151
Sawerjucha, Alexandr 61
Schachraj, Sergej 58, 60
Schejnis, Wiktor 91, 215f.
Schewardnadse, Eduard 138f., 221
Schewzowa, Lilija 32, 88, 215, 217
Schirinowskij, Wladimir 58–60, 80, 91, 100, 153, 165, 201, 269
Schochin, Alexandr 61, 78
Schoigu, Sergej 103
Schröder, Gerhard 193, 195, 219, 267f.
Schukow, Georgij 160
Schuscharin, Dmitrij 119
Selesnjow, Gennadij 78, 185
Sergejew, Igor 122
Setschin, Igor 123
Silajew, Iwan 25, 34
Simonia, Nodari 80, 226
Sjuganow, Gennadij 63f., 78, 89, 100, 165, 168, 192, 264, 266
Skokow, Jurij 37, 263
Skuratow, Jurij 83, 95f., 106
Smolenskij, Alexandr 67
Sobtschak, Anatolij 95
Sokolow, Maxim 191
Solana, Javier 225, 265
Solschenizyn, Alexandr 119
Soskowez, Oleg 53–55, 62, 64, 71, 264
Stalin, Josif 33, 116, 177
Stankewitsch, Sergej 143, 152
Stepaschin, Sergej 86–89, 190, 193f., 265
Suchanow, Lew 20f.
Sudakow, Gurij 98, 169f.
Tarpischtschew, Schamil 51, 54
Thatcher, Margaret 202
Thumann, Michael 51
Trenin, Dmitrij 215f., 256
Trojzkij, Jewgenij 151
Tschernomyrdin, Wiktor 31f., 36, 49, 51, 53, 59–62, 68f., 72, 74–77, 79, 81, 91, 173, 180, 184, 186–188, 263, 265
Tschubajs, Anatolij 54f., 61, 63, 65, 69, 71–76, 79, 88, 95, 170, 264
Tschubajs, Igor 169f.
Tseladse, Awtanidil 96
Turgenjew, Iwan 140
Ustinow, Wladimir 124
Vollrath, Ernst 10
Weizsäcker, Richard von 140
Woinowitsch, Wladimir 192
Woloschin, Alexandr 71, 83, 103–105, 123, 233f., 265f., 269
Zemin, Jiang 19, 208
Zipko, Alexandr 172